高勝率トレード学のススメ

小さく張って着実に儲ける

High Probability trading

Take the Steps to Become a Successful Trader

マーセル・リンク【著】
長尾慎太郎【監修】
山下恵美子【訳】

Pan Rolling

監修者まえがき

本書は、マーセル・リンクが著した“High Probability Trading”の邦訳である。内容は、タイトルにあるとおりの統計的な分析によって裏付けられた手堅いトレード手法を中心に、実践的なトレードのガイドブックとなっている。ここには著者自身が苦い経験をして得た教訓が丁寧に細かく書かれており、すべてのトレード実践者にとって一読の価値があると思う。

著者と同じく、ほとんどの個人投資家にとっては、トレードの目的は利益を上げることにある。目標とする金額の多寡に違いこそあれ、トレードは経済的な豊かさを求めるための手段である。だからこそ、私たちは情報を集め、手法を学び、分析・研究を行って、常に向上を怠らないのである。そして、これらの行為は通常は既存の技術や知識の習得・発展という形をとって行われるために、優秀な先達のモデリングのプロセスであるとも言える。つまり平たく言えば、「上手な人、やり方」をいかにうまくコピーできるか、そして、「下手な人、やり方」の轍を踏むのをいかに避けるかに、成否のかなりの部分がかかっていると言ってもよいだろう。

ところで、私は仕事柄、個人投資家、機関投資家を問わず、多くのトレーダー、ファンドマネジャーに会ってきた。このなかには極めて少数ながら「天才」が存在する。香港でヘッジファンドマネジャーをしている知人もその一人である。若いころは世界的なアスリートであった彼は、潜在意識がマーケットの「何か」と繋がっているらしく、価格が大きく動く前には明確にそれを感じるという。そしてその感覚は、彼が現役の選手であったころ、試合中に時折感じたものと同種のものだという。

その一方で、特殊な才能を持たずして“Financial Freedom（経済的な自由）”に到達した個人投資家を私は何人も知っている。彼らは各々職業を持ちながら、地道にコツコツとトレードの研鑽を積み、利益を出せるトレーダーへの閾値をある日ついに超えた人たちである。そして自分にとって得意な相場が来たときに一気にその努力を花開かせ、成果を手に入れたのである。

さて、ここで私たちがコピーすべきは後者の人たちであろう。天才のトレードをコピーすることは難しい。香港の知人が運用するファンドのパフォーマンスは実際とても素晴らしく、彼は自分の感覚をなんとか一部だけでも定式化し、コンピューター上で走るアルゴリズムに落とせないかと考えて、専属のシステムエンジニアと苦闘中であるが、本人をもってしてもそのコピーを作り出すことは困難を極める。

逆に、多くの「普通の人々」が通り、成功した道程をあとからたどることは、簡単ではないかもしれないが、手堅いやり方である。著者の説く“High Probability Trading”とはまさにそういうアプローチなのである。本書に従って進むことで、読者が“Financial Freedom”を手に入れられるのは明日、明後日のことではないかもしれない。だが、それほど遠い未来の話でもないと思う。

最後に翻訳を担当された山下恵美子氏、編集・校正を担当された阿部達郎氏、パンローリング社社長である後藤康徳氏に心から感謝の意を表したい。

2006年８月

長尾慎太郎

献辞

優れたトレーダーになるべく日夜努力を続けている読者諸氏（願わくば、「諸氏」というにふさわしい３人以上の読者がいてくれればよいのだが）と、われわれよりも若干、お金の稼ぎ方に長けているためにそういった努力はしていないトレーダーたちに本書を捧げる。

本書を選んでくださったことに感謝する。本書があなたのお役に立つとともに、楽しい読書となってくれれば幸いである。

橋本

「ハムレット」におけるく日常性〉を軸とする考察を試み
た本書は、現代にまでなお生き入りしの説得力をもって
く君臨する〉のであろうその秘められた力を、言語の実態
にだけでなく先さらにシェクスピア劇におけるくイメージ〉
方にまで遡及する。

本書を繙んでくださった方々にご感謝する。本書がなおの一助
になるならば、著しい喜びを感じる次第である。

CONTENTS

CONTENTS

第2部　ニュースの利用

第3部　テクニカル分析

CONTENTS

CONTENTS

第4部　プランに基づくトレーディング

CONTENTS

CONTENTS

はじめに

トレーディングは簡単だ。わずかな資金さえあればだれにだってできる。だが、金を儲けるとなると話はまったく別だ。商品トレーダーや株のデイトレーダーの90%が損をしているのがトレーディングの世界の現実である。一方、株式投資とはこれまで安全な長期型投資と見られてきたが、それはもう過去の話でしかない。しかし、損をするトレーダーの割合がこれほどまでに高いのはなぜなのだろうか。継続的に損失を出し続ける彼らには何か共通点があるのだろうか。また多くの者が損をする一方で、利益を上げ続ける少数のトレーダーがいるのはなぜなのか。勝つトレーダーだけが持ち、負けるトレーダーにはない特徴、あるいは勝つトレーダーにはない、負けるトレーダーだけが持つ特徴とは何なのか。敗者が勝者に転じることは可能なのか。良いトレーダーならばけっしてやらないような、悪いトレーダーがやることとはどんなことか。そしてもっと重要なのは、良いトレーダーは悪いトレーダーがやらないどんなことをしているのか、である。

負けるトレーダーの割合の高さを考えると、これはもう偶然の一言ではすまされない。敗者には共通する何らかの原因があるはずである。本書ではその原因を探っていく。勝つトレーダーは負けるトレーダーとは行動様式が根本的に異なる。つまり、成功するトレーダーが利益を上げ続けることができるのは、トレーダーが陥りやすい落とし穴を避けながら高確率トレードを行うからである。これが本書のテーマである。そしてトレーディングを成功させる方法を学ぶのと同じくらい重要なのが、負けない方法を学ぶことである。このことがよく分かっていないトレーダーは、敗者を脱して勝者となるのは不可能だ。トレーダーの弱点ばかりを挙げても始まらない。本書では、トレーダーが犯しやすい過ちを避ける方法を示すとともに、成功するトレーダーならば同じ状況でどんなリアクションを取るかについても提示する。成功するトレーダーのマインドセットをすべてのトレーダーに伝授することが本書の狙いである。

勝てるトレーダーになるのに早道はないが、勤勉さ、経験、資金、規律は最低限の条件と言えるだろう。ほとんどの人が損をするトレーディングの世界とはいえ、確率に基づくトレーディング方法を学ぶことで、普通のトレーダーでも勝つトレーダーになるのは夢ではない。今でこそベストトレーダーに名を連ねる人々も、そのほとんどは最初は失敗続きだった。だが、そこから見事に立ち直ったからこそ今がある。もちろんなかには最初から幸運に恵まれた人もいるだろう。しかしトレーディングは一種の学習プロセスであり、マスターするには時間がかかる。その学習プロセスから学ぶべきことは、高確率の状況と低確率の状況とを見分けられるようになることである。このフィルタリング能力が身につけば、確率の低いトレードは排除し、確率の高いトレードだけに集中して取り組むことができるようになる。

私がこれまでに読んできたトレーディングの本は、トレーディングはとても簡単なもので、その本さえ読めばだれでも簡単にトレーディングができるようになる、と思わせるようなものばかりだ。しかしトレーディングはそんなに甘いものではない。書籍も参考にはなるだろうが、経験に勝る教師はない。トレーディング力を向上させる最良の方法のひとつは、過去の過ちを正すことである、と私は考えている。トレーダーにトレードの方法を教えるのはいとも容易で、最も低いリスクで最高のリワードが期待できるトレードが最も成功する確率の高いトレードであることを教えるのも簡単だ。しかし、1000ドルの損失を出すことがけっして誇張ではないことを教えてくれる本はないし、損失を心理的にどう処理すればよいのかや、感情がトレーディングにどんな影響を及ぼすのかは、本を読んだだけでは分からない。本物の金を危険にさらして初めて、金を失うことの痛みを実感し、有頂天になれば軌道を外すおそれのあることが体得できるのだ。つもり売買もまったく役に立たないわけではないが、やはり実際の金をリスクにさらさなければ感情やリスクの扱い方を学ぶことはできない。人はつもり売買では自らのルールに忠実に従うが、本物の金を扱うようになった途端にルールを無視し始めるものである。

トレーディングを始めて最初の２～３年は過ちの連続だ。しかし、これらの過ちはとても貴重なものでもある。トレーダーは自分のやっていることが間違っていることを認識して初めて、二度と同じ過ちを繰り返すまいと全神経を集中させるようになるからだ。優れたトレーダーになるための第一歩は、悪いトレードをしないようにすることである。負けから勝ちに転じたトレードでも、リスク・リワード比率が悪ければ良いトレードとは言えない。またトレードによってはリスクを取るだけの価値がなく、むしろやらないほうがマシなものもある。トレードを成功させるためには、あくまでリワードに対するリスクが低いトレードだけを行うことが重要である。

本書では重要なポイントは折に触れ繰り返し強調するが、これは編集者にボリュームのある本にするように頼まれたからではない。物事は繰り返し言われるほど脳裏に深く刻み込まれるものだ。本書を読み終えるころには、あなたはいろいろなタイプの投資機会を区別できるようになっていると同時に、勝てるアプローチも身についているはずだ。トレーディングをやってはいるが損ばかりしてきた人にとって、本書は、その理由を教えてくれるだけでなく、これまで犯してきた過ちを是正する方法も提示してくれるものだ。トレードすべきときとすべきではないときも分かってくるだろう。トレーディングプラン、ゲームプラン、マネーマネジメントプランを立てることの重要性を認識させ、その方法を提示することも本書の重要な狙いだ。プランなくしてトレードすべからず、と言っても過言ではない。プランといっても特に手の込んだものを作る必要はないが、トレーディングにプランは不可欠であることを忘れてはならない。

私は株式と商品の両方のトレード経験を持つため、本書では両方のトレードについて言及していく。また、市場は株式市場と商品市場の両方を含むものと考えていただきたい。当初は商品トレーダーにだけ焦点を当てるつもりだったが、株式トレーダーにとっても役立つ本になるように内容を拡充した。トレードするものがIBMであれヤフーであれ、ポークベリーであれS&P500先物であれ、トレーディングであることに変わりはなく、基本はすべて同じである。もちろん、証拠金やレバレッジ、用いるソフト、期限のあるなし、サーキットブレーカー制度のあるなし、といった違いはあるが、大概はひとつのものをトレードできればほかのものもトレードできるものである。本書はやや短期トレードに偏ってはいるものの、デイトレーダーかポジショントレーダーかとは無関係に、初心者からベテラントレーダーまですべてのトレーダーに役立つ内容になっている。

高確率トレーディングとは何か

本書でいう高確率トレーディングとは、リスク・リワード比率が低く、あらかじめ決められたマネーマネジメント・パラメータで期待値が正になることがバックテストで確認されているトレードのことをいう。ベストトレーダーたちは勝算ありと見込んだときにだけトレードを行う。市場が開いているからトレードするのではない。彼らの目的は金を儲けることであり、刺激が得たいからではない。高確率トレードになるのは、大概はメジャートレンドの方向にトレードした場合のみである。例えば上げ相場にあるとき、トレーダーは押し目を待ち、支持線より下げないと確信したところで仕掛ける。押し目は大きなトレンドの中で発生する小さな波にすぎない。このとき、売れば儲かる可能性があったとしても、それは低確率トレードなので行うべきではない。高確率トレーダーたちは「損切りは早く、利食いは遅く」を確実に実践する人々だ。損切りをためらって500ドルもの損失を出しながら、利食いが早すぎて利益がわずか200ドルではゲームに勝てるはずがない。利を伸ばすことも大事だが、それと同じくらい大事なのは利食いのタイミングを知ることである。悪いトレーダーの多くは、利益が出ているトレードの手仕舞いタイミングを知らないために、あるいは手仕舞いルールを持たないために、勝ちトレードをそのまま放置して負けトレードに転じさせてしまうことが多い。手仕舞いは仕掛けよりも重要だ。手仕舞いの方法を知っているかどうかで勝者と敗者は分かれると言ってもよい。たとえでたらめに仕掛けたとしても、正しい手仕舞いの方法を知っているトレーダーはおそらくは勝者になるだろう。

トレンドの方向にトレーディングするのが最も確実な方法だが、正しいパターンが存在し、間違ったときには素早く軌道修正できるのであれば、天井や底を当てるというやり方も高確率トレードにつながることがある。トレンドの終焉を当てようとしても大概は外れるものだが、そんなときは自分の過ちを素早く認めることが大切だ。万一天井や底を当てることができればかなりのリワードが見込めるため、そういったトレードが積もり積もればパフォーマンスは上がる。要するに、トレーディングスタイルは問題ではないのである。規律を持ち、しっかりしたトレーディング戦略とマネーマネジメントプランがあればお金は稼げるのである。

高確率トレーダーになるためには、まずはトレーディングプランを立てることが重要だ。トレーディングプランには、トレーディング戦略と、そしてもっと重要な、リスクマネジメントが含まれる。本書では正しいトレーディングプランを立てるためのスキルとツールを余すことなく紹介する。トレーディングスタイルは人によって異なるため、だれにでもフィットする完璧なトレーディングプランはない。したがって、自分のトレーディングスタイルと心理に最もよくフィットする自分のプランを立てることが重要だ。プランができたら峠はほぼ越えたと考えてよいだろう。しかし残念ながら、プランを立てずにいきなりトレーディングを始めてしまうトレーダーが多いのが現実である。

彼らはなぜ優れているのか

稼げるトレーダーは、市場が開いているときは言うまでもなく、市場が閉じている時間帯にも準備に余念がない。彼らは市場が閉じているときに、これからトレードする市場のことを調査し、どういったときにどういったアクションを取るべきかを研究する。市場が機会を与えてくれるまで辛抱強く待ち、見込み違いのときには素早く手仕舞うことができるのは、こういった下準備の賜物だ。彼らはトレンドの形成された市場や銘柄を探し、押しや戻りを待って仕掛ける。相場を先読みしようとはしない。つまり、市場より自分たちのほうが優れているといった思い上がった考えは持たないということである。市場が与えてくれるものをもらうだけである。また、自分の感情を完璧にコントロールし、常に集中し、手を広げすぎたりオーバートレードすることもない。

成功する確率の高いトレーダーの特徴

●資金力がある
●トレーディングをビジネスと考える
●リスク許容度が低い
●市場が機会を提供してくれたときにだけトレードする
●感情をコントロールできる
●トレーディングプランを持っている

- リスクマネジメントプランを持っている
- 規律が身についている
- 集中力がある
- 自分のトレーディング手法をきちんとバックテストしている

失敗する確率の高いトレーダーの特徴

- 資金不足
- 規律に欠ける
- オーバートレードする
- 市場を理解していない
- とびつき売買する
- 追っかけをやる
- どんな動きも見逃すまいとする
- 意地になって同じポジションやアイデアに固執する
- ニュースを正しく理解しない
- いつもホームランを狙う
- 損失を野放しにする
- 利食いが早すぎる
- 軽率なトレードをする
- リスクを取りすぎる
- 感情をコントロールできない

本書について

本書では私自身の経験も含め、良いトレーダー、悪いトレーダーの実例を多数紹介する。最初はひどい成果しか出せなかったトレーダーが素晴らしいトレーダーに転じたケース、失敗から何も学ぼうとしないトレーダーのケースなど、これまで私はさまざまなトレーダーたちを見てきた。こういった実例を通じて、やるべきことと、やってはいけないことを分かりやすく説明していきたいと思う。彼らに対する配慮のため、実名を伏せる場合もあるのでご了承いただきたい。何を隠そう、実はこの私自身最初はひどいトレーダーだった。負ける原因を生み出した私の悪習をはじめ、私が見てきた他人の悪習についてもすべて紹介する。私は昔から市場の方向性を見る目は持っていた。しかし自分自身を成功から遠ざけるさまざまな問題点も少なからず抱えていた。こういった弱点を克服し、勝算があるときしかトレードしてはならないことが分かってくると、私のトレーディングパフォーマンスは急激に好転し始めた。私が負けトレーダーから一転して勝ちトレーダーになることができたのは、良いトレーダーと悪いトレーダーを注意深く観察し、成功するトレーダーの習性を見習い、自分を含め悪いトレーダーに共通する悪習を避けるようにしたからである。また、自分自身の負けトレードを分析し、そこから教訓を導き出した。結局、負けることはだれにとっても苦痛なのである。うっかり熱いオーブンを触ってやけどを負った子供は、二度と熱いオーブンには触らないはずだ。つまり、痛みを良い教訓にするわけである。私が行ったことのなかで大いに役立ったことがある。あるひどいトレーダーの隣に座って、彼をじっくり観察したのだ。彼は何度も何度も同じ過ちを繰り返した。私は自分自身が彼といくつかの共通点を持っていることに気づき、それを直ちに変えなければならないことを悟った。つまり、悪いトレーダーを観察することで、自分自身の欠点をはっきり認識することができたわけである。

本書では、成功するトレーダーになるためには何が最も重要なのかについて明らかにしていく。トレーディングを成功に導くために知っておかなければならないトレーディングの心得から、自己を律する方法、トレーダーが必ずぶつかる心理的な壁を克服するための方法まで、トレーディングに必要なあらゆる要素をカバーしているのが本書の特徴だ。もちろん、テクニカル分析やファンダメンタル分析、ゲームプラン、トレーディングプラン、リスクマネジメントプランの作成と使用方法、システムの構築とバックテストの方法についても詳しく議論する。本書を通読することで、負けると分かっている状況でのトレードを避け、勝算があるときだけトレードすることの重要性が分かってくるはずである。各章の終わりには、「優れたトレーダーになるためには」と題したミニコーナーを設けている。それに続き、やるべきこと、やってはいけないことをリストアップし、最後に自問自答コーナーを設けた。正しいことをしているかどうかを自分自身に問うことで、自分の強みと弱みを正しく認識し、勝てるトレーダーに一歩ずつ近づいていってもらいたい。

私自身について

トレーダーがやってはいけないことの生きた手本のような存在――それが昔の私である。トレーディングで損をする方法なるものがあるのであれば、おそらく私はそれをやっていたはずである。トレーディングを始めた1990年以来、７年間負けの連続だった。その原因を何とか究明したい、究明しなければ、というのがその間の私の変わらない思いだった。トレーディングの世界に身を置くこと14年。アシスタントからフロアトレーダー、個人向けブローカー、トレーダーとさまざまな職種を経験したおかげで、トレーダーが犯すありとあらゆる過ちを見てきたし、自分でもしてきた。立場上、成功しているプロのトレーダーにも、まったく見込みのないトレーダーにも直に接れる機会に恵まれていたため、彼らの資質の違いを目の当たりにすることができた。同じトレードを行っても、良いトレーダーはお金を儲けることができるのに対し、悪いトレーダーは儲けられない。顧客の１人であった証券会社の厚意により、トレーダーたちを定期的に観察する機会を得た私は、その観察を通じて一般トレーダーが損ばかりする理由を知るに至った。皮肉にもこの観察を通じて私は自分自身が悪いトレーダーと悪習を共有しているという事実を知った。そしてこの観察の最大の成果は、成功するためにはトレーディングスタイルを変えなければならないことを教えられたことである。例えばオーバートレードだが、オーバートレードしていたほかのトレーダーが例外なく損をしていることに気づくまで、私は自分自身のこの最大の愚行に気づかなかった。トレードを選ぶ眼を持ったトレーダーたちは着々と利益を上げていた。本書では、私が稼げるトレーダーに転身するまでの過程を紹介することで、何人も強い意志さえあれば優れたトレーダーになることは不可能ではないことを示していく。悪習を断ち切ることは容易なことではない。しかし優れたトレーダーになるための第一歩は悪習を断ち切ることであることをしっかり覚えておいていただきたい。

私のトレーディングキャリア

1987年、証券会社で短期間勤務したあと、ニューヨーク・マーカンタイル取引所のフロアで原油オプションのアシスタントを担当。数年後、ようやく貯め込んだ3万ドルを元手に、NYFE（ニューヨーク先物取引所）の会員権を取得してドル指数先物のトレーディングを開始する。資金不足のため、たった1回の失敗で資金の半分を擦るまでに、ものの数カ月もかからなかった。ピットからのトレーディングはもはや不可能だったため、私は別のトレーダーとパートナーシップを組むことにした。私たちは経験豊富な数人の元フロアトレーダーたちとブローカーのオフィスの一角を借りてトレーディングを始めた。ここで、チャートの読み方を覚え、システムを作成するようになった。

1995年から1997年まで、トレーディングの仕事を一時中断して大学院に進学。卒業と同時にディスカウントブローカー、リンク・フューチャーズ（Link Futures）を立ち上げた。当時、先物のオンライントレーディングはようやく端緒についたばかりで、オンライントレーディングサービスを提供する会社も比較的少なかった。わがリンク・フューチャーズは格安の手数料でサービスを提供し、トレーダーのためのトレーディングルームも準備した。しかしその後、オンライントレーディングがブームになり大手証券会社が参入すると手数料の割引合戦が繰り広げられるようになり、私は再び資金難に陥った。つまり、大手に対抗するべく広告を打って事業を拡大する資金がなかったというわけだ。しかし、悪いことばかりではなかった。顧客たちの犯す間違いを反面教師とすることで、私のトレーディングパフォーマンスはグングン向上し始めたのである。

2000年３月、株式トレーダーのポジションをオファーされたとき、迷うことなく受け入れた。ブローカー時代に比べると私のトレーダーとしての腕は格段に向上していたため、自己勘定の株式トレーダーになることを決めた。自分の仕事を好きだと言える人は滅多にいないと思うが、私は心からそう言える。

最後に一言――トレーダーを指すのに「彼」という代名詞を使っているが、これは単純化のためであって、私が男女差別主義者ではないことを断っておきたい。トレーディングはかつては男の仕事だったが、今では優秀な女性トレーダーも少なくない。ちなみに私のリンク・フューチャーズでのパートナーは女性で、しかも非常に才能のあるトレーダーだった。

読者のみなさんにとって本書が楽しい読書になってくれれば、これ以上の喜びはない。

第 1 部

トレーディングの心得

The Building Blocks

第1章

トレーディングの授業料

The Tuition of Trading

「家庭用品とキッチン用具による血管手術で金を稼ぐ方法」――仮にこんなタイトルの本があったとして、こんな本を読んで暇な時間に家のガレージで心臓切開手術ができるようになると思う人はまさかいないだろう。ところがトレーディングになると、経験がほとんどないか、まったくないにもかかわらず、1冊かそこらの本を読んでいきなりトレーディングで金を稼げると考える人は驚くほどたくさんいる。

医者も弁護士もエンジニアも、プロとして生計を立てるようになるには何年も学校で学ばなければならない。野球選手だってそうだ。プロになって数年はマイナーリーグで修行を積み、ようやくメジャー選手たちと互角に張り合えるようになるのである。フットボールやバスケットボールのプレーヤーたちも、4年間カレッジでプレーしたあと、ベストプレーヤーたちだけがドラフトにかけられるという厳しい世界なのだ。電気技師、配管工、溶接工にしても最初はみんな見習いだ。どの世界でも、1日目から一人前の仕事をさせてくれるところはない。たたき上げられてプロになっていくのである。

それなのに、なぜトレーダーは自分たちだけは例外だと考えてしまうのだろうか。私に言わせれば、経験がほとんどなくても成功できるという甘い考えで、最も厳しいプロの世界に足を踏み入れようとしているとしか思えない。外科医になるのに何年もかかるのとまったく同じように、トレーダーもお金を稼げるようになるまでには時間がかかるのである。どの道のプロにも言えるように、トレーダーになるのにもそれなりの教育が必要なのである。しかし残念ながら、トレーディングの学位を出す大学はない。つまり、トレーダーが唯一トレーディングを「学べる」場所は現場しかなく、トレーディングで失った資金が授業料となるのだ。偉大なトレーダーになるための経験は、すべてトレーディングで失ったお金と引き換えに身についていくのである。

学習期間

トレーディングを始めてからの最初の２～３年は「学習期間」と位置づけるのがよいだろう。この期間は大儲けしようなどとは考えず、資金を減らさないこと、そして学ぶことに専念する。これは学校での学びの期間に匹敵する。トレーディングを始めた当初はだれでも無数の過ちを犯す。その程度のことしか分かっていないのだから当たり前である。小さな損失を出すのは仕方ないので気にする必要はない。トレーディングを始めるときにはこのことを念頭に置くことが大切だ。この間の資金はトレード資金ではなく、「学習するための資金」とみなすべきである。最初は少額から始める。トレーディングの世界にとりあえず足を踏み入れ学習プロセスを開始するのに見合うだけの額で十分だ。初めから熱くなって金を稼ぐことだけに夢中になり、優れたトレーダーになることなどはそっちのけのトレーダーがいかに多いことか。今成功しているトレーダーでも、そのほとんどは最初は損ばかりしていたという事実を忘れてはならない。かの有名なリチャード・デニスのタートルズ軍団も、世界一のトレーダーになるまでの最初の１年間は損失の連続だった。『マーケットの魔術師』（パンローリング）に登場するトレーダーたちのほとんどは、失敗から多くを学び大成功を収めるまでに一度や二度の破産を経験している。株式投資か債券のデイトレードかは問題ではない。重要なのは、トレーディングで成功を収めるようになるには多くの努力と経験が必要ということなのである。最初にいきなり損失を出すとギブアップする初心者が多いが、学習プロセスには紆余曲折が付き物であることを知り、けっして落胆することなく、十分な資金を準備して辛抱強く学び続ければ、成功するチャンスは必ず訪れる。

トレーダーが学ぶべきことリスト

●オーダーの出し方
●チャートの読み方
●テクニカル分析の利用方法
●市場によってトレード方法が異なることを理解すること
●ニュースに惑わされないこと
●システムの構築
●システムのテスト
●規律を持つ
●マネーマネジメントプランの作成
●リスクマネジメントプランの作成
●損の取り方を知ること
●トレードすべきときと、してはならないときとを知ること
●トレードプランの作成
●感情のコントロール

トレーダーが絶対にすべきでないことリスト（上のリストと同じくらい重要）

●追っかけ
●資金不足でのトレーディング

●オーバートレーディング
●損切りのタイミングを外す
●同じポジションに固執する
●早く利食いしすぎる
●リスクを取りすぎる
●刺激を求めてトレーディングする
●意地を張る

トレーディングは絶え間なく続く学習プロセスであり、本を１冊かそこら読んだり、セミナーに出席するだけで一朝一夕に学べるものではない。テニスができるようになるには本の５冊も読んで何回かレッスンを受ければよいだろうが、試合に勝つとなると練習、練習、また練習を積まなければならない。トレーディングもまったく同じである。成功するためには練習を積むことが大切だ。しかし、テニスとトレーディングには決定的な違いがある。テニスは下手でも楽しめるし、やれば減量はできるし体調維持にも役立つ。トレーディングでも減量はできる。ただし、それは食料を買う金がなくなったからにほかならない。

つもり売買も役には立つが、つもりは所詮つもりで現実とは異なる

書籍からどんなことを学ぼうと、つもり売買をどんなに長くやろうと、実際にトレーディングを始めた途端に、現実とのギャップを思い知ることになる。次から次へと現れる思いも寄らない過ちに右往左往することになるが、こういった過ちを防ぐベストな方法は、過ちを犯して金を失うことで、それが過ちだったことに気づき、同じ過ちを繰り返さないようにすることである。人は本物の金を失って初めて痛みを覚えるものである。これはつもり売買では体験できない。つまり、

多くの金を失えば、二度と同じ過ちを犯すことはなくなるということである。つもり売買はトレーディングの出発点としては悪くはなく、それで十分練習を積むまでは本物のお金をリスクにさらすべきではないが、つもり売買はあくまでつもり売買であって現実とは異なることを認識すべきである。つもり売買で1000ドル損をしても、一瞬のうちにリセットできるが、それがもし本物のお金だったら、心はズタズタになりひどく落ち込んでしまうだろう。しかもその日が金曜日だったら、週末は台無しだ。こういった感情はつもり売買では味わうことはない。つもり売買には痛みはなく、そして過ちを犯してしまったことを重く受け止める気持ちさえ働かないからだ。追証もなく、ポジションを解消する必要もない。だれもがどのトレードでもベストプライスが得られる。これがつもり売買だ。ところが、本物のお金がリスクにさらされる実際のトレーディングでは様相は一変する。ペーパー上では行わないようなことを、本物のお金が危険にさらされた途端にやってしまうのだ。リスク回避度を変えたり、早く利食いをしすぎたり、損切りのタイミングを逸して損失を拡大させたり……。スリッページや手数料もバカにならない。こういったことはほんの一例にすぎない。本物のお金をリスクにさらすことももちろん大事だが、まずはつもり売買で市場の雰囲気をつかむのが賢明だろう。また、どんな本でも手当たり次第貪欲に読むこともお勧めする。上達に終わりはないのだ。私はこのトレーディングの世界に入って15年になるが、学ぶ気持ちは常に持ち続けている。

トレーディングの授業料

学習コスト

私がこれまでに見たり聞いたり読んだりしたことを総合すると、トレーディングの学習には３年から５年程度かかる。スキルを学び磨くこの時期にトレーダーは「トレーディングの授業料」を支払うことになる。これは、弁護士やシェフ、医者が年間２万5000ドル支払ってそのスキルを学ぶのとまったく同じだ。しかし彼らと違ってトレーダーには通うべき学校がない。そこでトレーダーは経験豊かなトレーダーに訓練と何回かのレッスン代として授業料を支払うことになる。そして行く行くは、自分の教えを請う夢想的な新人たちに教育を施して支払った授業料を回収する。一般に、トレーダーが準備しなければならない授業料は最低５万ドルである。１回悪いトレードをするごとにわずかな知識を得て、理想的には同じ過ちを繰り返さないようにする。トレーディングは間違いなく最も苛酷な職業のひとつである。上達するには実践で多くの経験を積まなければならない。経験は最良の師、という諺があるように、損をしてもがっかりすることはない。損をすることも学習プロセスの一部なのだから。

当初資金

ヒラリー・クリントンは生牛先物でわずか１年間で1000ドルを10万ドルに増やすことに成功したが、彼女ほどの「幸運」に恵まれないかぎり、トレーデングを始めるための当初資金としてはもっと多くのお金が必要になる。現実的に考えれば、期間を３年とすると、努力次第で何とか成功をものにできる最低額は２万5000～５万ドルである。もちろん、伴侶の理解も必要だ。しかし実際を見てみると、わずか5000ドルの口座でトレーディングを始め、それで十分だと考えている人が多いのには驚く。委託証拠金、あるいは買いたい株を買うのに必要なお金だけあればトレーディングを始められると考えているのである。損を出すことがあることなど、脳裏をかすめもしない。それどころか、最初から儲かると思い込んでいる。しかし、そんなことは滅多にあるものではない。個人投資家のほとんどが最初は損を出すように、新人トレーダーの80～90％は１年以内に負けトレーダーになるのが現実なのだ。１年後に生き残っている確率は、当初資金が多いほど高い。2000～3000ドルしか準備できないのなら、悪いことは言わない。銀行に預けるか、投信を買ったほうがよい。そんなわずかな資金では過ちを犯す余裕はなく、２～３回も過ちを犯せば文無しになるのがおちである。

小口口座と大口口座

われわれが設立したリンク・フューチャーズにおける個人口座の平均額はおよそ3000～5000ドルだった。皮肉にもこういった小口口座の保有者に限って取るリスクが大きく、そのため数カ月しかもたないのが普通だった。これに対して２万5000ドル以上の口座の保有者は慎重派が多く、そのため長く続いた。これは彼らが小口口座の保有者に比べて優れたトレーダーであるだけでなく、彼らより過ちを犯せる回数が多かったからである。

運転資金

トレーディングには予想以上の資金がかかる。スタート時に必要な資金を準備するだけでは不十分で、その時期を過ぎたあと成功するまでトレーディングを続けられるだけの資金が必要だ。相場が思惑どおりに動いたときに資金不足になることほど苛立たしいことはない。これは私自身何度か経験している。待ち望んでいた大きな上昇はいつも最後にやってきた。しかし、元々少なかった資金はすでに底をつき、ここぞというときにトレードするだけの金がないのが常だった。最高の動きはいつも、まるで私が市場から撤退するのを待って現れるかのようだった。この動きを待っていたのに、とサイドラインから幾度ぼやいたか知れやしない。しかし、運転資金不足のためにほぞを噛んで見ているしかなかった。今では資金不足でトレードすることはないので、こういった心配とは無縁だ。次に動きが出たときにもプレーヤーでいられるからだ。とはいっても、注意を怠ってもよいというわけではない。損失を出しすぎないように常に注意を払うのはどういった状況にあっても同じだ。再び資金不足という状態には追い込まれたくはないから。しかし、文無しになって資金集めから始めなければならないといった心配からは少なくとも解放されたので、今はトレーディングだけに集中していられる。

臆病な気持ちではトレーディングはできない。そして最初の数年はトレーディングで生計を立てるのは無理である。したがって資金は最初の数トレードだけではなく、トレーディングを数年間まかなえるだけの資金を準備する。当初資金として２万5000～５万ドル準備し手堅くやれば、成功するチャンスはある。ただしすぐにというわけではなく、時期が来れば、ということなのでくれぐれも誤解のないようにしたい。損をしても落胆することはない。損は学習コストの一部である。それを有効に活用すればよい。私の場合、時たまある良い時期を除き、コンスタントに利益を出せるようになるまでの７年間で７万5000ドルもの損をした。どちらかといえば出来の悪い生徒だったようだ。

人生をエンジョイしよう

トレード資金のほかにも、請求書を支払ったり生活をエンジョイするためのお金も必要だ。家賃は払えるだろうかとか、食費は？　映画に行くお金は？　といった雑念に振り回されることなくトレーディングに集中するためには、潤沢な資金が必要だ。いったんこういった雑念が脳裏をよぎれば、トレーディングに支障が生じる。最悪なのは、生活費をトレーディングで得た利益でまかなおうと考えるようになることだ。運用口座にはできるだけ多額の資金を準備することが重要だ。請求書の代金を口座から引き出すようになれば、トレーディングで損失を出すのと同じことである。トレーディングで食べていこうとして、結局は実家に戻らなければならない羽目に陥ったり、細君に数年間養ってもらわなければならなくなった男を私はごまんと見てきた。生活費にもトレード費用にも困らない信託財産で生活するご子息・ご令嬢に比べて、彼らの惨めさときたらたまらない。休暇も取れなければ、週末をエンジョイする金もないということは人間に大きなダメージを与えるものだ。

人間にとって生活をエンジョイすることは大切なことだ。休暇のため、あるいは新車購入資金に当てようと思っていたお金をトレーディングに使っているのであれば、それは十分な資金があるとは言えない。資金の心配がないためリラックスしてトレーディングできるときと、そうでないときとでは違いがある、と言ってもにわかには信じられないかもしれない。私はフロアトレーダーを始めたとき、取引所の会員権を買うのに借金をした。その借金返済のために直ちにお金を稼ぐ必要があったため、最初からひどい財政状態にあったわけである。生活のために昼夜を分かたず働き、週末も働いた。当然ながらトレーディングに対する注意力も散漫になった。いつも働かなければならなかったため、週末に友人と出かけることもできなかったし、とにかく人生をエンジョイできていなかった。これはかなりのストレスだったし、そのストレスはトレーディング結果にそのまま反映された。

ツール

学習し、トレーディングを行い、身を立てるのに十分な資金を準備することは分かったとして、もしトレーディングを正しい方法でやろうと思うのならば、そのためのツールが必要になる。どの道のプロにも言えることだが、トレーダーにもいわゆる七つ道具というものが必要だ。トレーダーの七つ道具は、チャート、気配値、トレーディングソフト、生きるための食料、高性能のコンピューターだ。けっして安いものではないが、競争力のあるトレーダーにとっては価格に見合うだけの価値のあるものだ。こういったツールを必要とする以上は、そのすべてをそろえられるだけの資金は別口で取っておかなければならない。私がフロアを離れて初めて自分でトレーディングするようになったとき、こういったツールに十分投資しなかった。のちにはさまざまなツールに月1000ドル投資するようになったが、それはトレーディングに大いに役立った。優れたトレーダーになるために必要なツールについては、第３章の「ハンディをなくせ」で詳しく説明する。

過ちから学ぶ

人間である以上だれだって過ちを犯すし、負けることもある。成功するトレーダーと負け続けるトレーダーとの違いは、犯した過ちの扱い方にある。良いトレーダーは自分の犯した過ちを記録し、そこから学ぼうとするが、悪いトレーダーは同じ過ちを何度も繰り返し、そこから何も学ぼうとしない。株価が10分間で２ドル上がったらすぐに買うというやり方で何度も損をした場合、賢いトレーダーならば株価が上昇しているときに買うのは高確率のトレーディング戦略ではないことをやがては悟るものだ。上値を追い続けるトレーダーは、大槌を使えばよいものを、自分の頭でドアを打ち壊すようなものだ。頭突きを繰り返すのは、ドアを壊すのに大槌と頭とではどちらが効果的かを知らないからである。彼らにとってはそのトレードの勝算が低いことなどどうでもよいことなのである。必ず良いトレードになると信じて疑わず、そのチャンスを絶対に逃すまいとする。何か間違ったことをしたなと思ったら、立ち止まって考えることが重要だ。どういった過ちを犯したのか、そういった過ちを二度と繰り返さないためにはどうすればよいのか、なぜそういった判断を下したのか、本当はどうすればよかったのか、といったことをじっくり考えてみるのである。正しいことをしたときも同じだ。間違ったことをしたときのように、立ち止まって考えるのである。このように、その都度ちょっとだけ立ち止まって考えてみることを習慣づけることで、トレーディングから最大限のものを引き出すことができる。

過ちとは、市場の方向性を読み間違えることではない。市場の方向性の読みはほぼ半分は外れるものだ。過ちとは負けトレードにどう対処するかと関係するものである。たとえそれが負けトレードであることが判明しても、適切な判断ができればそれは過ちにはならない。過ちだと分かった段階ですぐに撤退するのが良い判断であり、最後にはきっとうまくいくと信じて撤退しなければそれは過ちである。過ちを犯すのは負けているときだけではない。利益の出ているトレードでも過ちを犯すことがある。その代表例が追っかけで、これは利益が出る出ないにかかわらず誤った行為である。

過ちを犯してそこから学ぶこともトレーディングの一部であり、学習プロセスに含まれる。潤沢な資金があるトレーダーのほうが生き残るチャンスが大きいのは、過ちを犯せる余裕があるからにほかならない。たとえ過ちを犯しても十分な資金があれば破産することはなく、そこから学ぶことができる。これに対して、資金不足のトレーダーは市場が与えようとした教訓を完全に理解する前に破産してしまうのである。

高くついた授業料

私が初めて大損をした金額は1万2000ドルだ。オプション関連のポジションで全資産のほぼ半分を擦ってしまったのだ。今では絶対にやらないようなことばかりを当時はやっていた。貪欲でせっかちで、オーバートレードは日常茶飯事。しかも資金不足のうえに、リスクマネジメントも怠った。今から思えば過ちばかり犯していたわけだが、最初はそれが過ちだということすら気づかなかった。本を何十冊読んでも、そういった状況に対処する方法は教えてはくれない。それを教えてくれるのは経験だけだ。私の場合、順風満帆の船出とはいかなかったが、味わった苦痛と失ったお金は学習プロセスの一部だったと考えている。過ちを犯して損をするたびに、きっと何かを学んだはずだ。

悪い習慣を助長するな

過ちから学ぶ以外にも、何がうまくいくのかを知り、それを継続的に行えるようにすることもトレーダーにとっては重要なことである。残念ながら、トレーダーは時として間違った意思決定を行い、市場から撤退せざるを得ないこともある。例えば、市場がそのうちに好転することを期待して負けトレードにいつまでもしがみついている、といった状況がそうである。万一このトレードで利益が出るようなことがあれば、将来もそうなると信じ込み、毎回負けトレードにしがみつくことが習慣化してしまう。3ドルも下がった株を保有し続け、市場が戻ったので手仕舞ったら5セントの利益が出た、というのでは良いトレードとは言えない。つまりリスクとリワードのバランスが取れていないのである。これは結果だけ見ると勝ちトレードである。損したわけではなく、わずか数セントとはいえ利益が出ているのだから。しかし、たとえ利益が出たとしても、悪い習慣を助長するようなトレードはやはり良いトレードとは言えない。この場合、80セント下がったところで手仕舞うべきであり、３ドル下がるまで放置すべきではなかった。後々のことを考えると、このトレードでは利益はむしろ出ないほうがよかったくらいである。10ポイント程度の損を出したほうがよかった。そうすれば、少なくともストップをかけることの必要性に気づいたはずである。

私はその日に行ったトレードは毎日見直し、悪いトレードがあれば頭の中にある「繰り返すな！」フォルダーの回転式トレード録にファイルすることを習慣づけている。ネガティブな習慣を助長することは、過ちから学ばないのに引けを取らないくらい悪いことだ。無分別なトレードをして勝つよりも、正しいやり方をしたけれども結果的には負けた、ということのほうがマシである。悪いトレードだと分かったら直ちに手仕舞い、その後相場がさらに悪化するのを見るのは気持ちのよいものだ。こういうトレードこそが良いトレードだと私は考えている。負けるのもトレードの一部であり、正しく負けることで良いトレーダーはさらに良いトレーダーになるのである。

「最初から儲けるのだ」という呪文

ベストトレーダーのほとんどは、身の毛もよだつような記録からトレーディングキャリアをスタートさせている。つまり、勝てるようになるまでの数年間は負けの連続だったということである。トレーディングの世界に足を踏み入れ１日目から儲けを狙う人は、現実とのギャップに驚く羽目になる。ところが、１回目から利益が出る場合がある。これは最悪だ。たまたま運が良かったからにすぎないにもかかわらず、自分にはトレーディングの才能があると勘違いしてしまうからだ。実際には市場のことをまったく分かっていないにもかかわらずである。最初の成功に気を良くしたトレーダーはさらに強気に仕掛けるだろう。しかし、運が尽きたとき、彼の犯した過ちは、最初に犯したときに被ったであろうものとは比較にならないくらい高くつくことになる。1999年から2000年初頭にかけてのナスダックの狂騒劇はまだ記憶に新しい。いわゆるITバブルで大金を手にした人々が多くいたが、結局彼らはトレーダーではなかった。買った株が値上がりしただけなのである。買う銘柄など何でもよかった。買えば何でも値上がりした。買った株が10ドル、20ドルと上昇を続けるのを目の当たりにした彼らは、自分はすごいトレーダーだと思ったことだろう。しかし、事は彼らの思惑どおりにはいかなかった。バブル崩壊と同時に彼らの多くはすべてを失った。

私自身もせっかちに金儲けをしようとしてしっぺ返しがきたという苦い経験を持つ。NYFEのピットでトレーディングを始めた当初、1日に200ドル儲けるという目標を立てた。しかし、2週目には1日に1000ドル儲かるようになっていたため、1日200ドルの目標では低すぎると思うようになった。人生においてこれほどツキが回り、やることなすことがすべてうまくいくといったことは、まずないだろう。それと同時に、これは人生において最悪の事態だったとも言える。なぜなら、それ以降、1日1000ドル儲けることが私の目標になったからだ。その目標を達成するために、オーバートレーディングを繰り返し、トレード枚数も適正量を超えた。したがって、ひとたび間違いを犯せばその代償は高くついた。オーバートレーディングは私にとっては当たり前のことのようになっていた。しかし、新米トレーダーとしては、どんなに資金があろうと、枚数は1回につき1枚にとどめ、常に学ぶことを忘れず、資金の保全に努めるべきだった。しかしそのときの私にはお金を稼ぐことしか頭になかった。

貴重な資産を減らすな

私が頻繁にオーバートレーディングするのを見ていたある同僚トレーダーは、貴重な資産は減らさない（PPC：Preserving Precious Capital）ようにすべきだと早くから私に忠告していた。彼はトレーディングパッドの一番上に「PPC」と書いて、貴重な資産を減らさないように常に気をつけていた。「お金を儲けることは忘れろ。ただ、減らさないようにすることだけに集中しろ。君の持ってる１ドル１ドルが貴重なお金なんだ。それをできるだけ自分のポケットにとどめておき、他人のポケットから使うように努力すべきだ」と彼は言った。賢いトレーディングを心がけ、自分のお金を減らさないようにすれば、ほかのトレーダーたちよりも長くトレーディングを続けられるため、勝つチャンスも増えるというわけだ。勝てるトレーダーになるためのカギは、損失をいかに少なくできるかである。損切りをしても、勝ちトレードで埋め合わせればよいのだ。大学のテニスコーチがかつてこんなことを言っていたのを思い出す。「相手のコートに４回打ち込めば、ポイントの80％は君のものだ。点を取ろうとするな。相手にミスをさせればいいんだ。ライン内に入れることだけを考えろ。勝とうとする気持ちから、負けないようにする気持ちに切り換えろ。そうすれば、勝利は自ずとついてくる。君が負けなければ、相手が負けるだけなのだから。毎回勝つ必要はない。毎回勝とうとすれば、ラインを外れる球を増やすだけだ。相手のウイークポイントを狙え。そうすれば、負けることはない」。

20ドル札を支払う

フロアでトレーディングを始めたとき、あるベテラントレーダーに言われたことがある。フロアの真ん中に20ドルの札束を持って立っていて、負けるたびに20ドル札を支払わなければならないくらいの気持ちでやれと。つもり売買とは違って、ポジションに対して相場が１ティック逆に動くたびにキャッシュを支払わなければならないとなると、いつまでもそのポジションにしがみついてなどいられない。人は本物のお金がかかっているときほど損に敏感になることはない。１時間で500ドルもの大金をキャッシュで支払わなければならないとなると、悪いトレードは直ちに手仕舞うはずだ。これがもし口座から支払われたとすると、それほど痛みを感じることはないだろう。

小さく考えよ

トレーディングを始めて１～２年は、大儲けをする時期ではなく、学びの時期だということを理解することが大切だ。したがってトレード量やリスクは最低限に抑える。株式なら100株程度を目安とする。商品先物取引なら１枚で、できるだけボラティリティの低い市場を選ぶ。これはどんなに大金を持っていようと同じである。また、取引する市場の数も２～３にとどめることだ。すべての市場や株に手を出してはならない。手広くやりたいのならば、まずは市場の特徴を知ることが大切だ。トレード量を増やしたいという誘惑に負けてはならない。特に、連勝しているときには要注意だ。こういったときはどうしても感情が先に立つため、多くのトレーダーにとっての試練と言えるだろう。年間何十万ドルもの稼ぎを目指している人々にとって、１トレードで150ドルの儲けなどあってなきに等しいかもしれない。そういう人に限って基本を学ぼうとせずに最初からビッグプレーを狙いたがる。

しかし最初の１～２年は過ちの連続であることを認識し、小さなスケールでやるのがベストだということを忘れないでいただきたい。いったんトレーディングを始めたならば、１年かそこらのスパンで考えるのではなく、一生涯続けるつもりでやるべきである。例えば、10年間やろうと思っているのであれば、最初の１年の利益が少なくても大した問題ではない。長期的な視点に立てば、それは取るに足りない些細なことにすぎない。しかし事を急ぎすぎれば、トレーディングを続けるための資金はすぐに底を尽き、１年ともたないだろう。

破産

こんなことを言うと耳を塞ぎたくなるかもしれないが、ベストトレーダーのほとんどはベストプレーヤーになるまでに少なくとも２回は破産を経験している。「そうかもしれないけど、私には関係ないね」と私はいつも思っていた。しかし、それは私にも訪れた。回数なんて多すぎて覚えていないくらいだ。5000ドル、２万5000ドル、５万ドル、10万ドル、500万ドルなど、ありとあらゆる規模の口座の破産をこれまで幾度となく見てきた。破産に例外はない。私自身、破産してトレーディングの中断に追い込まれたことは一度や二度ではない。『**マーケットの魔術師**』（パンローリング）を読めば、破産はほぼすべてのトレーダーに共通する特徴とも言えるものであることが分かるはずだ。トレーディングに破産は付き物で、学習プロセスの一部なのである。

熱心なトレーダーにとって破産は貴重な学習体験となる。冷静になって負けた原因を分析する機会を与えてくれるのが破産である。原因のほとんどはオーバートレーディングか資金不足によるものだが、トレーダーは自分自身でそれに気づくことが必要だ。これ以外の過ちによる損失であれば乗り切ることができることが多いが、オーバートレーディングに手を出しリスクを取りすぎるようになると、すべてを失うのにそれほど時間はかからない。そこで警告をひとつ――「破産は大きな連勝のあとにやってくる」。十分な資金力が必要な理由のひとつは、たとえ連敗しても十分な資金があればそれを乗り越えられるだけのトレーディング体力を温存できるからだ。十分な当初資金をもって手堅くやれば、破産することはない。今破産している人、あるいは破産した経験のある人も、落胆することはない。破産とうまく付き合えばよいのだ。なぜ破産したのかその理由を理解し、自分の過ちを正せると思ったら、もう一度トライしてみよう。破産の理由が分からなければ、分かるまで分析を続けること。それまでは、さらなる資金をリスクにさらすのはやめておいたほうがよい。

決意が必要

トレーダーになると決意したのなら、破産してもそれほど落胆することはない。たとえ破産しても固い決意さえあれば、破産した以上のお金を作り出して必ずトレーディングに復帰できるはずだ。最初の数年耐え忍ぶことのできた人は成功するチャンスがあると考えてよいだろう。なぜならそれは、トレーダーになるという固い決意の表れであり、けっしてあきらめないという証拠だからだ。敗者として終わる人が多いのは、負けてばかりの時期に遭遇すると、そこでトレーダーになることをあきらめてしまうからである。しかし、勝者になるためには、必ず勝つという意志を固め、長期戦で望む覚悟が必要だ。これには勤勉であるだけでなく、進歩したい、そのためならどんな努力も厭わないという気持ちが大事だ。決意が必要なのは、生き抜くための資金力を身につけることに対してだけでなく、自分の欠点を分析し、常にそれを正そうとすることに対しても固い決意が必要だ。また決意は一過性に終わることがあってはならない。生涯にわたって決意を持ち続けることが必要だ。トレーディングをやっているかぎり、常に向上心を持ち、失敗を絶えず分析しなければならない。これは具体的には、本を読んだり、セミナーに出席したり、とにかく可能なかぎりベストな自分になるように努力することである。世界一のトレーダーになれることを信じることも重要だ。自分を信じられないようでは成功はおぼつかない。なぜなら自分を信じられなければ、低次元の自分に満足してしまい、それ以上の成長はないからである。

日記をつける

自分の進歩をきちんと記録しているかどうかも、トレーダーになろうという決意を測るひとつのモノサシになる。自分の進歩を記録する良い方法は、トレーディング日記をつけることである。日記はパフォーマンスの評価や、自分のトレーディングパターンの分析に役立つ。そこから自分の長所・短所を洗い出すのである。しかも定期的に記録することで、うまくいくことやいかないこと、自分の得手不得手な市場が分かってくる。つまり、日記は自分自身に対する貴重な情報収集の場なのである。日記といっても大袈裟に考える必要はない。大学ノートに自分の行ったトレード、行った理由、結果を書き込むだけでよい。手の込んだものにする必要はまったくないが、ベテランのトレーダーになっても続けることが大事だ。人間には自分に都合のよいことしか覚えていないという習性があるため、やったことをすべて忘れないようにするためには、記録するのがベストな方法だ。すべてのトレードを記録するのは大変な作業だが、オーバートレーディングする傾向のある人には特に有効だ。やったことをすべて記録するのには時間がかかるため、オーバートレーディングをやっている暇などなくなるからだ。日記はまた成功するトレーダーになるために必要な条件のひとつでもある規律を身につけるのにも役立つ。

機関トレーダーの場合、デスクリーダーやマネジャーがいるし、各トレーダーのトレード内容はコンピューターで逐一監視されている。常に評価されているので過ちを正すことも容易だ。私の場合、トレーディングパフォーマンスを1週間ごとにプリントアウトしていた。これによって、30分ごとのトレード状況、勝ちトレードと負けトレードの保有時間、勝率、平均損益、各銘柄の売り買いの状態を把握することができた。また、日々のトレードでは最初の30分はあまりうまくいっていないことが分かったため、この時間帯はトレード量を極端に減らした。全体的に見ると、負けトレードを長く保有しすぎる、苦手とする銘柄がある、トレード量が多すぎるといった特徴のあることが判明し、以降のトレーディングではこういったことに気をつけてトレードした。負けトレードの保有時間を減らす方法として、私はスプレッドシートに各トレードの仕掛け時間を記入し、45分後にもそのポジションを保有し損失が出ていれば手仕舞うというルールを設けた。一方、私は午後のトレーディングに強いことも分かってきた。特にジレット、コカ・コーラ、コルゲート、ホームデポといった平凡な銘柄のパフォーマンスが良かった。つまり、ほかの銘柄に比べて成功率が高く、損失が少ないということだ。こういった情報が得られなかったならば、自分の得意な銘柄に焦点を絞ったトレードは不可能で、不得手な銘柄相手に悪戦苦闘していたことだろう。

自分を監視してくれるマネジャーもプログラムも持たないトレーダーにとって、自分を監視するベストな方法は日記以外にない。日記をつけることで自己管理が可能になるとともに、自分のトレーディングパターンというものを知ることができる。そこから自分の得手不得手も見えてくる。自分の得意・不得意とする銘柄や市場を知るためには、ぜひ日記を書くことをお勧めする。日記の効果はこれだけではない。金曜日や指標・統計が発表される前に買っても儲からないことも分かってくるはずだ。こういったことが分かってくれば、問題点を解決しながら、成功が見込める高確率のトレーディング状態を見極める力が徐々についてくるだろう。

日記には何を書けばよいのか

何を売買したか

売買した株や商品を記録する。これは基本中の基本だ。私は売りと買いを表すのに－と＋の符号を使っている。自分が売りと買いのどちらを得意とするのかや、どちらのトレード量が多いかを知ることは重要だ。トレーダーのなかには売りか買いかのいずれか一方に極端に偏り、下げ相場のときでも90％買っている人がいる。自分の売買の傾向や好みを知ることで、トレーディングの再評価はもちろんのこと、バランスの取れたトレーディングができるようになる。

トレードを行った時間

人によっては、１日のうちの時間帯によってパフォーマンスが異なる場合がある。ランチタイムはまったくダメという人もいれば、午前中は快調だが場が引ける間際が苦手な人もいる、といった具合だ。こういったことを日記に書き込んでおくとよい。私の場合、午前中よりも午後のほうが、また最初の30分より最後の30分のほうが得意なようだ。また、時間帯では、トレンドが形成されたり反転が起こったりする午前11時から午後２時が私のベストタイムだ。こういったことを知ることで、トレード量を確実に増やしてもよいときと、減らさなければならないときとが分かってくる。日記をつけ自分のトレードを常に見直すことで、自分にベストなトレーディングタイムが分かり、それをうまく利用することでパフォーマンスは向上するはずだ。

※日記については『シュワッガーのテクニカル分析』（パンローリング）を参照

トレードを行った理由

日記に書くべきことのなかで最も重要なのは、トレードを行った理由である。理由を書くことでトレーディングパフォーマンスは劇的に向上する。「退屈だったから」とか「20分で３ドル上昇し、その動きに乗り遅れたくなかったからIBMを買った」は、あまり良い理由とは言えない。こういった理由を書き込んで、それで良しと満足しているようでは、先はまだまだ長いと思わなければならない。普段は何気なくやっているトレードでも、その理由を書かなければならないとなると、軽はずみな気持ちではトレードはできなくなるというものだ。例えば、次のような仕掛け理由は合格点だ。「ダウは上げ相場にあった。一時わずかに下げたものの、依然として堅調な動きが続いていた。一方、IBMは高値から75セント下げその水準で推移していたが、再び上昇する気配があった。だから、IBMを買った」。トレード理由を書くことを習慣づければ、低確率なトレードを極力避けようとするため、意思決定能力は向上する。私は理由だけでなく、追っかけをしたか、それとも押しや戻りを待ったかも記録した。ノート１冊が終わるころには、良いトレードと悪いトレードとの見分け方が分かってくるだろう。

トレードに対する確信度

トレードをランク付けするための何らかの基準を設け、各トレードをその基準に照らしてランク付けする。私はおよそ10市場に対するトレーディングシナリオを毎晩作成していた。各商品について買いと売りのシナリオを作り、それらを星１つから星５つまでの５段階でランク付けした。しばらくすると、５つ星のトレードはまるで守り神でもついているかのようにうまくいき、１つ星のトレードは運を天に任せるしかないトレードだということが分かってきた。５つ星のトレードは１つ星や２つ星のトレードほど数は多くはなかったが、５つ星のトレードを辛抱強く待ち続け、そういったトレードだけ行うようにすると、パフォーマンスはグンと上がった。トレードのランク付けをすることで、最良のトレーディングシナリオが分かってくるので、そういったトレードだけに集中することができるようになる。機会の良し悪しを見分けられるようになれば占めたものだ。損益分岐点ギリギリのトレードは無視し、高確率トレードだけを行えるようになる日も近いだろう。

利益目標

ポジションの最盛期が過ぎてもそれを保有し続けることを避けるための良い方法は、利益目標を持つことだ。利益目標を設定するに当たっては、まずそのポジションでどれくらい稼げるかおおよその見当をつけることが重要だ。これは、ポジション管理に役立つ。設定した目標額に達したら、手仕舞うか量を減らす。相場が予想以上に良いからといっていったん行った意思決定を覆してはならない。もちろん、相場が自分の希望どおりの水準に達すれば、利益を確保できたことで気持ちが高ぶるのは理解できないわけではない。しかし、これをやってしまうと、感情に支配され冷静な判断はできなくなる。目標水準に達したら、とりあえず利食いして目標を設定し直し、相場が大幅に下げたら再び買えばよい。

ストップ

利益目標の設定同様、ストップ水準も設定しておくとよいだろう。これは損失を制限するとともに、手仕舞い時期を判断するのに役立つ。ストップの設定は冷静な心理状態のときに行うことが重要だ。最悪のポジションを建ててにっちもさっちもいかない状態で設定してもうまくはいかない。

実際の損益

平均損益を常に把握しておくことは、リスクマネジメントをするうえで重要だ。平均損益を記録しておくことで、例えば、勝ちトレードでは300ドルの利益が得られるが、負けトレードではおよそ900ドルの損失が出るといったことが分かってくるからだ。こういったパターンが分かれば、負けトレードは早めに手仕舞い、勝ちトレードの利益は伸ばすことができる。こういった数字の出し方が分からなければ、損益比率のことなど問題視することはないだろうし、ましてやその改善に思いが及ぶこともまずないだろう。平均損益はエクセルのスプレッドシートを使えば簡単に計算できる。

保有時間

勝ちトレードと負けトレードの平均額を知るのと同じくらい重要なのが、それらの保有時間を知ることである。負けトレードは勝ちトレードより素早く手仕舞う必要がある。以前の私は、相場が反転することを信じて疑わず、あるいは自分の非を認めたくなくて、負けトレードを後生大事に抱えていたものだ。今は負けトレードの最大保有時間は45分と決めている。45分たっても好転しないようであればすぐに手仕舞う。そのポジションがダメだと分かったら、素直にそれを認め手仕舞うのが原則だ。利食いは早いのに悪いトレードだとなかなか手仕舞えない人があまりに多すぎる。繰り返すが、保有時間を記録しておくこと。そうしなければ適切な保有時間など分かりようがない。

システムトレーダー

システムトレーディングを行っている場合は、システムの出すシグナルを無視したときをすべて記録しておく。こうすることで、シグナルを無視したほうがよいときと、無視すべきではないときとが分かってくる。

トレーディングにおける意思決定

トレーディングにおいて行った意思決定の良否を記録しておくことも必要だ。負けトレードは素早く手仕舞った、良いトレードを長く持ちすぎていた、あるいは早く手仕舞いしすぎた、自分のルールに従った、押し目を待った……。良いことも悪いことも含めて、行ったことをすべて書き留めておくことで、将来のトレーディングで正しいアクションを取れるようになる。特に、自分の弱点を見つけその弱点を修正していけば、パフォーマンスは確実に上がるだろう。例えば、記録から「勝ちトレードを早く手仕舞いしすぎる」傾向のあることが分かったとすれば、次回からは勝ちトレードは早く手仕舞いしすぎないようにすればよい。しかし、こういったことを記録しておかなければ、それが問題なのかどうかさえ知ることはできない。

日記の見直し

継続的なオンザジョブトレーニングが必要な職業があるとすれば、トレーディングはまさにそういった職業である。日記をつけるのは、いわば授業でノートをとるようなものだ。講義ノートは見直さなければ意味がないのと同じように、日記も定期的に見直すことで初めて書いた効果が得られる。書きっぱなしではダメだ。注意深く何度も読み返し、自分の長所・短所を知ることが大切だ。自分のトレーディングパフォーマンスを見直すようになって初めて正しい軌道に乗れたことになる。私は帰宅途中にその日のトレードを見直すことにしている。見直しながら、悪いトレードはどこが間違っていたのか、良いトレードはどこが良かったのかをチェックするのである。トレードの良し悪しは稼いだ金額で判断するのではない。負けトレードでも直ちに手仕舞うことができれば、私にとってはそれは良いトレードになる。すべてのトレードがうまくいくことは絶対にない。そして負けトレードは素早く損切りするほどよい。しかし、私が最も注目するのは、愚かなことをしてしまったトレードである。こういったトレードに関しては、もっと慎重にやるべきだったと深く反省する。例えば、インディケーターの方向が変わったにもかかわらず、ポジションを持ち続けたために利益を大幅に減らしてしまったといった過ちは二度と犯したくない過ちのひとつだ。自分の行ったトレードを見直しながら、なぜそういったトレードを行ったのか、本当はどうすればよかったのかを考え、次回はもっと利益が増やせるようにするのだ。また、市場からのサインを見逃さなかったかどうかもチェックする。

　トレードの見直しは過ちを探すことばかりが目的ではない。賢明なトレードをしたときには自分を褒めることも忘れないようにしよう。例えば、先週の月曜日、ランチタイムまでに早くも3000ドルの損失を出していた(賢明ではない部分)。しかし、すべてのトレードが逆方向だったことに気づき、それらのトレードを手仕舞ったあと頭を冷やすためにちょっとだけ散歩した。その後オフィスに戻ってからは相場をもっと客観的に見ることができるようになっていた。そして相場の正しい流れに沿ったトレードを仕掛け、2500ドル取り戻すことに成功した。損失を500ドルにとどめられたことに満足し、その日のトレードは成功とみなした。うまくいかないときには、とりあえずすべてのポジションを手仕舞って仕切り直しをするという習慣は、こういった経験から身につくものだ。

プロのトレーダー

一般トレーダーはいつも損ばかりするのに、成功する10%のトレーダーのほとんどをプロのトレーダーが占めているのはなぜなのだろうか。機関トレーダーが一般トレーダーより成功する確率が高い理由のひとつは、資金力にある。彼らは同じ過ちを繰り返すことができるし、また実際に繰り返してもいる。しかし、過ちをひとつ犯したからといってキャリアが終わることはない。彼らが過ちを犯しても生き残ることができるのは、巨額の資金としっかりした管理体制が背後にあるからだ。機関トレーダーになると、まずトレーニングプログラムに参加し、ベテラントレーダーのアシスタントに付いたり、損をしても大したことにはならないような小さなアカウントを任せられる。彼らがヘマをやらかしても、大きなアカウントを抱えるベテラントレーダーのミスに比べると会社には実害はほとんどない。実力がついてくると、自分の裁量でもっと大きな取引ができるようになる。彼らは一夜にしてこういうふうになるわけではない。何年もの学習期間を経て、ようやくここまでたどり着くのである。

トレーニングプログラム

プロのトレーダーの多くは、長期にわたる徹底したトレーニングを受けてようやく利益が出せるようになる。私が株式のトレーディングを始めた当初、ベテランのトレーダーは私に次のように言った。新米のトレーダーは例外なく最初の２年は損ばかりするものだと。だから、最初から利益を出そうなどと考えているとがっかりすることになる。最初の２年間は学習期間なのだ。新米トレーダーは最初の３カ月はトレードをやらせてさえもらえない。１日中じっと座ってさまざまなトレーディング機会を学んだり、つもり売買したりする。３カ月が過ぎたころから少量のトレードが許されるようになるが、実力が認められるまでは厳密なルールに従わなければならない。実力が認められて初めて、大きなトレード量とバイイングパワーが与えられ、自分の裁量で売買できるようになる。トレーニング期間に新米トレーダーたちが出す損失を会社はリスクとは考えない。新人が５万ドルずつの損失を出しても、それは会社にとっては新入の教育費でしかないのだ。

ゴールドマン・サックス、ベアー・スターンズ、メリルリンチといった証券大手は全米のトップビジネススクールを回り、優秀な学生に高い金額をオファーし、自社のトレーニングプログラムに勧誘する。彼らはこういった学生をトレードをさせるために雇うのではなく、トレーダーになるためのトレーニングをするために雇うのだ。彼らがエリートばかりを雇いたがるのは、エリートは優れた学習能力があることが分かっているからである。つまり、そこそこの成績で二流の大学院にかろうじて入れるような学生よりもエリート学生のほうがのみ込みが早いだろうというわけだ。

ここで疑問に思わなければならないのは、プロのトレーディング会社でさえトレーダーを育てるのに数年を要し、多額の金を投じるというのに、一般トレーダーはトレーディング経験もないのにたかだか5000ドルの先物口座を開き、すぐに金儲けできるなどと、なぜ考えてしまうのかということである。フロアトレーダーにしても、最初から取引所の会員権を取得してピットでトレードするわけではない。彼らのほとんどは何年もアシスタントとしての経験を積んだのち、ようやくピットでのトレードに乗り出すのだ。私の場合、フロアであらゆることを学びトレードできるようになるまでに３年かかった。一般トレーダーは自分をもっと現実的に見つめ、十分な資金をもってトレードに臨むべきである。当初資金をすべて擦ってもけっして落胆してはならない。それは、勝つトレーダーになるという最終目的を達成するための授業料の一部とみなすべきである。

時間と金はかかったが、最後には目的を達成した人の例

支払うべきものを支払ってトップトレーダーに上り詰めた人の例を紹介しよう。彼は私の知り合いで、その兄は優秀なフロアトレーダーだった。彼をフロアトレーダーの世界に誘い入れたのは兄であり、トレード資金も兄が用立てた。１年目、彼はありとあらゆる過ちを犯して、損失額は10万ドルを優に超えた。でも彼はへこむことはなく、兄は前よりも多額のトレード資金を準備してくれた。２年目も１年目同様にひどい滑り出しだったが、途中で挽回し始めわずかな損失を出すにとどまった。そして３年目を終えるころには、彼はコンスタントに金を稼ぐマシンに成長していた。今や彼のトレーディング暦も15年になり、毎年７桁の利益を上げている。授業料はけっして安くはなかったが、彼はトップトレーダーになるという夢をけっしてあきらめることはなかった。２万ドルの損失を出した時点でやめていれば、成功のチャンスをつかむことはなかっただろう。

個人的な意見

トレーディングは最初から稼げるほど簡単な商売ではない。資金不足で痛い経験をしている私だからこそ言えることは、もっと十分な資金を準備し、最初からトレーディングで生計を立てようとなどは考えず、最初の数年は経験を積む期間であることを認識していたならば、私のトレーディングキャリアはもっと早く好転していただろうということだ。トレーディング以外の収入が一切なく、すべてを危険にさらした状態では、叶う夢も叶わなくなる。私は最初から力んで、一夜にして一攫千金を狙おうとしたのだ。うぬぼれが強く、親切に教えてくれようとした人々よりも自分のほうが優れていると自負していた。彼らの忠告など耳に入らなかった。彼らのように慎重にやりすぎれば、大金を稼ぐことなどできないと思っていたからだ。しかし彼らのトレードは安定しており、常に利益を上げていた。私はこれを自分で学ばなければならなかったため、莫大なコストがかかった。以前にも言ったように、利益を出せるようになるまでにかかったコストは７万5000ドルにも及んだ。この金が最初からあればもっとマシなことになっていたかもしれないが、これは７年間かけて少しずつ稼いだ金だ。その間というもの、アルバイトで昼夜を分かたず働き、週末も働いた。トレーダーとしてもがき苦しむ日々が続いた。アルバイトで稼いだ金が貯まるとすべてを市場につぎ込んだ。しかし、資金は見る見る目減りするばかりだった。これは私が悪いトレーダーだったというわけではなく、常に資金不足状態にあったからである。思うに、勝算がないと分かっていてもトレードする悪い癖がついたのは、すべて資金不足が原因ではなかったかと思っている。調子がいいとすぐに図に乗り、１週間もしないうちに文無しになるということの繰り返しだった。文無しになると大豆の証拠金を稼ぐために次の24時間はタクシードライバーのアルバイトをした。お金を稼ぐことばかり考え、証拠金を作って、トレーディングで生計を立てようと考えているようでは、良いトレードができるはずがない。

優れたトレーダーになるためには

優れたトレーダーになるためには時間はかかるが、強い意志と、じっくりやろうという気持ちと、十分な資金があれば可能だ。十分な資金の準備もないままいきなりトレーディングを始めて稼ごうと思ってはいけない。お金を稼げるようになるには時間がかかるということを認識することが大事だ。トレーディングの詳細を学びながら生き残りを図るためには、何といっても十分な資金が必要だ。5000ドル程度の口座では成功のチャンスは見込めない。もちろん、少額口座でもトレードはできないわけではないが、その場合、稼げる額にも限界があるということを忘れてはならない。また、成功するまでには一度や二度の破産は免れないことも肝に銘じておきたい。破産というと響きは悪いが、それほど悪いことではない。むしろ勝てるトレーダーになるための通過儀礼と考えるべきだろう。

トレーディングを始めるに当たってぜひ覚えておいていただきたいことは、ゲームに参加し続けるためには、いくら稼ぐかよりも、損失をいかに少なくするかのほうが重要だということである。つまり、お金を稼ぐことよりも資金を減らさないことを重視するということだ。過ちが果たす役割も大きい。過ちはだれでも犯すものだ。初心者は特にそうだ。バカバカしいミスをしてもがっかりすることはない。その過ちから学び、同じ状況で同じ過ちを二度と繰り返さないようにすればよいのだ。また、トレーディング日記をつけることもお勧めだ。日記をつけ、それを常に見直すことで自分の長所と短所を知ることができる。同じ過ちを何度も繰り返すような人は、自分が本当にトレーディングに向いているのかどうかをもう一度考え直したほうがよいかもしれない。

以上のことを一言でまとめるならば、急ぎすぎてはいけない、ということである。２年以上の経験を積むまでは、稼ぐよりも資産を減らさないことを優先する。５年の経験を積んだトレーダーでも初めて遭遇する出来事の１つや２つはあるものだ。息の長いトレーダーになるためには急ぎすぎないことである。授業料を支払い、やるべきことをしっかりやり終えたら、学習期間は終了だ。これでようやくトレーディングで生計を立てる準備が整ったことになる。

トレーディングを始めてすぐに直面する問題点

1．学習曲線を無視する
2．当初資金の不足
3．運転資金の不足
4．本格的なトレーニングを受けていない
5．訓練が足りない
6．管理者の不在
7．すぐに成功を期待する
8．最初から大きな利益を期待する
9．破産

トレーディングスキルを磨きながら生き残るためのヒント

1．急ぎすぎるな
2．小さくトレードし、小さく考えよ
3．トレーディングの授業料を支払え
4．過ちから学べ
5．経験を師にせよ
6．生き残るためには十分な資金を準備せよ
7．貴重な資産を減らすな
8．まずはつもり売買で腕だめし
9．日記をつけよ
10．行ったトレードを常に見直せ
11．固い意志を持て
12．エンジョイせよ

自問自答コーナー

●トレード資金は十分か

●なぜそういうことをしたのか

●本当はどうすべきだったのか

●二度とそういうことをしないためにはどうすればよいか

●各トレードに対して合理的な説明ができるか

●間違いはしっかり反省しているか

●正しいことをしたときには自分を褒めているか

第2章

現実的な目標を設定しよう

Setting Realistic Goals

少し前のことになるが、ある不動産会社のオーナーから１通の手紙が届いた。商品先物取引で百万長者になるためのレクチャー本を読み、やってみようという気になった、といった趣旨の手紙だった。最も良い条件のところでやりたいと思ったのだろう、同じ手紙がほかの２〜３のブローカーにも送られていた。その内容はおおよそ次のようなものだった。

私は２〜３週間以内に商品先物取引を始めたいと考えています。トレーディングの経験はありませんが、ケン・ロバーツの本を読み終え、今つもり売買をしています。私の計画としては２万5000ドルの口座を開き、最初は週1000ドル程度の利益が出ればよいと考えております。そして数カ月たって慣れてきたらトレード量を増やし、利益も徐々に増やしていきたいと思っています。最終的には、不動産の仕事を引退してトレーディングで生計を立てるべく、１年ほどで週5000ドル程度の利益が出せるようになることを目指しています。つきましては、手ごろな手数料で発注だけ行ってくれるディスカウントブローカーを探しています。売買の意思決定は自分でする予定です。御社のベストプライスをできるだけ早期にご提示いただきたくお願い申し上げます。

こんな手紙をもらった人ならだれでもそうだろうが、私は皮肉を込めて次のような内容の返事を書いた。

当方の手数料は往復で15ドルです。しかし、トレーディングをお始めになる前に、ひとつご指摘申し上げたいことがあります。あなたの目標は現実的ではないということです。あなたは2万5000ドルの口座で年間20万～25万ドルの利益を上げたいと思っているようですが、これは年次リターンに換算すると800～1000％に相当します。トップのヘッジファンドマネジャーやプロのトレーダーでも、年間35％のリターンが得られればそれはもう悶絶ものなのです。トレーディングの経験がないあなたが、トレーディングを始めていきなりこういった人々のパフォーマンスを上回ることができるとお考えなのは、いかがなものでしょうか。当面の目標である週1000ドルも年次リターンで言うと200％に相当し、初心者としては背伸びのしすぎです。こういうこともまったくないとは言えませんが、損をする週もあるという事実をあなたはまったくお忘れです。初心者のあなたには、まずは少量のトレードで学習するという目標をお持ちになることをお勧めします。1年目は年間で5000ドルの利益が上げられれば御の字で、それでも全トレーダーの90％の人々を上回る良い成果なのです。また、トレーディングの初心者が最初からディスカウント口座を開くのも、正直言ってお勧めできません。トレーディングを始めた当初はだれでも多くの過ちを犯すものです。最初はブローカーの指導の下で行われたがほうがよいのではないでしょうか。私どもはブローカーのアシスト付き口座を往復25ドルで提供しております。初めてトレーディングを始める方にはこちらの口座をお勧めします。しばらくしてトレーディングに慣れてきたら、どうぞ格安の口座に移行なさってください。トレーディングに関してほかにご要望がおありであれば、あるいは当社に口座をお開きになりたい場合は、ぜひご連絡ください。

きっと私のことを失礼な奴だと思ったのだろう。彼が当社に口座を開かなかったのは言うまでもない。彼は別の証券会社に口座を開き、オンライントレーディングを始めた。それから２カ月後、彼から口座を当社に移したい旨の連絡を受けた。彼は私が手紙に書いたことを覚えていて、私の正直さが気に入ったようだった。その時点で彼はすでに１万7000ドルの損失を出しており、トレーディングは考えるほど甘いものではないことを実感し始めていた。現実的な目標を設定しなければならないことを身をもって体験したわけである。６カ月後、彼は損失額がもう少しかさんだ段階でトレーディングをあきらめ、元の不動産業へと戻っていった。必要な学習期間さえ設ければ、きっと良いトレーダーになれたはずなのに残念だ。あまりに先を急ぎすぎたために学習期間が終了する前に有り金のほとんどを失ってしまったのである。私も初心者のころはおおよそこんなものだった。5000ドルの元手を１万ドルにするために月2000ドル稼ぐにはどうすればよいかを、チャートと表とくびっぴきで考えたものだ。口座資産が増えるにつれ、3000ドルから4000ドル、6000ドルと、儲けは徐々に増えていき、やがて月２万5000ドル稼げるようになった。想い起こせば、今の安定した生活を手に入れるまでには多くの紆余曲折があり、遠回りもしたし、さまざまな痛手も負った。

現実的な目標設定

日常生活でもトレーディングでも現実的になれ

成功に対して現実的になることは、多くの人にとってはなかなか難しいものだ。ここニューヨークは、現実に目を向けることよりも夢を追いかけ続けることの好きな人がたくさんいる街だ。ここには、演劇、音楽、モデル、あるいはデザイン業界でビッグになることを夢見て毎月何千という人々が集まってくる。もちろん、ウォール街のスターを目指す人だっている。スターになれる確率が、雷に２回打たれたあとサメに噛みつかれるといった事態が発生する確率ほど低いことを、彼らは皆知っている。にもかかわらず、夢を追って目を輝かせながらこの街にやってくる人は後を絶たない。大部分がウエーターやバーテンダーのプロになって終わるのがおちであるにもかかわらず……。私自身、レストランでウエーターとして働きながらトレーダーを目指した。私の周りには、スターになりたい、モデルになりたい、俳優になりたい、ダンサーになりたい……と言い始めたらきりがないほど、多くの夢見る人間であふれていた。でも私の夢が一番クレイジーだったかもしれない。スタートレーダーになろうなどという人間は、私以外にはいなかった。

さて、目標を設定するに当たっては、分野を問わず現実的になることが重要だ。日常生活においても、トレーディングにおいても、現実的なレベルで考える必要がある。投資家やトレーダーのなかには、「たかだか」２万5000ドルの口座で、仕事を辞めてデイトレーディングで生計を立てることができると思っている人が多い。5000ドルの口座でも可能だと考えている人さえいる。おそらくは5000ドルを1000万ドルに増やしたきわめて例外的なトレーダーの話を何かで読んで、自分にもそれができると思うのだろう。もちろん、まったく不可能とは言わないし、たまにはそういうこともあるかもしれない。しかし、そんなラッキーな人はほんの一握りにすぎず、実際には何十万というトレーダーたちが破産しているのが現実だ。目標を低く設定すれば、彼らが夢見る何百万ドルもの大金を稼ぐことはできないかもしれないが、そこそこの成果は上げられるはずだ。

「全トレーダーの90％が損をしているだって？　でも、私は違う」

私はかつてブローカーのためのセミナーに一度だけ出席したことがある。講師は顧客をつかむための彼の方法をひとつ紹介した。トレーディングについての無料セミナーを開くのだという。セミナーでは、トレーダーで儲かるのはあなたたちのわずか10％だと言い、彼の顧客の90％は損を出している話をして、その理由を述べる。その後、「自分が10％のエリートになれると思う人は？」と質問するとだれもが手を挙げる。トレーダーのほとんどが負ける話を聞いたばかりだというのにだれもが挙手するということは、物事を現実的にとらえている人がいないという何よりの証拠だ。ほとんどの人が考えたり語ったりするのはトレーディングの大きな可能性であって、現実ではない。自分だけは成功すると彼らは思うのだ。失敗する確率がいかに高いかという事実を聞かされても、自分が失敗することを想像する人はだれひとりいない。自分の成功を信じることは重要だが、慎重にやらなければ失敗する可能性があることを理解しておくことも重要だ。

「10000％の利益を目指しているだけさ。何か問題ある？」

現実的な目標を設定すれば、目標を達成できるだけでなく、痛い目に遭わなくてもすむ。現実にそぐわないバカげた目標を設定すれば、行き着く先は絶望しかない。１万ドルの口座で生計を立てようとするトレーダーはかなりハードな労働を強いられるだけでなく、その目標を達成しようと思えばオーバートレードするしかない。しかし、いったんオーバートレードを始めてしまえば、生き残るチャンスは途端に低下する。なぜならそういったトレーダーはオーバートレードしなければならないためリスクを取りすぎるだけでなく、目標に到達するためには信じがたいほどのリターンを達成しなければならないからだ。

正直言って、これはかなりきつい作業だ。口座を開いて、それを数年で100万ドルの口座にしたいとだれもが夢見る。しかし、確実に100万ドルの口座にするためには200万ドルの口座から始めるしかないのが現実だ。この業界に長年いて気づいたことは、最も多くの金を持っているトレーダーが最もうまくいくトレーダーであるということである。「金を作るには金がいる」という昔からの諺もある。とはいえ、大きな口座があるからといって良いトレーダーになれるというわけでもない。大きな口座があれば、失敗できる余地が増え、各トレードにおけるリスクが減り、生き残れるチャンスが増えるというだけである。参加している時間が長いほど成功するチャンスも増える。大きな口座を持つトレーダーが長く生き残れる理由を私なりに考えてみた。例えば、数千ドルしか持っていない人は、それをすべて失ったからといってもどうなるわけでもない。だから慎重にはやらない。たかだか2000ドルで人生が変わったりはしない。一方、10万ドルの口座の持ち主の場合はどうだろう。10万ドルは失ってしまうにはあまりにも大きな額だ。だからそれを失うまいと真剣にやるのである。

トレーディングでそこそこの暮らしを立てるという目標は、10万ドルの口座の持ち主にとってはかなり現実的ではある。彼らが１日に1000ドル稼ぐという目標を立てたとすると、１万ドルしか持っていない人に比べると苦労もリスクもはるかに少なくてすむ。それでもこの目標は年次リターンに換算すれば200％である。１万ドルの口座の持ち主にとっては１万％のリターンを求めていることになる。こういったことが可能なのは、モルガン・スタンレーが直々に訪ねてきて、８桁のサラリーをあげるからぜひうちで働いてくれないか、と嘆願するような人だけだろう。誤解しないでもらいたいのだが、１日に1000ドル稼ぐのはもっと少額の金でも可能だ。事実私は2000ドルの口座でそれをやったのだから。ただし、一度でもミスをするとそれまでだ。トレーディングのプロが何百万ドルも稼げるのは、彼が数百万ドルの口座でトレーディングを行い、しかも目指すリターンを年20〜35％程度と比較的低い数字に設定しているからである。彼らはビッグプレーは狙わない。しっかりした選択眼をもって、安定した利益を出すことを信条とする。いくら儲けようと考えるのではなくて良いトレードをすることに専念すれば、お金は結果として付いてくるものだ。

非現実的な目標は危険！

トレーディングを始めた当初、大きなワナが私を待ち受けていた。それは、1000ドルを超える儲けを出した日だ。トレーディングを始めてから2週目のことだった。それ以降、１日1000ドルというのが私の目標になった。1000ドルを超える儲けを出した日は、最高の日だった。やることなすこと、すべてがうまくいった。しかし、うまくいく日はそうそうあるわけではなく、どのトレードも勝ちトレードになるとは限らない。しかしその日以来、私は１日に1000ドル稼ぐことを目指し、トレード枚数も１枚でなければならないところを２枚、３枚と増やしていった。それに加え、ほかの市場にも手を出し始め、常にトレードの機会をうかがっていた。トレード量は常に過剰気味で、苦痛さえ感じていた。私が最初に設定した目標は200ドルだったが、これは１枚のトレードに対する目標としては妥当なものだった。無理な目標を設定するまでは、これでうまくいっていた。

現実的な目標を立てよう

目標を立てるに当たって何よりも大切なのは、無理のない目標を立てることである。極端に高い目標を立てるのではなく、無理がなく実現できそうなレベルに設定することが重要だ。資金が１万ドルしかないのに目標を１日1000ドルにした場合、債券やS&P500のＥミニなどを売買すれば可能かもしれないが、果たしてこれは適切な目標と言えるだろうか。どのトレードも証拠金はギリギリで、そこそこの動きはすべてキャッチしなければならないだろう。しかもこれは週50％のリターンを意味するのだから、非現実的を通り越してクレイジーな域に達した数字だ。こういった場合の目標設定としては、毎週コンスタントに利益を上げること、勝率は45％、勝ちトレードの平均利益は８ポイント、負けトレードの平均損失は４ポイント、というのが適正だ。こういった達成できそうな小さな目標を設定すれば軌道を外すことはない。

負ける日もあることを忘れるな

１年で10万ドルを達成するために、１日の利益目標を400ドルとか500ドルに設定する人がいるかもしれない。１日400ドルはそれほど大きな金額ではないし、達成するのはそれほど難しくはないかもしれないが、１年後の総利益を計算するとき、負ける日もあるということを忘れてしまいがちだ。彼らの頭の中には、毎日一定額をコンスタントに稼げることしかなく、負ける日があることは脳裏をかすめもしない。実際はというと、負ける日は勝つ日と同じかあるいはそれ以上にあり、負けた日の損失は勝った日の利益より大きいのが普通だ。１日400ドルの利益目標を立てていた人が、最悪の日に一瞬のうちに2000ドル損したケースを私はこれまで幾度となく見てきた。次に注意しなければならないのは、負けた日の損失を取り戻すために、最初の目標を無視して目標額を損失額の２倍に設定するようなことをしてはならないということである。これはオーバートレーディングにつながるし、オーバートレーディングしてもけっしてうまくはいかない。損失を取り戻そうとするな。無理のない目標として400ドルと設定したのなら、どんなことがあってもその目標を維持すべきである。損失を取り戻すには数日かかるかもしれないが、オーバートレードに走るよりはマシだ。また、勝った日の利益目標を定めるのであれば、負けた日の最大損失も設定しておかなければならない。この場合、最大損失は勝った日の利益目標よりも低く設定する。例えば、勝った日の利益目標を400ドルに設定したのであれば、負けた日は300ドルを超える損失は出さないことを目標とするのだ。負ける日もあるという事実を認識すれば、１年で10万ドルなんて夢のまた夢であることが分かり、２万ドル程度が妥当だと思えるようになるはずだ。目標は、頑張ろうという気にさせるようなものでなければならないが、あまり背伸びしすぎてはいけない。そして、目標はあくまで目標であって、毎日それを達成しなければならないわけではないことを忘れないようにしたい。

口座の最低額

少なすぎる資金でトレードしようとする人が多いことは、これまで何度も述べてきた。では口座には最低どれくらいの資金があればよいのだろうか。具体的な額を特定することはできないが、先物ならば２万5000ドルから５万ドル、株ならば10万ドル辺りが妥当な数字と言えよう。これだけの資金があれば、そこそこのトレーダーなら良い月で5000～１万ドルの利益を見込めるだろう。ただし、ある程度堅実にやることが条件である。これらの額は、ある程度の余裕をもってトレーディングが行え、トレーダーにありがちなミスを犯してもそれを補うことができる最低の線である。当然ながら、資金が多ければ多いほどチャンスが広がるのは言うまでもない。トレーディングをやっていると、連敗が続いたあとようやく何回か勝つチャンスが巡ってくるという時期が必ずある。しかし、資金不足だと勝つチャンスが巡ってくるまで持ち堪えることができない。口座資産が少ないほど、長期的に見た場合の利益機会が少ないというのはそういった理由による。5000ドルしかなければ、しょっぱなからいきなり連敗が続くともうそこでアウトだ。どうしても小さな口座しか持てないのなら、それでもよい。ただし、自分の資力に見合った利益目標を立て、身の丈に合ったトレードをすることが大事だ。少ない資金でもトレードはできるが、トレード回数は減り、取引はボラティリティの低い市場や株に限られ、それほど大きな利益は期待できないことは覚悟しておこう。

最終目標だけでなく、個別目標も立てる

目標を立てる場合、全体的なパフォーマンスに対する目標だけでは不十分だ。市場別目標、波動別目標、日ごとの目標、年次目標、学習曲線の長さ別目標といった具合に、目標は異なるレベルごとにも設けておくのがよい。

市場別目標

アベレージトゥルーレンジ

まずは、最も小さなレベル――市場の動き――から見ていくことにしよう。これは、どのくらい稼げるかあるいは損をするかを見積もることができるようにするためだ。トレーディングでは、トレードごとにどれくらい儲けられるのかあるいは損をさせられるのかを、市場別あるいは銘柄別にあらかじめ見積もっておくことが重要になる。これはデイトレーディングにもポジショントレードにも当てはまる。そのためには、トレードしている市場や株のアベレージトゥルーレンジ（ATR）を知る必要がある。ATRはトゥルーレンジ（TR、真の値幅）

※ATRについては『ワイルダーのテクニカル分析』（パンローリング）を参照

の平均で、計算にはどんな長さの時間枠を使ってもよい。

トゥルーレンジ（TR）は次の３つのうちで最大のもの

1．今日の高値と安値との差

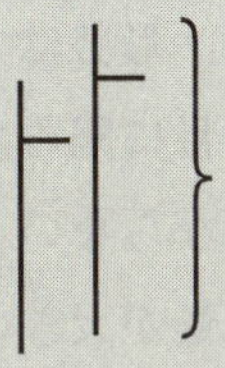

2．今日の高値と前日の終値との差
（上にギャップを空けた場合）

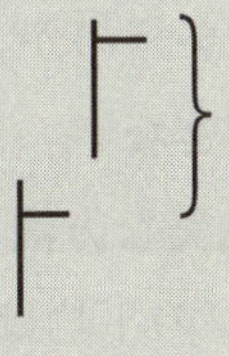

3．今日の安値と前日の終値との差
（下にギャップを空けた場合）

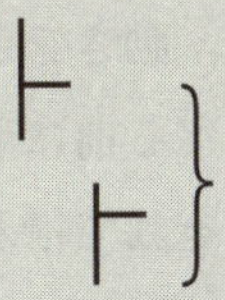

例えば、過去10日のATRが４ドルの株をデイトレードをしている場合、その日の動きが3.75ドルに達したら、そろそろ動きは止まると見て手仕舞いの準備をしなければならない。この場合、3.75ドル動いたこの時点が最適な手仕舞いポイントであり、最後の１ペニーまで搾り取ろうなどと欲を出してそのまま放置すれば、勝機を逃すことになるだろう。なぜなら、この株はすでにレンジの平均だけ動いているため、特別な日でもないかぎり、あとは勢いを失っていく、つまり抵抗線をヒットする可能性が大きいからだ。賢明なトレーダーであればこ

の時点で手仕舞いするかドテンし、形勢の変化をその直後に見ることになるだろう。そのままの勢いが続くことは期待せず、動きの最後を見届ける前に人より一歩先んじて手仕舞うほうが良い結果を生む。その場に長くとどまりすぎて形勢が変わったあとで手仕舞っても、時すでに遅しである。形勢はすでに逆転しているため、慌ててトレードせざるを得ない羽目に陥るだろう。相場が発する手仕舞いのサインを絶対に見逃してはならない。これはトレード量が大きいときには特に重要だ。トレード量が大きいと、形勢がいったん逆転すると執行が難しくなるからである。もちろん、５ドル以上動く日もあるだろう。でも、だからどうだというのか。１日４ドルというレンジの平均を大幅に超える日はほとんどない。レンジの平均の80％動いたら手仕舞うのが確率的には最も確実な方法と言えるだろう。**チャート2.1**を見てみよう。AMATのレンジの平均はおよそ４ドルである。これを大幅に上回る日もあるにはあるが、きわめて少ない。１日にどのくらい動くのかを知っている人は、動きを予想できるため利益が得られるチャンスは大きい。動きが止まる前に手仕舞ったために動きの一部を取り損ねたとしても、それはそれで構わない。手仕舞うことで高確率トレードを行ったことになるからだ。長い目で見れば高確率トレードを行うことこそが勝利につながるのである。

ATRを計算するためのソフトウエアを持っていない場合、手で計算するかエクセルで計算する必要がある。レンジの平均というものは時間とともに変化する。したがって、常に再評価が必要だ。例えば、私が以前トレードしていたアリバ（ARBA）はかつてのレンジは15ドルだったが今は50セントだ。また、かつて４ドルだったレンジが２ドルになっているものもあれば、大豆は１年のうちで夏が一番価格変動が激しい。レンジの変化に戸惑わないためにも、レンジは常に再評価することが大切だ。私はATRの計算には過去５日～10日のデータを使っている。株や市場のおおよそのレンジを知っておけば、価格の動

チャート2.1　AMATの日足――ATR＝3.99

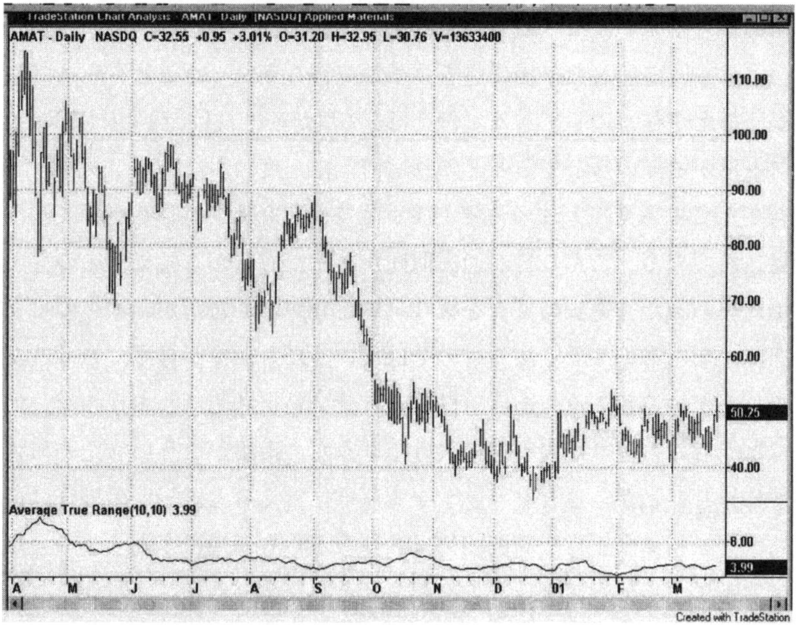

きに対して現実的な見方ができるようになる。例えば、株価が15ドルでATRが１ドルの株が１日に５ドル動くと考えるのは非現実的だが、株価が70ドルでATRが６ドルの株ならばそんなことも十分に考えられる。デイトレードの場合、30分足あるいは60分足のATRも知っておいたほうがよいだろう。短期トレードも長く保有しすぎると厄介なことになるからだ。

大穴狙いはやめよ

市場や株が何らかの影響で極端な動きを見せ、通常のレンジを超えてトレーディングされる日もある。例えば材料関連の動きや、あるテクニカル水準をブレイクしてそこから相場が急上昇するといったケースがこれに当たる。このような場合、通常のレンジをはるかに上回る値動きを示すが、こういった日は例外であり、一般的ではない。かく言う私も、白熱した市場に巻き込まれて、こういったことを忘れてしまうことが往々にしてある。例えば、ダウが下げ続け、すでに200ポイント下がっているとすると、これは何年に一度しかないビッグチャンスだと私は考えてしまう。そして、さらに500ポイント下がることを見込んで売る。こんな日が過去何回かあった。しかし結果はいつも大損に終わった。過去の歴史を振り返ると分かることだが、本当のビッグデイなんてそうそうあるものではない。にもかかわらず、私はこんなことが毎週起こる、あるいは起こればいいと考えてしまうのだ。私はどうもこの辺りが現実性に欠けるようだ。市場がこういった飽和状態に達し、私がきっとクラッシュするぞと考えると、99％の場合は持ち直す。相場が正常な範囲内にはありながらも極端に変動した場合には、市場から何かアクションを起こせという強いサインがないかぎり、何もしないのが賢明だ。あなたが手仕舞ったあと相場が下落し続けても落胆することはない。それは確率の問題なのだから。偶然にも、この部分は朝の通勤途中のバスの中で書いていた。その日のランチタイム、相場が200ポイント下落したので私は手仕舞いした。ここで読者の皆さんに説教したことを自ら実践した形だ。思ったとおり、相場は400ポイント近くまで暴落した。それはここ数日では最も大きな下げだった。動きを最後まで見届けたい気持ちは山々だったが、200ポイント下げた時点で手仕舞いして正解だった。その後エントリーできたのは、市場が本当に勢いを失ったあとだったからだ。

１トレード当たりの利益目標

相場のレンジの平均を知ることも大事だが、相場は波動であることを忘れてはならない。２カ月で30ドル動こうが、１日で４ドル動こうが、直線的に動くことはめったになく、上下動を繰り返しながらそこに行き着く。例えば株を例にとると、1日のレンジの平均が4ドルだとすると、1ポイントの上昇と0.5ポイントの下落を繰り返しながら、全体として1日4ドル上昇する、といった具合だ。大豆の場合、1日のレンジの平均が12ポイントだとしても、一気に12ポイント動くことはなく、5ポイント、4ポイント、2ポイントといった小刻みな動きを繰り返しながら全体的に12ポイントの動きが生じる。優秀なデイトレーダーはこういった小刻みな動きをキャッチし、その都度小さな利益を確保しながら大きな利益につなげる。野球でも長打を狙えば三振するものだ。ホームランを狙うよりも、3回か4回のシングルヒットを狙うほうがよい。つまり、小さな動きを小刻みにとらえるほうが安全であるばかりか、儲かる確率も高いということだ。

波に乗る

典型的な波の長さを計算するための簡単な公式はないし、もちろん難しい公式もない。これには、自分がトレーディングしている市場を自分で知る以外に道はない。5分足、60分足、日足、週足と時間枠が変われば、観測される波動のサイズはそれぞれの場合で異なる。取引が活発な日とそうでない日でも波動は異なり、そのサイズも異なる。利食いは、トレーダーが目標とする金額に基づいて行うのではなく、市場によって提供されるタイミングに基づいて行わなければならない。ひとつの波が終わりそうなときが手仕舞い時である。上値を狙って持ち続ければ、市場が反転したときには高くつくし、波が戻ってくるまでの数時間の間は身動き取れない状態になる。平均的な波の長さの感覚をつかむには、市場を知り、エリオット波動分析に関する実用的な知識を身につけ、トレンドライン、チャネル、オシレーターを使って市場が買われ過ぎているのか、売られ過ぎているのかを知る、といった複合的な知識が必要になる。これについては本書のテクニカル分析の部で詳しく説明する。

チャート2.2はAMATの２分足チャートを示したものだ。日々のATRはおよそ４ポイントである。詳しく見てみよう。前日の終値より２ポイント高で寄り付いたが、30分後（Ａ地点）、上昇は止まり、売られ始めた。12時30分（Ｂ地点）には高値から４ポイント下落し、レンジの平均に達した。この時点までは売りが大部分を占めていたが、その後は買いに転じた。情報通はこの株のレンジを知っているため、ATR近くになると売りをやめる。Ｂ地点を少し過ぎてから再び下落する気配は見せたものの、Ｃ地点で下げ止まり、その後は上昇に転じた。

波動によるトレーディングの話に戻ろう。10時から12時30分にかけての下落局面では下げ幅は４ドルを超えているが、一気に下落しているわけではない。上向きの矢印をつけた地点で下げ止まっている。残念ながらこれらの矢印は事後に書き加えたものだ。こういった矢印を事前に自動的に出せるようにする研究は今も続けている。さて、この間の下落波のサイズはそれぞれ１ドルから２ドルで、平均は1.5ドルである。一方、上昇波のサイズは0.75ドルである。Ｃ地点からは上昇に転じているが、上昇するときも下落する場合と同様に、上昇波と下落波を繰り返しながら徐々に上昇している。なぜこういった波動が生じるのかというと、デイトレーダーは少しだけ上昇すると利食いするということを繰り返すからである。１ポイント下がるのに30分もかかるのに対し、0.75ポイント上昇するのには10分しかかからないこともデイトレードが難しいと言われるひとつの所以である。デイトレードで成功するためには、一瞬足りとも気が抜けず、俊敏に動かなければならないが、波動の大きさが感覚的につかめるようになると、動きを予測できるようになる。波動でトレードするとき、私は仕掛けと手仕舞いのタイミングを計るのにストキャスティックスとモメンタムの失

チャート2.2　AMATの日中チャート――レンジと波動によるトレーディング

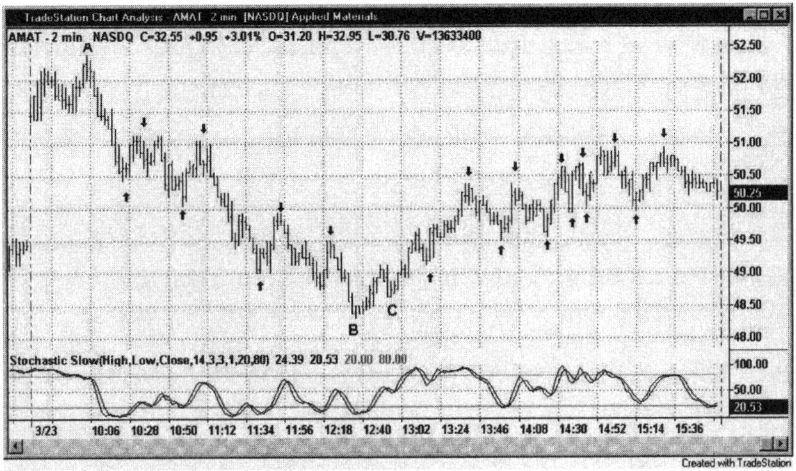

速を用いる。**チャート2.2**を見ると分かるように、上向きと下向きの矢印は、グラフ下のストキャスティックスの転換点に当たる。市場全体は、すべてのトレーダーが価格はこうあるべきだと考えるものの関数になっている。したがって、すべてのトレーダーが1.5ポイント下がったら利食いしようと考えているとすれば、あなたも同じように利食いしなければならないということになる。そんなときに何もしないでじっとしていれば、1ドルの利益は0.25ドルに目減りするため、負けトレードにはしたくないと思ってそこで慌てて利食いし、5分後、株が下がり続けている間に再び売らなければならない羽目になる。私は1.5～1.75ポイント動いたらすぐに利食いし、次の戻りを待って売る。たとえ次の動きを取り損ねたとしても、正しいトレーディングをしたと確信できるので特に気にはしない。動きが小刻みのときは、大きな動きが終わるまで静観する。動くたびにトレードすれば手数料がかさむだけだ。うまく波に乗れれば利益を伸ばすことができるし、反転したら手仕舞えばよい。

長期トレーダーの場合

長期トレーダーにもデイトレーダーと同じことが言える。相場はひとつの方向に一気に動くことはなく、行きつ戻りつを繰り返しながら動く。イントラデイチャート同様、長期チャートにも、押しや戻りで被害を被る前に手仕舞うためのガイドラインとなるトレンドラインやオシレーターが存在する。例えば、ストキャスティックスが高く、株価がチャネルのトップライン付近にあれば、それは手仕舞って利食い（利益があれば）せよという合図だ。そして、そのあと押してきたら再び仕掛ける。トレーダーの多くはチャネルのトップライン近くにある株を見つけると、それが必ずブレイクアウトするものだと信じ込んでいる。しかし、ブレイクアウトすることはほとんどないため、トレーダーは相場が押したり戻したりする前に素早くアクションを起こさなければならない。動きの最初と最後は取り損なってもよい。大事なのは動きの中間をとらえることだ。この考え方が定着すれば、うまく波に乗れるようになるだろう。**チャート2.1**をもう一度見てみよう。相場が波動であることはこのチャートを見れば明白だ。チャートの前半では、AMATの株価は115ポイントから40ポイントまで下落し、下落するたびにそのまま下がり続けるような様相を呈しているが、そのたびに10ポイント、15ポイント、25ポイント戻している。タイミングを外して売った人はきっと痛手を負ったことだろう。チャートの後半では株価はレンジ圏で推移している。ブレイクアウトしそうに思えるときも何回かあるが、その都度反転して新しい波が発生する。戻りや押し目を待って仕掛けた人は、せっかちな人よりもうまくいったはずだ。

個人的な目標

儲けたい額や値動きに対する目標を立てる以外にも、自己の改善を図るために日々のトレーディングのなかで行うべきことについて目標を立てておくことも必要だ。目標を立てるに当たっては、自分をがっかりさせないためにもシンプルで達成できそうな目標にすることが重要だ。いったん目標を決めたら、それを達成したいと思うのは当たり前だが、達成できないことが絶対にないような簡単なものであってもいけない。ほんの少しだけ背伸びすれば届きそうな目標がよい。以下に自己改善目標をいくつか紹介しよう。

弱点の克服

だれにでもその人特有の弱点というものがあり、それがベストな自分になることを妨げる。したがって、自分の弱点を見極めてそれを克服することを目標のひとつに掲げるべきだろう。細かく言えば、この目標は２つのステップに分けられる。ひとつは自分の弱点を見極めること、そしてもうひとつがそれを克服することである。本書を読みながら、これは自分の弱点だと思えるものがあったらメモしておき、それを改善する努力をしよう。

過ちから学ぶ

過ちはトレーディングの一部である。だから無視してもよいというのではなくて、そこから学ばなければならない。過ちはあなたがトレーダーとして成長していく過程で重要な役割りを果たすものだ。「過ちから学ぶ」は目標リストの上位に入れるべきものであり、最大限の努力で達成しなければならない。トレーディングをやっている以上、過ちから逃れることはできないが、同じ過ちを繰り返さないようにすれば、トレーダーとしての腕は劇的に向上するはずだ。

損失は適度な額に抑える

シンプルな目標だが、達成するのは必ずしも容易ではない。株や商品先物取引の損失は適度な額に抑えることが重要だ。例えば、レンジが３ドルの株をデイトレードしているのなら、１トレード当たりの損失は2.50ドル未満に抑えるべきだ。50セントから75セントならなおよい。また、１万ドルの口座でトレーディングしている場合は、１日あるいは１トレードにつき1000ドル以上の損失を出さないようにしなければならない。いずれにしても、５％を超える損失を出しているような人は、リスクの取りすぎであり、自らを敗者へと導いているようなものだ。損失は口座資産の２％未満に抑えるのが理想的だが、それよりも少なければそれに越したことはない。

貴重な資産を減らすな

自分の資金を減らさないことも重要な目標のひとつになる。数年間トレーディングを続けるつもりなら、それまでお金を持ち続けられるように最大限の努力をすることだ。最も良い方法は、お金を減らさないこと。お金を儲けることは忘れて、お金を減らさないことだけを考えよ。この目標が達成できれば、良いトレーダーになったはよいが資金不足でトレードできないという事態は避けられるだろう。

追っかけはやめよ

これは初心者が陥りやすい過ちのひとつだ。初心者は大きな動きを見つけるとすぐに興奮して、上昇途中で買ってしまったり、下落途中で売ったりしがちだ。直線的に見てどれくらい動くのかをしっかり見極めることが大切だ。株価は急上昇していても、必ず押すものだ。上昇率が大きいほど、下落率も大きいのが普通だ。市場が上げ止まり、ある程度のところに落ち着くのを待って仕掛けるべきである。さもなければ、高値でつかみ、そのあと市場が逆方向に動いて振り落とされることになりかねない。たとえトレードを逃すことになったとしても、押しや戻りを待ったほうがよい。１回トレードを逃したからといって、どうということはない。チャンスはまた巡ってくる。押しや戻りを待つことを習慣づけることで、失敗するようなトレードはしなくなるため、勝率はグンと上がるはずだ。

現実的になれ

市場が非現実的な動きをしているときでも、現実的であれ

1999年から2000年４月にかけてはどのIT株を買っても大きな儲けが出た。それは彼らが優れたトレーダーだったからではなく、単にラッキーだったからにすぎない。その期間は何をやっても失敗することはなかった。しかし不幸なことに、図に乗りすぎた彼らには2000年末から2001年にかけて大きなしっぺ返しが待っていた。マネーマネジメントスキルを磨くこともなく、適正価格を現実的な目線で考えようともしなかった彼らの払ったツケがこれである。わずか３カ月で６ドルから150ドルに急上昇し、株式分割が行われ、上昇してはまた分割を繰り返す。これは株のあるべき姿ではない。しかし人々にはこれが正常な姿として映るようになっていた。そして市場が現実の姿を取り戻したとき、彼らは投じた金のほとんどを失った。

株価が15ドルからいきなり200ドルに上昇するという、1999年から

2000年４月にかけて起こったナスダックの信じがたい暴騰のようなことでもないかぎり、株価は良い年で年20～35％も上昇すればよいところである。トレーディングは見た目ほど簡単なものではないこと、そして市場が現実味を失ったときでも、現実的な目標を持つことを忘れてはならないことを、彼らは高い授業料を払って学んだのだ。どんなトレンドにも終焉がある。トレーダーはトレンドの終焉が見えたら、手仕舞いするか、場合によっては反対方向のポジションを取らなければならないこともある。60ドルで買ったルーセントを２ドルになってもまだ保有している人は無数にいる。彼らはこの株がもうそれ以上上がらないことをどこかの時点で認識する必要があったのだ。CNBCの番組「バイ・セル・オア・ホールド（Buy, Sell, or Hold）」にはだれかしらが毎日電話して、「ルーセントを60ドルで買って、今２ドルなんです。どうすればよいでしょうか」と問い合わせをしていることだろう。今となっては何をしてももう手遅れだ。何かアクションを起こすのなら、まだ過大評価されていた数カ月前にすべきだった。

トレーディングをマスターするのには時間がかかるという現実を直視せよ

第１章でも述べたとおり、トレーディングは簡単なものではなく、だれもがすぐにマスターできるようなものでもない。一夜にしてトレーディングのプロになれるなんてことはあり得ない。マスターするのには時間がかかるという現実を知るべきだ。授業料として支払ったものの元が取れるようになるには２年から５年はかかるだろう。最初の数年の目標としては、ｘドル稼ぐというのではなくて、学習期間を終えたあとでもトレードするのに十分な資金を持っていることを第一目標に掲げるべきである。学習期間を終えたあとに十分な資金があれば、儲けは自ずと付いてくるものだ。さらに、スキルに磨きをかけるのにも数年かかり、その期間を生き抜くためには十分な資金も必要だ。トレーディングを始めるときにはこの点に気をつけなければならない。最初にうまくいったからといって、そのトレーダーが優れたトレーダーかというと、必ずしもそうとは限らない。これから連敗というものが待ち受けているからだ。連敗に遭遇すると、手を広げすぎて一瞬のうちに利益のすべてを失わないとも限らない。生き抜くためには十分な資金が必要であることに、人はこうなって初めて気づくのだ。私の場合、トレーディングだけで生計を立てられるようになるまでに何年もかかった。最初のころは、トレーディングを続けるために、昼夜を分かたず働き、週末も返上して働いた。イエローキャブのドライバーからリムジンのドライバー、ウエーター、会計事務所での所得税会計、バンドのギタリストまで、やったアルバイトは数知れない。「あと数カ月の辛抱だ。そうすれば、トレーディングで食べていけるようになる」という気持ちで頑張ってきた。だが、数カ月の予定が実際には何年にも延びた。

失敗することもあるという現実を忘れるな

最後に、失敗することもあるということを忘れてはならない。トレーディングはお金を儲けるためにやるのだから前向きな姿勢が重要なのは言うまでもないが、失敗もあり得ることを認識すべきだ。90%のトレーダーは失敗する。この事実を素直に受け止められる人ほど、この仲間に入る確率は減る。

トレーディングはビジネスだ

トレーディングについて現実的になるためのひとつの方法は、トレーディングをフルタイムの真剣なビジネスと考えることである。トレーディングで成功するためには、事業を立ち上げるくらいの真剣な気持ちで始めることが重要だ。いったん事業を始めると、事業主は会社を存続させるために常に資金繰りに気を配るものだ。最初から黒字を期待する人はいないし、十分な当初資金と運転資金がなければ、やがては立ち行かなくなる。それまでの努力が実って利益が出始める前でも、請求書は容赦なく送られてくる。どんな事業でも、一定のキャッシュフローが入り事業が安定するまでには時間がかかるものだ。ところがトレーダーはすぐに利益が出ることを期待する。レストランだろうと、小売店だろうと、コンサルティング、廃棄物処理業、あるいはIBMだろうと、事業を経営するとなるとわずかな元手ではやれない。つぶれる企業のほとんどは２年以内につぶれる。その一番の理由が資金不足である。

また、事業を始める場合、何の準備もなくいきなり始める人はいない。十分な分析を行い、現実的な計画を立て、十分な立ち上げ資金を準備する。十分な資金を準備するだけでなく、意思決定も慎重に行う。例えば、衣料品店を考えてみよう。見た目だけで、あるいは最新の流行に乗り遅れないようにするためだけに、ジーンズの新作シリーズを仕入れるだろうか。賢明な経営者であれば、競合の動きを探り、需要を調べ、在庫を増やすに見合うだけの利幅や潜在的利益があるかどうかをチェックするだろう。もちろん、スペースの有効利用についても考える。こういったことをすべて考慮したうえで、この新作ジーンズを仕入れるかどうかを判断するだろう。気まぐれではなく、考え抜いた上で決断する。乗るかそるかといった状況はできるだけ避けたいからだ。流行の一陣を切れなくても、需要が確立され投資リスクが減った段階で仕入れればよいことを彼は知っているのだ。

以上述べたようなことが最も当てはまるのがトレーディングだ。トレーディングはリスクを伴う。だから最大限の真剣さが求められる。どのひとつのトレードもひとつの事業だと思って取り組まなければならない。つまり最小のリスクで最大の利益を得るという経営者としての意思決定をせよということだ。トレーディングはビジネスであって、スリルを味わうための遊びではない。トレーディングをこうとらえているのであれば、わざわざトレーディングをやる必要はない。しかし残念なことに、トレーダーのなかにはトレーディングそのものに夢中になりすぎて、トレーダーとしての腕を磨くことを忘れてしまっている人もいる。トレーディングを楽しみの手段としてではなく、本物のビジネスとして考えるようになって初めて、客観的にとらえられるようになるのである。

ビジネスプランを立てよう

ビジネスの成否を握るひとつのカギが、しっかりしたビジネスプランを立てられるかどうかである。ビジネスプランとは具体的には、その企業の目的や目標を明確にし、それを達成するためのプロセスを段階に分けて設定することをいう。資金調達にビジネスプランは不可欠だが、外部からの資金を必要としない場合でも、事業を立ち上げ、うまく経営していくうえで、ビジネスプランは貴重な財産になる。トレーディングを始めたばかりの人はほとんどやらないが、ぜひお勧めしたいのが、新しい事業を始めるつもりでビジネスプランを立てることである。これは非常に役立つ。確かに、ビジネスプランを立てるのは容易ではなく時間もかかるため、トレーダーに敬遠されるのももっともだが、そのための時間を割くことはけっして無駄にはならない。

トレーダーのビジネスプランとはどんなものかというと、商品投資顧問業者や先物運用業者が資金集めに使う開示書のようなものと考えてもらえばよいだろう。どの分野のビジネスプランも、内容はまったく同じだ。資金提供者を納得させられるようなアイデアを盛り込んだ内容にすることで、その大小にかかわらず、トレーディングに必要なすべてのコストと要素が把握できるようになるはずだ。するとトレーディングに対する真剣さも当然変わってくる。非現実的なリターンは達成できないことも分かってくるし、どれくらいの資金が必要で、どれくらいのリスクがあるかということもしっかり認識できる。ビジネスプランには、トレーディングアイデア、パラメータ、期待できる利益、問題点をすべて書き込む。それを基に、内在するリスクと適切な目標を割り出すことができ、トレーディングと生活費と貯蓄のそれぞれに対する資金配分も決まる。したがって、１万ドルの資金しかなければ、トレーディングで生計を立てるのはほぼ不可能であることが納得できるはずだ。トレーディングにおけるビジネスプランに相当するものはトレーディングプランである。詳しい作成方法については後述するとして、とりあえずそれに含むべき項目だけをざっと見ておこう。

トレーディングプランに含むべき項目

●トレーディングスタイル、トレーディング戦略とトレーディングシステム
●成功するまでにかかる時間
●かかるコスト
●マネーマネジメントプラン
●潜在的利益
●リスク
●パフォーマンスを左右する外的要因と内的要因
●成功すると思う理由

ある哀れなトレーダーの実話

これは、自分自身の能力あるいは市場の潜在性に現実的になれ

なかったばかりに不幸な運命をたどったあるトレーダーの実話であり、今も私の脳裏に焼きついている。私の顧客のひとりに、トレーディングを始めたいと思っている友人がいた。その友人は、最初穀物のオプションをトレードするつもりで4000ドルの口座を開いた。審査も終わり、私は口座の開設手続きが終えたことを伝えるために彼に電話した。ちょうどそのとき、彼はCNBCを観ていた。番組はナスダックの強さについての議論で盛り上がっていた（ナスダックがピークにあった2000年３月のことで、市場はきわめてボラティリティの高い状態にあった）。そのとき相場は若干下がっていた。彼は私にナスダックのＥミニについての質問を矢継ぎ早に浴びせ、最終的には買ってみたいと言い出した。私は必死に止めた。しょっぱなから最もボラティリティの高い市場でトレードするのは得策ではなく、もし失敗すればたちまち1000ドルの損を出すおそれもあると私は彼に警告した。だが彼は聞く耳を持たなかった。押し目だから絶好のチャンスだ。これまでも一時的に下げてはすぐに回復してきたじゃないか、と言うのだ。彼はとてもヒットするとは思えない1000ドルも離れた位置にストップを入れた。１時間後、800ドルの損失が出た。彼にどうしたいかを聞くために私は彼に電話した。私たちが電話で話している間もナスダックは下がり続けていた。しかし彼は上昇することを信じ、ストップをキャンセルしてもう１枚買い増すと言い張った。一瞬上昇したものの、それ以降は再び下がり続けた。次に彼に電話したとき、損失はすでに2000ドルを超えていたため、彼はようやく手仕舞うことを決めた。言うまでもなく、その後市場は大きく急騰した。市場が回復したときに市場に参加していなかったことにフラストレーションを感じた彼は、前よりも大金を送金するので２枚買うように私に指示した。そうした途端、市場は再び下落し始めた。しかも前よりも激しく。口座が1000ドルを割ると彼は凍りつき、初めて私にアドバイスを求めてきた。直ちに手仕舞って損切りするようにアドバイスすると、彼は大きなショックを受けた。結局、私が彼に代わってすべてのポジションを解消しなければならなかった。すべてが終わったとき、彼はほぼすべての金を失っていた。そう、トレーディングの初日に。彼がこれほどのコストを支払わなければならなかったのは、起こり得ることを現実的に見ようとしなかったからである。下準備を怠り、リスクについても市場の潜在性についての知識もなく、分を超えたトレーディングを行ったツケがこれだ。彼は翌日口座を解約し、それ以降トレードすることはなかった。

私自身の経験

私の問題点は、100万ドルでも持っているかのようなトレードをすることだった。いつも隣のトレーダーと同じことをしようとしていた。彼の口座が50万ドルで、私の口座がわずか３万ドルであったにもかかわらずだ。自分の10倍以上の資金を持つトレーダーとあえて同じリスクを取ろうとしたのだから、１トレード当たりのリスクは相応額をはるかに超えていたことになる。結局、目標額が高すぎたために達成することができず、いつも負けトレードに終わった。つまり高すぎる目標を達成するためにいつもオーバートレードしなければならず、それがことごとく失敗したのである。オーバートレードは長い目で見るとけっしてうまくはいかない。もうひとつの過ちは、相場のレンジというものを無視し、いったん上向けば上がり続けると思っていたことだ。

利食いのタイミングを逃し、利益の出ているトレードをみすみす棒に振ったのも一度や二度ではない。利食いや損切りを現実的に考えられるようになるまでには時間がかかったが、良いトレーダーのやり方を見ているうちにコツがつかめてきた。利が乗ればそれを伸ばすというのが私の持論だが、タイミングを逃して負けにに転じさせてしまうことが多かったことを反省し、今では現実的に対処している。また、元手に対してどれくらいの利益を見込めるかについても現実的に考えられるようになった。身のほど知らずの儲けを期待することはきっぱりやめた。だから、今では最高の日でも昔ほどには稼げないが、そこそこの利益を出せる日は増え、最悪の日は減った。結局トレーディングで重要なのは、いかに長く生き残れるかであって、いくら稼げるかではないのである。

優れたトレーダーになるためには

優れたトレーダーになるためには、自分自身と自分の能力については言うまでもなく、市場の潜在性についても現実的に考えることができなければならない。市場がどういう風に反応したら、どれくらい儲けが出るのかが分かるようになることが重要だ。優れたトレーダーになるためには、十分な資金があること、あるいは自分の資力に見合った目標を立てることが重要だ。5000ドルしかない人が、５万ドル持っている人と同じ目標や期待を持っても達成できるはずがない。さらに、成功するまでにかかる時間と、失敗することもあることを理解することも大切だ。破産することもあるかもしれないが、トレーダーになることを本気で考えている人にとって、破産は学びを得るための良い機会でもある。最初は損をするのが普通だ。成功したトレーダーのほとんどがそうだった。一夜にしてスタートレーダーになろうなどと考えてはいけない。過ちから学び成功をつかむまでには２年はかかることを覚悟しよう。現実を直視することももちろん大切だが、自分はいつかは地球上で最高のトレーダーになれることを信じ、それを常に思い描くことが大切だ。プラス思考も最高のトレーダーになるための重要な要素である。

何よりも重要なのは、どれくらい稼げるのか、そしてトレードを始めるに当たってはどれくらいの資金が必要なのかを現実的に考えることだと私は考えている。失敗する最大の理由は資金不足の状態でトレードを始めようと考えるからである。当初資金が多いほど、成功する確率も高くなる。2000ドルの口座で始めようとしても、失望が待っているだけである。ダメなトレーダーだから失敗するのではなく、困難なときを乗り越えるだけの資金がないから結局負けトレーダーになってしまうのだ。1万ドルの金しかないのにそれで食べていこうなど絶対に無理な話なのに、初心者は最初から500～1000％のリターンが得られると信じて疑わない。トップのヘッジファンドマネジャーやプロのトレーダーでさえ、年に35％のリターンが得られれば満足する。最初は儲けることなどは忘れて、資金を失わないことだけを考えよう。現実的で達成可能な目標を立てること。結局これが優れたトレーダーになるための早道なのである。

物事を現実的に考えないトレーダーが直面する問題

1．損をすることもあることを信じない
2．オーバートレードする
3．リスクを取りすぎる
4．高望みする
5．失望して弱気になる
6．破産する
7．株価が毎年３倍になることを期待する

8．充実した生活を送っていない

現実的になるためには

1．無理のない目標を設定せよ
2．毎日勝てるわけではないことを認識せよ
3．トレード資金を増やせ
4．アベレージトゥルーレンジ（ATR）を知れ
5．波動の平均的な長さを知れ
6．大穴狙いをするな
7．大きなリターンを望むな
8．時間をかけ、経験を積め
9．過ちから学べ
10．損失はなるべく少なくせよ
11．追っかけはするな
12．市場が現実味を失ったときでも現実的であることを忘れるな
13．トレーディングをビジネスと考えよ
14．トレーディングプランを立てよ

自問自答コーナー

●目標は無理のないものか
●多くを望みすぎてはいないか
●現実的に考えることを忘れてはいないか
●相場の動きを見逃してはいないか
●利益を期待しすぎてはいないか
●リスクを取りすぎてはいないか
●冷静な意思決定をしているか

8. 受注に応じた加工ができる

現実的にできめること

1. 作物の生育日数を縮める
2. 個々に離しておいたものを一度に配給する
3. 土壤汚染を軽減する
4. ファイトレメディエーション（浄化、修復）
5. 薬剤の作用を明確に評価する
6. 天災害からまもる
7. クリーン食物の生産
8. 計画性あり、不要な経費節約
9. 省資本化
10. 現実はそろっているものだ
11. 他の土地のもの
12. 市場価格に左右されず、その価格であること、安定した上で
13. ドローン、ロボットが使えること
14. オートメーション化をはかる

3. 出荷内容コーナー

● 目的に沿う商品の作り方
● 売るを通じて、日花込み
● 需要期に合うことを考え、作りかた
● 出荷の期日を正しく守れるか
● 価格を掴所しすぎていないか
● 使人との取引きをどれるか
● 物流や貯蔵方法に注意しているか

第3章
ハンディをなくせ

Leveling the Playing Field

昔、高校の歴史の先生が、ナポレオンがどちらが戦いに勝つかを問われたときのことを話してくれたことがあった。ナポレオンは、「もちろんフランスです。われわれの大砲のほうが大きいですから」と答えたという。

相手はプロ

自分がデイトナ500に参加することを想像してみよう。こんなカーレースに出るくらいだから、あなたはきっと腕利きのドライバーに違いないし、最高級の新品外国製スポーツカーも持っていることだろう。しかし、最新鋭のレーシングカーを持つプロのレーシングドライバーを相手に優勝できるなどといった大それたことを、あなたは考えるだろうか。あなたがどんなに素晴らしいドライバーでも、彼らと同じ経験、同じノウハウ、同じ装備がなければ、彼らに勝つことなどできないだろう。勝てるチャンスがほとんどないだけではない。生還できたらラッキーだと思わなければならない。トレーディングもまったく同じことである。生き残って稼ぐことだけを考えればよいというものではない。フル装備のプロが相手なのである。ハンディがあれば水をあけられるのは目に見えている。

市場がすべてのトレーダーの保有するポジションの集合体であることが分かっていない人が時折いる。市場価格を形成しているのは売買する単位が１枚のトレーダーからヘッジファンドマネジャーまで、市場参加者すべてなのだ。今取引されている現在価格は、チャートやインディケーター、あるいはニュースによってその価格になったのではない。トレーダーのポジションがそれを決めるのだ。一介の小トレーダーがひと儲けしようと考えるとき、相手は世界のベストトレーダーであることを忘れてはならない。彼らは最高の機器、最新情報、充実したオーダーフローを持ち、豊かな経験と豊富な資金、大きなバイイングパワーを持つプロであり、あなたより一歩も二歩も優位な立場にいる人々だ。マーケットメーカー、ヘッジファンド、スペシャリスト、機関トレーダー、莫大な資金を持つ個人、フロアトレーダー、商品の大規模な生産業者や消費者などがそうである。彼らには市場を動かし支える力があるだけでなく、なかには市場をもてあそぶ人だっている。市場に対する関心をおおっぴらに示す人もいれば、隠す人もいる。彼らの目的は金を儲けることであり、彼らにとってあなたは彼らの目的達成を援助するヘルパーにすぎないのだ。

要するに、こういった人々があなたの競争相手であって、１枚をトレードする個人トレーダーが何百万ドルという資金を持つメリルリンチのトレーダーと互角に張り合えるはずがないということである。プロのトレーダーは最新の機器、ソフトウエア、ニュース、情報、フロアへの直接アクセスにひと月何千ドルという金を使う。その一方で、新聞から気配値や情報を収集して彼らに対抗しようとする人々がいる。5000ドルの口座で原油の先物取引をしているあなたは、５万ドルの口座を持つフロアトレーダーや何百万ドルもの資金を持つヘッジファンド、あるいはエクソン相手に張り合っているわけである。どちらが資金が豊富で優位な立場にあるかは言うまでもないだろう。プロのトレーダーのデスクには２台以上の、多い人では４台の大きなモニターがあり、時々刻々と移り変わる気配値をリアルタイムで観察している。先物価格はもちろんのこと、現物価格も見ているはずだ。大きなスクリーンにはいくつものチャートと、ニュース、気配値、独自のトレーディングシステムが同時に映し出される。企業の多くはシステム開発とバックテスト専用のクオンツアナリストを雇う。これによって卓越した市場分析が可能になる。これに対して一般トレーダーは、定規とチャートを使ってコツコツと分析しているというのが実態だ。

ハンディをなくせ

本格的なトレーディングを考えているのであれば、プロと同じ土俵に立つための最大限の努力をすべきである。だれもが勝つために必死なのだから、できるだけ優位な立場になることが重要だ。大砲やミサイル相手に、石や棒切れで太刀打ちできるわけがない。では、豊富な予算と最新技術を備え、ありとあらゆるニュース、気配値、情報をリアルタイムで入手できる機関トレーダーと同じ土俵に乗るにはどうすればよいのだろうか。そのカギを握るのがインターネットだ。インターネット時代の到来で、ここにきてようやく一般トレーダーもプロのトレーダーと同じツールを持てるようになった。プロのトレーダーがトレーディングに必要なさまざまなものを入手するのに多額の金を使うのなら、一般トレーダーはインターネットで勝負する、というのも悪くはない。限られた予算しかない人も、これで機関トレーダーと同じスタートラインにつけるチャンスが出てきた。これまで機関トレーダーしか入手できなかったツールや情報もインターネットを使えば一般投資家も入手できるのだ(しかも、比較的低コストで)。インターネットで提供されるすべてのものが無料あるいは安価というわけではないにしろ、少なくとも手の届くところにはある。またプロ以外のトレーダーでも使えるソフトウエアも多数提供されている。あらゆるものがリアルタイムで入手できる時代であるにもかかわらず、初心者の多くは無料だからといって古い気配値や古いチャート、古いニュースを使ってプロと張り合おうという考えからいまだに抜け切れないでいる。時代遅れのコンピューターやソフトウエア、迅速性に欠いた執行。フロアへのアクセスも持たない。こういったこともパフォーマンスの上がらないひとつの要因だ。ほんの少し前までは、ブローカーから１日中送り続けられる気配値や、ファクスで送られてくるチャートが一般トレーダーにとっては最大の情報源だった。いまやそのすべてがインターネットで入手できるのだから、これを利用しない手はないだろう。プロと同じ土俵に立ちたければ、そのための出費を惜しんではならない。若干金はかかるかもしれないが、パフォーマンスは格段に上がるはずだ。

インターネットとオンライントレーディング

近年、市場での取引量は増加の一途をたどっている。その背景には、オンライントレーディングの普及と売買手数料の大幅値下げ、そしてそれに伴ってプロのトレーダーに引けを取らないトレーディング環境を手に入れたと考える大勢の人々が新規参入し、初心者たちがトレーディングに本格的に取り組むようになったことがあるのは明白だ。ほんの数年前までは、チャートや気配値やニュースをリアルタイムで入手するのは一般人には難しかった。だが今ではだれでも簡単に手に入れることができる。テクノロジーの進歩と優れたトレーダーになれることとはまったく別問題だが、少なくとも以前よりは正確かつ敏速にトレードを行うことができるようになったことは確かであり、短期トレーダーとして金を稼ぐチャンスはだれにでもあると言えるだろう。誤解しないでいただきたいのは、これはだれでも金を稼ぐことができるという意味ではなく、努力次第ではチャンスがある、ということである。

やりやすくなったデイトレーディング

デイトレーディングはかつてはプロやフロアトレーダーたちの聖域だった。しかし、オンライントレーディングの普及、テクノロジーの進歩、リアルタイムでのチャートの入手、手数料の値下げ、流動性の向上、１日のレンジの拡大によって、デイトレーディングは一般トレーダーにも門戸が開かれるようになった。私がトレーディングを始めた当初は、デイトレーディングと言えばフロアトレーダーや一握りのプロの人たちの世界だった。必要なデータやチャートの入手コストが非常に高く、一般トレーダーが手を出せるようなものではなかったからだ。当時はS&P500が６ポイントも動けばビッグデイに当たり、手数料も高かったため、一般デイトレーダーが参入しても稼げる余地などまずなかっただろう。ところが今はどうだろう。１日に15、20、あるいは30ポイントの上下などごく普通で、インターネット接続や格安手数料の導入も相まって、一般トレーダーでもデイトレーディングやスキャルピングが可能になった。デイトレーディング人口が増えると、流動性は高まり、スプレッドは縮小、その結果、マーケットメーカーやスペシャリストたちの力は弱まり、その分一般トレーダーたちの力が強まった。

オンライントレーディング

私がリンク・フーチャーズを立ち上げたときに驚いたのは、一般トレーダーのオンライントレーディングに対する関心の高さだった。ブローカーを通さず安い手数料でトレードすることが、彼らの夢だったのだ。オンライントレーディングの普及によって、一般トレーダーは手間をかけずにこれまでの半分以下のコストでトレーディングできるようになった。特に経験豊富で頻繁にトレードするトレーダーにとってはきわめて有利な環境になったと言える。ブローカーのアドバイスや支援を受けずに自らの力でオンライントレーディングをしたいと考える人は着実に増えつつある。ブローカーを通さなければ手数料が安くなるだけでなく、強引なブローカーとのやり取りも避けて通ることができる。ブローカーのことなど気にせずにトレードしたいときにトレードすることを一般トレーダーは望んでいるのだ。意思決定にもじっくり時間をかけられるし、ひとつのオーダーを50回キャンセルしようがだれにもとやかく言われることはない。

オンライントレーディングはブローカービジネスを一変させると同時に、一般の小口トレーダーに大きな便益を生みだした。しかしオンライントレーディングにはメリットはあるものの、初心者にはお勧めできない。最初は学ばなければならないことが山ほどあるうえ、過ちも犯しやすいため、初心者にとってブローカーは間違いなく強い見方になるだろう。基本的なトレーディングエラーに加え、買われ過ぎたものを買うといった具合に、初心者は得てしていろいろな過ちを犯すものだ。指値注文と成行注文の区別もできず、各銘柄のティッカーも知らなければ、先物には期限があり満期になると決済されることも知らないのだから、当然だろう。

オンライントレーディングの利点

安い手数料

オンライントレーディングの普及によってトレーディングコストは劇的に低下し、一般トレーダーに測り知れないほどの利便性を生み出した。ディスカウントブローカーの手数料が下がっただけでなく、フルサービスを提供するブローカーも過当競争の下、手数料を値下げするようになった。

スピード

先物やナスダックの電子取引では、オーダーは瞬時に執行される。他市場でも、発注から執行までの時間が大幅に縮小された。その結果、デイトレーディングは一般トレーダーにとってやりやすいものになった。

フレキシビリティ

オーダーのエントリー、変更、パーキング（ワンクリックで発注できる状態にしておくこと)、キャンセルが簡単になった。いちいちブローカーに電話する必要もない。

トレーディングを強いられない

オンライントレーディングでは、手数料収入を増やしたい強引なブローカーから、その日の推奨を伝えてくる電話もかかってこないし、良いポジションを手仕舞うように強いられることもない。

情報

オンライン口座を持っていれば、ニュース、気配値、チャート、ファンダメンタルズ、リサーチレポートが無料で利用できる。マウスボタンのクリックひとつで、必要なあらゆる情報が入手できる。

ポジションのモニタリング

自分のポジションの最新情報をリアルタイムで見ることができる。これは私がトレーディングを始めたころには考えられなかったことだ。

オンライントレーディングの欠点

初心者にはガイダンスが必要

トレーディングに慣れてくるまでは、従来どおりブローカーのアドバイスを受けるのがベストだ。必ずしもフルサービスのブローカーでなくてもよいが、迷ったり、初心者にありがちな過ちを繰り返しているときに電話の向こうから正しい方向を示してくれるだれかが少なくとも必要だ。

発注方法が分からない

いろいろな発注方法のことが分かるようになるまでは、過ちを犯さないためにもブローカーのガイダンスは欠かせない。

リスクマネジメントの欠如

負けトレーダーになる一番の理由は、リスクマネジメントの方法を知らないことにある。監視してくれる人がいなければ、いとも簡単に深みにはまる。良心的なブローカーは問題を起こしそうなトレーダーに警告をしてくれる。これはオンライントレーディングでは不可能だ。

オーバートレーディングに陥りやすい

コンピューターの前に座って気配値、チャート、ニュースにリアルタイムでアクセスできるようになると、それだけでもうプロになったような気分になる。その結果、オーバートレーディングを繰り返し、リスクを取りすぎるようになる。オンライントレーディングはどんどんトレーディングしなさいという意味ではないので、誤解しないようにしよう。オーバートレーディングはトレーダーとして絶対にやるべきではないことを肝に銘じておくことが大切だ。

ツール

リアルタイムの情報がビッグプレーヤーだけの特権だった時代はすでに終わり、今ではインターネット接続している人であればだれでもリアルタイムで情報を取り出すことができる。何か知りたいことがあれば、大概はインターネットで入手できる。ほとんどは有料だが、無料情報も多い。有料と無料の違いは、何らかの加工ができるといったフレキシビリティの有無と、情報がリアルタイムのものか古いものであるか、である。特にリアルタイムの情報でなくても構わないのであれば、ニュース、レポート、気配値、チャートなど欲しいものはすべて無料で入手できる。最近ではインターネット上で入手できる情報は、例えば簡単な気配値やチャートといった具合に一般向けのものと、ギャン理論やエリオットの波動分析、あるいはニューラルネットワークを用いる専門家向けの特殊な情報とに二分している。

気配値とチャート

気配値とチャートはトレーダーの二大ツールと言ってもよい。これらがなければ暗闇の中を手探り状態でトレーディングするも同然だ。気配値だけでも市場の現在の動きを知るのに役立つが、百聞は一見にしかず、という諺にもあるとおり、市場の過去の動きが一目で分かるのがチャートである。気配値やチャートを無料で提供しているサイトは山ほどあるが、リアルタイムでしかもクオリティの高いものは有料の場合が多い。

私がチャート作りに長年使ってきたのがTradeStationだ。チャートや気配値表作り以外にもいろいろな機能があるため、けっして安価ではないが、システムの作成・テストからトラッキング、シグナルでの警告など、トレーディングに役立つ機能満載のソフトウエアだ。

ペーパーチャート

市場の雰囲気をつかむためには、高性能のチャート作成用ソフトウエアや最新コンピューターを持っているか否かにかかわらず、ペーパーチャートを入手してそれを自分でアップデートするのがよい。コンピューターでは得られない市場の雰囲気が実感できる。私はひと月に一度、CRB Futures Perspective（http://www.crbtrader.com/）から先物の日足チャートを買い、自分でアップデートしている。市場の雰囲気を大局的に把握するために、月足チャートもアップデートしている。ほんの少し前までは、一般トレーダーがチャートを得るにはこの方法しかなかったが、今ではその日の終わりには無料のチャートがインターネット経由で入手できる。最低でも、これらのチャートをプリントアウトしてはアップデートし、トレンドラインを手書きで記入するといったことはやったほうがよいだろう。コンピューター上で眺めているチャートはどことなく他人行儀だが、プリントアウトして手を加えれば親密感が増し、市場の雰囲気もよくとらえられるようになる。

ニュース

ニュースも重要な情報源のひとつだ。トレーディングに使うためというよりは、株や商品がなぜそういった動きをしているのかを知るためといったほうがよいだろう。何かが予想を裏切る動きをすると、私はその理由を知りたくなる。私はニュース指向のトレーダーではないが、物事の動きにはついていきたいし、どの株が今動いているかも知りたいからだ。こういったニュース情報を得るのに、私はニュース配信サービスを利用しているが、トレーディングの最中にはニュースはほとんど見ない。これと同じ理由で、テレビをつけっぱなしにしておくのもよい。私はCNBCを１日中つけている。テレビからは市場の現在と過去の動きは常に知ることができるが、残念ながら将来の動きを知ることはできない。だが12人の男どもに囲まれた殺風景な空間には、テレビのなかとはいえマリア・バーティロモの存在は貴重だ。

システム作成用ソフトウエア

トレーディングに本格的に取り組みたいと考えているのであれば、自分のトレーディングアイデアを検証できるソフトウエアの使用を検討してみよう。私はTradeStationの大ファンだ。精密な気配値やチャートの作成ソフト（本書のチャートはすべてTradeStationで作成）としての機能のほかに、インディケーターを作成したり、ヒストリカルデータを使ってシステムを作成・テストできる機能も備わっているため、本物のお金をリスクにさらす前に自分のアイデアをテストできるからだ。今やTradeStationは私のトレーディングにはなくてはならないツールである。TradeStationを使えば簡単な移動平均線クロスオーバーシステムから高度なシステムまで作成でき、ありとあらゆるインディケーターの作成もお手の物だ。

トレーディングの向上を図りたい人には、ぜひ TradeStation をお勧めする。ほかのソフトウエアに比べると使い方が若干難しく、値段も張るが、TradeStationは今や真剣なトレーダーたちの標準ソフトであり、プロとの距離を縮めるのにも大いに役立つはずだ。

時代は変わった

チャートを見るのにコンピューターを使い始めた当初、フュー

※参考文献　『トレードステーション入門』（パンローリング）

チャー・ソース（Future Source）からリアルタイムデータを取るのに私は13インチのモニター付き486マシンと専用線を使っていた。コストはひと月1000ドルにものぼったが、当時はこれ以上の装備はないと思っていた。そのコンピューターでTradeStationを使い始めたとき、チャートを呼び出すたびに数秒かかったが、それでも世界最高の装備だと思っていた。当時のことを振り返ると、そのすべてが時代遅れであり、テクノロジーの進歩がトレーディングにこれほどまでの変化をもたらすとは驚くばかりである。そのわずか数年間の差は歴然としている。コンピューターは処理速度が増し、プログラムは高度化し、あらゆるものが簡単に手に入るようになった。しかもすべてが低価格だ。私ものろい１台きりのコンピューターと小さなモニターとはおさらばし、今や２台のコンピューターと３つの大きなモニターをそろえ、チャート、ニュース、気配値、ポジションのすべてが一度に見られる環境にある。私にとって複数のモニターを持つことは重要だ。複数の株価と先物価格のチャートを見ながら、気配値の板情報、ニュースヘッドライン、ポジション、所有ソフトのすべてを一度に見なければならないからだ。テクノロジーの進歩によってトレーディングがこれほどやりやすくなるとは思いもしなかった。昔使っていたコンピューターでこれほどの作業を同時にやればきっとクラッシュするだろう。

ツールだけではダメ

思いどおりに使えるどんなに素晴らしいツールがあったとしても、それだけで勝てるトレーダーになれるわけではない。ツールは貴重な存在には違いないが、それだけでは不十分であり、トレードのノウハウ、リスクマネジメントの方法はもちろんのこと、規律を持つことも必要だ。儲けたいのなら、必要な設備投資をケチってはいけない。高性能のコンピューター、生きるための食料、リアルタイムの気配値、優れたソフトウエアには金はかかるかもしれないが、それはビジネスコストであり、行く行くは自分に還元されるはずだ。私は１年以上迷った結果、TradeStationに3000ドル投資することを決めた。入手するや否や、それまで使っていたシステムの検証を始めた。損ばかりしてきた理由は、それで判然とした。トレーディングアイデアそのものがダメなものもいくつかあった。正しいとばかり思ってきた自分のシステムが、検証してみるとまったく使い物にならない代物だったわけだ。それが分かると、そういったアイデアにはきっぱりと見切りをつけて、もっと良いアイデア作りに励んだ。TradeStationのおかげで損失が大幅に減ったことを考えると、それにかかったコストなど取るに足らないものだ。

立派なツールだけをそろえても不十分だ。プロと同じツールをそろえたとしても、まだハンディは完全に拭い去られたわけではなく、プロと同じ競争力があると思ってはいけない。プロのトレーダーは必要なものがすべて提供され、手数料がほとんどかからないのに対し、一般トレーダーは市場では厄介者扱いだ。機関トレーダーが有利なのは、ピットに直接アクセスでき、売値・買値の正確な数字を入手でき、関連情報も手に入り、フロアアシスタントとは１日中電話でつながっている状況にあるからだ。彼らのオーダーはサイズが大きいため常に優先される。なかには、迅速で有利な執行レートを確保するために自社要員をフロアに置いている企業もある。

プロとアマチュアの違い

一般トレーダーとプロとの間には、支払う手数料の額と得られるサービスに歴然たる違いがある。オンライン口座を開き、先物で往復12ドル、株で1取引につき8ドルの手数料を支払っている個人トレーダーは、この手数料は格安だと思っているかもしれないが、プロの実態を知ると愕然とするだろう。フロアトレーダーやブローカーのトレーダーはクリアリングコストを支払うだけで売買手数料は一切支払わないし、ヘッジファンド、CTA（商品投資顧問業者）、大口投資家の支払うコストは一般の小口口座保有者のわずか数分の1である。だから、それほどあくせくしなくても利益は確保できる。一般トレーダーがいつも負けてばかりなのは、支払う手数料が高いのもひとつの要因だ。割引手数料でさえ一般トレーダーにとっては大きな出費なのである。もしプロと同じ手数料を支払えばよいのであれば、ハンディもひとつ消えるのだが。

支払う手数料の低さもさることながら、ビッグトレーダーのもうひとつの大きなメリットは得られるサービスの質の高さだ。ブローカーにとって彼らは大事な顧客だけに、彼らを満足させることに必死だ。したがって、ビッグトレーダーは優遇されるし、充実したサービスも受けられるというわけである。彼らはブローカーを通さないで直接フロアにアクセスできるし、正確な気配値も得られるので正確な数字に基づいてオーダーできる。これに対して、一般トレーダーが入手する気配値はブローカーのスクリーンに映し出されたものであるのが普通だ。オーダーを出すころにはその気配値はもう古い数字になっていることもある。フロアに直接アクセスできるビッグトレーダーは、正確な気配値も分からずに成行注文するしかない一般トレーダーに比べると、格段に有利な立場にある。1トレード当たりわずか2ティックの違いにすぎないかもしれないが、積もり積もれば大差になる。

オーダーフローを持ち、大きなバイイングパワーがあるという点でも、プロのトレーダーは有利だ。スモールトレーダーが何を買おうと、それは市場には大した影響は与えないが、ミューチュアルファンドが株を買えば、それで市場が動くこともある。プロのトレーダーはいきなり大きく仕掛けてくることはない。水面下で徐々に買い進め、大きなポジションを保有したところで買う意志のあることをオープンにして値段をつり上げていく。わざと高い買値を示して一般トレーダーの食いつきを狙うのである。そして一般トレーダーのつられ買いで価格は上昇する。機関トレーダーは市場に何らかの動きがあるとき機関トレーダー同士で連絡を取り合って、市場で今何が起こっているのか、なぜ買われているのかといった情報交換もできる。一般トレーダーは株価が動いた理由をテレビや新聞などのニュースでしか知ることができないため、情報を得るのはいつも最後だ。そして情報は彼らの元に届くころには、すでに過去のものになっている。

一般トレーダーがプロを出し抜くのが至難の業であることは、これでご理解いただけたことと思う。理由はまだまだほかにもある。だからこそ、一般トレーダーはハンディを減らすべく最大限の努力をしなければならないのである。

優れたトレーダーになるためには

優れたトレーダーになるための敷居は以前に比べるとかなり低くなった。一般トレーダーでも大企業のトレーダー並みの情報が簡単に得られるようになったからだ。パソコンやインターネットが普及する以前は、デイトレーディングが行えるのは一握りの人たちだけだった。長期トレーダーでも、株価のデイリーチャートを見るには、ブローカーのオフィスに行くか、図書館に行ってバリューラインを見るか、自分で作るしか方法がなかった。今ではだれでも簡単にデイトレーディングすることが可能だ。優れたトレーダーになるためには、できるだけ優れたテクノロジーと情報を得るために最大限の努力をしなければならない。私のトレーディングが飛躍的に向上し始めたのは、必要なツールに投資してからのことだ。時代遅れのツールと手法でトレーディングしていた時代にはもう戻れない。デイトレーダーの場合は特に、テーブルを自分の有利な向きに傾けるために、活用できるものはどんなものでも活用すべきだ。自分の役に立つものならば、お金を払うことを惜しんではならない。それはビジネスコストなのだから。また、支払う手数料は受けられるサービスを損なわない範囲内でできるだけ少なくすることも重要だ。あなたの相手は手数料をほとんど支払わなくてもよい人々だということを忘れてはならない。支払う手数料が少なければ、手数料を取り戻さなければというプレッシャーからも解放され、口座に残るお金も多くなるので心理的負担は軽くなり、仕掛け場ではないときに仕掛けることもなくなるだろう。

オンライントレーディングは最もコストのかからない方法だが、トレーディングのノウハウが身につくまでは、だれかしらの指導の下でトレーディングしたほうが無難だ。トレーディングに慣れてきたら、ローコストのオンライントレーディングを思う存分活用すればよい。

最後にもう一度繰り返すが、何をするにしても、あなたが競っている相手は、巨額の資金を持ち、経験も豊富で、最高のテクノロジーを装備し、優れたアクセス能力を持つベストトレーダーであることを常に念頭に入れ、ハンディをできるかぎり少なくするための努力を惜しんではならない。小さなステップの積み重ねで、成功するトレーダーへの道は一歩一歩確実に縮まっていくだろう。

ハンディはどこから来るのか

1．必要なテクノロジーを備えていない

2．経験不足
3．リアルタイムの情報が取れない
4．トレード資金の不足
5．執行速度が遅い
6．トレーディングフロアに直接アクセスできない
7．手数料が高い
8．オーダーフローやバイイングパワーを持たない

ハンディをなくすためには

1．十分な資金を準備せよ
2．リアルタイムの気配値、チャート、ニュースをゲットせよ
3．インターネットをうまく活用せよ
4．すぐに、かつ確実につながるインターネット環境を整えよ
5．ウエブの無料情報を利用せよ
6．チャートを自分でアップデートせよ
7．オンライントレーディングを利用せよ
8．支払う手数料はなるべく減らせ
9．システム作成ソフトウエアを使え
10．高速コンピューターを使え

自問自答コーナー

●必要なツールはそろっているか
●高速コンピューターは必要か
●リアルタイムの気配値は必要か
●トレーディングコストは高すぎはしないか
●オンライントレーディングをする必要が本当にあるのか

第2部

ニュースの利用
Using The News

第4章

ニュースでトレードする

Trading the News

1999年２月号『フューチャーズ』誌のカバーストーリーのタイトルは、「原油価格がコードブルーに。どこまで下がるのか？」だった。原油価格が２年間で27ドルから10ドルを下回る水準にまで下落したあと、同誌は原油価格の低迷状態は依然として続くものと予想した。その背景理由として、同誌は需要が少なく供給過剰の需給関係、OPEC（石油輸出国機構）が生産量削減合意に失敗したこと、エルニーニョによる温暖気候の影響を挙げた。やがてやってくる原油価格の高騰は、"専門家"さえ予知できなかったのである。**チャート4.1**を見てみると、その後原油価格がどうなったのか、一目瞭然だ。『フューチャーズ』の記事が出たのは、まさに原油相場の底だったわけである。しかしその直後から原油価格はうなぎ登りに上昇を続け、10年来の最高水準に達した。原油がこの水準を上回ったのは、湾岸戦争が始まる前の時期だけである。ここでの教訓は、見聞きしたことは額面どおりに受け取るな、ということである。ビッグイベントやビッグニュースは、早耳筋が市場から撤退して市場の動きを終わらせるチャンスを狙っているシグナルでしかない場合もあるのだ。

チャート4.1　原油の月足――底を打った原油価格

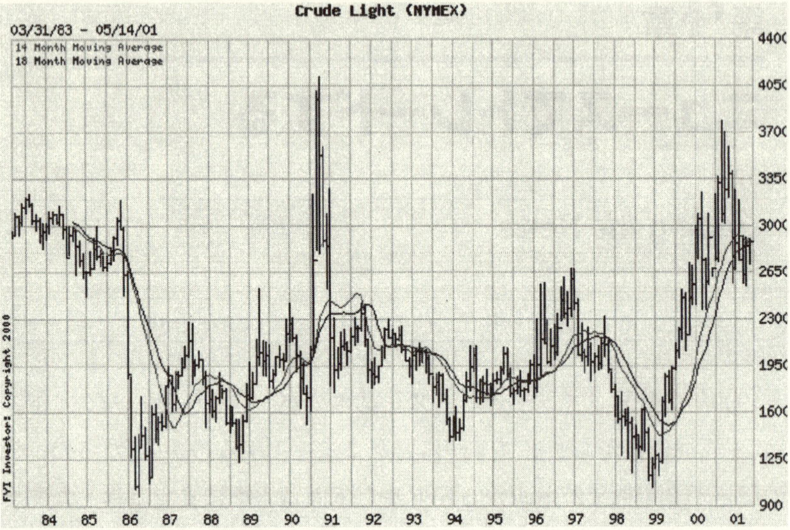

ファンダメンタリスト対テクニカルアナリスト

トレーダーは大きく２つのグループに分けられる。チャート分析によるトレードを行うテクニカルアナリストとニュースや市場動向要因を基にトレードを行うファンダメンタルアナリストの２種類だ。さらに、両方を用いる中間的なトレーダーもいるが、基本的にはいずれかのグループに属し、自分の考えの裏付けとして反対ジャンルの情報を用いるにすぎない。テクニカルトレーダーといえども、市場の状態を評価したり市場全体のセンチメントがシフトしたかどうかをチェックしたりするのにファンダメンタルズを用いることがある。私はテクニカルアナリスト派だが、市場がなぜそうなっているのかを知ることは重要なことだと思っている。市場の本質的な状態の変化は市場の方向性を変えることもあるため、そういった変化を知るためにファンダメンタルズ分析は欠かせない。

ファンダメンタリストは市場の大きな動きをとらえようとする長期トレーダーであることが多い。彼らは市場が全体的にどの方向に進もうとしているのかをファンダメンタルズで分析するが、とびつき売買することはない。ファンダメンタリストのなかには短期トレーダーもいて、市場のどんな動きも関連材料によるものという立場をとる。しかし、株価は利益予想によって動くことはほとんどなく、穀物市場の動きが最近の気象予想の変化に直接的な原因があるとは必ずしも言えない。トレーディングにおける意思決定をすべて見聞きしたことだけに基づいて決めれば、おそらくは負けトレーダーになるだろう。それまでの経験から、市場はいつも想定されたとおりに動くわけではないことを知っているプロたちの多くは、トレーディングするときに実際のニュースに注意を払うことはほとんどない。むしろ、市場がそのニュースにどう反応するかを重視する。市場が想定どおりの反応を示さないことが多ければ、ニュースを逆指標と読む傾向は高まり、ニュースが示す方向にトレードすることは少なくなる。実は、高確率のトレードはニュースを逆指標と読むことで得られることもある。これについては本章でこのあと説明する。

何かを知り得ても、あなたが最初ということはまずない

トレーディングの初心者は、得てしてニュースの誤った使い方をするものだ。ウォール・ストリート・ジャーナル紙のある記事を読んで、それが何日もあるいは何週間も前にすでに市場に織り込み済みであることも知らずにトレードへと走る。トレーディング会社大手には任意の株や市場に起こっていることを、一般大衆が知る前に正確にキャッチする担当部署があるという事実を初心者は知らない。トップ企業には長期気象展望を作成するお抱えの気象学者がいて、一般トレーダーはインターネットでそれを取得する。また優れたエコノミストやアナ

リストもトップ企業にはいる。何よりも重要なのは、トップ企業は情報が一般に知れわたる前にそれにアクセスする手段を持っているということである。大衆が得る情報は、何かで見たり聞いたりしたものがほとんどだ。つまり、すでにだれかが知っていることをあとで知るにすぎない。例えば、あるニュースをロイターで知ったとしよう。その記事はまずレポーターが書くはずだから、彼はあなたよりも先にそのニュースを知っていることになる。そして、その記事を書いたレポーターもまたそれを先に知っていただれかからその情報を得たはずだ。情報が自分たちに届くまでにはいろいろな人を経由していることに、初心者はなぜ気づかないのか。情報はレポーターに届くころにはすでにゴールドマン・サックスのトレーディングデスクには届いており、大衆に届くころにはゴールドマン・サックスのトレーダーはすでに動いているのである。

要するに、ニュースは一般大衆に届くころにはすでに過去のものであり、利用価値はないということである。一般大衆はまず市場が反応するのを見て、なぜこうなるのだろう、と不思議に思い、あとでニュースを知って、そうだったのか、というのが一般的だろう。その時点では何をしてももう手遅れなのだから無視するのが一番だ。ニュースに関連して価格が急上昇しても、それを追っかけてはいけない。市場がニュースを消化して落ち着くのを待つことが大切だ。そこでトレードし損ねても、チャンスはまた来る。すでにポジションを建てていたとしても、パニックにならず落ち着くことだ。もう一度言うが、市場が落ち着くまでは何もしてはならない。

情報を最後に手にするのが一般トレーダー

どんな情報も一般トレーダーにたどり着くのはいつも最後で、彼らが情報を得たときにはそれはもうすでに価格に織り込まれていること

チャート4.2　RMBSの１分足――ニュース発表前に動く株価

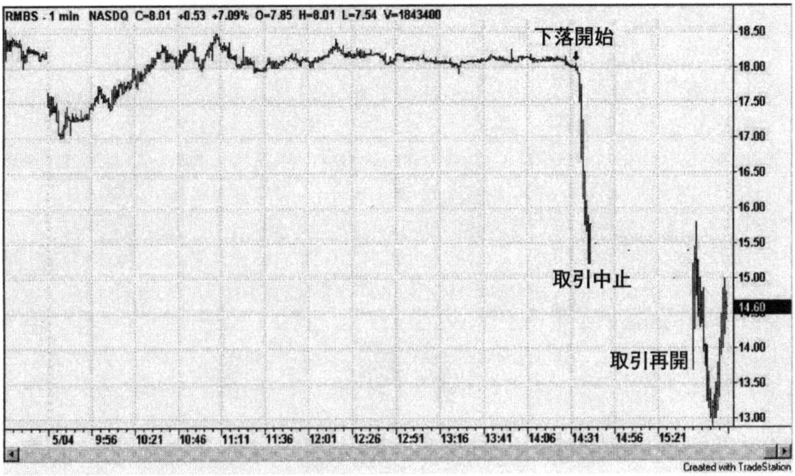

を示す良い例を紹介しよう。それは、私がランバス（RMBS）をトレーディングしているときのことだった（**チャート4.2**を参照）。私はたまたま正しい側にいたのでラッキーだったが、ランバスを売った途端、まるで物がテーブルから垂直落下するような勢いで暴落を始めたのである。失業者統計の数字が芳しくなかったため、その日は全体的にかなり下げて寄り付いた（**チャート4.3**を参照）が、その後は持ち直して１日中上げ続けた。私が持っていたのはほとんどが買いポジションだった。そんなときはバランスを取るために強気相場のなかで反応の鈍い株を探すのが私のやり方だ。ランバスはそんな株のひとつだった。相場全体が上昇しているにもかかわらず、ランバスだけは上昇しなかった。何かおかしいとは感じたが、理由が分からないため特に気にすることもなかった。スクリーン上のランバスは軟調で、チャートもほかの銘柄よりも弱気ムードにあったため、午後１時ごろ売った。市場全体が下落に転じれば、ランバスも必ず下落すると思ったからだ。それからしばらく動きはなかった。すると２時半ごろ、突然暴落を始め

チャート4.3　S&P500の５分足――悪いニュース発表後の上昇

た。何が何だか分からないうちに、12分後には３ドルも下げていた。何の情報も得ていなかったが、これはニュース関連に違いないと直観した。それ以外には考えられなかった。ニュースの発表待ちということで、ナスダックはランバスの取引を一時停止した。取引停止は１時間ほど続いた。そして３時40分、ランバスが競合のインフィニオンテクノロジーズAGを相手取って起こした特許侵害訴訟が退けられたというニュースが発表され、取引は再開された。

取引は、停止時からさらに1.5ドル下げて再開した。私は手仕舞うために成行注文を入れた。というのは、ニュースが発表されたあとは大概はそれまでの動きとは逆方向にトレードされる傾向があるからだ。それに、成行でもかなりの利益が期待できるだろうと思ったからだ。ニュース発表前に下落し、その水準よりもさらに下げて再開した場合、利食いが入り、株価は上昇するのが一般的だ。私は再開後すぐに手仕舞いの注文を出した。再開後から株価が急上昇を始め、発注地点から１ドル高い価格で注文が執行されたことを考えると、そうしたのは私一人ではなかったようだ。そして思ったとおり、私が手仕舞ったあとは一気に上昇していった。手仕舞いをしたのは正解だった。悪いニュースが出てしまえば、それまでの下落分をカバーして上昇に転じるという私の予想は的中したわけである。

この例から分かることは、ニュースの発表待ちがあることを事前に知っていた人がいるということである。彼らは取引停止になる前にその株を少なくとも売るか空売りし始め、その１時間半後にニュースが発表されたのだから。一般大衆にその情報が知れわたるころには、株価はすでに３ドルも下落していた。これでどうして一般のトレーダーがニュースで主導権を握れるだろうか。では、取引中止になる前に市場に反応できた人がいたのはなぜなのか。それはつまりこういうことだ。企業はマーケットメークする会社の重要人物や情報に直接アクセスできるのである。重大な判決が出るような日は、彼らはその会社のだれかと１日中電話でつながっているのかもしれない。理由はどうでもよい。とにかく、一般大衆に情報が届くころには、ビッグプレーヤーはすでにアクションを終えているのである。その日ランバスの株価は20％下落したが、この動きはニュースが一般大衆に知れわたる前にほぼ終わっている。何も知らなければ、アクションは取れなかったはずだ。

噂で買って、事実で売る

ニュースでトレードする場合の問題点は、ほとんどの人がどうすべきかを知らないことである。これまでにも、何らかのニュースを聞いて価格が急上昇すると、チャンスを逃すまいとすぐにトレードに走る人をたくさん見てきた。気がついたときには株価は下落。高値でつかんだことをそのとき初めて知るのだ。トレーディングの経験がある人なら、「噂で買って、事実で売る」という言葉を聞いたことがあると思う。有能なトレーダーは、値動きには敏感に反応するが、発表されたニュースを逆バリ指標とするのだ。つまり彼らは現在の株価にはその材料がすでに織り込み済みであること、そして市場が期待どおりであればもう買い材料はないことを知っているということだ。買い材料がなければ、あとは利益を確定して売るだけだ。したがって、市場は反転する。市場が動くのはニュースが発表される前なのだ。発表後はもう期待感はない。だから、情報通は市場から早々と撤退する。

下がるべきなのに下がらないのは上昇のサイン

重要なのはニュースそのものではない。重要なのは、ほかのトレーダーの総合ポジションと、ニュースが発表されたときに彼らが何を期待するかである。早耳筋はニュースが発表されるとすぐに、市場の反応とほかのトレーダーたちの動向をチェックする。経験から言えば、株や商品に影響を及ぼすニュースが発表されたとき、それが悪いニュースであるにもかかわらず相場が上昇するとき、市場はそのニュースに対して強気の反応を示したことになるため、買いである。おそらくそのニュースはすでに織り込み済みだ。一方、良いニュースが発表されたにもかかわらずあなたの保有する株や商品が上昇しない場合、売ることが高確率トレードにつながる。ニュースの内容よりも、そのニュースに対する市場の反応を見ることのほうが重要である。経験豊富なトレーダーはニュースが発表されたあとの動向をチェックし、それに応じて反応する。彼らにとっては市場が予想どおりの反応を示さず、材料出尽くしにならないほうが都合がよい。発表されるニュースが良いものか悪いものかが簡単に予想がつくほど、そのニュースの方向に沿ったトレードは失敗する確率が高い。例えば良いニュースが予想されていた場合、発表されるまでにすでに多くの人が買っているので価格は上昇し、ニュース発表時の価格にはすでにニュースが織り込み済みというわけである。ニュースが発表されると市場の動きが止まることが多いが、これはトレーダーたちがニュースや利下げ、熱波などを見越してすでに買っているからであり、ニュースやイベントが予想どおりだと、その市場は彼らにとってもう何の魅力もないからだ。実際に発表されると、市場は買いで飽和状態になっているためもう買われる余地はなく市場の動きは止まる。最後のカモが市場に慌てて参入するや、情報通は利益確定の売りに出る。ニュースが発表されて市場がそのニュースの方向に反応したときは、けっして動かず、市場が落ち着いたら正しい方向に参入するのがベストだ。ニュースの直後は調整局面に入るか、急騰・急落するかのいずれかなので、慌てて動いてしまえば必ず後悔することになる。

ランバスの事件が起こった日の朝、月間失業者統計が発表され、失業手当支給請求は過去10年で最高の上昇率を示していた。各市場はこれに反応して、軒並み安い寄り付きとなった。ダウは100ポイント以上下げて、S&Pもおよそ20ポイント下げて寄り付いた（**チャート4.3**を参照）。しかし市場はそれ以上は下げず、10時には上昇を始め、結局ダウは148ポイントの上昇、S&Pは18ポイントの上昇でその日は引けた。これはニュースでトレードする方法を示す打ってつけの例だ。悪いニュースであるにもかかわらず市場はそれほど下げなかった。つまり、こういう場合は買うのが賢い選択だ。**チャート4.3**のチャートを見ると分かるように、S&Pは17ポイント下げて寄り付き、その後さらに下げたが下げ止まり、それからは上昇を始めている。市場の寄り付きに大きな影響を与えるようなニュースが発表されたときは、市場がそれに反応し続けなければ、ニュースの内容と逆方向にトレードするのがベストなやり方だ。相場は寄り付き以降も下げるような雰囲気はあったが、実際には下げ止まり、その後は上昇に転じた。つまり市場は、最初はそのニュースに過剰に反応したが、冷静さを取り戻し、そのニュースが市場を下げるに値しないという判断を下した、ということになる。その時点で、人々は売り玉を手仕舞いし、買い始めた。この例は悪いニュースも良いニュースになることを示す例でもある。つまり、景気の悪化によってFRB（連邦準備制度理事会）が再び利下げに踏み切るかもしれないと人々が考えれば、失業者数増加のニュースも彼らにとっては良い材料になるということである。

良いニュース？　それとも悪いニュース？

そのニュースが良いニュースなのか悪いニュースなのかは人によって取り方が異なるため、良いか悪いかは一概には決められない。例えば、経済上向きのニュースは、FRBに利下げさせるのには逆効果になることもある。ニュースそのものよりも、FRBがそれにどう反応するかのほうが重要だとも言えよう。トレーダーは、例えば先の失業者統計のようなニュースには十分警戒する必要がある。これは経済的に見れば悪いニュースだが、不況になればFRBは利下げするかもしれないし、少なくとも利上げはないだろうから、相場の上昇が期待できる。企業のレイオフもよくあるニュースだ。これは企業の不況を示すニュースのようにも聞こえるが、通常はコスト削減策ととらえられ、行く行くはその企業の業績が改善すると見る人が多い。ネガティブなニュースのように聞こえても、このタイプのニュースは株価を上昇させる。

市場はやりたいことをやる

市場のそれまでの動きを覆すような予期しないニュースが飛び込んでくることはよくある。市場はその直後大きく反転するが、トレーダーたちがいったん落ち着きを取り戻すと市場は元のトレンドに戻る。

株価が下落気味の企業が利益予想を上回る業績を発表すると、株価はいきなり上昇するが、またすぐに急降下するといったことが、これまで何度あったか分からない。何度も言うが、ニュース自体が重要なのではなく、ニュース発表直後の動きのあと市場がどう反応するかを見ることが重要なのである。ファンダメンタルズが信用できるのはテクニカルなシグナルに一致するときだけである。トレーダーはニュースにこだわりすぎ、市場の動きがどうであろうとそれに固執することが多すぎる。市場は人の意見などまったく気にしない。行きたいところに行くだけであって、あなたの予想どおりには動かない。市場がニュースを無視してそれまでどおりの動きを続けているのであれば、トレーダーはニュースではなく市場に従うべきである。

予想外のニュースと予想どおりのニュース

2001年１月３日に発表されたFRBの突然の利下げのニュースに市場がどう反応したかを見てみよう（**チャート4.4**）。何週間も低迷していた市場が、この意外なニュースの発表で急上昇した。この日は私にとっては最悪の日だった。利下げが発表される30分前にかなりの枚数売っていたからだ。結局、売った銘柄１株につき５ドルから10ドルの損失を出した。この突然の利下げは市場を押し上げ、S&Pはその日の終わりまでにおよそ70ポイントも上昇した。FRBが突然利下げを発表するということは、つまり当時の景気低迷をFRBが認めたということである。しかし人々が正気を取り戻し、利下げ発表の効果が消えた次の数日間、市場は反落して再び元の下落路線に戻った。それから数日後、１月31日のFOMC（連邦公開市場委員会）で再び利下げ発表があるのではないかという期待感から市場は再び上昇し始めた。人々の予想どおり、１月31日、FRBは再び利下げを発表。しかしこれは予想どおりだったため、市場はそれに反応して跳ね上がることはなく、発

チャート4.4　S&P500の日足――予想外の利下げと予想どおりの利下げ

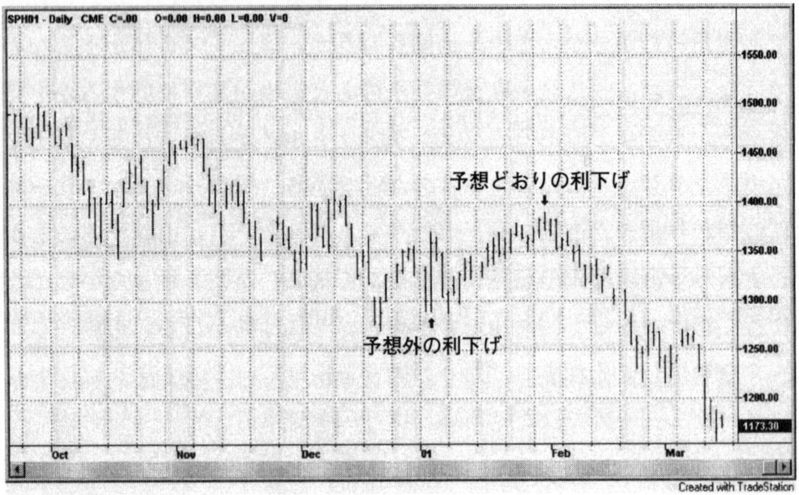

表直後から売られ始め、最初の利下げ発表から続伸していた市場はこのときを天井に下がり始めた。同じニュースに対して、市場がそのときの状況によってまったく異なる反応を示したのは興味深い。ニュースはいずれもFRBによる50ベーシスポイントの利下げ発表であったにもかかわらず、最初のニュースでは市場は１日で暴騰したが、二度目の発表後は下落した。これはなぜなのだろうか。それは、二度目の利下げ発表はすでに予想されていたことであり、市場はその期待感で買われたが、実際に発表されるとそのニュースの材料性はその時点で消えてしまったからである。そして情報通は「サンキュー」といって売り抜けるというわけだ。これが「噂で買って、事実で売る」ということである。

ファンダメンタルズを最大限に活用する

全体像をつかめ

ニュースでトレードする場合、断片的ではなく全体像をつかむことが重要だ。例えば、大洪水で作物が大被害を受け、そのため大豆価格が上昇するというニュースを聞いたので大豆を買おうと思っている場合、大豆が栽培されているのはアメリカ中西部だけではないことを忘れてはならない。アルゼンチンやヨーロッパの作物はどうなのか、アメリカ中西部の不足分を補うことはできるのか、世界全体の需要はどうなっているのか、備蓄はあるのか、といった具合に世界全体の状況を見ることが重要だ。確かに作物は気候に左右されるが、価格は気象条件だけで動くわけではない。価格を決める条件はほかにもいろいろあるのである。ファンダメンタル分析で効果的にトレードしようと考えているのであれば、市場を取り巻くあらゆるニュースを総合して全体像をつかむことが大事だ。ジグソーパズルの１ピースだけで判断するような不精をしてはいけない。

例えば、原油取引の場合、考えなければならないことは、現在の生産量、備蓄量、過去のデータとの比較、OPECの動向（生産量を増やしているのか制限しているのか)、気候条件などである。市場価格というものはこういった諸々の条件によって決まるため、市場がどの方向に向かっているのかを知るためには、こういった情報を総合的に見る必要がある。例えば、備蓄量が多く、生産量の増強が予定され、その年の冬が暖冬になることが予想される場合、価格は下落し続けることが予想されるため、売るのがよいことが分かるはずだ。

株取引の場合は、その企業についてあらゆることを知るだけでなく、市場で今何が起こっているのかや、経済全般についての知識も必要だ。各セクターの景気は？　小売セクターについては？　消費者信頼感指数はどうか。金利は上がっているのか下がっているのか。国内総生産は上昇傾向にあるか。失業者数は増えているのか減っているのか。トレーダーにとって役立つのはこういったデータであって、小さなニュースをいちいち気にするべきではない。自分の持っている株や市場の動向についての全体像は、こういった諸々のデータを基に分析しなければならない。

発表されることが事前に分かっているニュースでトレードする

ニュースが発表されることが事前に分かっている場合、高確率トレーダーがなすべき最も重要なことは、発表前にポジションをフラットにすることだ。ニュース発表後に市場がどう動くかはまったくの未知数だ。そういった状況下でポジションを保持すればリスクが増すだけである。ニュース発表後の市場の動く方向を予測するようなことをしてはならない。こういったことをやり始めれば、それはもうトレードではなく、ギャンブルである。特に短期トレーダーは注意が必要だ。たかがひとつのニュースなど、長い目で見れば株価にそれほど大きな影響は与えないものだ。

発表が予想されたニュースでトレードする場合、ニュースが発表される数分前の市場の反応を見てみよう。そのときに市場が動いている方向がみんなが見ている方向である。数字が想定内であれば、それが市場が動くべき方向であるが、予想外のことがあれば動きは反転することもある。市場がそれまでの動きを維持できず、発表されたニュースが予想どおりであった場合、市場は予想どおりの動きをしなかったわけだからそのニュースを逆バリ指標とするのが最もよい。

ニュースが発表されると、その直後に価格は一気に跳ね上がるがすぐに調整局面に入り、そのまま下がり続けるか反転して上昇する、というのがニュース発表後の市場の一般的な反応だ。高確率トレーディ

チャート4.5　S&P500の１分足――ニュースでトレードするな、相場を見てトレードせよ

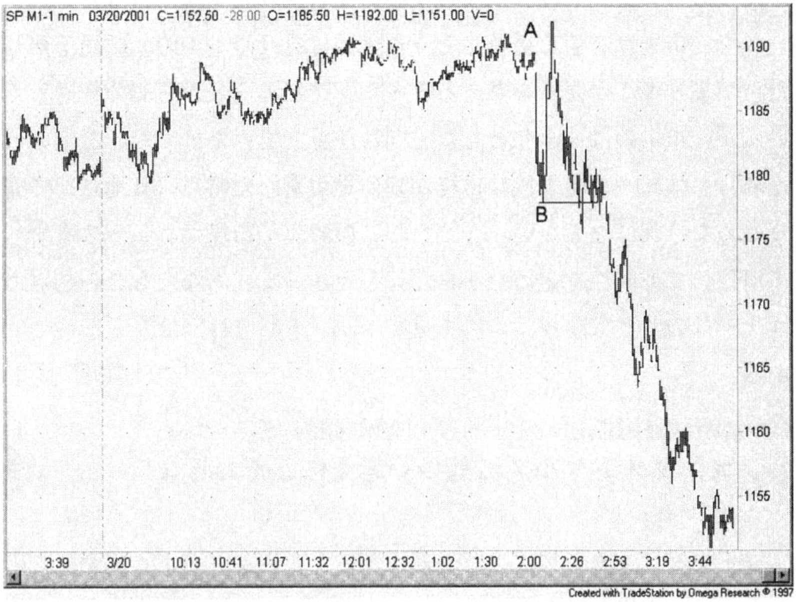

ングのルールのひとつは、ハイリスクトレードはするな、である。市場の方向が定まる前に慌ててトレードするのはリスクが高すぎる。こういった場合は、何もしないで傍観し、市場がはっきりとした方向性を示し、喧騒が収まったところで一気に乗り出すのがベストだ。私はトレーディングを始めた当初、発表直後の急騰局面でトレードして大損をしたことが何度かあるので、今は市場が落ち着くまでは手を出さないようにしている。市場が方向性を示したあとでもチャンスはいくらでもある。**チャート4.5**はFRBの利下げ発表に対して市場がニュースを逆バリ指標としたことを示す良い例である。

2001年３月20日午後２時15分（Ａ地点）、FRBは再度の利下げを発表。これは市場にとっては良いニュースではあったが、これは想定内であったため、発表直後から15分間市場は下落した。その後大きく反発して発表前の水準をやや上回る辺りまで上昇したが、それ以降は再

び市場は下落に転じた。この時点であなたの脳裏には次のようなことがまとめられていなければならない。発表されたニュースは良いニュースで、市場は高値を更新しそうな気配は見せたものの、結局下落した。つまりここが売りを考えるタイミングだ。発表から30分経過しているが、市場のはっきりとした方向性が見えてきたはずだ。こういった場合、ニュース発表後に市場が安値を更新した時点（Ｂ地点）で売り始めなければならない。なぜならこの時点で市場はニュースをすべて消化して方向性を定めたからだ。したがって、あなたもこの時点でニュースのことは忘れ、市場を見てトレードしなければならないのである。

ファンダメンタルズに基づく考えにこだわるな

ファンダメンタルズにこだわりすぎるトレーダーがよく犯す過ちのひとつは、市場の動向が変わっても自分の考えに頑ななまでに固執するということだ。例えば、今年の気候はトウモロコシの収穫にとっては近年まれにない最高の気候だと考えているトレーダーがいたとしよう。理想的な気候によりトウモロコシは豊作で、価格は下がるはずだ、と彼は考えている。ところが数週間後、気温も降雨量もパーフェクトであったにもかかわらず、価格は下がらない。この頑固なトレーダーはそのポジションをそのまま持ち続ける。それだけならまだしも、増し玉することさえある。なぜなら、彼の脳裏には前述の考えが定着してしまっているからだ。「見ろよ。価格は上がったじゃないか。なぜ買わないのかい。愚かだね」と市場が教えてくれているのに、彼はそれを無視する。相変わらず天気予報をチェックし、自分が正しいことを確信するが、中国ではこの６カ月間、雨が降っていないため、すべての穀物を輸入に頼るのもそう遠くはないといった事実は気にもとめない。市場が予想どおりに動かなかった場合、別の要因が関与していると考えるべきである。成功したければ自分の考えに固執するのはやめたほうがよい。

自分が明らかに間違っているにもかかわらず市場と勝負をして大きな痛手を負ったトレーダーたちを、私はこれまでに嫌というほど見てきた。何らかのファンダメンタル的な理由で市場は逆方向に動くはずだという考えに固執してしまった結果だ。これは株式市場でよく起こる。例えば、世界を一変させる革命的チップの製造が期待されている企業の株を188ドルで買い、株価が４ドルになってもまだその株を離さずに持っている場合などがそうだ。株を買った本人はこの企業は素晴らしい製品を作っている有望企業だと信じて疑わないからだ。しかし、トレーダーはどこかで自分の間違いに気づき、市場の正しい側に戻らなければならない。

ナスダック市場が崩壊を始めた2000年３月、多くの人々は経済はまだ好調で彼らが投資したテクノロジー株やインターネット株はずっと上がり続けると考えていたため、現状を認めることができなかった。過大評価された株価は経済が停滞すれば本来の価格に戻ることに彼らは気がつかなかったのだ。自分が投資した企業の株価は上がり続けるという考えに執着しすぎたため、市場が下落し始めどう見ても大きな下落トレンドに入ったとしか思われない状況を目の当たりにしても、彼らは買った株を売ることはなかった。その下落はナスダックがもはや強気市場ではないことを教える市場からの警報だったのだ。にもかかわらず、その下落を買い増しのチャンスととらえたり、市場はまた上げ相場に戻るはずだからとポジションを保有し続ける人々が多かった。自分の考えが間違っているにもかかわらず、それを変えなかった代償はあまりにも大きかった。

自分の考えを変える柔軟性を持て

ファンダメンタルズに基づく自分の考えを変えるのは容易ではない。全体像を把握し、市場を動かすテクニカル指標の動きを常にウオッチしなければならないのはそのためだ。チャートは嘘をつかない。上げ相場にあるのか、下げ相場にあるのか、横ばい状態にあるのかはチャートを見れば一目で分かる。例えばある株を買い、チャートが上昇しない場合、つまり下落トレンドを示している場合、あなたがどう思おうと絶対に上がることはないのだから、それに対抗しようとしても無駄である。すぐに手仕舞って再評価すべきだ。私は自分の間違いに気づき考えを改めなければならないとき、「もしポジションを持っていなかったならば、自分はどちらの側につくか」と自問自答する。落ち着いて考えてみることで、そのポジションを持っていても得策ではないことがはっきりしてくる。ただ、実際に手仕舞うとなるとかなりの勇気がいることは確かだ。

客観的になれ

ファンダメンタルズに基づく考えを客観的に見るには、保有しているポジションのことはひとまず脇に置いて考えることが大切だ。ある２人が同じニュースを聞いても、保有しているポジションが違えばニュースのとらえ方はまったく異なる。例えば、経済にとって好ましい何らかの経済指標が発表されたとしよう。ポジションが買いに偏っている人は、「景気は順調だ。相場は上がり続けるだろう」と考えるが、売っている人は、「いいぞ。景気は絶好調だからFRBが再び利下げに踏み切ることはないだろう。したがって、市場は売られるはずだ」と考えるだろう。市場がどちらの方向に進むかはこの段階ではまったく分からない。市場がどちらの方向に進むかは市場自身が決めることであり、あなたの考えなど市場にとっては無意味なのだ。物事を客観的にとらえ、全体像をよりよく把握するためには、ファンダメンタルズではなく市場に注目しなければならない。

優れたトレーダーになるためには

優れたトレーダーになるためには、ファンダメンタル分析の扱い方を学び、ニュースで正しくトレードする方法を知ることが大切だ。そのためには、市場全体の動きをとらえることが不可欠だ。トウモロコシ、ポークベリー、日本円、J・P・モルガン、マクロソフトなど、トレードするものが何であっても、市場がなぜその方向に動いているのか、その原因を探るのである。業界全体を俯瞰し、トレードしている市場や株に影響を与えるような世界レベルのイベントに常に目を配ることが大切だ。トウモロコシ相場が上昇しているのが過去2年の生産量が伸びていないことが原因であることを突き止められれば、ほかの多くのトレーダーよりも若干有利な立場に立てる。ファンダメンタルズが変わらないかぎり、買ったほうがよいことを知っているからだ。

トレーディング上達のもうひとつの秘訣は、ファンダメンタルズに基づく考えが正しいかどうかをチャートで確認することである。例えば、トウモロコシ価格が上昇しているのであれば、ファンダメンタルズが市場を動かす要因になっていることが分かるが、価格が横ばいか下落していれば、ファンダメンタルズ以外の要因を疑ってみる必要がある。いずれにしても、チャートで確認できなければトレードは見合わせなければならない。市場は常に動いている。だから、ひとつの考えにとらわれずに常に考えを見直す柔軟性が必要だ。トレーディングでは頑固さは命取りになる。市場が自分の予想とは違った動きをしたら、迷わず手仕舞って次の手を考えることだ。市場はニュースが示す方向に動くという考えに固執すればポジションの保有時間は長くなる。

多くのトレーダーの敗因がここにある。

ニュースや指標・統計が突然発表されたときは、市場はその内容をすでに織り込み済みであることを忘れてはならない。ニュースが発表されると、市場はニュースとは逆の方向に動くことがあるが、「事実で売る」ことを考えれば驚くには当たらないだろう。ニュース指向のトレードを行っている場合、ニュースでトレードするのではなくて、ニュースに対する市場の反応を見てトレードすることだ。ニュース関連のイベントを見て慌ててトレードするのは、高確率トレードどころか、それはまさにギャンブルである。こういう場合は、市場の反応を見て、実際の動きに沿った正しいアクションを取るのがよい。発表されたのが良いニュースで市場が上昇を続けている場合は、押し目で買う。一方、良いニュースではあったが市場が上昇しない場合は、私は積極的に売ることにしている。ニュースの発表待ちの場合は、ニュース発表後の市場の動きについて、いくつかのシナリオを考える。こういった準備があれば、市場がどう動こうと慌てることはない。

ニュースでトレードする場合の問題点

1．市場の反応を予測しようとする
2．ファンダメンタルズに基づく考えに固執する
3．客観性を失う
4．市場のトレンドを無視する
5．ニュース発表後の急上昇に飛びつく
6．ニュースを知る最初の人物ではない
7．織り込み済みのニュースでトレードする
8．賭けに出る

ファンダメンタル分析でチャンスをつかむには

1. 全体像をつかめ
2. ファンダメンタルズは市場を動かす要因を探るのに使え
3. ファンダメンタルズ分析はテクニカル分析で補完せよ
4. 市場について長期的展望を持て
5. 上がるべきなのに上がらないのは下落のサイン
6. ニュースを逆バリ指標とすることを恐れるな
7. ニュース発表直後に慌ててトレードするな
8. 市場がニュースを完全に消化し終わるまで動くな
9. 自分の意見でトレードするな。市場を見てトレードせよ
10. 自分の意見を変える柔軟性を持て
11. 噂で買って、事実で売れ
12. 悪いニュースでも市場にとっては良い場合もあることを忘れるな
13. ギャンブルをするな――ニュース発表前にポジションをフラットにせよ

自問自答コーナー

●もしポジションを持っていなければ、市場のどちら側につくか
●市場はこのニュースにどう反応するだろうか
●市場がニュースを完全に消化し終わるまで待ったか
●自分の考えに固執してはいないか

第3部

テクニカル分析

Technical Analysis

第5章

複数の時間枠でチャンスを広げよ

Increasing Your Chances with Multiple Time Frames

　これからいくつかの章にわたってテクニカル分析について論じていくが、ここに書かれていることがテクニカル分析のすべてではないことをまず断っておきたい。ここでは高確率トレードを見つけるための方法として私がこれまで試してみて、ベストと思われるインディケーターとパターンのいくつかを紹介する。インディケーターやパターンは無数に存在し、人によってトレーディングパターンが異なるため、どのテクニカル分析が自分に最も適しているかを決める前に、テクニカル分析の全貌を理解する必要がある。本書ではテクニカル分析のいくつかの分野に焦点を絞っているため、より詳しく知りたい人はテクニカル分析について書かれたほかの書籍を参考にして理解を深めていただきたい。

　ファンダメンタル分析は市場が進むべき方向を知るうえでは役立つものだが、市場で何かが起こっていることを事前に知ることなくしてほかのトレーダーよりも優位に立つことは不可能だ。そこで必要になるのがテクニカル分析である。高いテクニカル分析能力を持つことはトレーダーにとっては大きな強みであり、それによってほかのトレーダーよりも優位に立つことができる。テクニカルアナリストは、チャートにはニュースが市場に与える影響はすべて織り込み済みという考えを持っているため、大抵のテクニカルトレーダーはニュースを無視する。重要なことはすべてチャートに内包されていることを知っているからだ。株価が上昇するかどうかはニュースを見聞するまでもなく、チャートを見れば一目瞭然なのである。どういったニュースであろうと、チャートの読み方を知っていれば、市場が何をしようとしているのかを明確に読み取ることができる。ファンダメンタル分析にこだわる人でも、チャートの読み方は知っておくべきだろう。ニュースのチェックに使えるだけでなく、トレードのタイミングを計るのにも役立つはずだ。

チャートのメリットは、価格が上昇しているのか、下落しているのか、横ばい状態なのかが一目で分かることだ。しかし、インディケーターや価格パターンを理解したり、市場の将来的な動向を見るのには向かない。同じチャートを５人が見れば５通りの見方に分かれると言われるように、テクニカル分析は一筋ならではいかない難しさもある。過去に起こったことを示すインディケーターもあれば、将来的に起こるであろうことを予測することが目的のインディケーターもある。しかしどういったインディケーターであれ、共通点がひとつある。それは、インディケーターからは明日の価格を知ることはできないということである。したがって、インディケーターからは将来を100％正確に予測することはできない。インディケーターには五人五様の見方があると言われるのはこのためだ。

これからいくつかの章にわたって、テクニカル分析に基づくトレーディング戦略のいくつか（トレンドフォロー、ブレイクアウト、リバーサル、レンジ相場）を解説していく。各戦略は、見るものも違えば、トレーディングスタイルも違う。トレンドフォローの状況で用いるインディケーターはレンジ相場の状況に用いるインディケーターとは異なる（あるいは、同じインディケーターでも使い方が異なる）。トレンドフォロー系インディケーターの代表格がトレンドラインと移動平均線だ。これに対して、相場がレンジ圏で推移しているときは、相場における転換点を素早くつかむ必要があることから、ストキャスティックスやRSI（相対力指数）などオシレーター系インディケーターが用いられることが多い。

　テクニカル分析の章を読み進めるに当たっては、留意点がひとつある。それは、相場の動向を見るときの出来高の重要性である。出来高は値動きを確認するのに利用できる。例えば、出来高を伴う値動きは、市場がその方向に動き続ける可能性が高いことを示している。これはリバーサルだろうとトレンドフォローだろうと同じである。出来高はその株や商品に対する需要を示すものである。したがって、出来高を見ればトレンドの強さが分かるというわけである。価格が上昇し出来高も増えているのであれば、それはかなり強いトレンドを示している。一方、出来高が減少し始めたら、買いが一巡したと見てよいだろう。この時点では買おうという人はもういないため、勢いは急激にしぼむ。

　これは科学的に証明されたわけではないが、テクニカル分析の実務的な知識を持っているトレーダーは持っていないトレーダーよりも有利だと私は思っている。テクニカル分析の知識は、トレーディング機会を目ざとく見つけたり、ストップを置く位置を決めるときに発揮されるからだ。しかし、テクニカル分析は不用意に用いれば誤用につながるおそれがあるため、各種インディケーターの正式な使い方と、それほど正式ではない使い方の両方について解説していきたいと思う。簡単にするため、買いか売りのいずれか一方の例しか取り上げないこともあるがご容赦いただきたい。例えば、買いについて説明している例があったとすると、売りについてはその逆が成り立つと考えていただきたい。また、話が買いや上昇トレンドに偏る傾向があるかもしれないが、特にそちらを強調したいためにそうしているわけではなく、説明の都合上簡単だからそうしているだけだということをご理解いただきたい。物事を説明する場合、市場の一方の側から説明したほうが簡単なことはよくあることだ。

複数の時間枠を見る

数年前、ベテラン石油トレーダーの友人を彼の職場に訪ねたことがある。彼は素晴らしいトレーダーで常に利益を上げていた。この道へはフロアトレーダーとして入ったが、のちにフロアを離れた。彼の取引は原油が主だが、午後３時10分に原油市場が引けたあとは、S&P先物を場が引ける間際に１～２回トレードを行うのが彼の日課だ。一時に見るのが１市場であるにもかかわらず、彼の前にはモニターがズラリと並ぶ。彼はCQGチャートサービスを利用しており、４つのコンピューターモニターにその情報が送られてきていた。つまり、足の長さの異なる原油チャートが何種類も目の前のモニターに映し出されているわけである。１つ目のモニターには２分足、５分足、10分足のチャートが、２番目のモニターには30分足と60分足のデータが、３番目のモニターには日足と週足データがそれぞれ映し出されていた。そして最後のモニターは、ニュースや気配値を見るためのものだ。それだけではない。彼は日足データを自分でアップデートし、月足チャートは先物開始月からのものを壁に並べて貼ってあった。私は彼のフル装備ぶりを見て、さすがだと関心した。それに比べて私はというと、モニターは１台で、その１台のモニターで異なる市場の４つの５分足チャートを観察しているという状態だった。私と彼のどちらが原油価格の動向をよく把握でき、有利であるかは言うまでもないだろう。

どの時間枠を使ってトレードしているのかと彼に訊くと、彼は全部だと答えた。異なる時間枠のすべてで確信できたときのみトレードするのが彼のやり方だった。まず第一に、彼がトレードするのはメジャートレンドの方向のみである。そのトレンドをつかむのに使うのが日足チャートと週足チャートだ。これら２つの時間枠で全体的な方向性を明確につかむと同時に、主要な支持線と抵抗線の位置を確認する。次に、30分足チャートと60分足チャートを使って見る部分を絞り込む。

つまりこれら2つの時間枠で実際にやることを決めるのである。これらのチャートからトレンドや反転があるかどうかを見つけだし、次の数時間から数日間の市場の動向を見極めるのである。やることが決まったら、2分足チャートと5分足チャートを使って仕掛けのタイミングを計る。安定した仕掛けのタイミングが現れるまで彼はじっくり待つ。そうすれば、たとえ間違っていたとしてもそれほど大きな打撃にはならないからだ。

どのチャートで見ても良いトレードと思えるものしかトレードしない、と彼は説明してくれた。ときにはそれに反したトレードをするときもあるが、そういったものは確率的に高いトレードではないため枚数は少なくするという。しかし、やはりどのチャートで見ても良いトレードだと思えるトレードほど、確率の高いトレードはないということだ。彼の見事な装備とトレード方法を見て、高レベルのトレーディングを目指すには何が必要かが分かった。それは複数の時間枠を使うということである。

短期展望主義対長期展望主義

トレーダーたちをよく用いる時間枠で分類すると、短期展望主義と長期展望主義とに大別できる。一般に、長期トレーダーが主として日足、週足、月足チャートを用いるのに対して、短期デイトレーダーは1分足や5分足チャートを用いる。また、短期と長期の中間に位置するのがスイングトレーダーと呼ばれる人々で、彼らのポジション保有時間は2～3日、分析には主として30分足や60分足チャートを用いる。自分のトレーディングスタイルに合った時間枠を使っているという点はどのトレーダーにも共通しているが、時間枠はひとつに限定して視野を狭めるべきではない。それぞれの時間枠は市場に対する観点が異なるだけでなく、どのレベルでもチャンスをつかめるわけだから、好みの時間枠はひとまず脇に置いておいて、あらゆる時間枠を有効に使わない手はない。

トレーダーは自分のトレーディングスタイルに合った時間枠を選ばなければならないが、人によって好みの時間枠は異なる。理由はいろいろある。仕掛けや手仕舞いを素早く行うよりもリスクマネジメントを重視するため短い時間枠を好むトレーダーもいれば、ポジションを長く保有するのが好きで、日々のアップダウンはあまり気にしないというトレーダーもいるだろう。あるいは、商品のデイトレードがやっとで、ポジションをオーバーナイトするだけの金がないトレーダーもいるだろう。またポジションをオーバーナイトするのは不安なのでその日のうちに手仕舞う人もいれば、市場に勢いがあるので２～３日は持つだろうと考える人もいる。デイトレーダーと一口にいっても、数分ですぐに手仕舞ってわずかな利ザヤを稼ぐ（スキャルピング）人もいれば、ポジションを数時間保有する人もいる。また、手数料のことを考慮して次から次へとトレードするのを嫌がる人もいる。彼らは良いトレードを１回か２回行って、それを数時間保有する。トレーダーによってトレーディングしやすい時間枠が異なることは、これらの例でよくお分かりいただけたことと思う。

時間枠は長さによってそれぞれ異なる特徴を持つ。短い時間枠は小さな市場パターンの識別が得意で、仕掛けと手仕舞いを迅速に行えるというメリットがあるが、あまりに短期すぎれば市場全体の動向を見落としかねないというデメリットもある。１分足や５分足チャートにおける動きは非常に不安定で予測が難しいにもかかわらず、短期トレーダーたちはこういったチャートに偏りすぎる傾向がある。短期トレーダーでも、こういったチャートに加え60分足チャートも見ることで、もっと安定した強い動きをキャッチでき、５分足チャートでは得られない情報を得ることができるはずだ。さらに日足チャートと週足チャートを追加すれば、市場パターンはより明確になり、市場の勢いが本当はどこにあるのかも知ることができるだろう。5分足チャート上のトレンドなど、週足チャート上のトレンドに比べるとほとんど意味を持たないのである。

チャートはすべて同じ

ここでひとつだけ言っておきたいのは、チャートは1分足チャートだろうと週足チャートだろうとすべて同じだということである。書かれている数字を見ないでチャートを見たとすると、それがどういった時間枠のチャートかはほとんど判別できないはずだ。どの時間枠のチャートもパターンは同じなので、ひとつの時間枠のチャートの読み方が分かるようになれば、ほかのチャートも問題なく読むことができるはずだ。試しに、**チャート5.1**から**チャート5.4**までのチャートを見てみよう。これらのチャートは時間枠はすべて異なるが、数字を見なければどのチャートもほとんど同じように見える。

複数の時間枠——視野を広げよ

私のトレーディングが飛躍的に向上したのは、トレーディングにおける意思決定をするのに複数の時間枠を見ることで市場に対する視野を広げることができるようになったときである。トレーディングを始めた当初、私はきわめて短期のトレーダーで、5分足チャートしか見ていなかった。日足チャートも使うには使っていたが、それはあくまでアイデアを得ることが目的であり、仕掛けに使うのはもっぱら5分足チャートだった。ほかのチャートには目もくれなかった。自分が見つけたいのは一瞬の小さな動きなのだから、10分足、30分足、60分足

チャート5.1　インテルの5分足——短い時間枠でみた相場

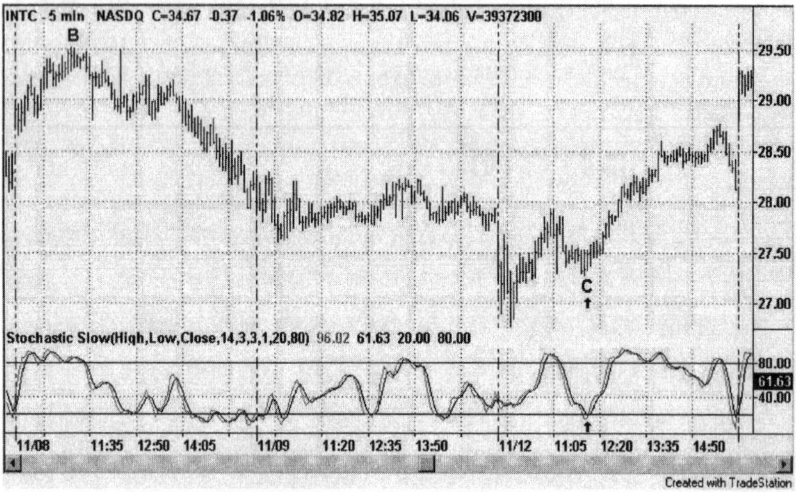

チャートなどで時間を潰したくない、というのがその理由だ。市場の全体像を見るには日足チャートで十分だし、週足チャートまで見る必要はないと考えていた。また、1分足は細かすぎて読めないうえに、方向感がなく、全体像を見るには不十分だった。こうして結局5分足チャートだけを使い続けることになったわけである。

しかしそのうちに、ひとつの時間枠しか使わないということは、ウッドとパターだけでゴルフをやるようなものだということに気づいた。ゴルフでスコアを上げるには、距離や状況に応じたクラブが必要なのだ。トレーダーについてもまったく同じで、基本的なツールだけでなく、もっと広範にわたるツールが必要である。1つか2つの時間枠だけで満足し、ほかの時間枠を見ようとしない人が多すぎるようだ。視野を広げることで市場はもっとよく見えてくる。それだけでなく、仕掛けや手仕舞いのタイミングもうまくつかめるようになる。

長い時間枠を見ることのメリットは、メジャートレンドの向きや、支持線や抵抗線の位置がつかめることだ。メジャートレンドがつかめれば、どの方向にトレードすればよいかが分かってくる。日足や週足チャート上のトレンドが上昇トレンドであれば、買いが高確率トレードになる。トレードする方向が決まったら、今度はもっと短い時間枠でその方向のトレードを見つけ、タイミングを計る。60分の時間枠は特に重要だ。なぜなら、これによって中期（２～５日）の動きが分かるからだ。支持線や抵抗線がなく、あるいは買われ過ぎでも売られ過ぎでもないかぎり、この時間枠の方向にトレードすれば確実に市場の勢いに沿ったトレードができる（各種インディケーターやシステムの使い方、およびそれに複数の時間枠を適用する方法については、テクニカル分析の話を進めながら徐々に説明していく）。そして、いよいよトレードする段階になったら、もっと短い時間枠を使ってタイミングを計る。絶好の仕掛け時をつかんだり、リスクマネジメントをうまく行うのには、１分足、５分足、10分足チャートといった短い時間枠が向く。買いを考えているのであれば、上昇トレンドに入る前に買わないように、あるいは押しが終わるまで買わないようにするために、短い時間枠のチャートで波動を観察するとよい。たまには失敗もあるだろうが、そういった場合でも損失は少なくてすむし、うまくいけば利が伸ばせる。複数の時間枠を使うという考え方は、スキャルパーからポジショントレーダーまで、すべてのトレーダーに当てはまる。相場をあらゆる方向から観察することで、良いトレードを見極め、トレードする絶好のタイミングを知り、トレードをモニタリングする能力は一層高まるはずだ。

全体像をつかめ

例えば５分足チャートを見ていて株価が下落し始めたとしよう。５分足チャート上では大きなトレンドに見えるため、売りたい衝動に駆られるかもしれない。しかし、もう少し視野を広げて60分足や日足チャートを見てみると、市場は５分足チャートとはまったく違った様相を呈することが分かるだろう。売りで間違いないと思えたトレードが上げ相場の一時的な押し目だったということもあるのだ。長い時間枠を見なければこれに気づくことはなかっただろう。

この良い例がインテルの５分足チャートを示した**チャート5.1**である。11月８日の朝方に伸び悩んで以来、2001年11月８日から11月12日まで売りモードが続いた。11月９日も少し下げたものの横ばい状態が続いた。しかし11月12日は前日よりも下げて寄り付き、回復しないことを見て売られたため、売る絶好のチャンスのように思えた。特にＣ地点辺りがそうだ。もし11月12日の朝に売っていれば、失敗していただろう。もちろん５分足チャートだけを見ていたのでは、こんなことは分からない。こういった場合、ちょっと時間を取って日足チャート（**チャート5.2**）や60分足チャート（**チャート5.3**）に目を向ければ、売るのが賢い選択ではないことは簡単に判断がつく。本当のトレンドや、どの方向にトレードすればよいのかを教えてくれるのが、こういった長い時間枠のチャートなのである。インテルが実際には上昇トレンドにあり、最後の数日間はよくある押し目にすぎないことは、日足チャートを見れば一目瞭然だ。60分足チャートのＣ地点におけるストキャスティックスを見てみると、売られ過ぎになりそうな気配を示している。この時点では短期モメンタムが依然として低下しているためまだ買おうとは思わないだろうが、長期モメンタムが上昇しているので、少なくとも売ろうとは考えないはずだ。また**チャート5.3**からは、現在価格を基準にして市場は過去数週間の間に支持線と抵抗線の間を何回か行き来しているため、そろそろ下げ止まって上昇に転じる可能性があることも分かる。つまり、相場を大きな視野で観察することで、市場が実際には上昇トレンドにあるため、売っても儲かる確率は低いことが簡単に分かるということである。上昇トレンドにあるときに売

チャート5.2　インテルの日足――長い時間枠で見た相場

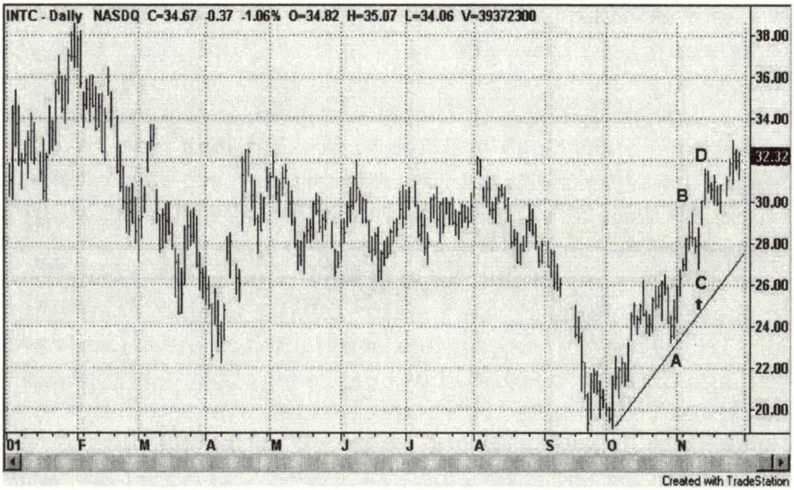

チャート5.3　インテルの60分足――モニター用時間枠

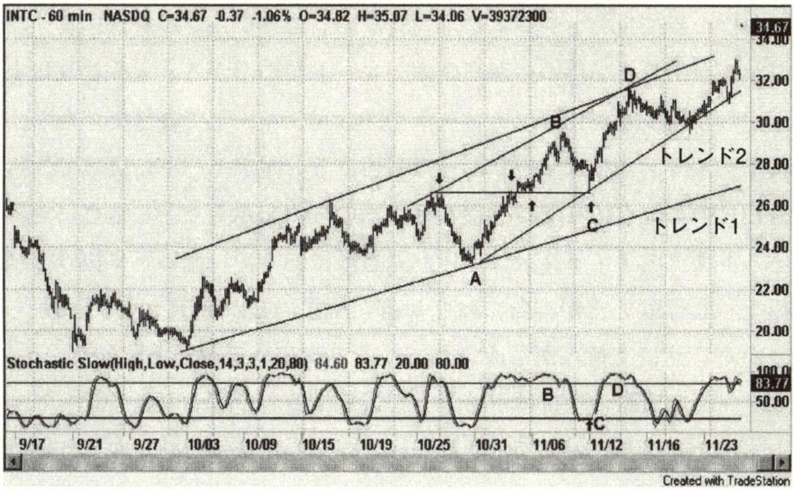

チャート5.4　インテルの1分足――トレードのタイミングを計る

るのは一般に良いトレードとは言えない。こういった場合は、買いシグナルが出るまで待つのが高確率トレードにつながる。もうこれ以上下がらないことが10分足チャートや30分足チャートで確認できたら、買うタイミングを探す。私だったら再び５分足チャートに戻って、11月12日のＣ地点辺りで買うだろう。その理由を示そう。Ｃ地点におけるストキャスティックスは売られ過ぎ圏にあり、株価は下に抜ける様相を示してはいたが実際にはブレイクせず、しかも**チャート5.3**から分かるように支持線が形成されている。次に、**チャート5.4**の１分足チャートで実際の仕掛けポイントを確定する。トレンドラインをヒットするか、グレーの円で示された横ばい区間を抜けた地点が買う絶好のポイントだ。どちらの状況も数分以内に起こっている。したがって、どちらのポイントを選ぶかは、スリッページを考慮して決める。仕掛けたあとは、短期トレードがあなたのトレーディングスタイルであれば、すぐに手仕舞って利食いしてもよい。また、長時間保有すること

を主義としているのであれば、60分足チャートに戻ってチャネルラインをヒットするD地点まで保有してもよいだろう。

株の売買では市場の全体像をつかむことが大事

株のトレーディングで市場の全体像をつかむもうひとつの方法は、市場全体、セクター、および銘柄チャートを組み合わせるというものだ。例えば、市場全体の方向性を見極めるのにS&P500の日足チャートと60分チャートを用い、どの方向にトレードするかを決めるのにセクターについての同様のチャートを用いる。トレードすべき方向が決まったら、各銘柄の５分足チャートでトレードのタイミングを計る。セクターとS&P先物の動きをトラッキングすることで、市場が今何をしているのか、株価はどうなるべきなのかが分かる。同じセクターの複数の銘柄をトレードしようとする人にとってはこれは良い方法だ。さらに重要なのは、各銘柄の方向が市場の方向に一致しているかどうかを確認することだ。市場の方向に一致しない方向にトレードすれば、トレンドと逆方向にトレードすることになるからである。

トレードのモニタリング――支持線と抵抗線の位置の確認とストップを置く位置の決定

仕掛けたら、ポジションの保有時間の長短にかかわらず、常にモニタリングすることが大切だ。モニタリングにはトレーディングに用いる時間枠より長い時間枠を使うのがよい。長期的に見たほうが市場の動きをより明確につかむことができるからだ。支持線や抵抗線も時間枠を長く取ったほうがはっきりと見えてくる。また時間枠が短いと、手仕舞いポイントを的確に判断するのは難しい。短い時間枠だけを使っている人は、複数の時間枠を使っている人には明らかなことを見落としてしまう。私は仕掛けには５分足チャートを使い、モニタリングには代表的な時間枠のなかで２番目に長い60分足チャートを用いる。ポジションを数ティックしか保有しないスキャルパーは、モニタリングには10分足か30分足チャートを使うのが適切だろう。長期トレーダーの場合、支持線や抵抗線の位置を確認したり、ストップを置く位置を決めるのには週足チャートを使ったほうがよいだろう。

チャート5.3をもう一度見てみよう。もしＣ地点で買ったのであれば、ストップはＡ地点より下の位置に置くのがよいことが分かるはずだ。あるいは、トレンドライン（トレンド１またはトレンド２）より下の位置に置いてもよい。Ｂ地点を抜ければ買い玉を増すだろうが、そのときのストップの位置はＣ地点に置く。こういったことは５分足チャートだけ見ていたのでは分からない。日足チャートでも悪くはないが、60分足チャートのほうがはるかに分かりやすい。また、相場の失速を予測するのにも60分足チャートは役立つ。例えば、Ｂ地点とＤ地点では相場はトレンドラインから離れすぎており、チャネルのトップラインに近づいているので行きすぎであることが分かる。またストキャスティックスを見ても買われ過ぎであることは明らかであり、実際に市場はＢ地点やＤ地点で反転し始めている。Ｂ地点やＤ地点、特に２つのチャネルのトップラインが重なるＤ地点を過ぎると、このトレンドは失速する可能性があるため、手仕舞うのならＢ地点かＤ地点だ。時間枠は長すぎてもいけない。トレンドの変化に気づくのに時間がかかりすぎるため、ベストな手仕舞いサインを得る前に利益機会を逃してしまうからだ。

ストップについては、支持線や抵抗線近くまで行ったときにまだポジションを保有している場合は、次に長い時間枠を使って支持線や抵抗線をより明確にとらえることが大切だ。ストップは支持線や抵抗線からなるべく離して置いたほうがよいが、ヒットすればコストが増すことに注意しよう。

トレーディングには自分のスタイルに最も合った時間枠を用いる

トレーディングスタイルやポジションの保有時間は各トレーダーによって異なるため、万人に共通するベストな時間枠はない。経験から言えば、モニタリング用の時間枠はいつも使っている時間枠の５倍から12倍の長さのものがよい。私の場合、デイトレーディングで用いるチャートは主として５分足チャートなので、トレードの決定とモニタリングには60分足チャートを用いる。60分という時間は私にとっては中期に当たり、長期トレーディングと短期トレーディングの中間の長さのトレーディングを行うときの主要な時間枠になる。市場の全体的な方向を確認するのにはもっと長い時間枠を用い、仕掛けのタイミングを決めるときには短い時間枠に戻る。仕掛けたら、60分の時間枠を使ってトレードをモニターしながら、ストップと目標水準を設定するが、値動きを把握したり仕掛けと手仕舞いの的確なタイミングを計るために５分足チャートは常にウオッチしている。ポジションの保有時間が長くなれば、60分足チャートを基本にし、モニタリングには日足チャートを用いる。しかし保有時間が数日間に及ぶ場合でも、仕掛けや手仕舞いのタイミングを決めるのには５分足チャートを用いる。

数分ごとにトレードを繰り返すスキャルパーなどのアクティブなデイトレーダーの場合でも、ベストなトレードの方向が60分足や日足チャートが示す方向であることに変わりはない。一般にスキャルパーは短い時間枠を使う傾向があるが、メジャートレンドを知っておくことは重要である。彼らの場合、支持線や抵抗線の位置を確認したりストップを置くのには、日足や60分足チャートの代わりに、10分足チャートを使ってモニタリングすればよいだろう。彼らにとって10分足チャートはトレードを決定するのにきわめて重要であり、トレードのタイミングを計るのには1分、2分、あるいは3分の時間枠を使えばよい。私は個人的にはこのタイプのトレーディングはあまり好みではないが、このタイプのトレードが好みのトレーダーは大勢いる。

長い時間枠を使うことのメリット

長い時間枠を使うことにはいくつかの利点がある。まず、市場の全体像を明確につかめるようになることが挙げられる。また、勝ちトレードをなるべく長く保有し、トレード回数を減らすこともできる。

勝ちトレードは長く保有せよ

金儲けのコツは負けトレードは早めに切り捨てて勝ちトレードは長く保有することであることは、だれしも聞いたことがあると思う。ところが実際はというと、利益の出ているトレードを手仕舞うタイミングが早すぎる傾向が多くの人に見られる。目先の利益に色めき立ち、少しでも利益が減ることを恐れるのだ。つまり、相場を正しくとらえていないということである。相場を長い時間枠で観察すれば、短い時間枠ではけっして見えてこない相場のさまざまな局面が見えてくる。相場に値動き余地があることが分かれば、早く手仕舞いしすぎればせっかくの大きな利益機会を失いかねないことが分かってくるだろう。しかし見る時間枠が短かすぎれば、手仕舞い時ではないところで手仕舞いさせられてしまうことが多い。こうならないためのベストの策は、時間枠を長くとり、利の乗ったトレードを伸ばすことである。

長い時間枠はオーバートレード防止にも役立つ

短い時間枠を使えば悪いポジションを素早く手仕舞いできるため、

リスクを減らすことができると信じている人は少なくない。まんざら間違いというわけではないが、これには勝ちトレードを早く手仕舞いしすぎるだけではなく、手数料がかさむというデメリットもある。例えば、１分足チャートと５分足チャートでトレードしている場合、当然ながら出されるシグナル数は多くなる。価格がほんのわずかに動くたびに仕掛けや手仕舞いをするトレーダーもいるだろう。短い時間枠のチャートではわずかな動きも大きな動きに見えるため、価格が少し動くたびに敏感に反応してしまうのだ。しかし小さな時間枠における動きは実際には大した動きではないことが多い。単純移動平均線クロスオーバーシステムを５分足チャートで使っている場合、１日に５つのシグナルが出されるが、60分足チャートでは出されるシグナルは週にわずか３つ、また日足チャートだと２週間に１回しかシグナルは出されない。私が基本チャート兼モニター用チャートとして60分足チャートを使い始めたとき、出されるシグナル数が減ったためトレード数も劇的に減少した。１日に20回もトレードを重ねていたころに比べ、良いトレードの保有時間は数日間に延びた。その結果、ちゃぶつきはなくなり、手数料とスリッページは１日に何百ドルも減少し純利益が出るようになった。

トレードのチェック――同じインディケーターまたはシステムを複数の時間枠に適用

　トレードで勝つチャンスを増やすためには、シグナルを出してくれるシステムを持つことが必要なのは言うまでもないが、それを複数の時間枠で使うことも大切な条件のひとつである。例えば、長い時間枠（60分足、日足、週足）で買いシグナルが出された場合、それは同一のシステムで短い時間枠を使って仕掛けるときの条件として使える。**チャート5.5**と**チャート5.6**を見てみよう。これらは単純移動平均線クロスオーバーシステムを示したものだ。60分足チャート（**チャート**

5.5）では2001年11月２日で短期線が長期線を上にクロスしたとき（A地点）に買いシグナルが出されるだろう。これは短期の買いを仕掛けよという合図である。あとはこのシステムを５分足チャート（**チャート5.6**）に適用して、買いシグナルが出されるたびに買えばよい。５分足チャートで短期線が長期線を下にクロスする地点（×印）が手仕舞いポイントである（売る地点ではない）。ひとつのトレードを手仕舞ったら、短期線が長期線を次に上にクロスするのを待って、その時点で再び買う。こういった調子でトレードすれば、およそ２週間は買いだけのトレードになる。売るのは**チャート5.5**で短期線が長期線を下にクロスするまで行わない。

このスタイルのトレーディングは高確率トレーディングを生み出す。長い時間枠で今が買いであることがすでに分かっているので、あとは短い時間枠を使って仕掛けポイントを確定していけば、勢いに乗ったトレードが可能になるからだ。長期チャートからのシグナルは市場の勢いのある方向を教えてくれるので短期チャートからのシグナルより重要だ。つまり、長期チャートからのシグナルの方向に一致した短期チャートのシグナルが強いシグナルということである。トレーディングでは相場の勢いに乗ることが何より大事だ。長期チャートのシグナルと短期チャートのシグナルが一致しないとき、それらは互いに打ち消しあうためトレードはするなという合図である。こういった場合は、市場が良い機会を与えてくれるまでひたすら待つことだ。市場からゴーサインが出るまで、１日か２日トレードしなくても何の害もない。所詮トレードの半数は負けトレードになるのだから、条件の悪いトレードはできるだけ少なくするほうが得策だ。

長い時間枠と短い時間枠に適用するシステムは必ずしも同一である必要はない。ひとつのシステムをトレードの方向性を見極めるために長い時間枠に適用し、別のシステムを短い時間枠に適用してトレードのタイミングを計ることも可能だ。ただし、トレードする方向はあく

チャート5.5　マイクロソフトの60分足――ゴーサインを表すシグナル

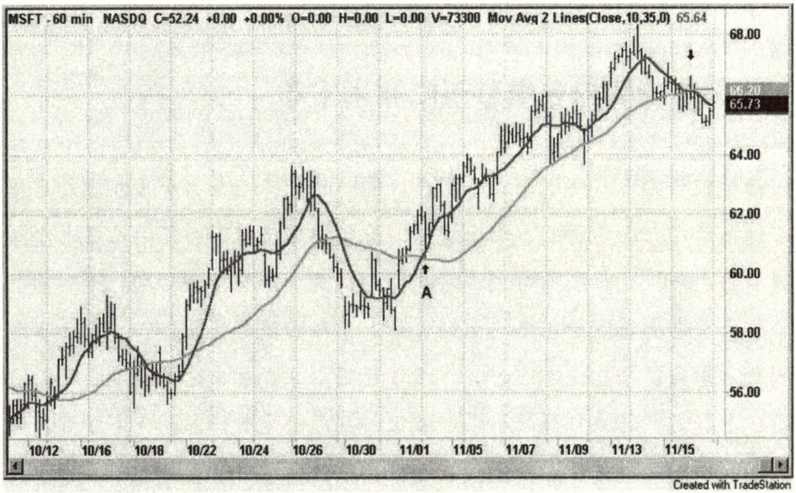

チャート5.6　マイクロソフトの５分足――正しい方向にトレードせよ

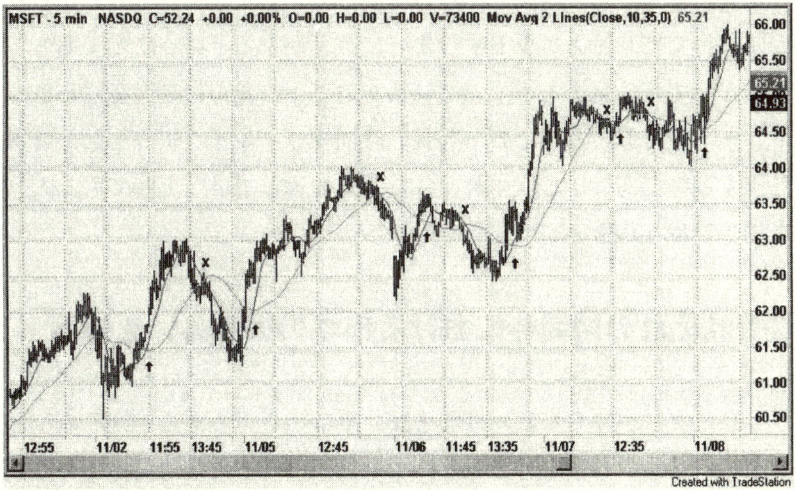

まで長い時間枠に適用したシステムの方向と一致する方向でなければならないことに注意しよう。

異なる時間枠を増し玉に利用する

複数枚数のトレードをする場合、短い時間枠でシグナルが出たらまず通常サイズのポジションを建て、それがうまくいっていることが確認できたら、それよりも長い時間枠のシグナルを使って増し玉するという方法もある。そして、それよりもさらに長い時間枠のシグナルが出たらさらに増し玉する……。こうしてポジションを積み増していけば、トレンドに乗り遅れることはない。たとえそのトレードがうまくいかなかったとしても、損失は通常より少なくてすむ。そして事がうまく回り始めると、ポジションが大きいだけに大きな利益が期待できる。これは特にブレイクアウトシステムでうまくいく。なぜなら、ブレイクアウトはまず短い時間枠で発生してから長い時間枠で発生するのが普通だからだ。つまり、短い時間枠でブレイクアウトしてから長い時間枠でブレイクアウトするまでに数日かかるということである。したがって５分足チャートでブレイクアウトしたら、ひとまず小さくトレードしておいて、そのあと長い時間枠でブレイクアウトしたら増し玉するのである。こうすれば、たとえ間違っていたとしても、大した損失にはならない。

それぞれの時間枠における市場の振る舞いを知る

トレーダーがやらなければならない事はいろいろあるが、そのひとつが、自分がトレードしている株や市場がそれぞれの時間枠でどういった振る舞いをするのかということと、その特徴を知ることである。３～５日間高値で取引を終えながら上昇を続けたあと、１日か２日下落して、再び上昇トレンドに戻るといったパターンの株がいくつかある。これらの株は、日中はある波が45分ほど続くと反対の波が15分続くといった波動を繰り返す。これを60分足チャートで見ると、翌日も同じパターンで動く傾向のあることが分かる。またオーバーナイトギャップが大きな市場もあれば、スペシャリストの意向によってスプレッドが大きくなる銘柄もある。逆に、スプレッドがほとんどない銘柄もある。どの銘柄も２つとして同じものはないが、自分がトレードしている市場のことを知れば知るほど、それぞれの時間枠における動きには特有のパターンがあることが分かってくるため、トレードのタイミングを計るのに役立つ。

市場には、長期チャートを見る分にはまったく問題はないが、出来高が異常に少ないため短い時間枠で観察することができない市場がいくつかある。５分チャートではトレードできない市場もあれば、５分チャートでも十分トレードが可能な市場もある。例えば、ココア市場はデイトレードには向かない。取引量が少なく、時として不可解な動きを示すこともあるからだ。でも私はココアのトレードをやめなかった。短期がダメなら長い時間枠でトレードすればよいだけの話である。当然ながら、リスクにも幅を持たせた。これに対して債券やS&Pは短期トレード向きかもしれない。出来高が非常に多い活発な市場なので、取引が成立しないという不安は一切ない。それぞれの市場特有の動きが分かるようになるには時間は多少かかるかもしれないが、市場の動きを知ることをぜひとも目標のひとつに掲げていただきたい。これはトレーディング向上を図るためのポイントのひとつでもある。

優れたトレーダーになるためには

優れたトレーダーになるためには、市場をさまざまな視点から見ることができなければならない。ひとつの時間枠しか見なければ、市場に対する見方や考え方は限定される。市場は全体像をつかむことが大切だ。成功するトレーダーは現時点における市場の動きだけでなく、すべての時間枠における動きの特徴を知っているトレーダーである。市場をよく知ることで、メジャートレンドを見極め、支持線や抵抗線の位置やストップを置くべき位置を的確に判断することが可能になるからだ。複数の時間枠からシグナルが得られた場合、長い時間枠からのシグナルをトレードのゴーサインとみなし、トレードのタイミングを計るのには短い時間枠からのシグナルを使う。これで勝てるチャンスは増えるはずだ。

短期トレーダーは意思決定のすべてを１分足チャートや５分足チャートだけに依存してはならず、ポジショントレーダーは日足チャート以外のチャートにも目を向ける必要がある。デイトレーダーであれポジショントレーダーであれ、トレードのタイミングを計り、戦略を練り、トレードをモニターするには複数の時間枠が必要だ。仕掛けたら、長い時間枠でモニタリングし、支持線や抵抗線の位置を確認し、ストップを置く位置を決める。反転や、トレンドラインや移動平均線からの乖離も常にウオッチする。勝ちトレードを長く保有し、オーバートレーディングを抑えるのには、長い時間枠が役立つ。

デイトレーディングの場合、少なくとも４つの時間枠が必要だ。トレンドの全体をつかむのには日足か週足を、市場のモニタリングには60分足を、仕掛けや手仕舞いのタイミングを計るのには１分足と５分足を使うとよいだろう。使っているテクニカル指標やシステムとは無関係に、どの時間枠で見ても必然と思えるトレードだけを行うことが肝要だ。短い時間枠からのシグナルでうまくいっているトレードが存在する場合、長い時間枠からもシグナルが得られれば、増し玉する絶好のチャンスである。相場はよく観察するほどその特徴がよく分かるようになる。相場に対する観察力を高めることも、優れたトレーダーになるための条件のひとつである。

1つの時間枠しか使わない場合のデメリット

1．パズルの1ピースだけを見ているのと同じ
2．重要な市場水準がつかめない
3．押しや戻りにつかまる
4．市場の行きすぎに気づかない
5．市場の勢いに逆らってトレードする
6．仕掛けるタイミングを外す
7．オーバートレードする
8．良いトレードを早く手仕舞いしすぎる
9．簡単に振り落とされる

複数の時間枠で高確率トレードのチャンスをつかむには

1．現在の市場の状態を把握せよ
2．市場の流れに逆らうな
3．市場の全体像をつかめ
4．トレンドを明確につかめ
5．トレードのタイミングを的確につかめ
6．トレードのモニタリングには長い時間枠を使え
7．市場の行きすぎをチェックせよ
8．支持線と抵抗線の明確な位置をつかめ
9．買われ過ぎ圏や売られ過ぎ圏を避けよ
10．期待できる利益を正確につかめ
11．長い時間枠を使うことでオーバートレーディングを防げ
12．勝ちトレードは長く保有せよ
13．良いトレードは各時間枠で増し玉せよ
14．すべての時間枠からのシグナルが一致したときのみ仕掛けよ

15. 同一のシステムに異なる時間枠を適用して確実なトレードを探せ

自問自答コーナー

●すべての時間枠における市場の特徴を把握できているか
●メジャートレンドの方向にトレードしているか
●モニター用時間枠で市場の行きすぎ、買われ過ぎ、売られ過ぎはないか
●値動き余地はどれくらいあるか
●仕掛けのタイミングは的確か

第6章

トレンドでトレードする

Trading with the Trend

損失を出す最大の原因は、トレンドに逆らい、天底を当てようとすることにあると言っても間違いはないだろう。「トレンドはフレンド」という格言にもあるように、トレンドに沿ったトレーディングを心がけることが大切だ。一般に最も高確率のトレードはトレンドの方向に行うトレードで達成されることが多い。トレンドに逆らうということは、つまり市場の勢いに逆らうことに等しい。トレンドが形成されるのには理由がある。トレンドとは一言でいえば、みんなが見ている方向ということである。したがってトレンドが形成されているときにトレーダーが取るべき賢い振る舞いは、市場の勢いに逆らわずにその側につくことである。しかし残念ながら、トレンドがまだ続いているにもかかわらず、ここが天井だ、あるいは底だと勝手に決め込んで売買するトレーダーが多いのが実状だ。これは、トレーディングが心理ゲームとしての側面を持つことを表す良い例である。

トレンドとは何か

トレンドの基本的な定義は、上げ相場では相場は高値を次々と更新しながら右上がりの波動を繰り返すが、波の谷は前の安値を下回ることはない、ということになる(下げ相場はこの逆)。通常、上昇波のほうが下落波よりも長く続き、勢いも強い(上げ相場の場合)。上昇トレンドでは高値近くで場が引け、下降トレンドでは安値近くで場が引けるのがトレンド相場の特徴だ。トレンドが強いほど、終値は高値や安値に近くなる。

チャート6.1は典型的なトレンド相場を示したものだ。S&P500指数は1年以上も大きな下げ相場にあることが分かる。上昇波（トレンドと逆方向の動き）は下落波より小さく、相場は常に安値を更新しているが、上昇波の山が前の山を上回ることはない。

トレンド

トレンドフォローはテクニカル分析で最もよく使われるテクニックのひとつだ。これは、トレードで儲けるベストな方法はトレンドに沿ったトレーディングをすることであるという考え方に基づくものである。とはいえ、相場には常にトレンドが存在するわけではない。したがって、はっきりとしたトレンドがあるときにはそれを存分に利用すべきだろう。トレンドに沿ったトレーディングが儲けを生むのは、それが市場の勢いに最も逆らわない手法だからである。トレンドに沿ったトレードを行うためには、まずはトレンドをとらえることが重要だ。トレンドがとらえられなければ、トレンドでトレードできるはずがない。トレンドを把握できたら、メジャートレンドの向きが変わるまで、その方向に沿ったトレードのみ行うことが大切だ。メジャートレンドをとらえるには、日足、週足、月足チャートを使う。トレンドは長く続くほど良いトレンドだ。**チャート6.1**をもう一度見てみよう。チャートの最後の3カ月は上昇トレンドになってはいるが、過去15カ月にわたる大きな下降トレンドに比べると劣勢であることは明らかだ。相場がこの大きな下落トレンドを打ち破って上昇トレンドに転じるためには、直近の小さな上昇トレンドから再び下落トレンドに戻るよりも

チャート6.1　S&P500の日足――トレンド相場

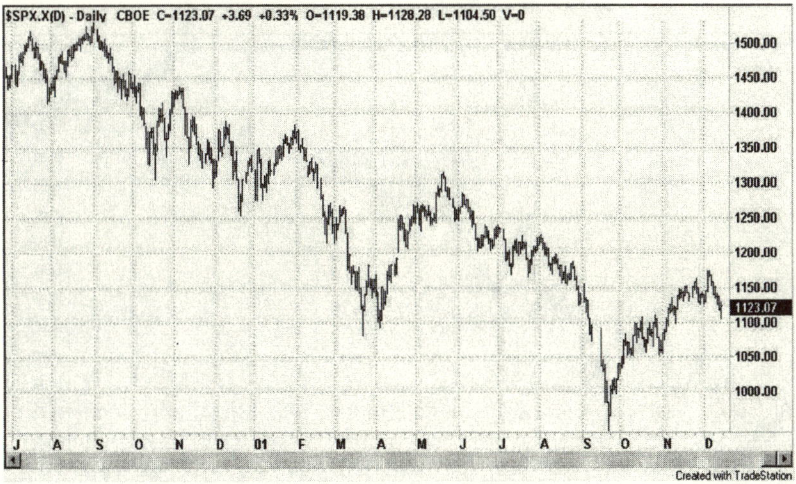

はるかに大きなエネルギーを必要とする。つまり直近の小さな上昇トレンドは大きな下落トレンドのなかの小さな逆行波にすぎないということである。もうひとつ忘れてはならないのが、見ている時間枠が短いほど、トレンドは無意味になるということである。5分足チャートでは日足チャートに比べると、ブレイクと反転の発生する回数がはるかに多い。

トレンドライン

移動平均線やトレンドラインを引かなくてもトレンドを読み取ることはできるが、トレンドラインを引けばトレンドはより一層はっきりする。トレンドラインとは、チャート上に引いた相場の方向を示す線である。トレンドラインの引き方は、上昇トレンドのときは安値と安値を結んで線を引き（**チャート6.2**）、下落トレンドのときは高値と高

チャート6.2　KLACの60分足——安値を結んで引いたトレンドライン

値を結んで線を引くのが一般的だ。トレンドラインは長ければ長いほど、そして相場とクロスすることなく接する回数が多いほど強く、相場は次回もそうなる可能性が高い。トレンドラインは2つの点があれば引くことができるが、3つ以上の点を通るラインのほうが有効性ははるかに高い。勾配が大きすぎるトレンドラインは信頼性は低く、ブレイクされやすい。例えば、勾配が20°のトレンドラインは勾配が60°のトレンドラインよりも長く続く。**チャート6.2**のトレンドラインは適度な勾配を持つので、トレーディングに安心して使える。4カ月の間にチャートがこのトレンドラインに接したのは4回なので、このトレンドラインの有効性は高い。したがって、私だったらブレイクされるまで買いだけを続けるだろう。相場に明確なトレンドが形成されているときに、それに逆らうのは得策とは言えない。リトレイスメント（押しや戻り）を待って、正しい側で仕掛けるのがベストだ。

トレンドラインは市場における需給のバランスを取ろうとするため、

※トレンドラインについては『投資苑』（パンローリング）を参照

チャート6.3　KLACの60分足――チャネルを加える

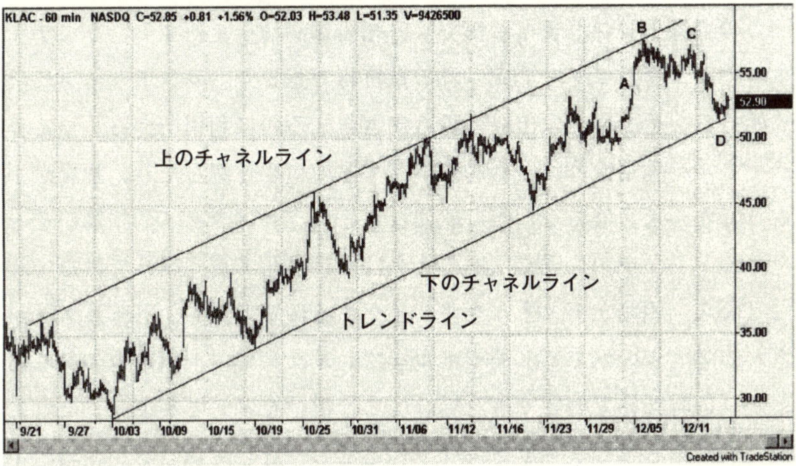

買い手と売り手を均衡させる機能を持つ。相場が上がるのは売り手よりも買い手のほうが多いからであり、逆に相場が下がるのは買い手よりも売り手のほうが多いからである。上昇トレンド（**チャート6.2**）では、トレンドラインは買い手が多く売り手が少ない位置を示している。相場がトレンドラインから離れるほど、買い手が減り売り手が増えるため、相場はトレンドラインに戻ろうとする。そのため再び買い手が多い状況になる。このプロセスが繰り返されるわけである。

チャネル

トレンドラインを引いたら、次はチャネルを探す。チャネルは、上昇トレンドの高値と高値を結んでできるトレンドラインに平行な線と、トレンドラインとによって形成される。新たに引いた線がチャネルのトップラインになる。**チャート6.3**は**チャート6.2**と同じ60分足チャートにチャネルのトップラインを加えたものである。

この上昇トレンドチャネルでは、相場は高値を更新するたびにチャネルのトップラインで形成される抵抗線で止まりトレンドラインに戻り始める。チャネルは市場の行きすぎを知るのに利用できる。つまり、チャネルを利用すれば、相場が下落する前に手仕舞ったり、相場が下がってから仕掛けることが可能になるというわけである。相場がチャネルのトップライン近くにあるときは、けっして買うべきではない。なぜなら、相場がチャネルをブレイクする確率は低く、下落リスクがきわめて大きいからだ。チャネルをブレイクして、上値余地のあることが長い時間枠で確認できた場合は、仕掛けを考えてもよい。これについては第８章のブレイクアウトのところで詳しく論じる。相場は１日のうちに何度もダマシのブレイクアウトを生じる傾向があるため、ブレイクアウトを追いかけるときには騙されないように注意することが必要だ。

チャネルは、トレンドが勢いを失いかけているときに、それを発見するのに有効に使える。例えば、**チャート6.4**のＣ地点のように相場が上昇トレンドにあるにもかかわらずトップラインに達しないときは、トレンドの勢いが弱まっているか、トレンドがもうじき終わることを警告するサインだ。だからといってここで売れと言っているわけではない。トレンドが終わらないことがはっきり確認できないかぎり、トレンドに沿ったトレードを続けるのが原則だ。しかし、この局面ではトレンドが終わる可能性が高いので、トレンドがブレイクされたらすぐに売ることができるように準備しておくことが必要だ。この場合は、相場がトレンドラインに戻るまで待ってから仕掛けるのが最も確実だろう。これがなぜ高確率トレードになるかというと、相場がトレンドラインをブレイクすればあなたは自分の間違いに即座に気づくため、リスクが少ないからである。トレンドラインがブレイクされなければ、そのままトレンドに沿ってトレードすればよい。

チャート6.4　KLACの日足――相場の全体像をつかめ

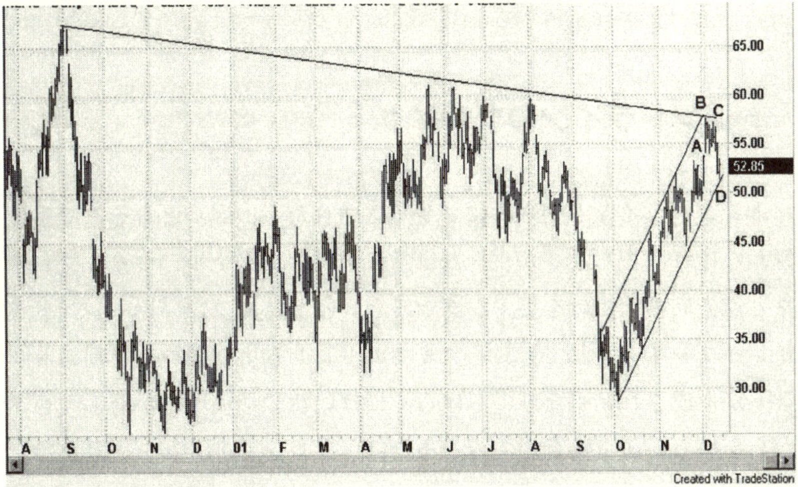

大局をとらえる

相場は小さな動きだけではなく、全体的な動き（**チャート6.4**）を見ることも忘れてはならない。この場合、相場は抵抗線をヒットしたばかりであることが分かる。これは60分足チャートでは見ることはできなかった。日足チャートは相場を大局的にとらえるのに有効だ。日足チャートを見ると分かるように、この相場はこのあと上昇するのではなくて、反転して下落する可能性がきわめて高い。KLACは直近の数カ月は確かに上昇しているが、１年以上にわたって上値を徐々に下げながらレンジ圏で推移しており、上値を更新する、つまり抵抗線をブレイクすることはなかった。これは、日足チャートを見れば明白だ。現段階ではトレードは難しいだろう。なぜなら、相場は上昇・下落のどちらにも動く可能性があるからだ。しかし直近のトレンドは上昇トレンドで、D地点で上昇トレンドライン上に乗っているため、もしどうしてもトレードしたいのであれば、D地点よりも上にある間は買うのがよいだろう。

トレンドラインのブレイク

トレンドラインが明らかにブレイクされたら、遅くともそこで手仕舞わなければならないが、それは常にドテンシグナル、つまりブレイクと逆方向の仕掛けを促すシグナルというわけではない。トレンドラインがブレイクされても、それまでのトレンドより緩やかな別のトレンドが形成され始めたり、しばらく横ばい状態を続けるが前よりも下がらないといった場合がある。または、トレンドラインを一瞬だけブレイクして、1～2バー後にはまた元のトレンドラインに戻る場合もある。相場がトレンドラインに近づいたら、そういったことを考慮しながらも、ブレイクしない場合の対応策についても考えておくべきだろう。本当のブレイクだろうとダマシだろうと、実際にブレイクする前に両方のシナリオを考えておくのがよい。

追っかけはやるな

トレンドに逆らう動き――押しと戻り

ベストなトレーディング機会が得られるのはメジャートレンドの方向にトレードしているときであることは前にも述べたとおりだが、その方向が分かったからといって慌ててトレードしてはいけない。相場はひとつの方向にのみ永遠に動き続けるわけではないからである。どういった長さの時間枠を見ていても、トレンドに逆らう動き、つまり押しや戻りは必ずある。一般にこういう動きは利益確定売りや市場の行きすぎに関係した動きであることが多い。これはトレンド相場にはよく見られる現象であり、トレーダーとしては常に注意し、対応策を講じておかなければならない。これまでのチャートを見ても分かるように、相場はトレンドラインから離れすぎると、トレンドラインに戻ってくる傾向がある。しかし時として、トレンドとは逆方向のきわめて強く速い動きが発生することがある。そういった場合、トレンドラインから離れすぎた位置で仕掛けたトレーダーは不利な方向の大きな動きにつかまるかもしれないが、長期的に見れば間違ってはいない。仕掛けのタイミングが重要なのはこういった理由による。トレンド相場という理由だけで飛びつけば、結局、追っかけをする羽目になる。仕掛けのタイミングが悪ければ、トレンドラインもセーフティネットとしてはもはや機能せず、わずかではあるが損失を出して手仕舞いさせられることになる。通常ストップはトレンドラインのすぐ上に設定するのが理想的だ。したがって、仕掛けた位置がストップの位置から離れているほど、相場がトレンドラインに戻ったりトレンドラインをブレイクしたときのコストは高くつく。

せっかちなトレード

毎月損ばかりしている男がいる。理由ははっきりしている。十分な下調べもせずに、あるいは押しや売りを待たずに慌ててトレードするからだ。例えば、株価が高値を更新したとすると、彼はすぐに買いを仕掛ける。すると次の１時間で株価は下落。結局高値でつかまされるというわけだ。10分間で1.50ドル上昇すれば買うというのが彼の方針だ。大きな動きを逃したくないからである。しかしいつも損ばかりすることに頭をかしげている。最悪なのは、痛みに耐えかねて押した底で手仕舞いしてしまうことだ。するとその後株価は高値を更新し、彼はまた天井で買う。こんなことの繰り返しでは儲かるはずがない。

時間枠

トレーディングはいつも見ている時間枠が基本となるため、あるトレーダーにとっては追っかけであっても、別のトレーダーにとっては追っかけにはならない場合もある。見ている時間枠が異なれば、当然ながらトレードする理由も異なる。例えば、５分足チャートだけで売買しているデイトレーダーを考えてみよう。５分足チャートにはあちこちに支持線を引けるため、１日を通じていろいろな場所で仕掛けるはずだ。一方、長期トレーダーは、大きな押しや戻りを待ってトレードする。デイトレーダーといえども株価の最近のトレンドを知っておくことは必要であり、基本的にはその方向にトレードしなければならない。例えば、**チャート6.3**に見られるような局面では、買っていなければならないことが分かるはずだ。次に**チャート6.5**の５分足チャートを見てみよう。ここでは短期のトレードが複数回可能で、これは追っかけには当たらない。**チャート6.3**のＡ地点辺りを見ると、市場に参加するには遅すぎ、お金を儲けられる機会はもう終わったことが分かる。次に**チャート6.3**のＡ地点辺りに相当する位置を**チャート6.5**で見てみよう。2001年12月４日と12月５日がそれに当たるわけだが、短期トレードの安全な仕掛けポイントがいくつかあることが分かる。しかし、Ｂ地点――これは60分足チャートではチャネルのトップラインに相当し、日足チャートでは抵抗線に相当する――まで来てしまうと、下落する可能性が高いため、もう買おうとは思わないはずだ。複数の時間枠を使うことがいかに有益かは、この典型例でよくお分かりいただけたことと思う。要するに、支持線と抵抗線を見つけるのには長い

チャート6.5　KLACの５分足――トレードのタイミングを計る

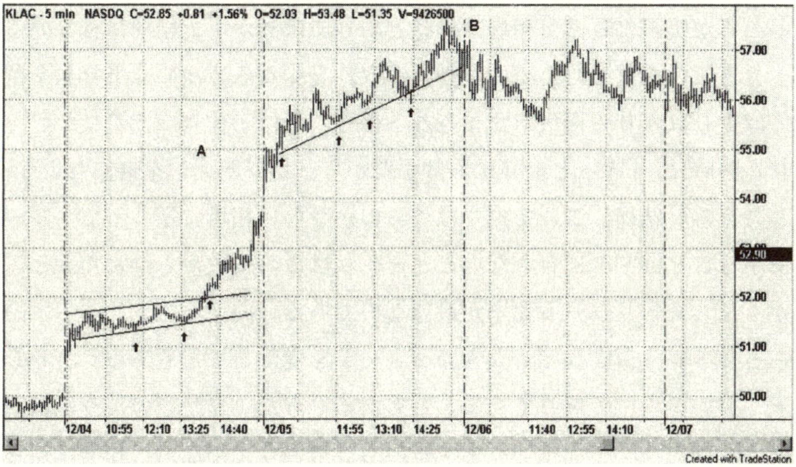

時間枠を用い、仕掛けのタイミングを計るのには短い時間枠を使えばよいということである。

相場に逆らうな

必ず反転するはずだからと言って、相場に逆らうトレーダーは多い。短期間の逆の動きをとらえてわずかな利ザヤ稼ぎを狙ったり、天底をとらえて大きな稼ぎを狙うトレーダーたちがこれに当たる。結局彼らは、長期トレンドに反した勝ち目のないトレードをする羽目になる。

相場がそれまで軟調に推移してきたため、今日は売りだけで行こう、と思う日があるが、私の悲劇の日の何日かはちょうどそんな日だった。こういった日は私はまず売りから始めて利益を確保する。すると相場は少しだけ上昇する気配を見せる。魔が差すとでもいうのだろうか。売りだけで行こうと決めたはずなのに、「ちょっとだけ買って２～３

ティック稼いでからすぐに手仕舞おう」といったことが脳裏に浮かぶ。ところが実際に買うと相場は思惑どおりには動かず、結局、私は売るべきところを買ったために身動きが取れなくなる。次の「上昇」を待てば少しばかりの損失ですまされるから、今は手仕舞いたくない。それと同時に、「きっと上昇するはずだから、ポジションを倍にしよう」と考える。結局、これで損失はさらにかさむ。相場に逆らってトレードすることは割りに合わないことを、私はこの失敗から学んだ。とにかくリスク・リワード比率が最悪なのである。間違ってトレンドに逆らってトレードすれば、大きなダメージを受けることもある。トレンドが勢いをつけて戻ってくることもあるからだ。ウサギのように機敏で、たびたび小さな損切りをするのも覚悟のうえでなら、相場に逆らって冒険してみるのも悪くはない。でもやはり、トレンドと逆方向に動いているときは、２～３ティックのわずかな利ザヤ稼ぎを狙うよりも、その動きが終わるまでじっと待つのがベストだと私は思う。

相場に「高すぎる」「安すぎる」はない

1998年の夏のトレーディングはいまだに忘れられない。その夏、商品価格が数十年来の最安値を付けた。これ以上下がることはないだろうと踏んで、リーンホッグと穀物を30年に一度という安値で買った。ところがその後、価格は40年に一度というさらなる安値を付けたのだ。それと同時に原油の底を拾おうともしていた。１バレル当たり17ドルから、16ドル、15ドル、14ドル、13ドルときて、12ドルまでがんばったが、そこでついにギブアップ。2000年の株価大暴落も記憶に残る大事件だった。株価が200ドルから100ドルに下落したとき、人々は安いと思って買い増しし、50ドルまで下がるとさらに買い増しした。そして20ドルまで下がると、

「これは掘り出し物だ！」と感動さえした。彼らが下がりすぎだと感じたのは５ドルになってからだ。それから１年後、ほとんどの銘柄は５ドルを割り込み、回復の見込みはほとんどない。私がこの株価大暴落から学んだ教訓は、相場には安すぎるとか高すぎるということはない、ということだった。トレンドは下がりたいところまで下がるのであって、人が安すぎると思ったところで下げ止まるわけではない。トレーダーが注視しなければならないのは値動きであって、人々の意見ではない。

トレンドフォロー系インディケーター

相場にトレンドが形成されるのは一定期間だけだ。したがってトレンドをトレーディングに有効に活用するためには、トレンドを見極める能力が必要だ。幸いにも、トレンドを発見し、その強さを知るのに有効なトレンドフォロー系インディケーターがいくつかある。こういったインディケーターを使えば、相場のどちらの側でトレードすべきかを知ることができる。これから本章の残りの部分を使って、これらのインディケーターとそれを含む戦略のなかから私が最も重要だと考えるものについて説明していきたいと思う。

KISS

私はKISSの大ファンだ。といってもバンドのKISSの話ではない。もちろん彼らの楽曲のなかには１～２曲好きなものもあるが。ここでいうKISSとは、「Keep it simple, stupid.（何事もシンプルに！）」の略語だ。インディケーターやシステム作りで苦労した割りには問題が多いのは、複雑にしすぎることが原因だと私は考えている。最高のシステムのなかにはきわめてシンプルなものもいくつかあり、ベストトレーダーのなかには最もシンプルなインディケーターで大きな成功を収めている人もいる。

私がよく使うインディケーターは、トレンドライン、チャネル、ストキャスティックス、移動平均線、MACD、RSI、ADX、出来高、ボラティリティ、エリオットの波動分析だ。トレーダーによっては別のインディケーターを好んで用いる人もいるが、私のお気に入りはこれらのインディケーターであり、トレーダーであれば絶対に使うべきものだと私は思っている。異なるインディケーターでも概念は同じというものがいくつかあるので、ここでは簡単にするため説明は２～３のインディケーターだけにとどめる。

移動平均線

移動平均線とは何か

トレンドラインやチャネルのほかにも、トレンドとその強さを見るためのインディケーターはある。そのなかでも最もよく使われ、使い勝手がよいのはおそらくは移動平均線だろう。移動平均線は１本で使ってもよければ２本あるいは３本を組み合わせて使ってもよく、その種類も単純移動平均線から指数平滑移動平均線まで各種あるが、いずれも基本的な概念は同じである。要するに、移動平均線とは過去の相場の動きを教えてくれるものである。移動平均線が右上がりであれば、相場が上昇したことを意味し、右下がりであれば相場が下落したこと

チャート6.6　SPXの日足――複数の移動平均線

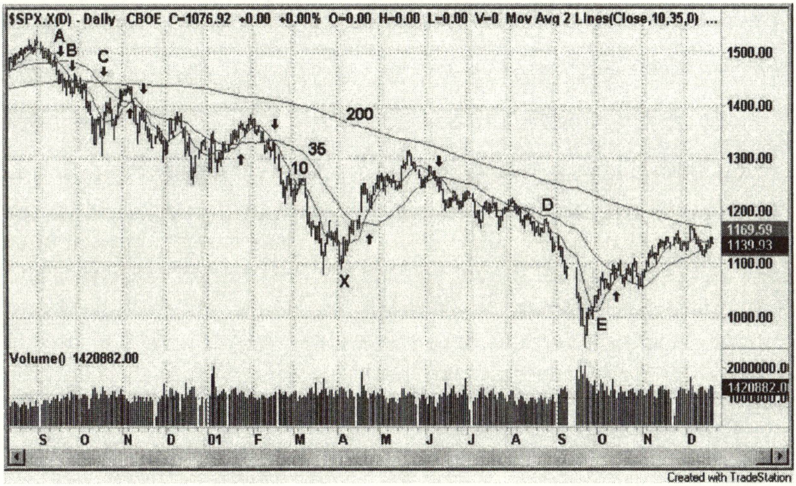

を意味する。これほど分かりやすくてシンプルなインディケーターはほかにはない。しかし、ほかのインディケーター同様、移動平均線にも水晶玉のような予知能力はないため、株価が将来どうなるのかということは教えてくれない。つまり、相場のあとを追う遅行インディケーターというわけだ。シグナルが出されたときには相場はすでに動いているわけだから、このタイムラグのためにトレーダーは動きの始まりをとらえ損なうこともある。また、相場の天井や底も実際に動いたあとでないと分からない。しかし、トレンドの方向は明確に示してくれる。一般に株価はメジャートレンドの方向に沿って動き続けるため、高確率トレードを行うためにはどの方向からトレードすればよいのかは移動平均線で知ることができる。上昇トレンドにおいて相場が移動平均線の上にあるかぎり、トレンドに変化はないと見てよい。

ここで移動平均線の仕組みを見てみよう。移動平均線は古い価格を新しい価格に次々と置き換えながら計算する。したがって、新しく加えるバーがそれに置き換えられる古いバーより高ければ、移動平均線は右上がりになる。そしてこの傾向が続けば、トレンドが形成される。逆に、それまでの株価の動きが止まって方向が変わると、それは移動平均線にただちに反映される。これを表しているのが**チャート6.6**（S&P500の日足チャート）のX地点だ。X地点で株価が下げ止まると、10日移動平均線はその直後から上昇に転じている。それよりも長い35日移動平均線でこの事実が反映されたのはそれから数週間あとだが、それでも確かに反映されている。

指数平滑移動平均線

移動平均線のなかで最もよく使われているのが単純移動平均線だが、直近のデータに重点が置かれる指数平滑移動平均線を好んで使う人も多い。しかしどちらを使っても大した違いはないように思える。指数平滑移動平均線は価格により近いところを通るためシグナルが早く出されるが、ダマシである場合も多い。両方の移動平均線を使ってみて、自分に合ったものを選べばよいだろう。

移動平均線の期間を選ぶ

移動平均線はその期間によって値動きにどれくらい忠実に沿うかが違ってくるため、各トレーダーは自分が何を知りたいかによって適切な期間を選ぶ必要がある。移動平均線の期間を短くすると、トレンドに対する感応度は高くなるがちゃぶつきが多くなる。一方、期間を長くすると、トレード数は減るがトレンドに対する感応度が鈍くなるためトレンドの変化に敏速に対応できないうえ、トレンドに対するタイムラグが大きくなるため、値動きが始まってもすぐにアクションがとれないという欠点がある。一般に、期間が長いほどトレンドをしっかり把握できる。

移動平均線は期間の選び方によって、特定の銘柄や商品、あるいは特定の時間枠にきわめて高い適合度を示す場合もあるが、私は自分が取引するどの市場に対しても同じ期間の移動平均線を使っている。トレーディング戦略はどの市場に対しても機能する戦略こそが機能すると言えるのであって、市場ごとに最適化すべきではないと思うからだ。私はイントラデイチャートには10期間移動平均線と35期間移動平均線を使い、日足チャートには200日移動平均線も加える。この方法は私にとってはうまくいくが、保有時間が異なれば合わない場合もあるかもしれない。スキャルパーやさらにアグレッシブなトレーダーは、３日、５日、10日移動平均線といったもっと短い期間の移動平均線を使ったほうがよいかもしれない。しかし、移動平均線の期間を短くすれば、トレード回数が増えるため、損失は少ない代わりに利益も少なく、手数料はかさむことに注意しよう。私は、期間をもう少し長くしてでもトレード回数を減らすほうがよいと思う。移動平均線は期間が長いほどトレンドをしっかり把握できるため、方向を見失うことはない。

チャート6.6は10日移動平均線、35日移動平均線、200日移動平均線の違いを示したものだ。200日線は相場のメジャーレンドを示し、相場がそれに近づくと抵抗線としての働きをするため、トレンドラインと同じような機能を持つことが分かる。一般に200日移動平均線は相場のトレンドを見るために使われる。相場がそれをブレイクしたらトレンドが変わったことを意味する。私は相場の長期的な方向をモニタリングするのに200日移動平均線を使っている。これに対して、10日移動平均線と35日移動平均線は短期トレンドのインディケーターとしての機能を持つ。10日移動平均線は35日移動平均線より相場の動きにぴったり寄り添うため相場が少しでも変化するとすぐにシグナルが出されるが、横ばい相場ではちゃぶつくこともある。35日移動平均線は

10日移動平均線より滑らかなラインを描き、中期トレンドラインとしての働きをする。移動平均線の期間を選ぶときには、いろいろな期間を試してみて自分に合うものを選ぶのがよい。

複数の移動平均線

トレーダーのなかには１つの移動平均線を使って、相場がそれを上に、あるいは下にクロスしたときをシグナルとする人もいるが、ほとんどのトレーダーは２～３本の移動平均線を使う。この場合、移動平均線がクロスした時点を仕掛けポイントとするのが一般的だ。２つ以上の移動平均線を使うことで、仕掛けや手仕舞いのタイミングを知ることができるだけでなく、１つの移動平均線より２つ以上の移動平均線の上にある相場のほうが強いため、トレンドの有効性を確認するのにも役立つ。トレンドが強い場合、例えば**チャート6.6**のＤ地点とＥ地点の間の期間に見られるように、価格は２本の移動平均線で囲まれた帯域の外側にとどまる。この例の場合、この間で相場は大きく下落し、10日移動平均線と35日移動平均線の両方の線の下に位置する。相場が帯域内に戻ってきたら（Ｅ地点）、移動平均線が別の方向にクロスする可能性があるため注意が必要だ。

例えば10日移動平均線と35日移動平均線というように２本の移動平均線を使っている場合、**チャート6.6**の矢印で示したように、２本の移動平均線がクロスするたびにトレードすればよいが、３本の場合はどうだろう。３本の場合は、10日移動平均線と35日移動平均線がクロスするＡ地点でとりあえず小さなポジションを建て、その後、相場と10日移動平均線が200日移動平均線とクロスした時点（Ｂ地点）で増し玉し、35日移動平均線が200日移動平均線を下にクロスする時点（Ｃ地点）でさらに増し玉する。こうすることで相場の正しい側で良いポジションを積み増すことができる。上向きの矢印の時点ではポジション

チャート6.7　KLACの５分足――移動平均線クロスオーバーシステム

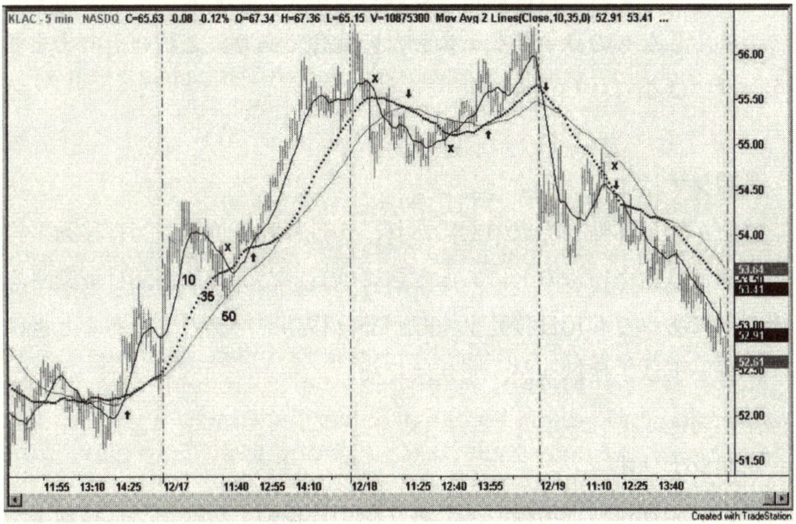

を一部あるいはすべて手仕舞う。全体的なトレンドが下落トレンドなので買いはすべきではないだろう。上向きの矢印のところでポジションの一部を手仕舞うことでそのトレードには最後まで参加できるうえ、利益も確保できる。ポジションをすべて手仕舞っても、次のクロスオーバーでまた仕掛ければよい。

代表的な移動平均線システム

デイトレーダーが使える単純移動平均線クロスオーバーシステムは**チャート6.7**に示したように、５分足チャートに３本の移動平均線（10日移動平均線、35日移動平均線、50日移動平均線）を引いたものだ。最も期間の長い移動平均線はモニター用だ。また５分足チャートの代わりに、60分足チャートや日足チャートを使ってもよい。チャートには仕掛けポイントと手仕舞いポイントが示されているが、トレンドフォロータイプのシステムは通常、これらのポイントを矢印とｘで示す。ここに示したものは単純なシステムの概念であり、これをそのまま使うわけではない。

長期シナリオ

終値が50日移動平均線の上にあり、10日移動平均線が35日移動平均線と50日移動平均線の上にあるときには買いだ。終値が50日移動平均線の上にあっても10日移動平均線が35日移動平均線の下にあるときには、買い玉は手仕舞うが、売りはしない。

短期シナリオ

終値が50日移動平均線の下にあり、10日移動平均線が35日移動平均線と50日移動平均線の下にあるときには売りだ。終値が50日移動平均線の下にあっても10日移動平均線が35日移動平均線の上にあるときには、売り玉は手仕舞うが、買いはしない。

２本の移動平均線を使う人が多いが、もう１本追加すればトレード量は減り、トレードの方向性を見失うことがなくなる（長期トレンドに沿ったトレードが可能）。期間の長い移動平均線ほど、横ばい相場でよく見られるような方向感のない値動きの影響を受けることが少なくスムーズなラインになる。このタイプのシステムはトレンド相場ではうまく機能するが、方向感のない横ばい相場ではあまりうまく機能しない。方向感のない相場では、トレンドフォロータイプのシステムはうまく機能しないため、使用は避けたほうがよい。

移動平均線とトレンドラインによる高確率トレードの基本ルール

●メジャートレンドラインまたは移動平均線はブレイクされずに持続

するものと仮定する。その線が強ければ、相場が近づいたときに支持線や抵抗線として機能する。

- トレンドが強いほど、相場がトレンドラインに接する確率は低くなる。なぜなら、相場がトレンドラインをヒットしそうだと思ったら、人々は次の波を逃さないように早めに市場に参加するからだ。
- トレンドと移動平均線の方向にのみトレードすること。２本の移動平均線がクロスしたときには、そのクロスオーバーの方向にのみトレードする。
- 市場が行きすぎて手仕舞わなければならないときには、ドテンせずに手仕舞いだけして、相場がトレンドラインと移動平均線の少なくともいずれか一方に近づくか、あるいは少なくともいずれか一方がブレイクされるまで待つ。
- ２本の移動平均線が近づいて重なりそうなときは、何かが起こるサイン。これは必ずしもトレンドの変化や手仕舞いの必要性を示唆するわけではないが、その可能性は大きいので、そういった事態に備えて準備する。
- トレンド相場にあるときに仕掛けるタイミングを探しているのであれば、相場が移動平均線かトレンドラインに戻すまで待つ。
- 相場が移動平均線あるいはトレンドラインに乗りそうなときは、ブレイクすればすぐに手仕舞わなければならないことが分かっているので損失リスクはきわめて低い。

ADX

ADX（アベレージ・ディレクショナル・インデックス、平均方向性指数）もまたトレンドの測定によく使われる指数だ。ADXはトレンドの方向性を教えてくれるものではなく、トレンドがあるのかないのかと、その強さを測るためのものだ。ADXは上昇トレンドと下落トレ

※ADXについては『ワイルダーのテクニカル分析入門』（パンローリング）を参照

ンドの区別はなく、その数値が高いほどトレンドが強いことを表す。具体的には、一定期間にわたり各日の変動幅の大小を比較する。変動幅が次第に大きくなっていれば、トレンドが強いことを表し、小さくなっていればトレンドが弱いことを表す。ADXが上昇しているときは、トレンドがどんどん強くなって持続し、ADXが下落し始めると、トレンドが終わりかけていることを意味する。ADXは相場とのタイムラグがあるため、それほど優れた指標とは言えず、トレードのタイミングを決めるのに用いるべきではない。相場にトレンドがあるのかないのかを調べ、ある場合にはその強さはどうなのかを知るためのインディケーターとして使うのがよい。

ADXの使い方

ADXの使い方は、まずチャート、トレンドライン、移動平均線などでトレンドの方向性を見極めたら、次にADXを使ってトレンドの強さを測定する。私はトレーディングアイデアを得るのに、はっきりとしたトレンドのないイントラデイチャートよりも日足チャートを使う。ADXを見る場合、大きさだけでなく方向性も重要だ。トレンドの強さはADXの値30が基準になる。30を上回る場合（**チャート6.8**）、トレンドは強いとみなすことができ、20を下回っていれば（**チャート6.9**のA期間とB期間）トレンドは弱いとみなすことができる。チャートを見ると分かるように、これらの期間の相場は方向感がない。20～30の場合、トレンドは強いとも弱いとも言えない。ADXの値が大きいほどトレンドは強い。ADXの値が下落傾向にあっても30を上回っていれば、トレンドの勢いはまだ残っていると考えられる。ADXが上昇しているとき、トレードはトレンドの方向にのみ行わなければならない。ADXが上昇している場合、通常は押しや戻りを待ってトレードするのがベストだが、ADXの値が大きければ押しや戻りが発生す

チャート6.8　綿花の日足――トレンドが強いことを確認

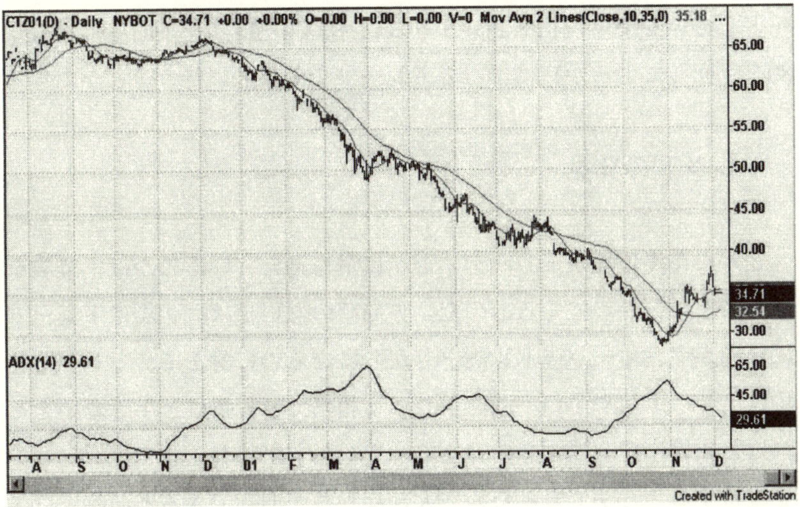

チャート6.9　KLACの日足――ADXを使う

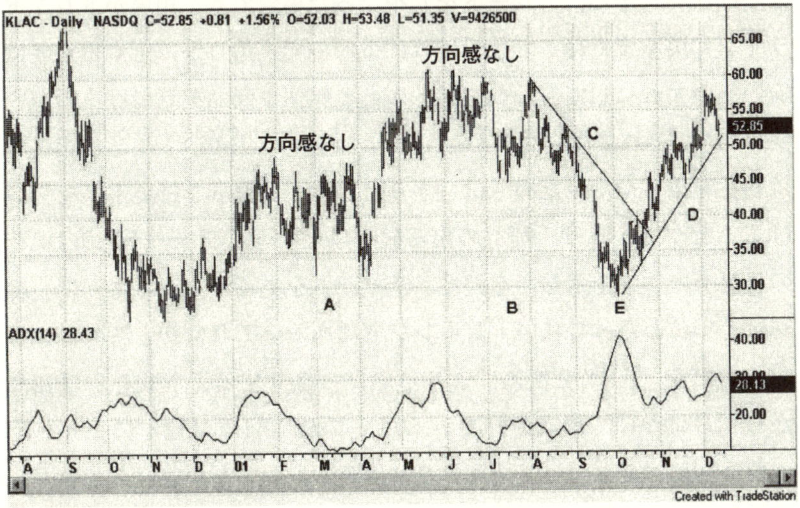

る確率は低いので待ってもあまり意味はない。このように自分がトレードしている市場の状態が分かれば、ADXの値（20を下回っているか、30を上回っているか）によってトレードを効果的に行うことができる。

トレンドの発見

どんな市場環境がトレーディングに最も適しているのかは、経験を積むごとに分かってくるものだ。方向感のない横ばい相場はトレードには向かず、オーバートレードしがちになるのに対して、トレンド相場はトレードしやすい。強いトレンド相場では仕掛けと手仕舞いをそれほど頻繁に繰り返す必要はなく、トレンドが終わるまでポジションを維持することができるため、大きな利益が期待できると同時にコストも削減できる。トレンド相場ではストップロスの適切な設定位置も比較的容易に見つけられるため、不本意な場所でストップアウトすることはない。また、トレードをし損なった場合でも、相場がトレンドラインに戻るまで待って仕掛ければよいので、追っかけをする必要はない。いずれにしても、トレンドのある銘柄や商品を見つけるのが先決であり、それに役立つのがADXだ。前述のとおり、トレンド相場では利益を出しやすいため、はっきりとしたトレンドを持つ市場を見つけることができれば、利益の出る確率は上がる。**チャート6.8**は綿花の日足チャートを示したものだ。チャートを見ると分かるように、綿花は１年にわたって強い下落トレンドにある。これは初心者の目にも明らかだが、ADXを使えばより一層はっきりする。トレンドは12月から４月にかけて形成されているが、この間ADXは徐々に上昇しその値は常に30を上回っている。これはこのトレンドが強いことを表している。次に７月から９月を見てみよう。この間、下落トレンドは歩調を緩め横ばい相場に入っている。このときのADXは下落し20台前半の数値で推移しているが、９月以降は再び上昇に転じ、トレンドがまた強くなっていることを示している。トレーダーはADXが30を超えた時点で売りのタイミングを探していたはずだ。

ADXが20を下回っているときは、相場は方向感がなくレンジ圏で推移していると考えられるため、トレンドフォロータイプのシステムはうまく機能せず、ちゃぶつきが生じる。KLACの日足チャートを見てみよう（**チャート6.9**）。A地点からB地点にかけて方向感のない横ばい相場が続いている。いずれの時点においてもADXは20を下回っている。つまり、トレンドはないということだ。この間にトレードしたいのであれば、オシレーター系インディケーターを使ったほうがよいだろう（詳しくは第7章を参照）。横ばい相場ではトレンドフォロータイプのシステムよりオシレーター系インディケーターのほうがうまく機能する。C区間やD区間のように相場にトレンドが発生すると、下落トレンドではADXは急上昇し、上昇トレンドでは30近くで推移している。いずれも強いトレンドが発生したことを表すサインだ。E地点ではADXの値はきわめて大きいが、この辺りがピークだ。これはそれまでの下落トレンドの勢いが弱まってきたことを示している。ADXが下落しているときはトレンドが弱まっていることを示しているため、慌ててトレードに走らず辛抱強く待つことが重要だ。つまり少し待てば、もっと良い仕掛け時が見つかるかもしれないし、相場の方向が変わるかもしれないということである。ADXがピークを迎えるのはこういうときだ（この場合はE地点）。ADXがピークを迎え、その値が30を上回っていれば、相場は反転する可能性が高い。

ADXを利食いに利用する

ADXは利食いのタイミングを計るのにも有効に使える。トレンドでトレーディングしている場合、ADXの値が低いか下落していれば、トレンドは長くは続かないので利食いは急いだほうがよい。ADXが

20を下回ったら、利食いは直ちに行うというのが原則だ。ADXの値が小さいということはトレンドが弱いことを意味するため、どういったポジションでもあまり長く保有しないほうがよい。しかしADXが30を上回り、しかも上昇している場合は、慌てて利食いする必要はなく、ポジションは通常より長く保持してもよい。トレンドが強いときには利益をどんどん伸ばしたいはずだ。ADXを見れば相場が強くなる時期が事前に分かる。強い相場であるほど、手仕舞いたい気持ちを抑えてポジションを保有し続けることが大切だ。ADXは相場のピークを予測するのにも使える。相場は強いけれどもピークに近いことをADXが示しているときは、ポジションの一部を手仕舞い、残りは保有してトレンドが持続するかどうか、様子を見るのがよいだろう。ADXが30を下回るとトレンドは消え横ばい相場になる可能性が高いため、手仕舞いを考えたほうがよい。

リトレイスメント（押し・戻り）

時として相場は、高値を更新し安値を切り上げながら何日か続けて続伸することがある。永久に上がり続けるのではないかと思わせたりもするが、それに騙されてはいけない。相場は強い動きを見せたあとは保ち合いになるか押すのが一般的なので、こういったパターンはせいぜい続いて数日だ。１日の値動きが通常よりも大きい場合、次の１日か２日は一時的に下げ、それから再び上昇トレンドに戻るというのが一般的だ。これは、大きく上昇した時点で利益確定売りに出たり、動きを確信してから一気に乗り出そうというトレーダーが多いからだ。こういったリトレイスメントや保ち合い局面は市場に参加する絶好のタイミングである。逆にいえば、上昇中は待て、ということになる。これは５分足チャートだろうと週足チャートだろうと同じである。相場は大きく動いたあとは必ず押したり、戻したりするものだ。賢明なトレーダーは、トレードするベストのタイミングとは支持圏辺りまで押したあとに、トレンドが元の方向に復帰するときだというのをよく知っている。リトレイスメントの方向にトレードするトレーダーは多いが、それは相場に逆行することになるので高確率トレードとは言えない。

相場がどんなに強い動きを見せていても、リトレイスメントは必ず発生する。EBAYの５分足チャートを見てみよう（**チャート6.10**）。３日間でＡ地点からＤ地点まで６ドルも下落しているが、直線的には下落していない。まずＡ地点からＣ地点の間の１カ所で大きく戻し、その後Ｄ地点までの間に１ドル程度の戻りが何度かある。３日間でＤ地点まで大きく下落した翌日は売りも一段落し、やや上昇している。反発したところで買えば稼げたのだろうが、この場合は利益確定売りの勢力が強すぎた。反発したところで買おうとしてタイミングを外せば、損をしただろう。

リトレイスメントの測定

では、相場はどの程度押したり、戻したりするものなのだろうか。最も一般的なのが３分の１、半値、３分の２だ。これらの数値は、フィボナッチ水準として知られる38.2％、50％、68.8％にきわめて近い。相場が大きく動いたあと、こういった割合のリトレイスメントを見つけよう。相場が38.2％（３分の１）で止まれば、元のトレンドに復帰する可能性が高い。だれもが買いのタイミングを狙っているのがこういったリトレイスメントの水準である。長年の値動きの履歴からすると、ほぼ確実にこうなると考えてよい。このことを利用してトレーダーは仕掛けのタイミングを計る。カウンタートレード型のトレーダーで押しや戻りを狙っている場合は、このリトレイスメントの水準は相場が失速するサインなので手仕舞いするのに絶好の位置だ。いわばこ

チャート6.10　EBAYの５分足――リトレイスメント水準

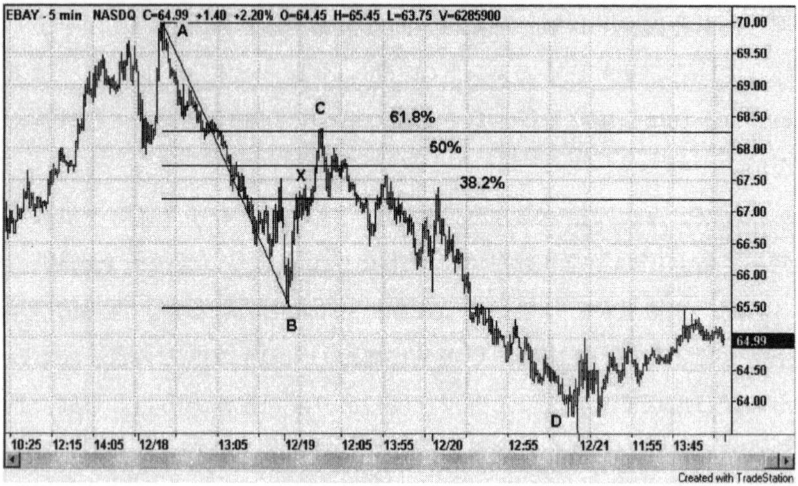

のリトレイスメントの水準は相場における磁石のようなものだ。したがって、間違ってもここにストップを設定してはいけない。ストップはそのレベルから少し離れた35％から40％の地点に設定するのがよい。なぜならその水準まで行けばそのまま50％の水準まで行く可能性が高いからだ。リトレイスメントの最大水準は61.8％、つまり３分の２で、これはトレンドのブレイクポイントに当たる。つまりこの水準で押しや戻りが止まらなければ、今のトレンドは終わり、新しいトレンドになるということである。**チャート6.10**を見ると分かるように、相場は最初Ａ地点からＢ地点まで一気に下げたあと、38.2％水準まで戻し（Ｘ地点）、そこでしばらく足踏みしたあと、その水準を超えてそのまま61.8％水準（Ｃ地点）まで戻している。チャートをよく観察していると分かってくると思うが、相場は大体こういった割合で押したり、戻したりするのが一般的である。トレーディングでは相場のリトレイスメントのパーセントに常に注意するようにしよう。

リトレイスメントで仕掛ける

戻したあとに売る水準をリトレイスメントで決めようと思っているのはあなただけではない。優れたトレーダーであればだれでもこの方法をとる。したがってこういったリトレイスメントの水準の近辺には逆指値注文と指値注文が集中することに注意しなければならない。こういった水準近辺では相場の動きが速く、注文のタイミングを逃すこともある。したがって、相場がこの水準に達してから注文を出すのでは遅すぎるため、相場がこういった水準に達する少し前に注文を出すほうが良い場合もある。注文のタイミングを逃して市場を追っかけるよりも、自分で決めた支持線の基準があるのであれば、早めに注文を出しすぎて少し損をするほうがまだマシだ。

例えば、EBAYをC地点で売りたかったのにタイミングを逃したとすると、相場を追っかけて１ドル下げたところでようやく注文が執行されるといったことになるかもしれない。こういう場合には、61.8%のリトレイスメントの水準に達する前の上昇途中で仕掛けるほうがよい。売ったあと67%から70%水準を超えてもなお上げ止まらない場合、すぐに手仕舞えばそれほど大きな損失にはならない。戻りが止まって元のトレンドに戻る地点をいつも正確に予測することは不可能だが、こういった代表的なリトレイスメントを参考にすることでリスクを減らすことができる。

トレンドの測定

トレンドを見つけるのもトレーディングにおける重要な作業のひとつだ。しかしトレンドを見つけたとしても、それがどれくらい続くのかを予測するのは難しい。そんなときに便利なのがフィボナッチ比だ。まず、大きな値動きの高値と安値の差を取り、得られた差に1.382、1.5、

1.618をそれぞれ掛け、上昇トレンドの場合は各計算値を安値に足し合わせ、下落トレンドの場合は各計算値を高値から差し引く。これはリトレイスメントの間に行うのがよい。なぜなら前の動きの高値と安値がはっきりしているからだ。EBAYを例にとって計算してみよう。EBAYはA地点からB地点にかけて4.50ドル下落している。この4.50ドルに1.382、1.50、1.618をそれぞれ掛けて、高値である70ドルから各計算値を差し引くと、63.78、63.25、62.72が得られ、これが次の下落波の底の推定値になる。チャートを見ると、63.75（D地点）で下げ止まっていることが分かる。これは1.382％水準に相当する。偶然にしろ何にしろ、理論値にほぼ一致している。

トレンドの終焉の見極め方

トレンドの終焉を見極めることは重要だ。これが分からなければ、手仕舞いのタイミングを逸して不要なポジションを持ち続けることになるからだ。トレンドラインのブレイクアウトというだれの目にも明らかな状態以外にも、チャートから学べることは多い。例えば、相場は前の安値を上回っているかぎり、上昇トレンドであるとみなすことができる。**チャート6.11**は砂糖の日足チャートを示したものだ。C地点で前の安値（A地点）を下回っているため、上昇トレンドはC地点で終わったことが分かる。C地点以降、再び上昇するものの、D地点で上げ止まり前の高値を更新することができなかったため、上昇トレンドの終焉はこれで決定づけられたことになる。

トレンドが終焉に向かっていることは、波動からも判断できる。トレンド方向の波動は、それとは逆方向の波動より長く、しかも強い。それまで続いていたトレンド方向の波動が弱くなり、反対方向の波動が強くなったら、トレンドが終わるサインである。この砂糖のチャートでは、B地点－C地点間の下落波はC地点－D地点間の上昇波より

チャート6.11　砂糖の日足──トレンドの終焉

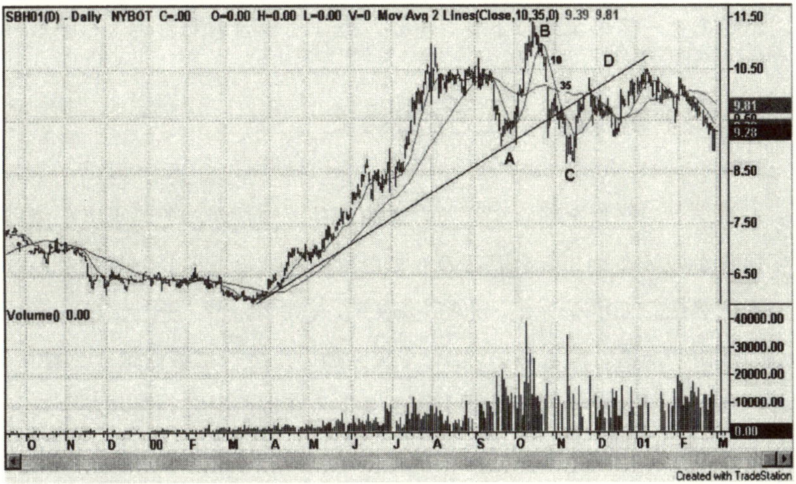

大きいため、上昇トレンドが終わりに近づいていることが予測できる。

トレンド途中で突然大量の急ぎ買いや急ぎ売りが入ったときも、トレンドが終わるサインである。こういった動きは通常、間違ったサイドのパニック売りや、トレンドを逃すまいと慌てて仕掛けたり、増し玉するといった行動によって引き起こされる。**チャート6.11**では、B地点で最高値を付けたときに出来高が増えていることが分かる。こういった局面ではみんなが買いに走るため、買いが一巡すれば相場は下がるしかない。最後の人が買った時点で、この動きは終わる。

トレンドの終焉を見極めるための別の手段として、私は移動平均線の反応を見ることにしている。このケースでは、B地点で相場が上昇しているにもかかわらず、35日移動平均線はあまり上昇していない。これ自体トレンドが終わりに近づいているサインなのだが、私が注目するのは移動平均線の乖離である。このケースでは、B地点を境に短期線と長期線とが乖離し始めているのが分かる。平均移動線同士が乖

離し始めると、その距離を縮めようと相場は急激に動く。それによって、このケースのようにトレンドが反転する場合もある

トレンドが終わったことを認めよ

トレンドの終焉を判断するのも難問のひとつだが、その事実を認めて何らかのアクションを取るのもまた難問である。トレンドが変わっても依然としてポジションを持ち続ける人は多いが、それにはいくつかの理由がある。最も多いのが、「次に動いたときに手仕舞うつもり」というものだ。数分前までは１株１ドルの儲けが出ていたのだから、60セントに甘んじることはできない。少し待てばきっと上昇し、１ドルの利益が得られるはずだ。しかし待てど暮らせど相場は戻らず、60セントの利益さえも失う。もうひとつの理由は、ポジションと結婚してしまうというものだ。間違っていると分かっていても、一度うまくいくと思い込んだが最後、その考えを覆すのは容易なことではない。どういった状況であれ、トレンドが終わったと思ったら迷わず手仕舞うことだ。何も天井で手仕舞えとか、損をしろと言っているのではない。しかしできるだけ早く手仕舞うほうが得策だ。意地になったりトレンドが続くことを期待すれば、傷は深まるだけである。

優れたトレーダーになるためには

優れたトレーダーになるためには、何よりもまず、メジャートレンドの方向にトレードすることが大切だ。これだけでも勝率は大幅に上がるはずだ。勝者になるか敗者になるかは、トレンドに沿ったトレードができるかどうかにかかっている。トレンドと同じ向きの動きは反対方向の動きよりも強くかつ長く継続する。この事実を踏まえれば、トレンドの方向にトレードすることは理にかなっている。成功するト

レーダーはメジャートレンドの方向にトレードするのが普通で、押しや戻りを待って仕掛ける。トレンドを見つけるのに有効なのが、移動平均線、トレンドライン、チャネルで、チャートは長い時間枠のものを使う。そして、短い時間枠を使ってトレードのタイミングを計る。どういった長さの移動平均線を使えばよいかは、いろいろな長さの移動平均線を試してみて、自分に合ったものを選ぶのがよい。長い移動平均線のほうが信頼性は高い。一方、短い移動平均線はシグナルの出るタイミングは早いが、ちゃぶつきが生じることもある。

トレンドを見つけたら、相場が今トレンドのどこに位置するのかを知ることが重要だ。そうすることで、追っかけをしたり、押しや戻りが終わる前に慌てて仕掛けるといったことがなくなる。複数の時間枠を使って相場の全体像をつかむことで、相場の行きすぎやどこまで戻るのかを予測することができる。トレンドが分かったからといって慌ててトレードに走ってはいけない。押しや戻りを待てば勝てるチャンスは広がる。38.2％、50％、61.8％の押しや戻りを探すか、相場がトレンドラインや移動平均線に戻るまで仕掛けは控えることだ。相場の押しや戻りが終わって再び元のトレンドに復帰する位置をいつも正確に予測できるとは限らないが、押しや戻りを待つことでリスクは軽減できる。トレンドの強さはADXで見る。ADXは利食いのタイミングを決めるのにも有用だ。トレンドが終わる兆しにも注意しよう。トレンドが終わったと思ったら、迷わず手仕舞う。トレンドの最後の一滴まで搾り取ろうなどと考えてはいけない。大きな利益をみすみす市場に戻す羽目に陥る前に、手仕舞うことが大事である。最後に、トレンドはフレンド、であることを常に忘れないようにしよう。

トレンドを正しく使わない場合の問題点

1．低確率トレードにつながる

2．市場の勢いの間違った側をつかむ
3．追っかけをやる
4．相場の行きすぎに気づかない
5．トレンドに逆らって小利を追い求める
6．移動平均線が遅行インディケーターであることを忘れる
7．トレンドが終わったことを認めない
8．トレンドラインのブレイクにいちいち反応する
9．簡単にブレイクされるあまり意味のない短期トレンドだけに注目する
10. トレンドが強いときには現れることのない押しや戻りを待つ
11. 押しや戻りにつかまる
12. 押しや戻りの間違った側・位置にストップを置く
13. 相場に高すぎる、安すぎるはないことを忘れる
14. ポジションを長く保有しすぎる

トレンドを使った高確率トレーディングのポイント

1．トレンドを見極めよ
2．トレンドの方向に仕掛けよ
3．複数の時間枠を使って相場の全体像をつかめ
4．メジャートレンドラインや移動平均線はブレイクされずに持続するものと仮定せよ
5．トレンドラインは傾きが小さいほど信頼できる
6．移動平均線は期間の長いものほどトレンドをよく把握できる
7．押しや戻りを待て
8．追っかけをするな
9．相場に逆らうな
10. どんなに強いトレンド相場でも押しや戻りは必ずあるものと思え

11. 相場がトレンドラインに接近しているほどリスク・リワード比率は良い
12. 何事もシンプルに
13. 最後の波動がチャネルラインや前の動きに達しなければ、トレンドは終わりに近いと思え
14. ADXを使ってトレンドの強さを測定せよ
15. 強いトレンド相場ではポジションはできるだけ長く保有せよ
16. 押しや戻りを見越して手仕舞うときはドテンはするな
17. トレンドラインのブレイクを確認してからドテンせよ
18. 移動平均線の乖離を見つけよ
19. フィボナッチリトレイスメント水準を知れ
20. ストップは押しや戻りの水準の外側に置け
21. 相場がどれくらい動くかを予測せよ

自問自答コーナー

●メジャートレンドの方向にトレードしているか
●ここで仕掛けたら追っかけにはならないか
●相場の動きが止まる兆しはないか
●相場はどれくらい押したか、戻したか
●ここで仕掛けたらどれくらいのリスクがあるか
●底値圏はどの辺りか
●モニター用の時間枠上で相場の行きすぎはないか
●値動き余地はどれくらいあるか
●どの時間枠でも相場を明確につかめているか

第7章

オシレーターを使う

Using Oscillators

トレーディングとは摩訶不思議なものだ。ある人にはトレンド相場に見えるものが、別の人には買われ過ぎて反転寸前の相場に見えるのだから。しかし、これは好ましい現象である。相場に対する人々の考え方が異なるということは、あなたが売りたいにときに買いたい人がいるということになるからだ。相場はどういったときに反転し、どういったときにそれまでのトレンドを維持するのかを見極めるのは容易なことではないが、ストキャスティックスやRSI（相対力指数）といったモメンタムオシレーターの正しい使い方を知ることで、人より優位に立つことができる。

オシレーター

オシレーターは私のトレーディングには欠かせないツールだ。しかし周りを見渡してみると、正しい使い方を知らないで使っている人が多いうえ、オシレーターなどまったく見ないという人さえいる。オシレーターは正しく使えば、トレーダーにとってきわめて有効なツールとなり得るものだ。難題の多いトレーディングのなかで、オシレーターは例えばトレンドの方向、動きの強さ、反転の可能性といった相場の動きについて多くのことを教えてくれる。また、仕掛けや手仕舞いのタイミングを計ったり、ポジションを長く保有しすぎていないかどうかを知るのにもオシレーターは役立つ。オシレーターは正しく使えば、トレーディングでの成功率を飛躍的に高めてくれるものだ。特に、方向感のない相場における天井や底を知るのには有効だ。また強気相場では、トレンドフォロー型戦略と組み合わせて使えば、仕掛けと手仕舞いの的確なタイミングを知ることができる。価格が動き始めると同時にそのトレンドに乗り、トレンドが転換する前に手仕舞うことも、オシレーターを使えば可能だ。これから追い追い見ていくが、オシレーターの使い方はさまざまである。したがって自分のスタイルに合った使い方を見つけることが大切だ。

まず、オシレーターの種類から見ていくことにしよう。オシレーターにはストキャスティックス、RSI、モメンタム、MACD（移動平均収束拡散法）、価格オシレーターなど多数あり、それぞれ異なる特徴を持つが、見た目にはほとんど大差はなく、機能も同じである。**チャート7.1**はさまざまなオシレーターを示したものだ。見てお分かりのとおり、どのオシレーターも似た動きをする。A地点、B地点、C地点、およびD地点ではどのオシレーターも底で、E地点、F地点、G地点ではどのオシレーターも天井になっている。オシレーターは相場と違ってレンジを持つ指標だ。また、相場に沿って動くトレンドやトレンドライン、移動平均線とは違って、オシレーターはそのレンジのトップをヒットするとそれ以上には動かない。相場が永久に上がり続けても、オシレーターはそのレンジの範囲内でしか動かない。つまり、オシレーターはその限界に達すると、そこにとどまるか下がる（または上がる）しかなく、その限界を超えることはないということである。**チャート7.1**を見ると分かるように、どのオシレーターも相場とは無関係に、0から100のレンジの間を往復するか、ゼロラインを中心に上下するだけだ。

チャート7.1　KLACの60分足――いろいろなオシレーター

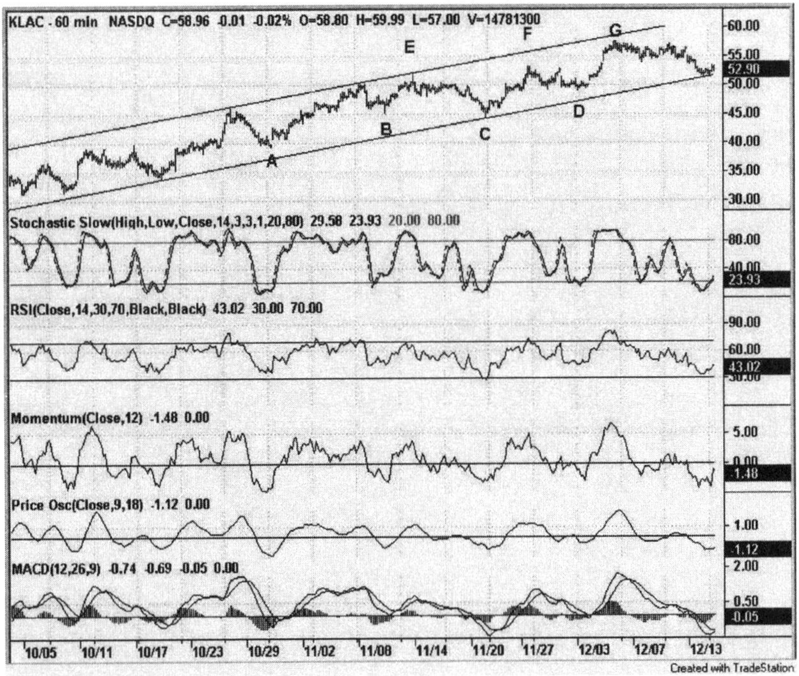

Created with TradeStation

オシレーターの役割り

オシレーターは基本的には価格変動のスピードを反映した指標である。一言でいえば、任意の時間枠における終値を前の終値と比較することで、相場が勢いを増しているのか失っているのかを判断するためのツールと言えるだろう。強気相場では、価格はバーのトップ近くで引ける傾向がある。価格が継続的に上昇し終値が高くなると、オシレーターも上昇する。逆に、価格の上昇が止まり、高値が更新されず、終値がバーのトップ近くに位置しなくなると、オシレーターの勢いも止まり、買われ過ぎのサインを示してくる。また、相場は依然として

チャート7.2　EBAYの日足――オシレーターの役割り

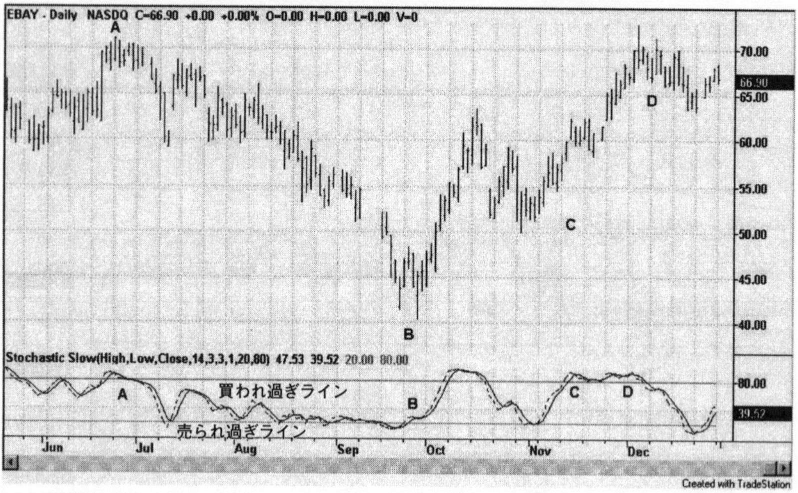

上昇基調にあっても、動きの勢いが弱まるかあまり動かなくなると、オシレーターも安定化して下落を始める。**チャート7.2**を見てみよう。A地点ではまだ強気相場が続いているものの、高値は更新されなくなっている。ストキャスティックスを見ると、この辺りから相場に先行して下落に転じている。オシレーターがレンジの上限あるいは下限をヒットしたからといって、それまでのトレンドが必ずしも終わるわけではない。チャートを見ると分かるように、B地点前の８月から10月にかけての期間とC－D地点間の期間では、相場はそれまでのトレンドを維持し、オシレーターはヒットしたレンジの上限や下限近くにとどまっている。つまり、オシレーターがレンジの上限や下限近くにとどまっている場合は、トレンドが強いことを示しているため、それまでのトレンドがそのまま継続すると読むことができるということになる。とはいえ、いつもこのとおりになるわけではない。相場にいつトレンドが形成され、トレンドがいつ転換するのかを予測することはそ

れほど難しいことなのである。

オシレーターの基礎

各オシレーターの個別の説明に入る前に、オシレーターの読み方と使い方の基本について見ておこう。通常オシレーターはチャートの下に表示され、０と100の間のレンジで上下するか、ゼロラインを中心に上下するかのいずれかの動きを見せる。０と100の間のレンジで上下する場合、買われ過ぎラインと売られ過ぎラインを表す上下のラインが引かれる（**チャート7.2**）。買われ過ぎラインは70～80の位置に、売られ過ぎラインは20～30の位置に引かれるのが一般的だ。オシレーターがこれらのラインに近づくと、トレンドが弱まるか反転する可能性が高い。オシレーターは値動きを正確に反映するものなので、オシレーターがこれらのラインに達したあと反転すれば、反転かちょっとした押しや戻りかは別として、とにかく相場の向きが変わると見てよい。オシレーターが買われ過ぎや売られ過ぎのエリアにあるときは、すでにポジションを持っている場合は利食いやポジションの一部を手仕舞うことを考えたほうがよいだろう。これから仕掛けることを考えている場合は、買いたいのなら買われ過ぎラインからの押しを待って仕掛け、売りたいのなら買われ過ぎラインをヒットしたら素早くタイミングを計って仕掛ける。

一方、ゼロラインを中心に上下するオシレーターの場合は、レンジの間を上下する場合とは違って、上下のラインが引かれる位置は決まっていないので、上下のラインがどの辺りにくるのかはチャートから判断するしかない。このタイプのオシレーターの場合、ゼロラインは市場の勢いの向きが変わる時期を判断するのに重要な役割りを果たす。市場によって最適なパラメータセットは異なるし、市場は時間とともに変化するが、なるべくシンプルにするため、私は基本的なパラメータは自分が参加するどの市場、どの時間枠にも同じものを使っている。例えば、ルックバック期間はセット化されたものを使う。これはだれもが見る期間であり、パーティーに遅れたり、起こりもしない動きを期待するというような過ちを犯したくないというのがその理由だ。例えば、ストキャスティックスを使う場合、ほとんどのソフトウエアパッケージに使われている14、3、3パラメータセットを使う。パラメータにそれほど凝る必要はないし、市場ごとに最適化する必要もない。みんなが見ているもので十分である。それに、私にとって重要なのはオシレーターの概念そのものであって、実際にどのパラメータが最も機能するかということはそれほど重要ではない。基本はこれくらいにして、これから私が好んで使っているオシレーターをいくつか紹介することにしよう。

自己達成予言

オシレーターがなぜ正確に機能するのかというと、それはオシレーターが自己達成予言能力を持っているから、というのが私の考え方だ。要するに、自分でこうなりたいと思ったら、そのとおりになれるということである。あらゆる場所にいるトレーダーが同じインディケーターを見ていて、そのインディケーターが売られ過ぎ水準にまで下がったとすると、みんな上昇を見越して手仕舞いし始めるだろう。したがって、相場はほんの少しだけ上昇し、その結果オシレーターも上昇に転じる。ここでさらに多くの人々がこの「シグナル」を見て買い始めると、相場もそれに伴って上昇する。そのシグナルが本物なら市場は上昇を続けるだろうが、ダマシなら相場は元の向きに戻るだろう。

ストキャスティックス

私の好みのインディケーターは、何と言ってもストキャスティックスだ。１分足チャートだろうと週足チャートだろうと、私は用いるチャートにはすべてストキャスティックスを表示している。ストキャスティックスを用いるのは、市場の勢いを見るのに便利だからだ。買われ過ぎなのか、売られ過ぎなのか、あるいは上値余地や下値余地があるのかといった市場の状態は、ストキャスティックスを見れば一目瞭然だ。実はこのインディケーターはトレーディングを始めた当初、まだその役割りもメカニズムも知らないうちから使ってきた。

1980年代後半、私がフロアトレーダーを始めた当時はまだピットには数台のコンピューターしかなく、トレーダー全員で共有していた。CQG端末で原油チャートを覗いたときのことだ。だれかがチャート上に表示して消し忘れていたストキャスティックス・インディケーターが目に止まった。何てすごいインディケーターだろうと思って、そのまま消さずにおいた。最初は正しい使い方すら知らなかった。相場の天井と底で方向転換しているように思えるのが興味深かっただけだ。しかしその使い方を学んでいくうちに、それは私のトレーディングにはなくてはならないツールになっていった。このインディケーターを無視したり、間違った使い方をするとその結果はてきめんだった。結局、市場を追っかけたり、時期尚早にあるいは最悪のタイミングで手仕舞う羽目になった。

ストキャスティックスはおそらくは最もよく使われるインディケーターのひとつだと思うが、大部分の人はそれがどういった働きをするのかや、どういうふうに計算するのかは知らないし、正しい使い方も知らない。ただみんなが使っていて、相場の天井と底を見事に予測するから、といった漠然とした理由で使っている人が多いようだ。ストキャスティックスにはスローとファストの２つのタイプがあるが、一般によく使われているのはスローストキャスティックスのほうなので、ここでもスロータイプについて説明する。

スローストキャスティックスは％Ｄと％Ｋの２本のラインから成る（私のチャートでは％Ｄラインは実線、％Ｋラインは点線で表している）。％Ｋラインは、直近の終値が過去５日のなかで相対的にどれくらいの水準に位置するのかを測定したものだ。チャートに％Ｋラインとして表示されているものは％Ｋの３日移動平均線である。％Ｄラインは、この平滑化した％Ｋの３日移動平均線である。このようにストキャスティックスには２本のラインがあるが、％Ｄラインのほうがスムーズで安定しているため％Ｋラインよりも重視される。

スローストキャスティックスの計算式

％Ｋ＝100×（C－L(5)）/R(5)

上の式を使って計算した％Ｋの過去３日の平均をとったものが、スロー％Ｋになる。

％Ｄ＝％Ｋの３日移動平均

ただし、

Ｃ＝直近の終値

L(5)＝過去５日の最安値

R(5)＝過去５日の最高値と最安値の差（レンジ）

普通、ストキャスティックスはチャートの下に表示され、０と100の間の値をとる。買われ過ぎラインは70から80の間に引かれ、売られ過ぎラインは20から30の間に引かれる。80と20がそれぞれ買われ過ぎラインと売られ過ぎラインの標準だが、私は75と25を使っている。これはより多くのシグナルを得るためだ。

ストキャスティックス・オシレーターは直近の終値が一定期間の値幅のなかでどれくらいの水準にあるのかを測定した指数である。上昇局面では市場価格は高値近くで引け、下落局面では安値近くで引ける傾向があるというのがその基本的な考え方だ。相場が上げ方向の勢いを増すと、市場はレンジのトップで引けるためインディケーターは強さを増し、トレンドのピークで最高水準に達する。上昇トレンドの勢いが弱まると、市場はバーの高値から大きく離れた位置で引けるため、インディケーターは反転する。依然として上昇トレンドにあり相場が高値を更新し続けているときでも、相場がその期間の高値から離れた位置で引けていれば、トレンドの勢いは徐々に弱まっていると考えられる。この場合のストキャスティックスは上昇が止まり、下落を始める。

この典型例を示したのが、**チャート7.3**のグレーの円で囲まれた部分だ。上昇波では、相場は堅調で各５分足のトップ近くで引けている。この間のストキャスティックスは勢いを増し、買われ過ぎ水準まで上昇している。その後相場は高値を更新しなくなるが依然として高値近くで引け、横ばいに転じる。その時点から終値は下がり始め、それに伴ってストキャスティックスも勢いを弱め下落に転じ、それを追うように相場も下落を始めている。

ストキャスティックスの使い方はいろいろあるが、その使い方の一部しか理解していない人は多い。特にトレーディングの初心者は、ストキャスティックスが売られ過ぎラインに達して上昇を始めたら買い、反対に買われ過ぎラインに達して下落を始めたら売り、といった使い方しかしていないのが実状だ。これは方向感のない相場ではうまくいく。しかし、強いトレンド相場ではあまりうまくはいかない。ストキ

チャート7.3　S&P500の5分足――ストキャスティックスを使ったトレーディング戦略

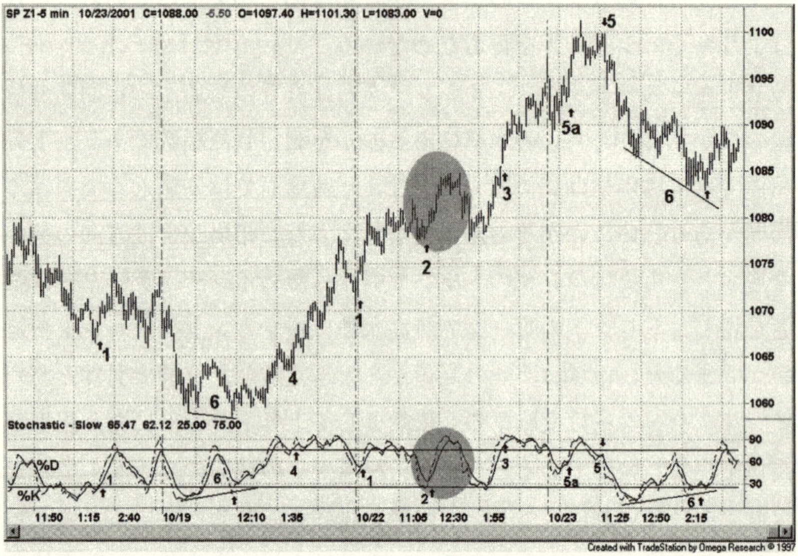

ャスティックスは元々そういった使い方をすべきものではないのだから、当然と言えば当然だろう。買われ過ぎ圏や売られ過ぎ圏を見つけるのは、ストキャスティックスのひとつの使い方にすぎない。前にも述べたように、ストキャスティックスは人によってさまざまな使い方がされているため、純粋にメカニカルなシステムトレーダーにとっては混乱を来すかもしれない。これについてはあとで詳しく解説する。

ストキャスティックスを使った正しいトレーディング戦略の例

それでは**チャート7.3**を参考にしながら、ストキャスティックスの使い方のいろいろな事例を見ていくことにしよう。買いについて説明している場合、売りはその反対だと考えていただきたい。便宜上、ここではひとつの時間枠についてのみ考え、長期トレンドは考慮していないが、これらは重要な項目なので後ほど議論する。

1．%Kラインと%Dラインのいずれも売られ過ぎ水準の上側にあり上昇しているときには買い

これはストキャスティックスを使った基本的な戦略のひとつだ。**チャート7.3**上に番号1で示した2カ所の例に見られるように、両方のラインが明確な方向性を持ち、買われ過ぎ圏に向かって上昇し、売られ過ぎ圏の上側にあるときには、直ちに仕掛けてトレンドに乗る。仕掛けた時点のインディケーターの値が小さいほど、上値余地は大きい。ラインが売られ過ぎ圏の下側から上昇しているときには、ラインが売られ過ぎラインをクロスするのを確認してから仕掛けること。方向感のない相場では、買いでも売りでも大きな利益が期待できる。トレンド相場では、トレンドの方向に仕掛けて、反対方向のクロスオーバーを手仕舞いシグナルやストップシグナルとして使うのがベストだ。

2．ファストライン（%K）がスローライン（%D）を下から上にクロスしたら買い

これは非常によく使われる典型的なクロスオーバーシグナルだ。ファストライン（%K）がスローライン（%D）を下から上にクロスしたら買いだが、ダマシもあるので注意が必要だ。この%Kと%Dのクロスオーバーは売られ過ぎラインの上側でも下側でも起こり得るが、大概は下側で起こる。確実なトレードをするためには、%Kラインが%Dラインをクロスしたあと売られ過ぎラインを上にクロスするのを待って仕掛けることが大事だ。

%Kラインが%Dラインをクロスする位置が%Dラインのボトムの前より後のほうが強いシグナルになる。%Kは%Dより早く方向転換する場合が多いが、%Dよりあとに方向転換すれば、それは相場の反転を示すより強いシグナルになるからだ。番号2の例は、これら2本のラインの典型的なクロスオーバーを示したものだ。この例のようにトレンドが強い場合、ラインは売られ過ぎ圏に達しないこともある。このクロスオーバーはどこで発生するかとは無関係に、相場の反転を示すサインと考えて間違いないだろう。

3．どちらのラインも買われ過ぎ圏の上側にあって、まだ下落に転じていないときは買い

番号3の例は、相場が買われ過ぎ圏に達したあとも依然としてトレンドを維持することがあり得ることを示したものだ。買われ過ぎてもトレンドはそのまま継続することもあるのである。つまり、買われ過ぎてもまだまだ買われる余地がある場合もあるということである。オシレーターの読み方が難しいのはこのためだ。買われ過ぎ圏は相場の反転を意味する場合もあれば、相場の堅調さを意味する場合もあるのだ。インディケーターが買われ過ぎラインの上側にあり、特にトレンドが強い場合は買うのがよい。手仕舞いやストップの目安としては、どちらのラインも買われ過ぎ圏の下側に来たときに手仕舞うのがよい。

4．インディケーターが強く、再び買われ過ぎラインを超えたときには買い

番号4の例のように、インディケーターが買われ過ぎ圏に入ったあと、相場が一時的に下げ、インディケーターが再び買われ過ぎラインを超えたときは、強力なトレーディング機会を表すサインである。番号3の例に似ているが、相場が下げたのは一時的な押しにすぎないので、こちらのほうが有望なトレードである。インディケーターが高値近くにとどまるということは、強いトレンドが続いていることを意味するからだ。時には、相場が上げ続けているにもかかわらずストキャスティックスは買われ過ぎ圏内にずっととどまることもある。こういった動きを見逃したり、逆指標ととらえて失敗するトレーダーは多い。

繰り返すが、インディケーターが買われ過ぎラインの上側にとどまったままで、トレンドが強いときには買う。

5．ストキャスティックスが異常な動きをしている部分を見つけだす

ここでは売りについて考える。ストキャスティックスは買われ過ぎ圏に入り最高点に達すると下落し始めることが多いが、最高点に達したあとも依然として上昇を続け下落しないことがある。このようにストキャスティックスラインがクロスせずに上昇し続ける場合は売るのがよい。番号５の例に見られるように、相場は再び上昇する気配を見せているが、％Ｋラインは％Ｄラインを上にクロスしていない。こういった反転の失敗は売りの絶好のチャンスである。これは現在のトレンドに逆らうトレードではあるが、たとえ間違っていたとしてもそれほど大きなリスクにはならないため、こういったインディケーターの異常な動きは少ないリスクで大きな利益を得るチャンスとみなすことができる。

こういった異常な動きは買われ過ぎ圏のピーク後や売られ過ぎ圏のボトム後に起こるとは限らない。両方のラインが方向転換したときにはいつでも起こり得ることであり、動きの速い％Ｋラインは下落に転じるが％Ｄラインの位置で失速しクロスすることはない。この現象は、元の動きが良かったことを裏付けるものだ。これを示すのが番号５ａの例だ。両方のラインが上昇に転じたあと、％Ｋラインは少し下落し、％Ｄラインをヒットするが再び上昇に転じている。これは、相場が依然として堅調であることを示している。手仕舞いはストキャスティックスが確実に反転した時点でするのがよい。

6．相場とインディケーターのダイバージェンスを見つけだす

ストキャスティックスの使い方として最も効果的でありながら最も

使われていないものは、おそらくは相場とインディケーターとのダイバージェンスを見つけてそれを分析に利用するというものだろう。ダイバージェンスについては本章でこのあと詳しく論じるが、今のところは、相場が安値を更新しているときにストキャスティックが安値をどんどん切り上げていればダイバージェンスが発生したとみなすと考えてよいだろう。一般にダイバージェンスが発生した場合、市場はそれまでの勢いを失い、ほどなく反転する。ダイバージェンスの発生を示しているのが番号６の２つの例である。この例から分かるように、相場は下落波の勢いが増しているが、ストキャスティックスは安値をどんどん切り上げ上昇トレンドに転じ始めている。番号６の最初の例では、ダイバージェンスはその後やってくる３日間の続伸を見事に言い当てており、あとの例でもダイバージェンス発生後の相場は上昇に転じている。

RSI

RSI（相対力指数）はストキャスティックス同様、相場の勢いを表す指標だ。これは、株価や先物価格の一定期間にわたる相対的な強さを測定したもので、最も一般的なのが14日間のRSIだ。この指標も０と100の間の数値で表される。この数値は、一定のルックバック期間のうち終値が上昇した日数と下落した日数の比率をパーセンテージで表したものだ。ルックバック期間としては通常14日が使われるが、期間を変えてシグナルの出る頻度を変えてもよい。ルックバック期間が短いほど、インディケーターの変動は激しく、シグナルが出る頻度も増す。ルックバック期間を長くするとシグナルの出る頻度は減るが、ダマシは少なくなる。ストキャスティックス同様、RSIも市場が買われ過ぎなのか、売られ過ぎなのか、あるいは今の勢いを維持していくのかを見るための指標だ。相場が勢いを増し、RSIがトップあるいはボトム近辺に来たときは、若干の押しや戻りがあることを示すサインと見てよい。ただし、買われ過ぎのシグナルを示していても相場が急上昇して高値をどんどん更新し始めることがあるので、注意が必要である。

RSIを使った正しいトレーディング戦略の例

1．RSIが売られ過ぎ圏を脱したときには買い

RSIは市場の買われ過ぎ、売られ過ぎを判断するための指標として用いられることが多い。RSIが70～80のときは買われ過ぎ、20～30のときは売られ過ぎである。通常、買いシグナルは30（売られ過ぎライン）で、売りシグナルは70（買われ過ぎライン）だ。私は、売られ過ぎラインから上昇に転じてから買うようにしている。なぜなら、売られ過ぎ圏内にあるときよりも30のラインの上側に来たときのほうが強いシグナルになるからだ。RSIの異なる市場環境における動きを見るために、RSIのいくつかの事例にはレンジ圏で推移している部分を使っている。**チャート7.4**を見てみよう。番号１の４つの例は、相場が買われ過ぎ圏を上回ったときには売り、売られ過ぎ圏を下回ったときには買いであることを示す典型例だ。先ほども述べたように、インディケーターのピークをシグナルとして使う人が多いが、極値圏を脱するのを待って仕掛けたほうがよい。

2．RSIが50％水準辺りにとどまっているときには買い

強気相場では、RSIは30％ラインにまで下がることはほとんどないため、50％か、それ以上に下がったときは買いのチャンスと考えてよい。つまり、50％ラインを支持線や抵抗線とみなすわけである。なぜ50％なのかというと、50％以下に下落することは滅多にないからである。トレンド相場にあるときに下落しているが50％ラインで止まって

チャート7.4　S&P500の５分足──RSIを使ったトレーディング戦略

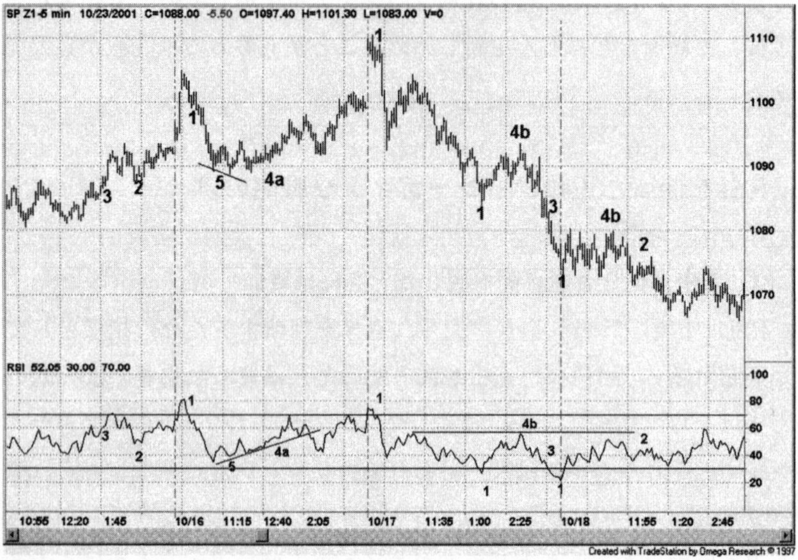

いる箇所がチャートのなかにいくか見られる（番号２で示した箇所）。相場はいつも売られ過ぎ圏や買われ過ぎ圏まで動くわけではない。動きが途中で止まったときは絶好の仕掛け時である。

３．RSIが50％ラインを超えたら買い

RSIは買われ過ぎや売られ過ぎを見るのに使うだけでなく、トレンド分析に利用することもできる。RSIが50％ラインを上回っていれば、トレンドの勢いが増しているので、買いシグナルととらえることができる。一般に相場が50％ラインを下から上にクロスすれば、買いと見てよい。反対に、相場が50％ラインを割り込めば、売りである。番号3の最初の例は、RSIが50％ラインを上回ったときの買いはトレンドに沿った正しいトレードであり、大きな利益が見込めることを示したものだ。２番目の例は、相場が50％ラインを下回ったときに売ることで、

そこそこの利益が見込めることを示している。

4．RSIのテクニカルパターンを見つける

RSIはチャート分析と同じような使い方ができる。つまり、価格チャートで行うのと同じように、RSIにもトレンドラインや支持線、抵抗線を引くことができるということである。RSI上に引かれたこういったラインは価格チャート上に引かれたライン同様に信頼度は高い。事例には、トレードすべき方向を見るためにRSI上にトレンドラインを引いた例が含まれている。例えば番号４ａの例は、RSI上に引かれたトレンドラインを基に、トレンドラインが続くかぎり買っていけばよいことを示したものだ。トレンドラインがブレイクされたら、売りポジションや買いポジションを手仕舞う。また、インディケーターがトレンドラインから離れすぎたときには押しや戻りがあると考えたほうがよい。また番号４ｂの例に見られるように、インディケーターのパターンを見つけることもできる。４ｂの最初の例はダブルトップ、あとの例はトリプルトップのパターンを示している。インディケーターはこういったパターンを持つとき、この水準をブレイクすることはほとんどない。４ｂのいずれの例でも、インディケーターはこの水準に達してはいるがブレイクはしていない。その間相場は大幅に下落している。ダイバージェンス同様、インディケーターのこういったパターンは良いトレード機会を得ると同時に、手仕舞いのタイミングを計るのにも役立つ。

5．値動きとインディケーターのダイバージェンスを見つける

ストキャスティックスの場合と同様に、値動きとRSIとの間にダイバージェンスを見つけて、それをトレーディングに利用するという使い方もできる。**チャート7.4**でダイバージェンスが見られるのが番号５の例だ。この部分を見ると分かるように、相場が安値を更新してい

るのに対して、RSIは上昇している。また、ダイバージェンスは相場の反転に先行していることも分かる。反転後の相場の方向はダイバージェンス期間のRSIの方向に一致する。

RSIの計算式

RSI＝100－（100/1＋RS）

RS＝（一定期間ｘの終値の値上がり幅の平均）÷（一定期間ｘの終値の値下がり幅の平均）

ただし、

ｘは一定のルックバック期間（通常14日）を表す。

ルックバック期間が短いほど、RSIのボラティリティは高くなる。

平均は単純平均でも指数平滑平均でもよい。

MACD

MACD（移動平均収束拡散法）も私がよく使うオシレーターのひとつだ。このオシレーターの特徴は指数平滑移動平均線を使う点にある。したがって直近データが重視される。このオシレーターはチャートの下に、ゼロライン中心にプロットされる。買われ過ぎ圏や売られ過ぎ圏が存在したこれまでのオシレーターとは違って、このタイプのオシレーターではゼロライン（均衡ライン）が重要なラインになる。MACDは２本の移動平均線――MACDライン（**チャート7.5**に点線で描かれたライン）とシグナルライン（先行線であるMACD線の９日移動平均線）――との関係によって売買を決めるというものだ。２本の

チャート7.5　S&P500の60分足――MACDを使ったトレーディング戦略

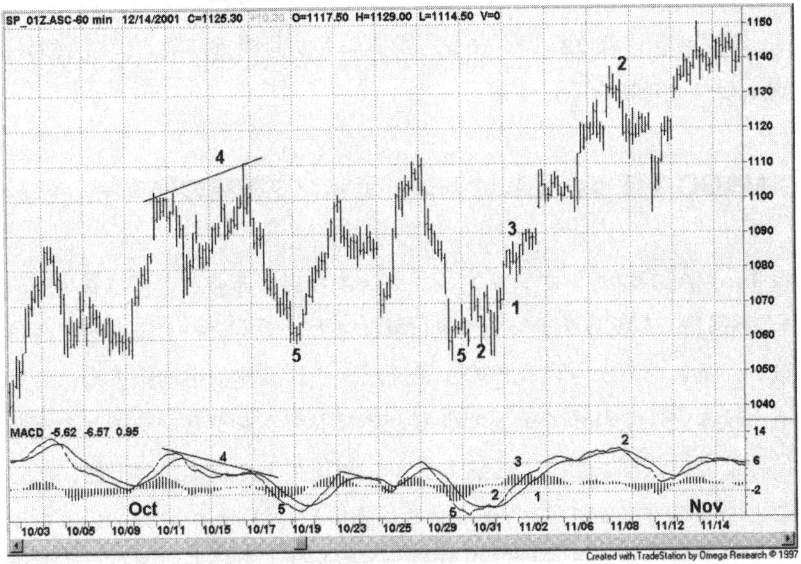

線が近づくことを収束（コンバージング）、離れることを拡散（ダイバージング）ということから、移動平均収束拡散法の名が付けられた。相場が強さを増せば２本の線の乖離率は高まり、相場が軟調化すると２本の線は近づきクロスする確率は高まる。２本の移動平均線の差はチャート上にヒストグラムで表される。これは短期線と長期線の拡散・収束度を測定したもので、それ自体オシレーターとしての役割りを果たす。例えば、相場の上昇によって２本の移動平均線が離れていけば、MACDヒストグラムはプラス方向に伸びる。また、２本の移動平均線がクロスすると、ヒストグラムはゼロになり、移動平均線が下落するとヒストグラムはマイナス方向に伸びる。

ほかのオシレーター同様、MACDも市場の買われ過ぎや売られ過ぎを判断するのに利用することができる。特に相場がトレーディングレンジにあるときに有効だ。前述のとおり、MACDには買われ過ぎ圏や売られ過ぎ圏は存在しないため、値動きの終わりを知るためには、インディケーターがレンジのトップ近くにあるのかボトム近くにあるのかを目で確認するしかない。どのインディケーターにも言えることだが、シグナルのなかにはダマシもある。しかし慎重に扱えばMACDは貴重なツールになるはずだ。

MACDを使った正しいトレーディング戦略の例

1．MACDラインがシグナルラインより上にあるときには買い

一般に、MACDライン（点線）がシグナルラインの上にあるときは買い、下にあるときは売るのが原則だ。これは移動平均線またはヒストグラムのいずれかで確認できる。ヒストグラムがゼロラインの上側に伸びていれば、それはMACDラインがシグナルラインの上側にあることを意味するので強いサインである。MACDラインがシグナルラインの上側にあるときは買うのがよいことは、番号１の例を見るとよくお分かりいただけるだろう。この方向に逆らったトレーディングはお勧めできない。

2．ゼロラインの下側でクロスしている場合は買い

MACDラインがゼロラインのずっと下にあり、その後上昇してシグナルラインを下から上にクロスしたら、強い買いシグナルと考えてよいだろう。売られ過ぎたあと２本の線がクロスしたらできるだけ早く買うのが良いことは、番号２の最初の例で確認できる。これとは逆に、２本の線が買われ過ぎ圏のずっと上のほうでクロスしたら売る。これを示したものが番号２のあとの例である。

3．２本の移動平均線がゼロラインを下から上にクロスしたら買い

２本の移動平均線がゼロラインを下から上にクロスしたら、強い買いシグナルになる。すでにポジションを持っている場合は買い増しし、

持っていない場合は新規に仕掛ける。MACDラインがゼロラインを下から上にクロスした場合、これはMACDの公式を構成する要素である短期指数平滑移動平均線（EMA）が長期EMAを下から上にクロスすることを意味する。第６章で述べたように、これは強い移動平均線クロスオーバーシグナルになる。番号３の例を見ると分かるように、２本の移動平均線がゼロラインを下から上にクロスしたあと相場が動き出している。

4．相場とインディケーターとのダイバージェンスを見つける

さらに強いシグナルを表すのは、MACDインディケーターまたはMACDヒストグラムと相場との間のダイバージェンスだ。番号４の例を見てみよう。相場が高値を更新しているにもかかわらずインディケーターはそうではない場合、それまでの動きは止まり、大きく売られている。

5．ヒストグラムのテクニカルパターンを見つける

売買シグナルはヒストグラムのパターンから見いだすことも可能だ。番号５の例に見られるように、ヒストグラムがゼロラインの下側に伸び、底を打って上昇を始めたら、相場が反転するサインだ。また、ヒストグラムのバーの長さが短くなれば、相場の勢いが弱まっていることを意味する。これは通常２本のラインがクロスする前、あるいはゼロラインをヒットする前に発生するため、クロスオーバーシグナルになる。すべてのオシレーターに共通して言えることだが、動きを見越して動けばちゃぶつくこともあるので注意が必要だ。私はヒストグラムがピークやボトムを付けたら、波動の終わりが近いとして、手仕舞いやドテンを考え始める。

MACDの計算式

先行MACDライン（点線）＝（短期EMA－長期EMA）

シグナルライン＝先行MACDラインの９日平均

MACDヒストグラム＝先行MACDライン－シグナルライン

よく用いられる数値

短期EMA＝12日EMA

長期EMA＝26日EMA

MACD MA＝9

EMA＝指数平滑移動平均

オシレーターを使ってトレーディングのタイミングを計る

オシレーターの最も便利な使い方のひとつが、仕掛けと手仕舞いのより的確なタイミングを計るというものだ。オシレーターを使えば、市場を追っかけることはなく、絶好のタイミングで仕掛けることができるうえ、最悪なタイミングでの手仕舞いも避けられる。こういった分野の改善を図ることができれば、トレーディングはもっとうまくいくようになるだろう。相場にトレンドが形成され、相場がそのトレンドに沿って動くとき、波動を描きながら動くのが一般的だ。相場が上昇しインディケーターも上昇すると、トレーダーたちは焦り始め、結局買われ過ぎ圏で買ってしまう。すると相場の上昇は止まる、あるいは反転する。しかし、オシレーターを注意深く観察していると、買われ過ぎ圏がどの辺りに来るかが分かってくる。オシレーターがそのレンジの上限近くにあるとき、相場はすでに上昇したあとであり、押す可能性が高いため、買いのタイミングとしてはよくない。もちろんトレンドがそのまま続くこともあるので必ず押すわけではないが、その可能性は高い。ところが、オシレーターを見たり相場の行きすぎを認識することなくその水準でトレードするトレーダーは多い。これはトレンドに乗り遅れたくないという思いが先に立つからだ。相場は強い。しかも周りは、いくら儲けたという話で持ちきりだ。相場はそのまま上がり続けると思い込み、結局高値をつかむことになる。この水準は実際には仕掛け時ではなくて、手仕舞いを考えなければならない水準だ。市場が買われ過ぎてもなお上昇を続けているときに、押しを待っていたためにトレード機会を失ったとしても、それはそれで構わない。オシレーターが下落してシグナルを出してくるまで待つほうが、買われ過ぎた市場で買うよりも高確率トレードにつながる。市場が買われ過ぎで、なお上昇し続けていてもである。押しを待つのは忍耐のいる仕事だが、こういった忍耐力がトレーダーを成長させるのである。

例えば、今あなたはKLACの買いを検討しているとしよう。見ているのは５分足チャート（**チャート7.6**）だ。KLACはちょうど上げたばかりで、あなたの目にとまる。つまり、あなたが今見ているところはA地点である。目先の利いたトレーダーなら、ここでは絶対に買わない。ストキャスティックスを見れば、A地点が買われ過ぎであることは一目瞭然であり、このあと少し下落してから元のトレンドに戻るだろうことが推測できるからだ。たとえ下落しなかったとしても、買われ過ぎの市場で買いを入れるのはあまり良い考えだとは思わない。彼は市場を追っかけることなく、市況を注意深く観察し、ストキャスティックスが売られ過ぎ圏に入るまで待ってから仕掛ける。買いたい誘惑と戦いながら、B地点まで辛抱強く待つのだ。B地点で仕掛けたほうが儲かる確率は格段に増す。A地点で追っかけをしていれば、こうはいかなかっただろう。仕掛けたあと、絶好の手仕舞いのタイミングが来るまでポジションを持っていようと思っていたが、相場がC地点に達したとき不運なことに彼はちょうど入浴していた。彼が風呂から

チャート7.6　KLACの5分足――トレードのタイミングを計る

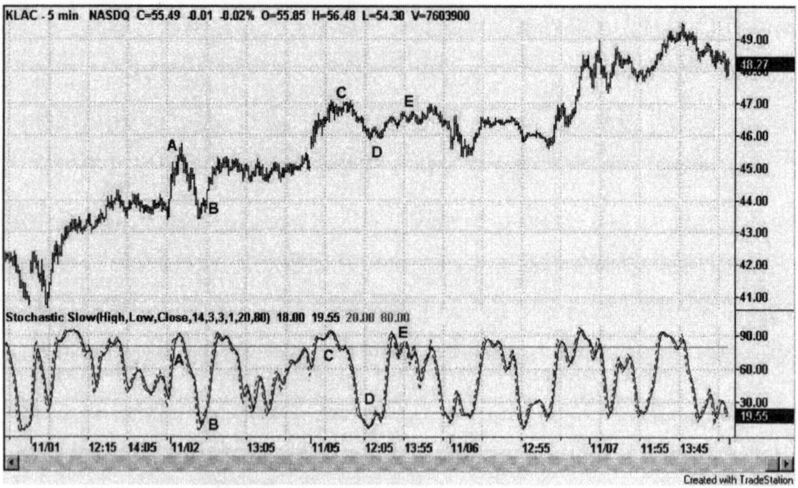

出てきたときにはすでに売られ始めており、D地点の売られ過ぎ圏近くまで来ていた。D地点はみんながポジションを投げ出す地点だ。みんなC地点で買ったため、儲けがないばかりか損をすることもある。しかし、優秀なトレーダーはインディケーターが売られ過ぎ圏にあるときは何もせず、それが上昇に転じてから手仕舞う。このケースの場合、相場は売られ過ぎ圏から上昇に転じ、買われ過ぎ圏をヒットしたあとしばらく堅調に推移している。彼はすかさずこの時点で手仕舞う。その結果、最悪の水準で振り落とされることなく、それよりもはるかに良い価格で売ることができた。いつもこうなるとは限らないが、しばらく様子を見て売られ過ぎ圏で反発するかどうかを確かめてから動いたほうがよい。長期トレンドが上昇基調にあるときには特にそうである。反発する様子がないと見たときには、優れたトレーダーはすぐに手仕舞う。こういったときにポジションをいつまでも保有し続けるトレーダーにはチャンスはない。

オシレーターの間違った使い方

経験の浅いトレーダーはオシレーターを相場の反転をキャッチするための指標としか見ていないため、間違った使い方をする人が多い。オシレーターはそもそも相場の反転をキャッチするためのものではなく、相場にトレンドがあるかどうかを判断したり、相場が反転する前に手仕舞うことを手助けしてくれるツールである。しかし、ほとんどのトレーダーはオシレーターを正しく理解していないため、相場の反転をとらえる道具という間違った認識しか持っていない。彼らが最もよく犯す過ちは、インディケーターが買われ過ぎ圏に達すると、相場が必ず下落すると思い込んでいる点だ。しかし前にも述べたように、堅調な相場では買われ過ぎ圏内にしばらくとどまることもあるため、ダマシも多いのが現実だ。インディケーターが買われ過ぎラインの上にあるということは、相場が高値近くで引けているということと、相場が堅調であることを示しているにすぎず、必ずしも売られるわけではない。買われ過ぎれば売りに転じる可能性は確かに高いが、必ずしもそうなるとは限らないのが市場である。買われ過ぎたり売られ過ぎたりしてもしばらくはその圏内にとどまることもあるので、インディケーターを鵜呑みにして売買すべきではない。こういった局面では先を読んで慌ててトレードするよりも、しばらく成り行きを見て動きが確信できた時点でアクションを起こしたほうがよい。もしインディケーターが買われ過ぎ圏や売られ過ぎ圏にしばらくとどまっているようであれば、インディケーターは無視して、基本的なトレンドフォロー戦略に戻るべきだろう。こちらのほうがずっとうまくいくはずだ。

オシレーターの間違った使い方は損失に直結する

私は長年にわたってストキャスティックスを天井と底を見つける目的だけに使ってきた。これで儲からなかったことからすれば、ストキャスティックスはこの目的だけに使ったのではうまくいかないことは明白だ。オシレーターの間違った使い方をすればいとも簡単に損をすることは、私の経験が何よりの証拠である。売られ過ぎ圏を相場の反転と見て何度失敗したかしれやしない。そういうときに限って、相場はそのまま売られ過ぎ圏を推移した。今では、相場が売られ過ぎ圏にあり、もうすぐ反発すると「思っても」、それだけで手仕舞うことはない。結局数々の失敗から学んだことは、オシレーターはほかのインディケーターやパターンと併用するのがベストだということである。オシレーターを使ったトレードで成果が出始めたのは、それを賢く使い始めてからである。

オシレーターによるトレーディング

モメンタム・オシレーターには使ってみて初めて分かる利点がいくつかあるが、そのひとつがトレンドフォロー型インディケーターより相場の反転地点を素早くキャッチできる点である。方向感のない相場では、トレンドフォロー型インディケーターはちゃぶつきを発生することが多いが、オシレーターを使えば短期の天井や底を素早くつかむことができる。トレンドのない相場では、売られ過ぎ圏で買い、買われ過ぎ圏で売るのがベストなのは分かっているが、問題はどういった状態のときがトレンド相場で、どういった状態がレンジ相場であるのかを見極めるのが難しいことだ。トレンド相場になるのは全体のわずか20％の期間だが、いったんトレンドが形成されると強いトレンドになる場合もあり、そういったときにオシレーターを使えば失敗することもある。オシレーターはトレンドのない相場で天井や底を見つけるのに最も効果があるため、オシレーターを使うべきかどうかはADXで決めるとうまくいくだろう。おおよその目安としては、ADXが20を下回るときはトレンドのないレンジ相場と考えてよいだろう。こういった市場環境ではトレンドフォロー型システムはうまくいかないため、こういった環境で本領を発揮するオシレーターをベースとしたシステムを使ったほうがよいだろう。

以前、典型的なストキャスティックシグナルだけを使ったシステムを作成したがうまくいかなかったので、ストキャスティックスは二次的なシグナルとして用いるか、あるいはトレードの方向をチェックしたり、手仕舞いや一部手仕舞いのタイミングを決めるのに使っている。これはシステムトレードと言うよりも自由裁量トレードに近いが、市場環境に合わせてやり方を変えたり、異なる市場パターンやマネーマネジメント手法を採り入れることも時には必要だ。オシレーターを正しく使ううえで重要なのは、ダブルトップ、トレンド、ダイバージェンスなどのパターンをつかむことである。こういったパターンをつかむのはオシレーターのベストな使い方のひとつだが、プログラミングは難しい。

ダイバージェンス

天井と底を予測して相場の先を読もうとするよりも、オシレーターを使ってダイバージェンスを見つけることほうが高確率トレーディングにつながる。ダイバージェンスは前に紹介した以外にも、さまざまなタイプのものがある。相場のなかのダイバージェンスを見つけ、それをトレードにうまく利用することで、オシレーターの効果をより一層引き出すことができる。オシレーターをトレードに生かすベストな方法のひとつが、ダイバージェンスを見つけることである。しかし、ダイバージェンスは相場を常に注意深く見ていなければなかなか見つかるものではなく、トレーディングシステムへのプログラミングも難しい。したがって、ダイバージェンスをトレードに利用しようと思えば、自由裁量トレードになることはやむをえないだろう。ダイバージェンスのタイプには次のようなものがある。

1．最もよく見られるタイプのダイバージェンスは、相場とインディケーターがそれぞれ反対方向に動くときに発生するものだ。これは通常、相場が勢いを失ったことを示すサインだ。つまり動きが徐々に弱まり、市場から勢いが消え失せたということである。ダイバージェンスが相場の天井辺りで発生している場合、例外的に良いトレードになることもある。このタイプのダイバージェンスの良い例は、インディケーターが売られ過ぎ圏から上昇したあと下落しても前の安値を更新しないのに対し、相場は安値を更新している場合だ。こういった場合、相場はそれまでの勢いを失う可能性が高い。**チャート7.7**の番号１で示されたRSIの２つの例はこのパターンをはっきり示している。７日間続いた売りが一段落したことは、このシグナルからはっきり見てとれる。

2．２つ目のタイプのダイバージェンスは、相場が下落トレンドのあとしばらく横ばいを続けているときに、オシレーターが買われ過ぎ水準まで上昇するときに発生するものだ。これは、相場がオシレーターの方向には勢いを持たず、それ自体のトレンドをしばらく維持して、次に大きな波動が来ることを示すサインである。これを表しているのが番号２の例だ。ストキャスティックスは買われ過ぎ圏まで上昇しているが、相場はほとんど上昇していない。これがなぜ高確率トレーディングに結びつくのかというと、相場がストキャスティックスの上昇

チャート7.7　BGENのチャートに見られるダイバージェンス

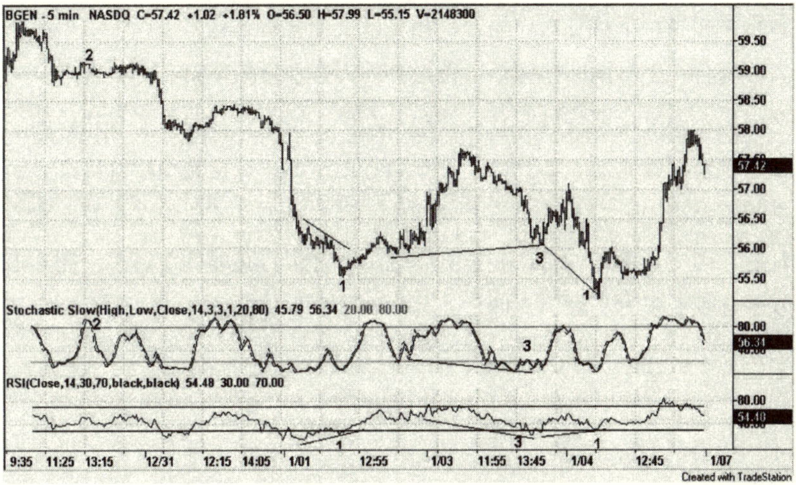

に伴って上昇するという予想どおりの反応を相場が示さなかったところがポイントである。市場が買われ過ぎ圏に達するや否や、新たに売る機会をうかがう動きが増すと同時に、すでに売っている人は増し玉する一方で、買いポジションは投げられるため、相場は大きく動く。こういった局面ではトレードの効果が現れるまでには時間がかかるが、このケースの場合、相場はそれ以降上昇していないので、売った人は高確率のトレードをしたことになる。

3．相場が安値を更新しているときにインディケーターが安値を更新しない状況を見つけようとするのが一般的だが、その反対もまた良いシグナルになる。これを示すのが番号３の例だ。この例を見ると分かるように、相場は下落基調にあるが安値は更新せず、一方、インディケーターは安値を更新している。このケースの場合、RSIとストキャスティックスのいずれも下落しているが、この間の相場は安値を更新していない。インディケーターが相場の下落を示唆しているにもかかわらず相場が下落しない場合、相場は反転すると見てよい。このケースの場合、上昇期間が短かったため、大きな反転を狙っていたトレーダーにとっては期待はずれに終わったが、損をしたとしても比較的少額ですんだはずだ。これは、どういったパターンを見つければよいかを知るためのヒントになると同時に、利食いのタイミングを教えてくれるものでもある。常に底を見つけようとする必要はないが、売りポジションを保有している間にこのパターンを見つけたら、利食いするのがよい。

４．相場が下落しているときに、オシレーターが上昇している場合がある。このダイバージェンスは何かが発生することを警告するサインだ。これは、相場の反転を暗示していることが多い。この良い例が**チャート7.3**の番号６で示された２つの例だ。見てお分かりのとおり、このパターンのあと相場は底を付けて反転している。

株価と市場全体とのダイバージェンス

もうひとつよく見られるダイバージェンスで私がよく利用するのが、個々の相場と市場全体とのダイバージェンスだ。相場が強い日、大量の買いを仕掛ければ、普通は結構な利益が得られる。ところがS&Pを見ると高値を更新しながらどんどん上昇しているにもかかわらず、私のP&Lはまったく冴えないときがある。これはつまり、私の取引銘柄が市場と連動しなくなったことを意味する。これは、相場が間もなく反転するか、相場を牽引するグループが変わったことを示すサインである。いずれにしても、こういった場合は私はポジションを手仕舞うことにしている。このダイバージェンスの別の使い方は、市場と連動して上昇しそうにない銘柄を見つけて、それらを売るというものだ。これは買いポジションのヘッジになる。

トレンドを利用したトレーディング

ストキャスティックスのベストな使い方のひとつは、トレンドフォロー型インディケーターとの併用だ。トレードはメジャートレンドの方向に行うのが原則である。そのためには、まずトレンドを見つけなければならない。相場が上昇トレンドにあることが分かったので、買いを中心としたトレードを行いたいと考えている場合、ベストな方法は、オシレーターが売られ過ぎ水準まで下がるのを見て買いを入れることだ。**チャート7.8**はKLACのチャートを示したものである。A、B、C、D地点が仕掛けの絶好のポイントだ。このチャートに示されている期間の相場は上昇基調にあるが、これらのポイントでは売りが先行したため、トレンドラインまで下落するか、下落のあとの踊り場になっているかのいずれかだ。しかしいずれの場合も、インディケーターは売られ過ぎ圏にあるため、絶好の仕掛け場所である。オシレーターが売られ過ぎ圏を脱して買われ過ぎ圏に向かって上昇を始めたら、Ａｘ、Ｂｘ、Ｃｘ地点が最初の３つのポジションの手仕舞いポイントになる。なかでもＡｘ地点は実に優れた手仕舞いシグナルだ。なぜなら、このシグナルは相場とインディケーターとのダイバージェンスに裏付けられた強力なシグナルだからである。こういったダイバージェンスは、相場が勢いを失ってきた何よりの証拠である。またＢｘ地点とＣｘ地点が有効な手仕舞いポイントになるのは、ストキャスティックスが買われ過ぎラインを上から下にクロスしているためである。これら

チャート7.8　KLACの60分足――トレンドによるトレーディング

３つの地点では、そのあとに相場の下落が予想されるため手仕舞ったほうがよいが、ストキャスティックスが買われ過ぎ水準にとどまっている場合は、トレンドが強いことを示しているのでポジションはそのまま保有したほうがよい。ただし売りはお勧めできない。こういった局面での売りはトレンドに逆らうことになり、したがって高確率トレードにはつながらないからだ。こういった地点で売ると、あなたの思惑が正しかった場合でも利食いのタイミングをとるのは難しく、ましてやあなたの思惑が間違っていた場合はいきなり破産することもある。どんなトレードでもすればよいというものではない。トレンドと同じ向きに、高確率トレードだけを選んで行うことが重要だ。

複数の時間枠

私が考えるストキャスティックスの最も効果的な利用法は（ほかの

オシレーター同様)、複数の時間枠に適用して、メジャートレンドに沿ったトレードのタイミングを計るというものだ。ほかの章でも述べたように、まず最初に日足チャートを使ってメジャートレンドを見つける。次に、60分の時間枠を使って値動き余地のあるなしを調べたり、どの辺りで相場の押し・戻りや行きすぎがあるかを予測する。トレードする方向を見定めたら、もっと短い時間枠を使ってトレードのタイミングを計る。KLACのケースでは、私は仕掛けだけでなく、トレードの方向を決めるのにもストキャスティックスを利用するだろう。ただし、実際に用いるのはもっと短い時間枠だが。60分足チャートのストキャスティックが上昇していれば、買いサイドからのみトレードし、そのタイミングは5分足チャートで決める、といった具合だ。ポジションを数日保有する場合でもデイトレードする場合でも、短い時間枠は不可欠だ。**チャート7.9**はKLACの5分足チャートを示したもので、**チャート7.8**のA地点－Ax地点間に対応している。60分足チャートのA地点でシグナルが出たら、この5分足チャートを使ってトレードのタイミングを計ることができる。5分足チャートを見ると分かるように、60分足チャートでシグナルAが出された場合、A地点ですぐに仕掛けるよりも、2ドル押すのを待って仕掛けたほうがよいことが分かる。なぜならここはストキャスティックが売られ過ぎ圏に達して上昇し始める地点だからだ。すぐに効果は出ないにしても、仕掛けポイントとしてはA地点よりもこの地点のほうがはるかに優れているうえ、リスクも少ない。仕掛けたら、再び60分足チャートに戻り、Ax地点までそのポジションを保有する。じっとしていられないタイプのトレーダーであれば、5分足チャートを使ってその間に何回かトレードを繰り返すことも可能だ。5分足チャートに示した上矢印と下矢印は、仕掛けと手仕舞いの可能なポイントを示したものだ。ただし、長い時間枠で相場が上昇基調にあることが分かっているので、トレードはあくまで買いサイドからのみすることが大切だ。2つのD地点では、相

チャート7.9　KLACの５分足――トレードのタイミングを計る

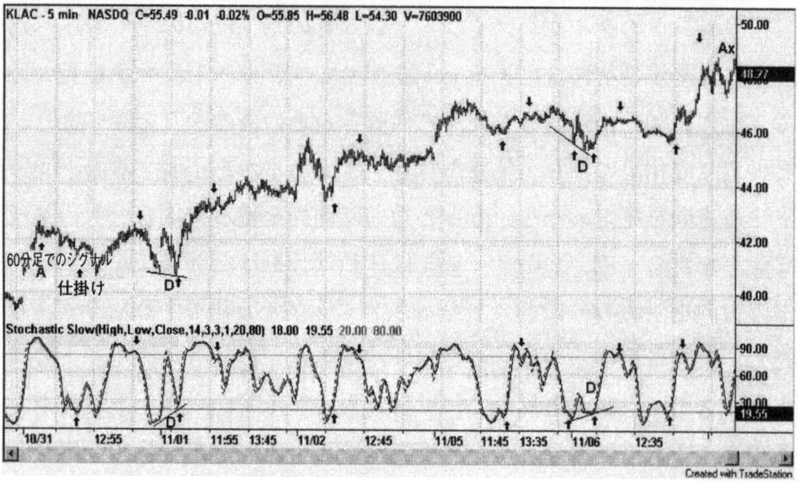

場とインディケーターとの間にダイバージェンスが発生している。したがって、この地点で買いを入れれば非常に良いトレードになる。

繰り返しになるが、ちょうど良い機会なのでもう一度述べておこう。用いるインディケーターはどの時間枠でも同じものを使わなければならないわけではない。日足チャートでは出来高、トレンドライン、ADX、RSIを、60分足チャートではMACDと移動平均線を、５分足チャートではストキャスティックスを使うといったことも可能だし、別の組み合わせでももちろん構わない。要は自分に合った組み合わせを選べばよいのである。

優れたトレーダーになるためには

オシレーターをただ使うだけでは優れたトレーダーにはなれない。優れたトレーダーになるためには、それを最大限に活用できなければならない。オシレーターは天井や底を見つけるのに使うのではなく、メジャートレンドの方向にトレードするために使うべきである。上昇相場のときは、オシレーターを使って押しを待つ。つまり、オシレーターが売られ過ぎ圏まで下がったときを相場の押しと見て仕掛ける、というわけだ。優れたトレーダーになるためのもうひとつの条件は、どの辺りが買われ過ぎ圏で、どの辺りが売られ過ぎ圏なのかを予測できることだ。賢明なトレーダーは買われ過ぎ圏で慌てて仕掛けることはなく、もっと良い仕掛け時が来るまで待つ。また、相場が下落して売られ過ぎ圏に入っても慌ててポジションを手仕舞うことはない。売られ過ぎ圏は仕掛ける場所ではあっても、手仕舞う場所ではけっしてない。この点を分かっていないトレーダーは多い。オシレーターの有効な使い方のひとつは、仕掛けや手仕舞いにより適したポイントを決めるのに利用するというものだ。少し待てば、もっと良い水準で手仕舞いできるケースは多い。

きわめて強いトレンド相場で、オシレーターが買われ過ぎ圏にとどまっているときも、相場を追っかけるのではなく、最初の押しを待って仕掛けたほうがよい。当然ながら、トレンドが強い場合はオシレーターではうまくいかないので、基本的なトレンドフォロー型インディケーターに戻るべきである。トレンドフォロー型インディケーターに戻るべきかどうかは、ADXを使って決める。トレンドフォロー型インディケーターが最もよく機能するのは、ADXが30を上回っているときだ。ADXが20を下回ったら、方向感のないレンジ相場と考えてよい。こういった相場では、買われ過ぎ圏や売られ過ぎ圏を見つけるのにはオシレーターを使ったほうがうまくいく。

オシレーターのいろいろな使い方を熟知するのも優れたトレーダーになるための条件だ。そのひとつは、トレンドラインや支持線、抵抗線、相場とインディケーター間のダイバージェンスといったインディケーターのパターンを見つけるというものだ。また、相場はいつもインディケーターが示すとおりに動くとは限らないことを認識することも大切だ。インディケーターが買われ過ぎ圏に達しても、必ず売られるわけではない。買われ過ぎ圏にしばらくとどまるときもあるので、そういった場合には反転するのを辛抱強く待つしかない。忘れてはならないのは、相場は動きたいように動くということであって、人が考えるようには動かないということだ。だから、何かが起こることを期待したり、起こりえないことを期待して、同じ考えに執着するようではいけない。相場が強ければ、買われ過ぎラインを超えてもなお上昇し続けるものである。複数の時間枠でインディケーターをいろいろに組み合わせてさまざまな視点から相場を見たり、相場の全体像を把握することも、トレーディングを上達させるひとつのポイントだ。オシレーターを正しく使うことで、少なくとも今よりは良いタイミングでトレードできるようになるはずである。

オシレーターを使わない場合、あるいは間違った使い方をした場合の問題点

1．仕掛けと手仕舞いのタイミングが悪い
2．高値買いの安値売りでちゃぶつく
3．相場を「行きすぎ」と思い込んで、負けポジションを長く保有しすぎる
4．強いトレンド相場でオシレーターのダマシに何度も引っかかる
5．追っかけをやる
6．最悪のタイミングで手仕舞う
7．相場の行きすぎに気づかない
8．相場はインディケーターどおりに動くと信じて疑わない
9．トレンドに逆らってトレードし、反転を待つ
10．相場の反転を見逃す

オシレーターによる高確率トレーディング

1．メジャートレンドの方向にトレードし、売られ過ぎ圏まで下落したら買え
2．オシレーターのピークが見えたら売れ
3．オシレーターが売られ過ぎ圏や買われ過ぎ圏にある間はトレードしないという原則に従い、追っかけをするな
4．相場の押しや戻りを待ってより良いタイミングでトレードせよ
5．オシレーターを使って、より良い仕掛けポイントを見つけよ
6．買われ過ぎのときに買ったり、売られ過ぎのときに売ったりといった軽はずみなトレードをするな
7．メジャートレンドにおける値動き余地は長い時間枠を使って判断せよ
8．相場とインディケーターとの間のダイバージェンスを見つけよ
9．オシレーターのテクニカルパターンを見つけよ
10. ADXを使ってトレンドの強さを測定せよ
11. オシレーターが極値近くに長くとどまっているときは、強いトレンドが発生していることを示すサイン
12. 複数のインディケーターを組み合わせて使うことで、自分のポジションの良し悪しを確認せよ
13. オシレーターがゼロラインの上側で上昇しているときは買いのみ行え
14. それ以上の損失を許容できず、しかも相場が行きすぎているのであれば、そのポジションをもう少し保有して様子を見よ

自問自答コーナー

●市場は買われ過ぎか

●追っかけをしてはいないか

●相場の押しや戻りを待ったか

●市場が売られ過ぎ圏に近づいているとき、すぐに手仕舞うべきか、あるいは様子を見るべきか

●インディケーターを正しく使っているか

●メジャートレンドの方向にトレードしているか

第8章

ブレイクアウトと反転

Breakouts and Reversals

ブレイクアウトや反転なくして、大きな動きは始まらない。

ブレイクアウト――勢いのある側でトレードする

最も古くから使われ、最も単純で最も勝率の高いトレーディングシステムのひとつが、ブレイクアウトシステムである。よく使われる手法は、支持線や抵抗線のブレイク、過去 x バーの高値のブレイク、トレンドラインのブレイクをシグナルに仕掛けるというものだ。ブレイクアウト戦略の利点は、市場の勢いのある側で市場に参加できる点にある。ブレイクアウトは、前の高値を次々と更新（ブレイク）していく上昇トレンドのときに見られる以外にも、相場がトレンドラインをブレイクして新しいトレンドが形成されるときや、保ち合い相場を脱する（ブレイク）ときにも見られる。いずれにしても、それが本物のブレイクアウトであれば、その相場がますます勢いづいてくることを示しているため、自分が何をしたいのかが分かってさえいれば、トレーディングに有効に活用することができる。ブレイクアウトをトレーディングに使ううえでのもうひとつの利点は、ブレイクアウトが大きな動きにつながれば、方向性を間違えることがなくなるという点だ。

チャート8.1はブレイクアウトの典型例をいくつか示したものだ。

最初のブレイクアウトは、相場が前の安値を更新したA地点で発生している。この場合、短期間のうちに安値が２回更新されている。つまり、このブレイクアウトはトレンドの方向に発生しており、安値を更新しながらそれまでの下落トレンドを継続するタイプのブレイクアウトだ。しかしB地点では、トレンドライン１を下から上にブレイクしている。これは相場の反転を示す最初のサインだ。そしてC地点ではトレンドライン２をブレイクして上昇し続けているため、トレンドが上昇トレンドに転換することの確かな裏付けになる。最後のブレイクアウト（D地点）は最初のケースに似ているが、この場合は高値を更新して一気に上昇トレンドに乗っている。チャートを見ると分かるように、相場が大きく転換する前には、それが前のトレンドを引き継ぐものであろうと反転であろうと、必ずブレイクアウトが発生している。

ブレイクアウトはなぜ発生するのか

ブレイクアウトが発生する理由はいくつかある。気象情報、鉱山スト、予想外の収益などの発表による場合もあれば、テクニカル水準がブレイクされたことによる場合もある。相場には、前の高値や安値、明確なトレンドライン、チャネル、移動平均線、キーナンバー（基準となる数字）、以前の保ち合い水準といった重要な水準に引き寄せられるという特徴がある。こういった水準を知ることで、ブレイクアウトが発生する時期を予測することができる。

市場が同じ水準への接近・離反を何度も繰り返しているうちに市場のなかにエネルギーが鬱積し、その積もり積もったエネルギーが解放されるときに発生するのがブレイクアウトだ。もっと平たく言えば、何度も接近を繰り返してはいてもなかなか超えられない壁があった場合、それは多くの人々の注目を集める。その結果として発生するのがブレイクアウトである。市場がその水準(ライン)に近づくたびに、ブ

チャート8.1　MSFTの5分足――ブレイクアウト

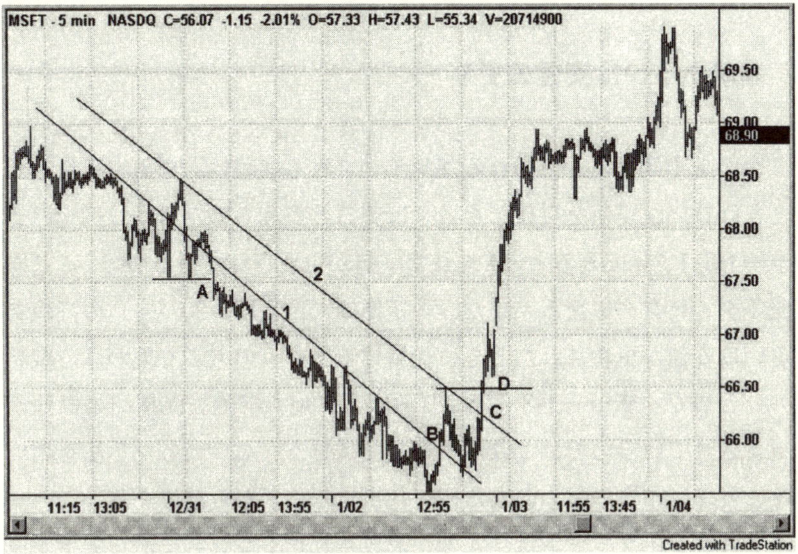

レイクするか否かとは無関係に、人々はアクションを起こす準備をする。市場はいったんブレイクすると、いくつかのストップをヒットしながら勢いを増すため、その動きは継続する。

もうひとつのパターンは、市場がしばらくの間、一定のトレーディングレンジの間を上下したあと、方向性を定めてその方向に動いていくというケースだ。トレーディングレンジを上下する期間が長いほど、ブレイクアウトが発生する可能性は高くなる。あるいは、市場がそれまでの動きに疲れ果て、逆方向に行こうとするエネルギーを増すことでブレイクアウトが発生することもある。つまり、多くのトレーダーが保有していたポジションを手仕舞ったりドテンしたりすると、それまでのトレンドが崩れて新しいトレンドが形成されるというわけだ。ブレイクアウトが発生するパターンについては、これから本章のなかで詳しく議論していく。

ブレイクアウトのタイプ

高値あるいは安値の更新

おそらく最もよく使われるブレイクアウト戦略は、高値を更新したときは買い、安値を更新したときは売るというものだろう。例えば**チャート8.1**で見てみると、A地点で安値が更新されているので、ここが売るタイミングになる。また、一定期間（例えば、20バー）の高値あるいは安値が更新されたときに仕掛けるというのもよく使われる戦略のひとつだ。**チャート8.1**ではB地点とC地点で過去20期間の高値が更新されているので、これらの地点では買う。こういった手法を用いることで、市場の勢いのある側で仕掛けることが可能になる。このタイプのブレイクアウトは、すでに形成されたトレンドに沿ってトレードしたり、相場の反転をとらえるのに有効だ。

トレンドラインのブレイク

２番目のタイプのブレイクアウトは、前の高値やトリプルトップといった水平な支持線や抵抗線ではなくて、トレンドラインや移動平均線をブレイクするときに発生するものだ。**チャート8.1**のB地点やC地点におけるトレンドラインのブレイクは重要だ。なぜなら、これらのブレイクはひとつのトレンドが終わり、新たなトレンドが生まれることを示すシグナルになる可能性があるからだ。トレンドラインがブレイクされたときにブレイクの間違った側にいる場合は、少なくも保有しているポジションの手仕舞いを始めるべきである。トレンドラインのブレイクは、トレンドラインを引いてさえいれば簡単に見つけられる。ただ、間違った側にいることが分かっていてもポジションをなかなか手仕舞うことができないという心理上の問題はある。

レンジ相場のブレイクアウトパターン

相場は時としてトレンドを持たず、チャネル、トライアングル、フラッグ、ボックスといったレンジ圏を横ばい状態で推移することがある。これは、相場が方向性を見いだそうとしながらも、支持線と抵抗線の間からなかなか抜け出せない状態を示している。こういった保ち合い相場は、ベア相場とブル相場が相場全体のあるべき方向性を決定しようと互いにせめぎ合っているときに生じる。相場が狭いレンジで上下に動くのがこの相場の特徴だ。相場がレンジ圏で推移しているとき、レンジのトップで売り、ボトムで買うといった手法が使えるが、最終的にはレンジをいずれかの方向にブレイクするので注意が必要だ。つまりブレイクは長期トレンドを維持する方向に起こることもあれば、反転する方向に起こることもあるということである。チャネルあるいはレンジ内にいる期間が長いほど、人々の注目度は高く、そのためレンジをブレイクしたときの動きは大きくなる傾向が強い。経験から言えば、保ち合い圏がブレイクされたときの動きの大きさは、その保ち合い圏の長さに等しいことが多い。**チャート8.2**のY－A地点間（動き）の距離とX－Y地点間（保ち合い）の距離を測るとほぼ同じであることが確認できるはずだ。いつもこうなるとは限らないが、驚くべき頻度でこうなる。したがって、これはブレイクしたあとの相場の動きが止まる位置を見つける良い手立てになるはずだ。

ボックス

ボックスは、**チャート8.2**に見られるように、明確な支持線と抵抗線とを持つ横ばいパターンで、相場はこれら２本の線をヒットしながらその間を上下する。KLACの場合、この状態は３ドルのレンジで２週間にわたって続いている。ボックスでは、相場は前の高値と安値まで

チャート8.2　KLACの60分足――ブレイクアウトパターン

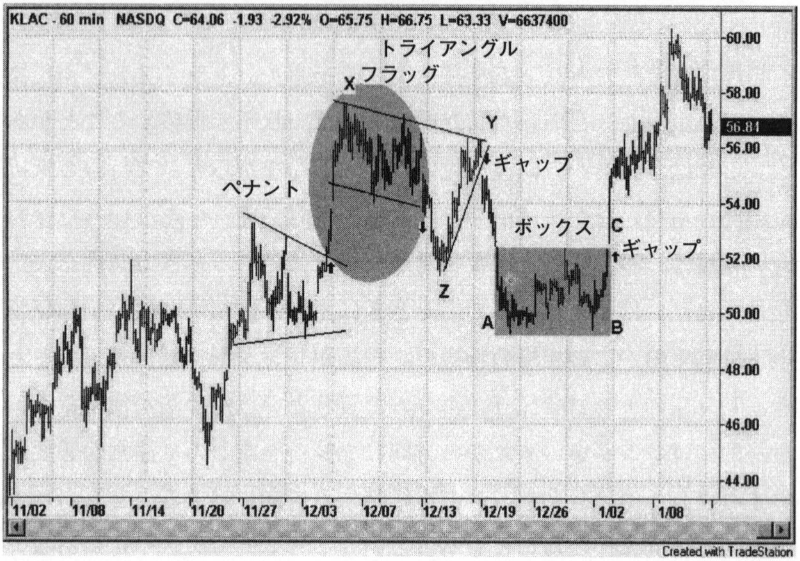

は行くがそれらを超えることはない。相場がレンジのボトムをヒットすると、そこが安値圏だとしてトレーダーたちは買いを入れてくる。それは支持線に当たるので、売っていたトレーダーは利食いする。レンジのトップではこの逆のことが起こる。しかし、最終的にはいずれかの方向にブレイクし、いったんブレイク（C地点）すると、どれくらい動くのかを予測する必要がある。前の例と同じように、この場合もブレイク後の動きは、保ち合い期間の長さとほぼ同じ距離のところで止まっている。

トライアングル、フラッグ、ペナント

トライアングルはボックスとは違って、前の高値や安値をヒットしない保ち合いパターンのことをいう。トライアングルは形状によってウエッジ型、フラッグ型、ペナント型などがあり、上昇しているもの

もあれば下降しているものもあり、ボトムやトップがフラットなもの、ボトムとトップが収斂する方向に傾き、一点に収斂してから一定方向にブレイクするものなどいろいろだ。見た目は違っているかもしれないが、基本的には同じものだ。つまり、ブレイクする方向を模索しながら続く保ち合いパターンという意味ではいずれも同じである。フラッグとペナントの最大の違いは、フラッグがチャネルを形成し、その前のトレンドとは逆方向に動くのに対して、ペナントは三角形に似た形状を持ち、必ずしも前のトレンドと逆方向に動くわけではない点だ。**チャート8.2**でペナント、フラッグ、トライアングルを確認しておこう。グレーの楕円で囲んだ部分がフラッグで、これは大きなトライアングル（XYZ）の一部になっている。

ギャップ

チャート8.2にも何カ所か見られるように、ブレイクはギャップを伴うことがある。ギャップの発生は、人々が市場の一方の側に偏っていることを意味する。ギャップが勢いを保てば、相場はその方向にブレイクする。ギャップの多くはそのうち埋まるが、市場の大きな動きが始まる予兆を表す場合もある。相場が支持線や抵抗線、あるいは前の高値や安値に近づくと、レンジの外側には異常に多くのストップが置かれる。このためにギャップが発生する場合もある。つまり、これらのストップがヒットすると市場は激しく動くため、その結果としてギャップが発生するというわけだ。また、穀物の需給報告や利下げ、業績下方修正といったニュースによってギャップが発生する場合もある。ニュースが発表されると売買が殺到する場合が多く、そのため相場が急激に動くからだ。また、外国市場における夜間取引によって生じるギャップもある。翌日の寄り付き価格が前日の終値と大幅に異なる、いわゆるオープニングギャップなどがこれに当たる。発生する原因はともかくとして、ギャップは市場が大きく動くシグナルになる場合があるので注意が必要だ。

ニュース

ブレイクアウトはいずれもテクニカル分析で説明がつくが、市場のファンダメンタルズによって発生するブレイクアウトもある。ニュース発表後のブレイクアウトには２種類ある。例えば、銅鉱山の突然のスト、企業の倒産、OPECによる原油の生産制限など、思わぬニュースが発表されると、市場はそれまでの方向とは無関係に動くこともある。その動きが強ければ、トレンドの方向に大きくブレイクするか、反転する。２番目のケースは、例えば利下げ発表のように、発表されたニュースがあらかじめ予想されていた場合に発生するブレイクだ。「事実で売る」という言葉どおり、人々はニュース発表前にポジションを手仕舞うため、ニュースが発表されると市場は反転し、逆方向にブレイクする。市場はニュース発表後に大きく動くことがあるため、ニュースを見越してのトレーディングは危険だ。発表される内容が市場をどちらの方向に動かすかを予測するのはもはやトレーディングではなく、ギャンブルだ。市場がどちらの方向に動くかを予測するよりも、発表後に必ずやってくる押しや戻りを待つほうが安全だ。

ブレイクアウトによるトレードでしてはならないこと

トレードを早まる

前にも述べたように、ブレイクアウトはトレンドの方向に発生することもあれば、逆方向に発生することもある。ブレイクするかどうか、するとしたらいつ、どの方向にブレイクするのかを予測するのは至難

チャート8.3　S&Pの５分足――ブレイクアウトするのを待て

の業だ。トレーダーたちがよく犯す過ちのひとつは、実際には起こらないブレイクアウトを期待することである。相場がブレイクするのを待つことなく、相場が抵抗線をヒットしたらブレイクアウトすることを見越してすぐに買いに走ってしまうのだ。**チャート8.3**はS&P500の５分足チャートを示したものだ。前述の過ちがいかに起こりやすいかは、チャートを見れば分かるはずだ。地点１から地点４までの動きでレンジが形成されると、トレーダーはレンジトップの地点５で買いを入れる。しかし、地点６まで来ると、地点５で買いを入れたのが失敗だったことに気づき、地点６で売り、地点７でさらに増し玉する。相場はしばらくの間はレンジ圏で推移しそうなので、目に入るすべてのブレイクアウトシグナルで仕掛けることで市場を出し抜こうとするが、結局は裏目に出る。早まったトレードは禁物だ。まずは相場の動きを確認し、それからアクションを取ることが大事だ。

ブレイクアウトの追っかけ

トレーダーがよく犯すもうひとつの過ちは、ブレイクアウトの追っかけである。相場のブレイクに過敏に反応し、白熱した相場に夢中になりすぎて正しいトレードができなくなってしまうのである。本物のブレイクアウトを見抜けなければ、相場の動きに翻弄されるだけであり、気がついてみれば相場は自分の思惑とは逆方向に動いていたということになりかねない。この例を示すのが**チャート8.3**の地点８だ。その日の高値を更新した時点で成行注文を出したとすると、その注文が執行されるのは地点９辺りになるだろう。この段階で相場は前の安値からすでに10ポイント上昇して高値を付けているので、少し押す可能性が大だ。しかし、市場が良い仕掛け機会を与えてくれるまで20分、１時間、場合によっては３日間も待つことに耐えられるトレーダーはほとんどいない。今すぐアクションを起こさなければ、ビッグチャンスを逃してしまうと感じてしまうからだ。トレードしたい誘惑を振り切るのは容易なことではないが、これが高確率トレーダーと低確率トレーダーとの分岐点であることをしっかり覚えておこう。チャンスはいくらでもある。１回逃したからといって、それがどうだというのか。トレーダーはそういったつまらないことで墓穴を掘ってはいけない。高確率でリスク・リワード比率の良いトレード機会を待っている間に冴えないトレードを回避できるのならば、良いトレードの１つや２つ逃してもどうということはない。10ポイント上昇した地点９で高値をつかむよりも、前の抵抗線をヒットする地点10まで待ったほうが確率の高いトレードになる。

良い仕掛けポイントを逃したために焦って市場を追っかけてしまえば、ストップをどんどん高い位置に設定するのでリスク・リワード比率は悪化する。いったん追っかけを始めてしまうと、仕掛けのタイミングが遅すぎればたとえ良いポジションであったとしても振るい落としにかかることがある。なぜなら、仕掛けのタイミングが遅すぎると、仕掛けた直後に相場は支持線に向かって下落し始めるからだ。そうなると損失がどんどん拡大するため、損を覚悟で売らざるを得ない。また、追っかけはスリッページの増大にもつながる。例えば、あなたが何らかの銘柄を買いたいと考えているとしよう。そんなとき相場が上昇していれば、売り気配値はどんどん上昇するので、希望価格と約定価格との格差は広がる。こんなときは相場が動きをやめるまで待つことだ。そうすれば指値注文は執行されやすいうえ、良い価格で約定できる。

ブレイクアウトによる高確率トレーディング

ブレイクアウトによるトレーディングの勝率を上げるための方法はいくつかある。例えば、相場の動向をより明確につかむために複数の時間枠を見る、トレードのタイミングを計るためにADXやストキャスティックスなどのインディケーターを追加する、動きが本物かどうかを確かめるために出来高を見る、早まったトレードを回避するためにフィルターを追加する、などが挙げられる。こういった方法をとることで本物のブレイクアウトをより正確に見極めることができるようになる。このあといくつかの項目で、ブレイクアウトを最大限に活用する方法について解説していくことにしよう。

レンジ相場のブレイクアウト

チャート8.3はレンジ相場で推移するS&Pの５分足チャートだが、このチャートからは相場のことは実際には何も分からない。まず最初にやらなければならないのは、もっと長い時間枠を見ることである。例えば同じS&Pの60分足チャートを示したものが**チャート8.4**だ。このチャートからは、それまで上昇トレンドにあった相場が地点１（**チャート8.3**のレンジ圏の部分に対応）で少しだけ押していることがはっきりと見てとれる。このときストキャスティックスは50を上回って上昇している。これら２つのことから、相場は小さなレンジをブレイクするときは上方にブレイクする可能性が高いことが分かるはずだ。強いトレンドにある相場のブレイクアウト、つまり高値や安値の更新は絶好のトレードチャンスを提供してくれるものであり、高確率トレードにつながる。逆に言えば、メジャートレンドの側でトレードすることで、低確率トレードを防ぐことができるということである。

チャート8.5は**チャート8.3**の５分足チャートにストキャスティックスとADXを追加したものだ。地点５、地点６、地点８ではブレイクするかに見えるが、ストキャスティックスは相場の行きすぎを示しているため、待たなければならないことが分かる。また、この間のADXは弱い。これはトレンドがないことを意味する。したがって、メジャートレンドの方向にブレイクすることは期待できない。ADXが強い（30を上回る）場合は、レンジがブレイクされる、つまり高値が更新される可能性は高く、メジャートレンドの側にトレードすれば成功する確率は高い。また、いったんブレイクすれば、ADXは30近辺にとどまるため、勝算の見込みはますます高まる。

相場が上方にブレイクすることを示すもうひとつのサインは、市場が前日よりも下げて寄り付き、安値を更新したとしても最初の30分の安値を下回ることがない場合だ。これは寄り付き時の負の圧力は本物ではなかったことを示している。これに加え、トレーダーたちがそれ以上の安値は許容できないと感じたことが、上方にブレイクさせる要因になったと考えられる。

地点７は売りたくなるポイントだ。地点６を過ぎたあと相場は上昇しているが、高値を更新するほどには上昇しておらず、またストキャスティックスも下落しているからだ。地点７で売ればリスクが少ない

チャート8.4　S&Pの60分足――長い時間枠で見た相場

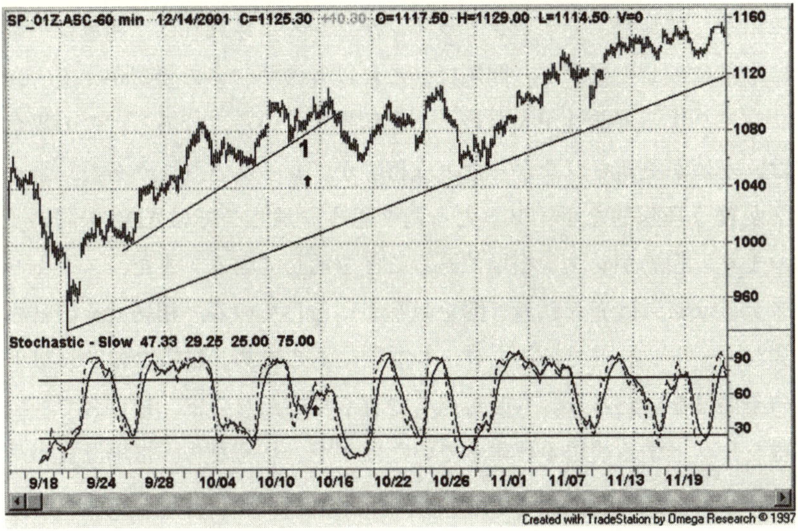

チャート8.5　S&Pの５分足――トレードのタイミングを計る

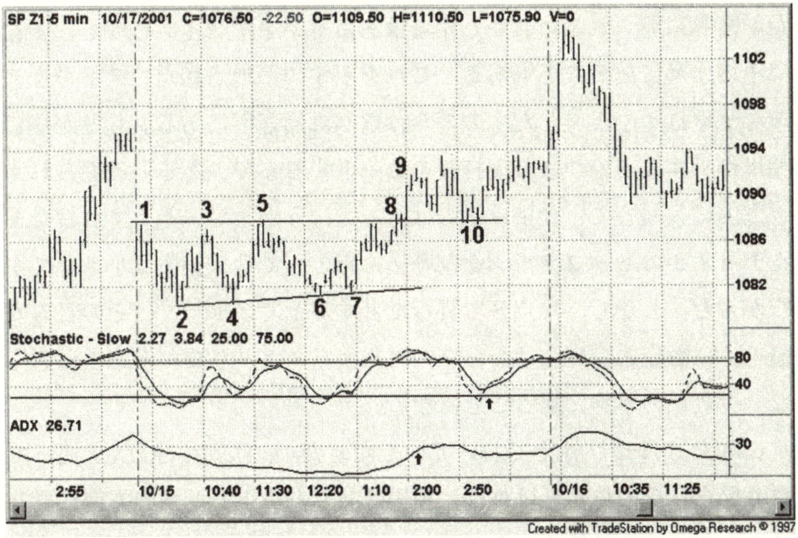

（前の上昇波が小さいから）ため、良いトレードになった可能性はある。そして地点７でトレンドラインがブレイクされれば、相場は一気に下落に転じたはずだ。問題は、これ以外のすべての要素が、上方にブレイクする可能性が大きいことを示唆している点である。この場合は、安値が更新されなかった（支持線がブレイクされなかった）地点７が買う理想的なポイントだったと思う。地点７ではADXも弱い。つまり、相場がレンジ相場であることを示している。また、ストキャスティックスは売られ過ぎ圏を脱しようとしている。相場はその日のメジャートレンドである上昇トレンドにあるため、買うのにこれ以上の条件はないだろう。もし地点７で買っていたならば、地点８で抵抗線をヒットする前に手仕舞っていたはずだ。なぜなら、市場は買われ過ぎているため、上げ止まることが予想されるからだ。たとえそのまま上昇を続けたとしても、その水準で手仕舞うのは賢いやり方だ。少なくともポジションの一部は手仕舞うべきである。

相場が抵抗線をブレイクすると、トレーダーは浮き足立って仕掛けたい衝動に駆られる。しかし相場はある水準をブレイクしても、すぐにその水準に戻ることもある。これを示すのが地点10だ。ストキャスティックはやや上昇したものの今は買われ過ぎ圏にある。したがって相場が押すまで、つまり支持線をヒットするまで、あるいは売られ過ぎ圏内に入るまで、仕掛けるのは待ったほうがよい。そうすればたとえチャネルのトップラインを割り込んだとしても、損失は小さくてすむからだ。しかし、地点８で買ったとすると、ストップはその日の安値近くに設定しなければならないため、リスク・リワード比率は悪くなり、最悪の事態に陥ることになる。

これだけはぜひ覚えておいていただきたいのだが、ADXを使っている場合、その値が低ければ、相場はメジャートレンドの方向にブレイクする可能性は低く、トレンドラインをブレイクする可能性は高いということである。逆にADXが強ければ、メジャートレンドの方向にブレイクアウトするが、トレンドラインはブレイクされない。

トレンドラインのブレイクアウト

ブレイクアウトには、トレンドラインや移動平均線をブレイクして、（理想的には）新しいトレンドが形成されるというタイプのブレイクアウトもある。トレンドに沿ったトレードをしたいと思うのはだれしも同じだが、どんなに強いトレンドでも、いつかは必ずブレイクされる。トレンドラインに近づいたら必ずブレイクされるわけではないが、ブレイクされたときに備えて準備はしておくべきである。見ている時間枠の長さが長いほど、ブレイクアウトの重要度は高いとしても、チャート上でどういう風に見えるかやその働きはどの時間枠でも同じである。さらに、相場がトレンドラインに近づいたとき、トレンドラインの傾斜が急であるほど、ブレイクされる可能性は高い。

チャート8.6は綿花の日足チャートを示したものだ。トレンドラインが何度かブレイクされ、新たなトレンドが形成されていることが分かる。チャートにストキャスティックスを追加することで、ブレイクアウトが起こる可能性を判断することができる。私はストキャスティックスをブレイクアウトがいつ起こるかを判断するのに使う。仕掛けるときに値動き余地がまだあるかどうかを知るためだ。ストキャスティックスがブレイクアウトの方向に反転し始めたときに買ったほうが、買われ過ぎのときに買うよりもうまくいく可能性は高い。特にＢ地点は買う位置としては打ってつけだ。下落トレンドがすでに止まり、小さいレンジで少しだけ横ばいを続けたあとでトレンドラインとレンジのトップを同時にブレイクしているからだ。しかも、出来高を伴っているうえ、まだ売られ過ぎ圏内にある。

チャート8.6　綿花の日足――トレンドラインのブレイクアウト

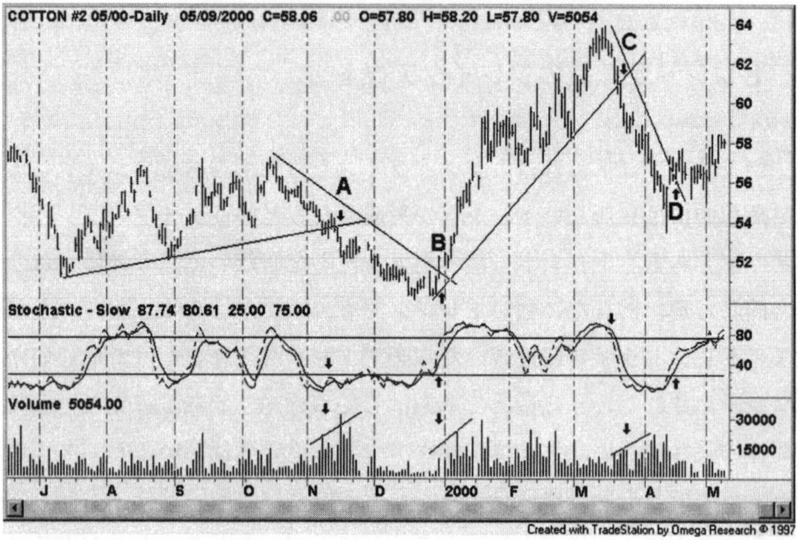

ブレイクアウト発生を出来高で見る

トレンドライン、あるいはトップやボトムで何が起こるのかを予測するのに便利な別のツールが出来高だ。相場がトレンドラインに近づいてはいても出来高が伴わなければ、価格を押し上げるだけの関心が持たれていないためブレイクする前に動きが止まる可能性が高い。しかし出来高を伴っていれば、一気にブレイクする可能性が高まる。相場がそのレンジをブレイクすると、出来高は増える。なぜなら、ブレイクすれば、新規の仕掛けが増え、不安なトレーダーはポジションを手仕舞いし、さらに積極的なトレーダーはポジションをドテンするからである。これらのことが同時に起これば、相場は勢いを得て一気にバリアを超えるため、元の位置に戻ることはない。一方、出来高を伴わないということは、市場参加者が少ないことを意味し、したがってだれが勝つかは分からない。この時点ではどちらの方向にも動く可能性があるため、ブレイクアウトがダマシである可能性が高くなる。このように、出来高を伴わないブレイクアウトは不確実ではっきりとした確証が得られないため、低確率トレーディングにつながる。

出来高を伴わなければ、ブレイクアウトしても大量に売買するべきではない。こういった場合は、様子を見守るのがベストだ。できれば、相場がブレイクした水準まで戻り、支持線が見つかるのが理想的だ。この水準を下回りそうになければ仕掛けてもよく、その場合ストップはその支持線より下に設定する。出来高がかなり大きい場合、元の動きが強くなるため、ブレイクアウト水準に戻る可能性は低くなる。したがって、機敏なアクションが求められる。

チャート8.6に再び目を向けてみよう。相場がブレイクされたあとは出来高はいったん低下し、そのあとで急激に伸びているのが分かる。つまり、これら２つのシグナルは、ブレイクアウトが絶好のトレード機会になるかどうかを見極めるのに利用できるということである。出来高が増加する前にいったん減少するのは、トレーダーたちがそのトレンドへの関心を失いつつあることを意味する。出来高が増加するのはドテンによるものだ。つまり、売りから買いにポジションをひっくり返せば出来高は２倍になり、そのため相場はトレンドラインをブレイクする。出来高を無視するトレーダーは多いが、出来高は良いトレーディング機会を見つけるための重要な要素のひとつである。

カウンタートレンドラインのブレイク

ブレイクアウトトレードで絶好のチャンスが訪れるのは、ひとつのトレンドの方向に動いていた相場が押したり、戻したときだ。そのカウンタートレンドラインのブレイクは重要なシグナルになる。なぜなら、これはトレンドが元の方向に戻るサインだからである。**チャート**

8.7はナスダックバブルの最中に当たる1999年におけるシスコシステムズの日足チャートを示したものだ。シスコの株価はほぼ１年間にわたってずっと上げ続けたあと、ＡとＢで示した位置で少し押しているのが分かる。ＡとＢがカウンタートレンドラインである。こういったカウンタートレンドがブレイクされたときにはアグレッシブにトレードしてよい。なぜなら、こういったトレードは高確率トレードになるからだ。

その理由は次のとおりだ。①押したり、戻したところで仕掛ける、②メジャートレンドの方向にトレードしている、③すぐ近くにメジャートレンドラインがあり、それが支持線やストップロスオーダーの位置になるためリスクが少ない。特にトレンドラインＢがブレイクされるようなケースでは、最小リスクできわめて大きなリワードが期待できるので、こういった機会があったら逃さずトレードするべきだ。

高値の更新

メジャートレンドの方向へのブレイクアウトを高確率トレードにつなげるもうひとつのトレード方法は、上昇トレンドでは高値を更新したら買い、下落トレンドでは安値を更新したら売るというものだ。相場が上昇トレンドにあるとき、高値が次々と更新され始めると、その上昇トレンドは本物ということになる。したがって、高値を更新したときに仕掛けるということはトレンドの方向にトレードすることを意味する。**チャート8.7**では高値が次々に更新されているので、仕掛けポイントは無数にある。例えば、上昇トレンドでは過去10日の高値を更新するたびに買うという戦略をとることで、常に相場の正しい側でトレードできる。もしトレンドが強ければ、一度だけ買ってそれを長く保有してもよい。もしトレンドが弱ければ、損切りの条件を決めておき、良い動きをキャッチするまでトライし続ける。例えば、過去３

チャート8.7　シスコシステムズの日足――カウンタートレンドラインのブレイクアウト

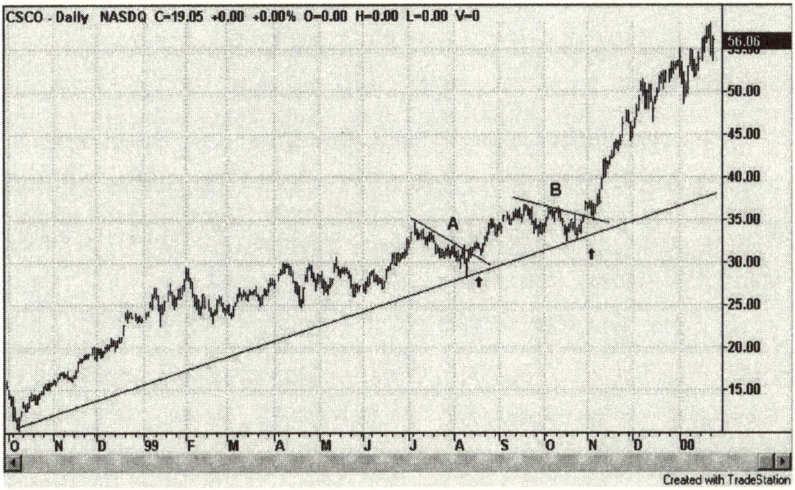

日の安値を更新したら手仕舞う、といった具合だ。この手のブレイクアウト戦略はうまくいかないことのほうが多いが、うまくいったときの成果は絶大だ。

反転

底値で拾って一気に上昇波に乗る――。これは市場参加者であればだれもが夢見ることだ。しかし、日中の最安値だろうが、３カ月のスイングだろうが、底値で仕掛けてそのまま上昇波に乗るのはトレーダーにとっては夢のまた夢。口で言うほど容易なことではない。トレンドトレーダーが仕掛けるのはいつも上昇に転じてからであり、スイングトレーダーはたまたま底値を拾ったとしても手仕舞うのが早すぎるというのが実際の姿である。底や天井を当てようとするのは実質的にはトレンドに逆らうことになるが、これが高確率トレードにつながることも時にはある。ただし、天井と底を当てるのは大変な忍耐力と真剣さを要する作業だ。

第一に、天井と底を当てようとすることには大きなフラストレーションが伴ううえ、トレンドに逆らったときは間違っていることがきわめて多いため、損失はあっという間に膨らむ。トレンドに逆らってトレードするときにはストップを尊重して、素早く損切りする覚悟が必要だ。たとえ天井や底をうまく当てられたとしても、4回目か5回目でようやく当たることが多く、大概のトレーダーはフラストレーションに耐えかねて、あるいは資金不足でその前にギブアップしてしまう。そしてギブアップした次が大当たりだったという皮肉なケースが多い。天井や底を当てようとするのなら、潤沢な資金を準備し、一貫性を持つことが重要だ。何度か失敗したからといって簡単にあきらめていたのでは、この手のトレードで成功するのは不可能だ。そこで必要になるのが、過去に何度続けて失敗し、そのときのドローダウンがいくらだったかを分析するためのシステムと、そのバックテストである。こういったシステムを使って、このトレーディングスタイルが自分に合っているかどうかをまずチェックしてみよう。これについては後ほど詳しく議論する。

相場はなぜ反転するのか

相場の反転で最もシンプルなのが、トレンドラインのブレイクによって発生するものだ。トレンドラインはブル相場とベア相場の均衡点としての役割りを果たすため、それがブレイクされるということは、その均衡が崩れて相場が反転する可能性のあることを意味する。相場の反転は、トレンドラインのブレイクという典型的な状況以外の状況によって発生することもある。その相場の典型的な波長サイクルのひとつが終了したとき、買われ過ぎや売られ過ぎ水準に達したとき、あるいはレンジ圏で推移していた相場がそのレンジを脱したときなども、相場の反転は起こりやすい。こういった状況以外にも、これから述べるいくつかの状況やパターンは相場の反転サインになることがあるので、注意が必要だ。

リバーサルデイ

相場が反転するとき、リバーサルデイパターンを伴うことが多い。そのひとつがリバーサルデイまたはリバーサルバーと呼ばれるもので、これは下落トレンドを例にとれば、安値は前日の安値を更新し、終値は前日の終値より高くなる。リバーサルデイは出来高を伴うのが普通で、そのため、相場の方向は少なくとも一時的には転換する。もうひとつのパターンがキーリバーサルデイで、これは安値を更新したあと、前日の高値を更新するというものだ。そして２デイリバーサルは、第１日目には下げてその日を終わるが、それは単なるダマシにすぎず、第２日目にはそこから一気に上昇して２日前の終値をブレイクするというパターンを持つ。

チャート8.8にはリバーサルデイパターンをいくつか示してある。これらのパターンとストキャスティックスの買われ過ぎまたは売られ過ぎシグナルが一致したときは、トレードは全体的にうまくいったことが分かる。すべてのトレードがうまくいくわけではないが、うまくいくトレードはうまくいかないトレードを十分カバーできる。このタイプのトレーディング戦略の強みは、新しいトレンドの始まりで仕掛けるため、勝ちトレードを長く保有できることだ。ただし、間違ったときには直ちに手仕舞う必要がある。リバーサルデイ戦略では、ストップを置く位置としてはその日の安値（上昇に転じた場合）を目安にする。

チャート8.8　S&P500指数の日足――リバーサルデイ

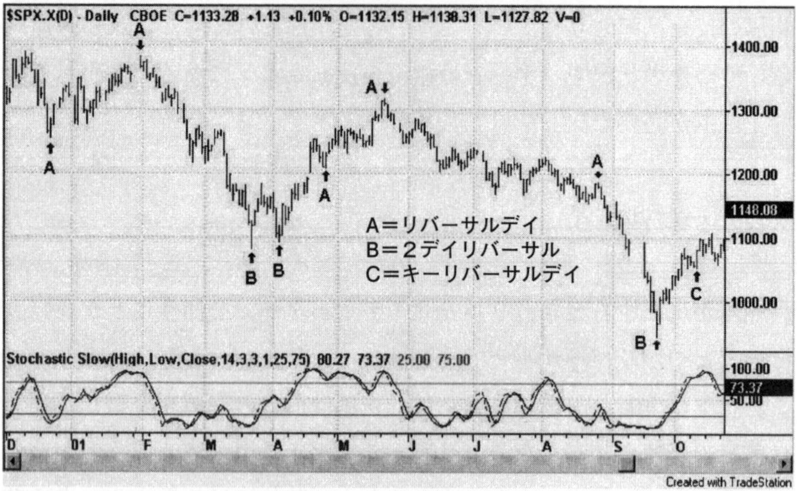

私の初めてのトレーディングシステム

私が最初に使ったデイトレーディングシステムはリバーサルデイをベースにしたもので、これはかなり気に入っていた。このシステムを使って前日の高値あるいは安値を更新した商品をすべて洗い出し、そういった商品が見つかると逆指値で注文を入れる。これで売買は自動的に行える。その日の相場が思惑どおりに動いた日は、ポジションはそのままの状態で翌日も様子を見る。したがって相場が上がり続ければ、デイトレードではありながらもポジションの保有時間は数日間に及ぶこともあった。うまくいく確率が最も高いシグナルは、メジャートレンドの押しや戻りで出されるものだ。なぜなら、このシグナルによるトレードはメジャートレンド方向へのトレードになるからだ。私はこの戦略を今でもトレーディングに採り入れている。

チャート8.9　インテルの10分足――反転パターン

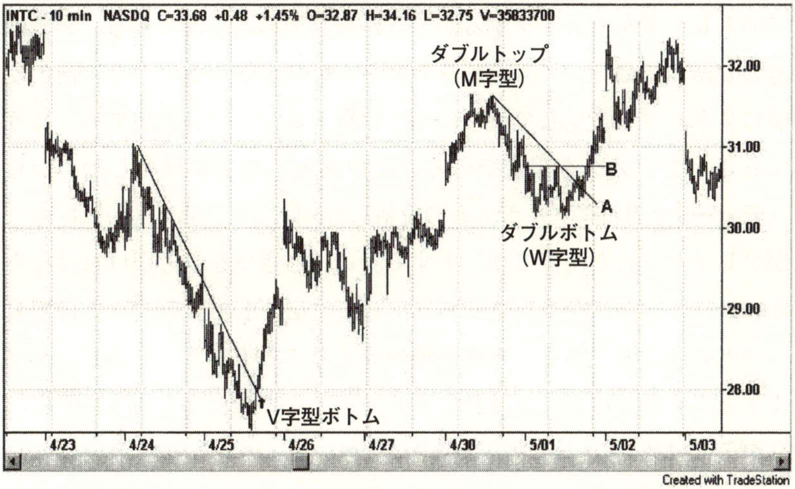

反転パターン

反転パターンは、トップやボトムがＶ字型かラウンド型のもの、あるいはトップやボトムが２つあるいは３つあるダブルトップ（ボトム）やトリプルトップ（ボトム）型がある。なかでも、前の高値には達してもそれを更新しない場合に発生するダブルトップとトリプルトップは見逃してはならない重要な反転パターンだ。なぜなら、これらはトレンドが勢いを失いつつあるサインだからである。通常、ダブルトップはＭ字型を描き、ダブルボトムはＷ字型を描く。**チャート8.9**はインテルのイントラデイチャートを示したものだ。チャートにはダブルトップのＭ字型とダブルボトムのＷ字型が明確に現れているのが分かる。

相場が前の高値や安値までは行ってもそれ以上にはならないとき、それは相場が反転するサインだ。こういったパターンでのトレードで重要なのは、ダブルトップやダブルボトムを見つけたうえで、それまでのトレンドをブレイクするかどうかを見極めることである。例えば、前の安値までは行ってもそれを下回らないことが分かったら、前の安値にストップを設定して直ちに小さい買いポジションを建てる。こうすることでリスクを限定できる。このあと、相場が反発し始めたら（**チャート8.9**のダブルボトムの位置）、トレンドラインＡか抵抗線Ｂがブレイクされた時点で増し玉する。このとき気をつけなければならないのは、ダブルボトムだからといって、必ずしも反転するとは限らないということである。その水準を超えることもある。しかし、ダブルボトムを見つけることは良いトレーディング機会をとらえるのに役立つことは確かだ。

次にＶ字型パターンだが、これは思いがけないところで瞬間的に起こるため、予測はきわめて困難だ。一般に、このタイプの反転は、相場が一方向に勢いよく動いていて、反転する気配がまったくないときに起こることが多い。**チャート8.9**のようなケースでは、明らかに下降トレンドにあるため、Ｖ字型の底では買うよりも売りたくなるだろう。しかし、強い動きのあとでトレンドラインがブレイクされたのを見たら、もう売るべきではない。こういった場合の高確率戦略は、安値にストップを入れて買いを入れることだ。買いを入れる前には別の時間枠をチェックして、ポジションの良否を確認するとよいだろう。

ラウンド型の反転は、時間をかけてゆっくりと起こるため前の２つのパターンに比べると見つけるのは比較的容易だ。それまで動いていた方向への動きが徐々に止まる部分に注目すればよいからだ。**チャート8.10**を見ると分かるように、相場の動きがレンジのトップで止まるまでに２日もかかっている。高値を更新したあとは若干下落するが、ある程度のところで下げ止まっている。しかし、再び高値を更新することはない。Ａ地点でトレンドラインを割り込んだら、売るか、上昇トレンドが終わり、下落基調に入るＢ地点まで待つのがよい。

チャート8.10　インテルの10分足——ラウンドトップ

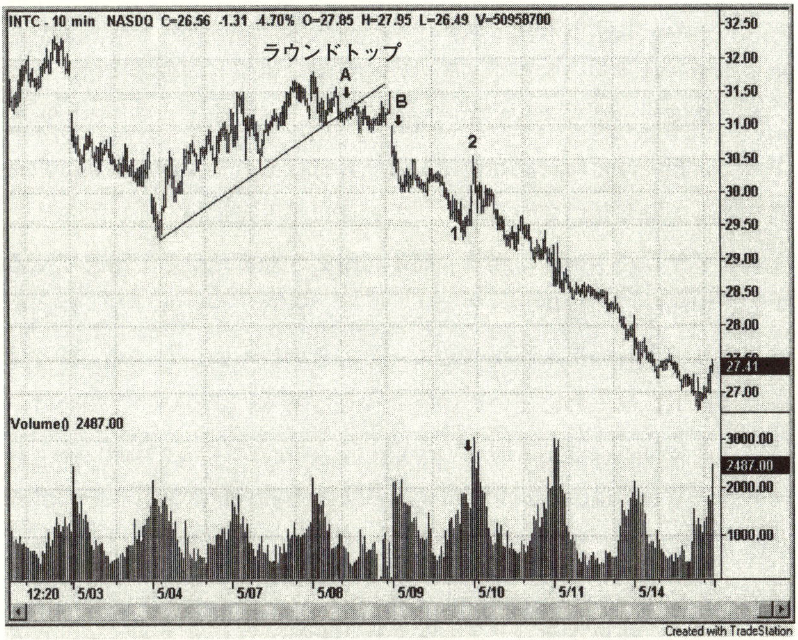

「これ以上の痛みには耐えられない」気にさせる反転

動きの間違った側にいて、それ以上の損失に耐えかねてポジションを手仕舞わざるを得ない羽目になったことは、これまで何度あったことだろう。何が何でも売らなければと、結局は成行注文でポジションを手仕舞うか、ドテンするというのが常だった。なぜだか、大概は私が仕掛けた途端に上昇が止まり、反転した。トレーダーにとってこれほどフラストレーションを感じることはなく、しかもしばしば起こるからたまったものではない。反転とよくある押しや戻りとを見分けるコツは、出来高を伴うかどうか、動きが大きいかどうか、発生速度が速いかどうかに注目することだ。こういった動きを見極めることができれば、資金を節約でき、絶好の仕掛けポイントを見つけることができる。こういった大きな動きはエネルギーを失うと、バネが元に戻るように突然、しかも大きく反発する。この突然の反発によって生じるエネルギーは非常に大きく、そのため相場は再び方向転換する。

この典型例が**チャート8.10**に現れている。地点１より前に売ったとすると、相場はその日は高値で引け、翌日はそれを上回る価格で出来高を伴って寄り付いているため、その間は手も足も出せない。多くのトレーダーはパニックに陥り、痛みに耐えかねて地点２で踏んでくる。すると相場はその直後に下落する。ここで注目しなければならないのは、寄り付き時の出来高が通常よりも大きいにもかかわらず、寄り付き価格以上には上昇していないという点である。こういった場合は、ほぼ天井を打ったと見て間違いない。こういった状況下におけるトレード方法としては、トレンドに逆らう大きな動きは静観し、その動きが沈静化するまで待つことである。行きすぎたあとの相場にはチャンスがたくさんあるので、それをとらえるのである。こういった状況下では、長い時間枠を使って値動き余地がどれくらいあるかをチェックするのがよい。

ときには潔く撤退する勇気も必要

これ以上の痛みには耐えられないと思ったときに私がやることは、ストキャスティックスが極値圏にあるかどうかのチェックである。ストキャスティックスがそういった水準にあるときには、10分間だけ市場を離れることにしている。10分たっても相場が好転しないときには潔く撤退する。けっして、ドテンはしない。それは結局追っかけにつながり、低確率トレードを生み出すだけでしかないからだ。それよりもちょっと休みを入れて、次の動きを待つほうがよい。ここで重要なのは、こういった事態が発生し出来高を伴っている場合は、トレンドが終わる可能性が高いということである。

キーナンバーでのリバーサル

株、商品、指数などがそれぞれの基準となる数字（キーナンバー。ダウの場合は10000、ナスダックは2000、原油は20ドル）や重要なテクニカル水準（例えば、前の高値）をヒットしたり接近はしてもブレイクしない場合、反転があると見てよいだろう。相場がこういった水準に近づくと、市場に参加する人が増えるため急ピッチでその水準にまで押し上げられるが、いったんその水準に達すると追っかけは終わり、人々の関心も消え失せるため、相場は反転するというわけである。これは市場参加者の心理が生み出す壁のようなものである。相場が下落を始める基準となる数字に近づくと、買い手はどの辺りに落ち着くかをじっと見守る。基準となる数字には指値注文が殺到しているため、その水準に達すると若干反発する。するとこれをサイドラインから見ていた人々が慌てて仕掛けてくるため、さらに大きく反発する。そのため売っていた人々の手仕舞いが始まり、下落の動きは一時的にストップし、相場は反転する。相場がキーナンバーに近づいているのを見たら、相場はその水準で反転すると考えるべきである。ただし、ごくまれにブレイクするときもあるので、ブレイクしても慌てないように心構えだけはしっかりしておこう。

動きの大きさを測定する

相場がトレーディングレンジをブレイクアウトしたときにトレーダ

ーが真っ先にやるべきことは、相場がどれくらい動くかを見積もり、トレードが失敗に終わったときにどれくらいのリスクを被るかを知ることである。リスクとリワードのバランスが悪いトレードは行うべきではない。例えば、20セントの利益に対して損失が１ドルにもなるようなトレードはやるべきではない。値動きを測定する方法は、第６章で説明したフィボナッチリトレイスメント水準以外にもいくつかある。そのひとつは、前にも述べたように、横ばい相場の長さをブレイクアウト後の動きの大きさと考えるというものだ。相場は一定のレンジで動く傾向があるため、前の波動やレンジは次の波動やレンジを測るうえでの目安になる。例えば、相場があなたのチャート上でおよそ５インチだけ横ばいで推移したとすると、レンジをブレイクアウトしたあとの動きはおよそ５インチと推定できる。あるいは、前の波動が３ポイントだったとすると、次の波動も３ポイント程度になると考えてよいだろう。チャネルが形成されていた場合も同様だ。そのチャネルの長さが次の動きの大きさになる。

チャート8.11（前出のS&Pの５分足チャートに同じ）を見てみよう。横ばいレンジをブレイクアウトしたあとの動きは、横ばいレンジの長さにほぼ一致している。縦横逆転してはいるが、これら２つの長方形はほぼ同じ形をしている。ブレイクアウトのあと、予想どおりの大きさだけ動いたら、欲張るのはやめて手仕舞うことを考えて次につなげることだ。欲を出せば、このチャートに見られるように下落していくのをただオロオロと見る羽目になるかもしれないからだ。

仕掛けのタイミング

最初にブレイクアウトしたとき、すぐに仕掛けるべきなのか、あるいはその日やその期間が終わるのを待つべきなのかは判断に迷うところである。どちらのやり方にも一長一短ある。一定期間だけ待って裏

チャート8.11　S&P500の５分足——動きの大きさを測定

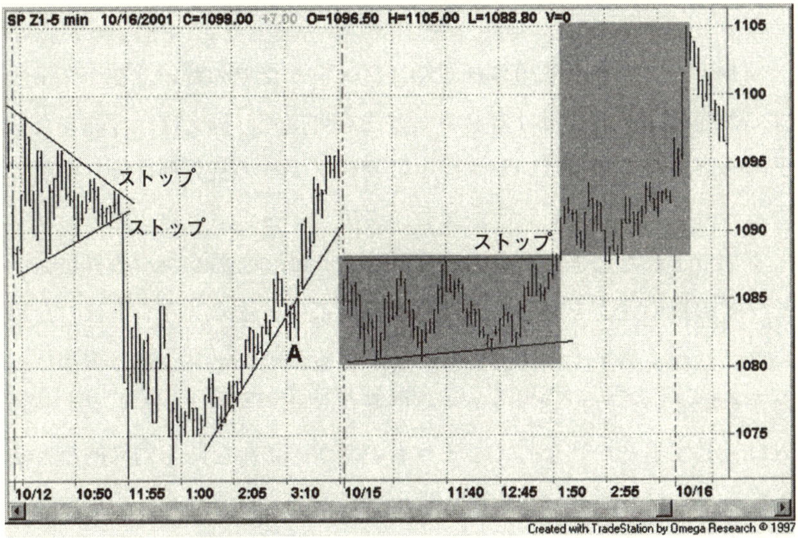

付けをとることでダマシに引っかかる確率は減るが、ビッグデイであれば波に乗り損ねるおそれもある。とはいえ、イントラバートレードだと相場の押しや戻りにつかまるかもしれない。シグナルの受け取り方はトレーダーによって異なるものだ。私の場合、最初のブレイクアウトは仕掛けに備えよというシグナルととらえ、インディケーターや別の時間枠で仕掛けのタイミングを計ることにしている。動きが強いと仕掛けのタイミングを外すことがあるが、そういった場合は、その動きが翌日まで継続することを祈りつつその日が引けるまで待って仕掛ける。仕掛けのタイミングを外したときに絶対にやってはいけないことは、相場を追っかけることだ。タイミングを外したら、次のタイミングを待てばよい。

ストップを利用した仕掛け

ブレイクアウトが予想される場合、ストップでの買い注文やストップでの売り注文で仕掛けるという方法も可能だ。例えば、今あなたは**チャート8.11**上で横ばいレンジ（最初のグレーの長方形部分）を見ているとしよう。このレンジがブレイクアウトされると思ったら、ブレイクアウトしたときに自動的に買えるように、このレンジの外にストップでの買い注文を入れておけばよい。この方法のメリットは、ためらうことなく素早く仕掛けることができるため、トレードし損なうことがないという点だ。パーティーに遅れてサイドラインから見ている人は、必ず追っかけをしてしまうものだが、これを防ぐ効果的な方法でもある。ブレイクしたら直ちに市場に参加できるうえ、相場の急上昇をドライブするきっかけとなる注文のひとつになるわけだから、気分も爽快だ。**チャート8.11**でもう１カ所ストップ注文での仕掛けを入れるとすれば、チャートの最初に形成されたトライアングルの両側だ。トライアングルはどちらにブレイクするかは分からないが、どこかの地点で必ずブレイクする。したがって、両側にストップを入れておけば、ブレイクの一方で仕掛けたとしてももう一方の側のストップがプロテクティブストップになるというわけだ。チャートを見ると分かるように、もしストップを入れないで仕掛けたとすると、大きな動きを完全に見逃したことだろう。ストップを利用した仕掛けは、いつも相場を見ているわけにはいかない多忙なトレーダーや、なかなかトリガーを引けないトレーダーにとっては便利な方法だ。ストップを入れるメリットは、ブレイクしたら必ず仕掛けることができることにある。ただし、ブレイクがダマシであった場合には手の施しようはない。

仕掛ける前にフィルターを設ける

ダマシに騙されないようにするために、システムにフィルター（バッファー）を設けるトレーダーもいる。フィルターはブレイクアウトトレーディングに必ずしも必要というわけではないが、あると便利なものだ。フィルターの設け方はいろいろで、ブレイクアウトしてから一定の割合だけ動いた位置に設ける場合もあれば、レンジを外れてから３回終値を更新する位置に設ける場合もある。相場はトレンドラインを一瞬だけブレイクしてまた元に戻ることも少なくない。したがって、トレンドラインをブレイクして３％あるいは３ポイントだけ動くか、終値を３回更新したときだけ仕掛けると決めておけば、相場がブレイクしたあとすぐ元に戻って損をするという事態を防ぐことができる。フィルターは便利なものだが、トレードオフ問題も発生する。大きくブレイクすれば動きに乗り損なうこともあるからだ。**チャート8.11**でフィルターの設け方の一例を見てみよう。地点Ａに注目すると、その日の午後に形成されたトレンドラインはＡ地点で下方にブレイクされているが、相場はそのあとすぐに上昇に転じている。この場合、例えば３ポイントバッファーを使えば、この偽のブレイクに騙されて売ることは避けられる。前にも言ったように、フィルターの設け方は自由自在だ。トレーディング戦略を練り、テストする過程でいろいろなアイデアを試し、そのなかから自分に最も合ったものを選べばよい。フィルターを使うときに注意しなければならないのは、ボラティリティが高いほど動きが大きくダマシも発生しやすいため、ボラティリティが高い場合はバッファーゾーンは広く取るという点である。

高確率ブレイクアウトと低確率ブレイクアウトの違いを見分けることの重要性

ブレイクアウトトレーディングは、何といっても忍耐力と真剣さが勝負だ。ダマシのブレイクアウトも多く、全体的には勝率は低いが、当たれば一攫千金だ。6回のうち5回ダメでもやっていけるのは、こういうわけだ。選択眼を磨き、確実な仕掛けポイントまで辛抱強く待つことで、成功する確率は劇的に向上する。出来高、オシレーター、長い時間枠を組み合わせ、押しや戻りを待つ。これらはすべて、ブレイクアウトトレーディングを成功に導くためのカギとなる。うまくいくブレイクアウトとうまくいかないブレイクアウトとの違いが分かるようになれば占めたもの。トレーダーとしてはワンステージアップだ。ブレイクアウトは予期しないときに起こるものほど面白い。例えば、支持線が強いため、そこで絶対に反発するだろうという大勢の予想を裏切ってブレイクしたときの人々の驚きは絶大で、市場は手仕舞いやドテンでごった返し、それがまた市場の慌しさをあおる。ところが、ブレイクアウトが確実視されているときに起こった場合はどうだろう。ブレイクアウトを見越して、大方のトレーダーはブレイクアウトが起こる前にすでに動きを終えている。したがって、実際にブレイクアウトが起こっても市場を押し上げる動きはほとんどない。

典型的なブレイクアウトシステム

経験豊富なトレーダーがよく使うブレイクアウトシステムは、過去ｘ期間（私の場合、ｘの値としては10を使う）の最高値をブレイクアウトしたら買い、最安値をブレイクアウトしたら売るというものだ。手仕舞いは、３期間の安値をブレイクした押しや戻りで行えばよい。この場合、仕掛けた直後に元に戻ると損失が出ることもあるが、仕掛けてから元に戻るまでの時間が長ければ利益になる。相場の勢いに乗って仕掛け、相場が勢いを失ったら手仕舞うのがこのシステムの特徴だ。

シグナル

仕掛けシグナル——直近バーの終値が過去10バーの最高値を上回ったら、次のバーの始値で買う。

手仕舞いシグナル——直近バーの終値が過去３バーの最安値を下回ったら、手仕舞う。

シンプルなシステムのもうひとつの例は、下落トレンドライン＋α（バッファゾーン）がブレイクされたら買うというものだ。バリアの無意味なブレイクを誘発するランダムノイズを取り除くためのフィルターを使うのがこのシステムの特徴で、αがそれに相当する。つまり、下落トレンドラインがブレイクされたらすぐに買うのではなく、そこからさらに10ティックといった具合に一定量進んだ地点をブレイクポイントとみなすのである。フィルターは手仕舞いにも適用できる。例えば、２日フィルターを使った場合、トレンドラインを２日続けて割り込んだら手仕舞う、という具合だ。したがって、トレンドラインを割り込んだのが１バーだけのときは手仕舞いはしない。フィルターを適用した場合の利点は、間違ったトレードを排除できることと、トレード回数を減らせることだ。特にトレード回数の削減は、長い目で見ればトレーダーのキャリアを左右する重要な要素となる。

シグナル

仕掛けシグナル——直近バーの終値がトレンドライン＋10ティックを上回ったら、買う。

手仕舞いシグナル——直近バーとそのひとつ前のバーの終値がトレンドラインを下回ったら、手仕舞う。

30分ブレイクアウトシステム

最も古くからあるデイトレーディングシステムのひとつに、相場が上昇トレンドにあるときは寄り付きで安値を付け、その日の終盤にかけて高値を付ける、ことを前提にした30分ブレイクアウトシステムがある。このシステムは寄り付きから30分間は何もしない。寄り付きから30分もたてばオープニングレンジ（市場がオープンした直後の高値と安値）も決まるので、このレンジを確認してから、相場がこのレンジをブレイクする側で仕掛けるというわけだ。例えば、30分足チャートで相場がオープニングバーの高値の方向にブレイクする場合は買いを入れ、それと同時に安値の下にストップを置く。こうすれば相場の正しい側にいることができるため、追っかけはしなくてすむ。この方法は、メジャートレンドの方向にトレードしているときには特に有効だ。例えば、上昇トレンドのときは、レンジの上値をブレイクしたときのみ買いを入れ、下落したときには何もしない。仕掛けと同時にストップを入れたり、30分バーの終値がレンジの外側に来るまで待つといった具合に、このシステムではさまざまなバリエーションが可能だ。オープニングレンジに採用する期間は30分以外にも、45分や60分でもよい。30分を採用した場合でも、念のため１時間待ってから仕掛ける人もいる。つまり、35分後に買いシグナルが出たとしてもまだ仕掛けず、60分たってもなお有効であることが分かった時点で初めて仕掛けるのである。60分たってもなお最初の30分レンジの高値を上回っていれば、迷わず買いを入れる。また、ダマシを防ぐために、レンジよりさらに数ティック上回った地点で仕掛ける人もいる。

シグナル

仕掛けシグナル――オープニングレンジから30分過ぎてもなおその

※30分ブレイクアウトシステムについては『バーンスタインのデイトレード実践』（パンローリング）を参照

日の最高値を上回っているときは、そのバーの終値で買う。

手仕舞いシグナル――直近バーの終値がその日の最安値になったら手仕舞う。

優れたトレーダーになるためには

優れたトレーダーになるためには、レンジ、パターン、トレンドのブレイクアウトを見極め、それに応じたアクションを取ることができなければならない。これは、すでにポジションを持っているときに相場のトレンドが転換し始めた場合にも当てはまるし、ブレイクアウトしたときに新規ポジションを建てるときにも当てはまる。つまり、相場がブレイクしそうな水準に近づいたときには、いつでもアクションを取れる準備を整えておかなければならないということである。もちろん、ブレイクするときもあればしないときもあるだろう。しかし、そういった水準に近づきつつあるときには、ブレイクしたときに直ちに反応できるようにしておくべきである。ブレイクアウトが本物かどうかを見破るためのツールを装備しておくことも、優れたトレーダーになるためには欠かせない。トレンドライン、ブレイクアウトパターン、オシレーター、反転パターン、出来高などがそういったツールに相当する。ブレイクアウトの真偽を確認するためのもうひとつのツールが、長い時間枠を見ることである。また、どういったパターンがブレイクアウトや反転につながるのかや、ブレイクアウトや反転後に相場がどれくらい動くのかを知ることも重要だ。賢明なトレーダーはリスクよりも大きなリワードを期待できるトレードにしか手を出さないものだ。つまり、値動き余地を知ることは賢明なトレーダーへの第一歩なのである。それと同時に、欲張る気持ちを牽制する役目も果たしてくれる。ブレイクアウトトレーディングは、ブレイクアウトするたびに仕掛けと手仕舞いを繰り返すことでは必ずしもない。相場はブレイクのあとで良い動きをすることもある。ブレイクしたあとトレンドが形成されれば、しばらくはその波に身を任せるのもよい。

最も確率の高いトレードがメジャートレンドの方向に行うトレードであることは、どういった市場環境でも同じである。したがって、そういったトレード機会が訪れたら、一気に仕掛けるのがよい。最後に、追っかけは絶対にやってはならない。追っかけをやればリスクコントロールが利かなくなるからだ。追っかけはやるな。押しや戻りを待て。このスタンスは一朝一夕に身につくものではないが、トレーディングでは待つ者だけが報われる。このことを忘れないようにしたい。

ブレイクアウトの落とし穴

1. リスク・リワード比率を無視する
2. それぞれの市場の基準となる数字を知らない
3. メジャートレンドに逆らってトレードする
4. ブレイクアウトの間違った側にいてもポジションを持ち続ける
5. ブレイクアウトが実際に発生する前にそれを見越して勝手に動く
6. ブレイクアウトしない場合でも、ポジションをそのまま持ち続ける
7. ブレイクアウト後の動きの大きさを測定しない
8. 出来高を無視する
9. 動きをとらえ損ない、タイミングを外したところで仕掛ける
10. 仕掛けポイントが適切でなければストップの位置が遠すぎるおそれもあるという事実を見落とす
11. 忍耐力がなく、元に戻るまで待てない
12. 押しや戻りにつかまる
13. 追っかけをやる。追っかけをやれば、ポジションは瞬く間に自分の思惑とは逆方向に向く

14. 良い仕掛けポイントまで待てず、結局はオーバートレードする羽目になる

高確率なブレイクアウトトレーディング

1. ブレイクアウトトレーディングには忍耐力が必要
2. 良い仕掛けポイントや押しや戻りを待て
3. 相場の勢いのある側でトレードせよ
4. 新しいトレンドが始まったら、大きな動きが来るまで待て
5. 強いトレンド相場におけるカウンタートレンドのブレイクアウトは、有効な仕掛けシグナル
6. ストップを使って仕掛けよ
7. ブレイクアウトしそうな領域に近づいたら、アクションを取る準備をせよ
8. ブレイクしたらすぐに効果が出るブレイクアウトがベストなブレイクアウト
9. 良いブレイクアウトではないことが分かったら、すぐに手仕舞え
10. 前の波動、レンジ、横ばい幅を基に、次の動きの大きさを測定せよ
11. 出来高を伴う横ばい相場のあとはブレイクアウトすると思え
12. 常に出来高に注目せよ
13. 相場の値動きの大きい側を見つけよ
14. ブレイクは出来高を伴う側で起こると思え
15. フィルターを活用してダマシのブレイクアウトを避けよ
16. ストップの位置が遠すぎれば、リスクに見合うトレードは不可能
17. ブレイクアウトは意外なほうが面白い
18. メジャートレンドの方向に起こるブレイクアウトがベストなブレイクアウト

19. トレンドラインは勾配が急なほどブレイクされやすい
20. 別のインディケーターを使って、ブレイクアウトの良否を確認せよ
21. 相場の全体像をとらえるには長い時間枠を用いよ
22. 支持線が形成されるまでポジションを積み増せ
23. 押しや戻りがあった場合、ブレイクアウトで素早く利食いして幾らかでも利益を確保せよ
24. ブレイクアウトの予兆となる反転パターンを見落とすな

自問自答コーナー

●仕掛けが遅すぎやしないか
●ブレイクアウトする前に仕掛けなかったか
●押しや戻りを待つべきか
●ブレイクアウトが高確率トレードにつながるかどうかを、出来高などのインディケーターを使って確認したか
●メジャートレンドの方向にブレイクしたときは一気に仕掛けているか
●値動き余地はどれくらいあるか

第9章

手仕舞いとストップ

Exits and Stops

仕掛けシグナルやパターン探しには過度の時間をかける割には、手仕舞いにもしかるべき時間をかけるトレーダーはほとんどいない。仕掛けさえしてしまえばうまくいくと思っているのだろうか。手仕舞いについては何も考えていないとは言わないまでも、負けたとき、勝ったときにどう手仕舞うべきかをきちんと計画したうえで仕掛ける人はほとんどいないと言ってよい。だからいったん仕掛けたら最後、ただ傍観するか、皮算用するか、あるいは相場が思惑を外れればフリーズしてしまうしかない。

トレードはだれにだってできるが、だれもが成功するとは限らない。いつ、どのように手仕舞うべきかを知る人こそがトレードで成功する人である。あえて言えば、ほとんどのトレードは、たとえでたらめに行っても、いつかは利益が出るものだ。しかし、損失を抑えながらより大きな利益を得るためには、しっかりした手仕舞い戦略が必要だ。このように、手仕舞いはトレードにおいてきわめて重要な要素であるにもかかわらず、仕掛けと同程度に重要視している書籍がないのは驚くべきことである。損失を少なくするための手仕舞い戦略なくして、トレードで成功することは不可能だ。本章では、利が乗ってきたときの利益の伸ばし方と、損失の拡大を防ぐためのストップの設定方法について、できるかぎり詳しく説明する。

損切りは早く、利食いは遅く

トレーディングの黄金律に、「損切りは早く、利食いは遅く」という言葉があるが、トレードをやったことのある人なら一度は聞いたことがあるはずだ。ところが驚くべきことに、ほとんどのトレーダーはこれと反対のことをやっているのだ。つまり、勝ちトレードはすぐに手仕舞い、負けトレードは反転を期待していつまでも保有するため、事態は悪化の一途をたどる、というわけだ。ダメだと思ったらすぐに手仕舞い、ストップを適切な位置に設定し、良いポジションは長く保有し、利食いをタイミングよく行うことができるようにならなければ、成功はおぼつかないだろう。ポジションを建てただけでは、トレーディングの方程式を半分完成させたにすぎない。むしろ重要なのは、方程式の残りの部分、つまり、勝ちトレードであろうと負けトレードであろうと、手仕舞う適切な時期を知ることである。トレードで負けるのは、得られる利益よりも損失のほうが大きいからである。損失が大きなダメージになるのは言うまでもないが、利益が少ないことも同じくらいダメージを与えることは見過ごされがちだ。トレードの半分は負けトレードになると考えてよい。トレードとはこういうものだ。したがって、勝つためには損失を上回る利益を上げなければならないことになる。わずか数ティックの利益にこだわり、損失は野放しにする人々がいかに多いことか。これでは利益が増えるはずがない。

早すぎる手仕舞い

安全性を重視するあまり早々と手仕舞ってビッグトレードを逃してしまうことほど悔しい思いをすることはない。30セントの利益で手仕舞ったあと、20分で1ドル50セントも上昇すれば、地団太を踏みたくもなるというものだ。トレーダーのなかには、勝率を高めようとするあまり、利益が出たらすぐに利食う者もいる。彼らにとって負けることは恐怖なのである。利が乗ってきた良いトレードを伸ばそうとせず、目先の小さな利益にこだわるようでは、いつまでたってもビッグトレーダーにはなれない。もちろん、勝ちトレードが増えるため勝率は高まるかもしれないが、長期的なトータル利益という面から見るとあまり良い戦略とは言えない。小さな利食いをせっせと繰り返すことでうまくいっているトレーダーもいるが、それは損失をそれ以上に小さく抑えているからである。

何事もバランスが大事

　小さな利ザヤを繰り返し稼いで生計を立てているトレーダーは多く、これはこれで立派なトレード方法である。しかしそれと同時に、彼らは損失をそれ以上に小さく抑える術も心得ている。損失を常に数ティックに抑えることができれば、小さな利ザヤだけでも十分やっていけるし、大相場をとらえる必要はない。要は、利益と損失のバランスがとれていればよいのである。損失が少なければ、そこそこの利益を上げていればよい。中規模の損失になると、大きな利益が必要になる。大きな損失が出れば、巨額の利益を上げなければならない。そして巨額の損失が出たら……。これはあまり考えたくないから、想定外としておこう。

利食いは遅く

　トレーダーとしては損よりも利益のほうに興味があるはずだ。したがって、「利食いは遅く」のほうから考えていくことにしよう。私は勝ちトレードを早く手仕舞いしすぎたことはない。うまくいっているものは長く保有する、というのが昔からの私のやり方だ。私の問題点は、負けトレードを長く保有しすぎるところにある。これから、うまくいっているトレードを長く保有することにまつわる私の体験談を紹介しよう。編集者からなるべくシンプルにとの要請を受けたため、形容的な言葉は一切省いた。論旨をお分かりいただくには、言葉を若干補っていただくのがよいかもしれない。

１年半ほど前、SUNWの株価がまだ100ドル近くもあったとき、私はそれを売った。その日、最高値で寄り付いたあと売られ始めたからだ。同じトレーディングルームのほかのトレーダーもみんな同じことをした。それから２時間ほどたったとき、私は言った。「売りで間違いなかっただろ。すでに５ポイントも儲かってるよ」と。これが間違いの元だった。その直後、そんなに利益が出てるんだったら手仕舞いすべきじゃないか、とみんなが言い始めた。株価はほとんど反発することなく安値を更新し続けているというのにである。下落が止まり、そうすべきだと思ったらそうするよ、と私は反論した。みんなは４ポイントも前にすでに手仕舞っていた。そしてその日の午後は４時間にわたって、みんなして私にああしろ、こうしろとうるさく指示してきた。利益が７ドルに伸びると、「すごいじゃないか！　今が利食い時だよ」とみんなは言った。８ドルになると彼らはまた同じことを言った。最後には鬱陶しくなって、私はついに爆発した（ここから自由に言葉を補っていただきたい）。「じゃあ、僕は一体いつ手仕舞えばよかったんだ？　２ドル？　３ドルか？　５ドル？　７ドル？　あるいは８ドルか？　何を根拠に、いちいち利食いを勧めるんだ？　５ドルのときに利食いしろって言ったけど、４ドルでもきっと同じことを言っただろうね。手仕舞いの絶好のタイミングがどうして君たちに分かるのさ。みんなもう手仕舞っちゃったし、こんな大きな下落局面で今さら売りはできないよね。だから僕のポジションを見てああだ、こうだって言うしかないんだ。お願いだから、もうほっといてくれよ！」。

結局、場が引ける直前まで持ち続け、１株当たり10ドルの利益を上げた。その日は私のこれまでのトレーディング人生で最良の日になった。

私はその日、２つのことを学んだ。ひとつは、他人の意見に惑わされてはいけないということ。そして、もうひとつは、どんなに利益が出ていても、利が伸びている間は利食ってはならないということである。あの日、SUNWは一気に下がり続けていて、手仕舞う理由などなかった。こんな大きな動きは滅多に見られるものではない。千載一遇の好機は最大限に生かさなければならない。トレードが自分の思惑どおりに進んでいるときは、利食いなど気にせず、できるだけ長く保有することだ。１回か２回良いトレードに巡り合せれば、10回の小さな負けトレードなど一気に挽回できる。だから、トレンドに乗っているときは、そのまま乗り続けることが大事だ。利益をこれ以上減らしたくないという位置にトレイリングストップや押しや戻り水準を設定し、株価がそれをヒットせず手仕舞う理由がなければ、その波に乗り続けることである。

利が乗っているトレードを保有し続けることは、トレーダーたちにとってはどうも簡単ではないらしい。早く手仕舞いしすぎる人が多いのだ。昔からずっとこうしてきたから、仕方ないといえば仕方ないのだが、保有し続けることが正しい場合もある。長く保有するひとつのコツは、特定の目標値や条件に達するまでポジションを持ち続けるようなプランを事前に練っておくことである。もちろんこれは、ストップアウトされないことが条件であることは言うまでもない。目標値や条件をあらかじめ決めておけば、ちょっとでも利益が出たらすぐに手仕舞いたくなる誘惑に負けることはない。利益を確定するためにはトレイリングストップ（詳細については後述）を活用するのがよい。ただし、トレードした理由が変わらなければあえて手仕舞う必要はなく、そのまま利益を伸ばしていけばよい。とはいえ、時には利益確定売りに出たほうがよいと感じることもあるだろう。例えば、大量の買い注文が殺到したあとなどがそうだ。こういったときは相場は大きく動きボラティリティも上昇するため、利益が減る前に確定しておいたほうがよい。相場は大きく動いたあとは反対の方向に少し動くのが一般的だ。だから、前述のような局面では利益を確定しておいたほうが無難だ。そして相場が落ち着いてきたころを見計らって再び仕掛ければよい。しかし、相場があなたの思惑どおりに動き続けているのであれば、利益を確定しなければどうしても落ち着かない場合を除いては、慌てて手仕舞う必要はない。

手仕舞い戦略

段階的に手仕舞う

これは多くのトレーダーに見られる問題点だが、利益が出ているときに何をすべきか分からない人が多い。ポジションをすべて手仕舞う人もいれば、増し玉する人もいるし、ポジションの一部だけを手仕舞う人もいる。ある人がかつて次にような質問をしてきたことがある――「例えばある銘柄を1000株持っていたとしよう。その株価は急上昇し、続伸していたが、突然横ばいで推移し始めたとする。そのときあなたならどうする？　増し玉する？　一気に手仕舞う？　それとも、一部だけ手仕舞う？」。どの選択肢も悪くはないが、すべて異なるため確かな答えはない。

こんなとき大概のトレーダーは、「こんなに上がったぞ。そろそろ利食いして、ゴルフでもするか」と考えるが、まったく反対のことを考えて増し玉するトレーダーもいる。「この銘柄は強いぞ。横ばいにはなったが下落したわけじゃないから、また上がるかもしれない。こんな強い銘柄を持ってるのに、ほかのを物色する必要はない。勝ってるときは増し玉して資金を有効活用するのが一番さ」。どういった戦略をとるかは、相場の状況と、あなたの利益目標およびリスク水準による。私の考えるベスト策は、ポジションの一部を手仕舞って利益を確定し、残りは再び上昇したときのために残しておくというものだ。この方法だと、最悪でもある程度の利益は確保できる。相場が再び上昇すれば、残しておいたポジションに増し玉することができるので、大きな波に乗り損なうことはない。しかし、横ばい状態にはあっても下落するおそれがある場合は、残すポジションは少なめにして利益をしっかり確保しておいたほうがよい。

手仕舞い戦略の一環として、ポジションを段階的に手仕舞う方法はぜひとも知っておいたほうがよいだろう。ポジションは必ずしも一気に手仕舞う必要はなく、段階的に手仕舞うほうがよい。しかし、こういった手仕舞いプランを事前に立てておく人はほとんどおらず、大概の人はあまりよく考えることなく、一気に仕掛け一気に手仕舞う。十分な資金のある人にお勧めしたいのが、1回1枚（または100株）単位で複数回にわたってトレードするというものだ。私がよく使う方法は、まず最初の波でポジションの3分の1を手仕舞って幾ばくかの利益を確定し、もう3分の1は買ったのが1枚だけだった場合に手仕舞いしたであろうところで手仕舞いする。そして残りの3分の1は大きな波に備えて残しておく。負けている場合の手仕舞いも厳しくやる。思惑どおりにいかないことが分かったら、3分の1は素早く手仕舞う。残りの3分の2については、ストップを設けておくか、絶望的なことが明白になった段階で手仕舞う。利益を確保しながら大きな波にも備えることができるのがこの方法のメリットだ。

手仕舞うべきときには迷わず手仕舞え

初めはうまくいっていたのに結局は負けトレードに終わったり、

小さな負けが大きな負けになってしまったという経験はだれでもお持ちだろう。大概は、手仕舞わなければならないと分かっていながら、何となくそのままズルズルと引きずってしまったことが原因だ。手仕舞いはするべきときにしなければ高くつく。では、手仕舞いし損なったらどうするか。それには２つの選択肢がある。次の機会を待つか、価格にかかわらず直ちに手仕舞うかのいずれかだ。次の機会を待つ、つまり救済されることを期待することはトラブルの元だ。見込み違いがはっきりしたら、後ろを振り返らずすぐに手仕舞わなければならない。

手仕舞いしたいと最初に思ったときに手仕舞え

トレーダーが陥りやすい悪癖（実は、私自身もよくやるのだが）のひとつが、すべてのトレードで最後の１ティックまで取ろうとすることである。例えば、売っているときに株価が24.10ドルの安値を付けたとしよう。そして買い戻そうとしたちょうどそのとき、10セント上昇してしまう。安値を付けたあとだけに、あなたはこの価格では買い戻したくはないと思う。そこで、安値近辺で買い戻せるように24.11に指値を入れる。しかし、相場はそれ以降下げることはなかった。株価は安値を付けたときから20セント、30セント、50セントと上昇しているのに、あなたは「つかまった」まま動けない。この状態に気づく前から、すでにあなたの利益は消え失せ損益ゼロの状態になっていたのだ。最初に手仕舞いしようと思った時点で手仕舞っていれば60セントの利益を確保できたのに、欲にジャマされてそれができなかったのだ。そして気づいたときには利益は損失に転じていた。にもかかわらず、あなたはいつか安値を更新することを信じてそのポジションにしがみついている。

　完璧なトレーダーなどこの世にいるはずはなく、ましてやあなたが底をピタリと当てられるはずがない。手仕舞うべきときが来たら、すぐに手仕舞うことだ。最後の１ペニーまで取ろうとする必要はない。少なくともポジションの一部は成り行きで手仕舞い、残りを相場が戻ってきたときのために取っておけばよい。このルールは、手仕舞い（勝ちトレードか負けトレードかにはかかわらず）だけでなく、仕掛けにも当てはまる。あとでツケを払うのがイヤなら相場の動きを見逃すな。何かが欲しければ、代価を支払え。代価を支払うこともせずして逃しても、泣きごとは言うな。

仕掛けた理由が変わったら手仕舞え

　仕掛けた理由が変わったら、直ちに手仕舞わばなければならない。例えば、相場全体の強さに対して強いと思った銘柄を買ってはみたが、勢いが弱まったらすぐに売れ、ということである。支持線など、何らかのインディケーターに基づいてトレードする場合もそうである。思惑どおりに動かなければ、すぐに手仕舞うことだ。要するに、自分の間違いに気づいたら、すぐに手仕舞わなければならない。インディケーターが自分の予想どおりに反転しなければ、それから先も反転することはない。そういった場合は、間違いを認めてすぐに手仕舞うが勝ちだ。儲かっていようと、損をしていようと、そんなことは関係ない。仕掛けた理由がなくなれば、ポジションを保有し続ける意味はない。すぐに手仕舞うことだ。相場がトレンドライン近くにあって、そのトレンドが続くと思っていたのにブレイクした場合などはその典型例だ。あなたの読みは間違っていたわけだから、迷うことなく手仕舞わなければならない。

重要なのは負けトレードであって、勝ちトレードではない

不動産投資では一に立地、二に立地、三に立地と言われるほど立地条件が重要だ。これと同じように、トレーディングで成功するためには一にも二にも損切りが重要であることをトレーダーはよく認識しておくべきである。つまり、いくら儲けるかよりも、損失をいかに少なくするかのほうが重要なのである。手仕舞う条件を考える場合に最も重視しなければならないのは、どの時点で手仕舞えば大きな損失を出さずにすむか、である。いくら儲けが出るかを考える前に、最悪の場合のリスクがどれくらいになるかを考えるほうが先決だ。負けポジションは、負けと分かった時点ですぐに手仕舞うのが原則だ。損を挽回しようといつまでも負けポジションを処分しないでいるから、儲けられないのである。正しい負け方を知るのも最重要事項のひとつである。勝ちトレードを長く保有することも重要ではあるが、負けトレードの手仕舞い方を知らなければ、トレーダーとしての成功はない。十分な資金さえあれば、ひとつのトレードで負けたからといって破産することはない。損失を壊滅的な大きさに膨れ上がらせる前に手仕舞うためには、ストップに従うことが重要である。

ここでひとつ覚えておいていただきたいのは、「損をする」のと「負ける」のとはまったく別物であるということである。どんなトレーダーでも数え切れないほど損をする。これはトレーディングの一部なのだから仕方のないことだ。これとは反対に、負けは小さな損が大きな損になった結果として生じる現象だ。損をすれば負けることになると思っている人は多いが、これはまったくの誤解である。損はトレーディングには付き物で、トレードの半分は損になることを早く理解した人ほど、悪いトレードを素早く手仕舞いできるようになるのも早い。つまり、勝てるトレーダーは損の取り方を知っている人なのである。

どんなに下手なトレーダーでも良いトレードには必ず当たる。問題は、負けトレードの損失額を最小限にするにはどうすればよいかである。これは裏を返せば、勝ちトレードをできるだけ長く保有することと言ってもよい。しかし、素早く損切りすることと、そのまま持っていれば利を伸ばせたトレードを早く手仕舞いすることとは紙一重の関係にあることも否定できない事実である。成り行きを見守ることも大事だが、間違っていると分かったらすぐに手仕舞う勇気を持つことも必要、ということになろうか。つまり、良い手仕舞い戦略とは、トレードの潜在能力を最大限に伸ばす一方で、損失は最小限に抑える、ということに集約できる。

ストップの目的

ストップはトレーダーにとっては武器と言ってもよいほど重要なツールだが、その使い方、つまり設定方法を知らないトレーダーは多い。だから設定はまったくでたらめだ。本来ならば、市場が示してくれる位置に置くべきところを、これくらいまでは許容できると思う位置に置くのだ。ストップを置くうえで重要なのは、市場が示してくれる位置に置くということである。そうしなければ、ストップが市場価格に近づきすぎて、これからというときにストップアウトしてしまい、勝てたはずのトレードをみすみす棒に振ることになる。最悪なのはストップが市場価格から離れすぎたときだ。この場合、余分な額の損失を出してしまう。

ストップオーダーは新規買いの注文方法として用いることもできるが、本章では読みが間違っていた場合に損失を限定するための注文として扱う。ストップの第一の目的は、損失を一定額に抑えることにある。ゲームにできるだけ長く参加し続け、成功を手にすることができるかどうかは、損失を抑えられるかどうかで決まる。ストップを使わなければ、損失はいつのまにか膨らみ、最後にはゲームプランを見失ってしまうことにもなりかねない。資金を減らさない方法を知ることも、トレーディングで成功するための条件のひとつだ。そのために必要なのが、マネーマネジメントとリスクマネジメント、そしてストップの正しい設定方法を知ることなのである。

あらかじめストップの位置を決めておけば、相場といちいち相談する必要はなく、常に判断に迫られることもないため、心理的にも少しは楽になるはずだ。どこで手仕舞いするかがはっきりしていることは重要で、できれば仕掛ける前に決めておくのが理想的だ。つまりストップは一種の保険のようなものである。一定額を上回る損失は出ないことが分かっているので、夜も安心して眠ることができる。仕掛ける前にどこで手仕舞うかを知ることが大事なのは、こうすることでリスクマネジメントが可能になり、そのトレードが実行するにふさわしいものかどうかをリスク・リワード比率から判断できるからである。しかし、あらかじめストップを決めておかなければ、しかも心理的抑止力さえもなければ、大きくやられてしまうことにもなりかねない。心理的抑止力という言葉が出てきたが、これは、ストップは実際に市場に置く物理的なもの以外にも、心理面における抑止力でもよいことを意味する。だが、心理的抑止力を持てるだけの規律を身につけたトレーダーはほとんどいないのが実状だ。だから自らを律することができるようになるまでは、物理的なストップを置くほうがよい。

現実を見失う

損が出始めても押しや戻りを期待してなかなか手仕舞うことができなかったという経験は、一度や二度ではない。必ず上昇すると信じて疑わないため、少し下げたところで増し玉するのだ。ところが相場は上昇するどころか、どんどん下げ続ける。最初は2000ドルだった損失も、今や5000ドルにまで膨れ上がる。それでも手仕舞うことができないのは、１回のトレードでそんな巨額の損失を出すわけがないと思っているからだ。起こることのない上昇を期待してポジションを持ち続けた結果、その日は結局8000ドルの損を出してしまった。これは許容損失額の４倍の大きさだ。このときストップを入れておきさえすれば、現実を見失うことはなく、損失は2000ドルに抑えられ、次のトレードにつなげられたはずだ。この１日で私はすっかり自信を失くしてしまい、しばらくはこれが尾を引いた。

ストップは絶対確実なセーフティネットではない

ストップはトレーディングにおいては重要なツールであり、必ず使うべきものだが、常に確実なセーフティネットになるわけではない。第一に、ストップを入れたらその安心感から相場に対する注意力が散漫になり、仕掛けたら最後、ポジションを注意深く監視しなくなるおそれがある。また、相場の動きが速くなったりギャップが発生したりすると、予想外の位置で注文が執行されることもある。つまり、当初予定していた1500ドルの損失が、荒れた相場では2500ドルにもなることがあるということである。

過信は禁物

悪いポジションや間違ったポジションを持っていて、それほど大きな損失が出ていないといった場合がある。例えば、10ティック下の位置にストップを入れ、まだ3ティックしか下がっていないとする。良いトレードでないことは確かだが、ストップまでは下がっていないので、まだ見込みありとして保有し続ける。手仕舞うのに適切だと思える位置にストップを入れたのだから、その水準になるまでは相場の正しい側にいると信じて疑わないわけである。これは正しい考え方ではない。トレードが思惑どおりに動かない場合、あるいは少しでも不安を覚えたら、ストップのことなど忘れてすぐに手仕舞ったほうがよい。まだストップに達していないからといって、それを過信するのは禁物だ。四の五の言わずにさっさと撤退すべきである。間違ったトレードをしたと感じたら、思惑どおりに行っている場合でも手仕舞う勇気は必要だ。長い目で見れば、莫大な資金の損失防止につながる。例えば、ブレイクアウトを見込んで仕掛けた場合、ブレイクアウトせずにもたつけば、ストップ水準まで達していなくても迷うことなく手仕舞わなければならない。結局、自分の思惑と逆方向に動けばいつかはストップに達することはほぼ間違いない。ならば、損失が小さいうちに見切りをつけて、次のトレードに望みをつないだほうがよい。

気のゆるみ

私はタイムストップというものをよく使う。これは、仕掛けて45分たってもうまくいかなければ手仕舞うというものだ。私には、仕掛けから20～30分しかたっていなければ小さな損失が出ても無視してしまうという癖がある。まだ大した損じゃない、このまま持っていれば好転するんじゃないか、という期待からだが、結局は好転するどころか事態は悪化するばかりで、それから20分後にようやく手仕舞う。これはぜひとも克服しなければならない点だが、トレーダーには自分で良いと決めた位置にストップを入れるとそれだけで満足してしまう傾向がどうもあるようだ。

スリッページ

ストップを入れた場合のもうひとつの問題点がスリッページの発生だ。ストップ注文における指定価格と実際の約定価格との間に大きなズレが生じることは珍しいことではない。特に、相場が逆方向に速く動いているときは、かなり大きなスリッページが発生することもある。大統領選における獲得選挙人の数え間違い、利下げ、業績下方修正といったニュース発表後はギャップが発生することが多い。また抵抗線のブレイク後にも同じ現象が発生する。こういった状況下では相場の動きが速いため、ストップを通り越してずっと離れた位置で約定するためスリッページが大きくなる。また、前日の終値から３ポイントも上がって寄り付くことがある。もしこの上にストップが置かれていたとすると、ストップは置かれた位置にかかわらず、場が開くと同時に自動的に執行される。こうなるともうお手上げだ。悪態をついて次のトレードに望みをかけるしかない。2001年１月３日に突然利下げが発表されたときに売っていたときがちょうどこんな状態だった。損失が小さいうちに手仕舞いたくても、どうしようもなかった。そのとき、私は実際にストップを入れていたわけではない。Ｂ地点で付けた高値を更新したら手仕舞おうと思っていただけだ（**チャート9.1**　キューロジック［QLGC］の１分足チャートを参照）。いわゆるメンタルストップだ。Ａ地点で高値を更新しなかったため、もう高値を更新することもないだろうと思って売った。Ａ地点では、キューロジック以外の銘柄もいくつか売っていた。そして、利下げ発表があったのがＣ地点だ。手仕舞いたくてもなす術はなく、成行注文を入れたが、結局約定したのはＢ地点の高値をブレイクしてから12ドル上昇したＤ地点でだった。損失は１株当たり５～７ドルにもおよんだ。この場合はたとえストップを入れていたとしても、１株当たり３～５ドルの損失は免れなかっただろう。これでもかなり大きなスリッページである。

チャート9.1　QLGCの１分足――ストップ水準を突破して一気に上昇

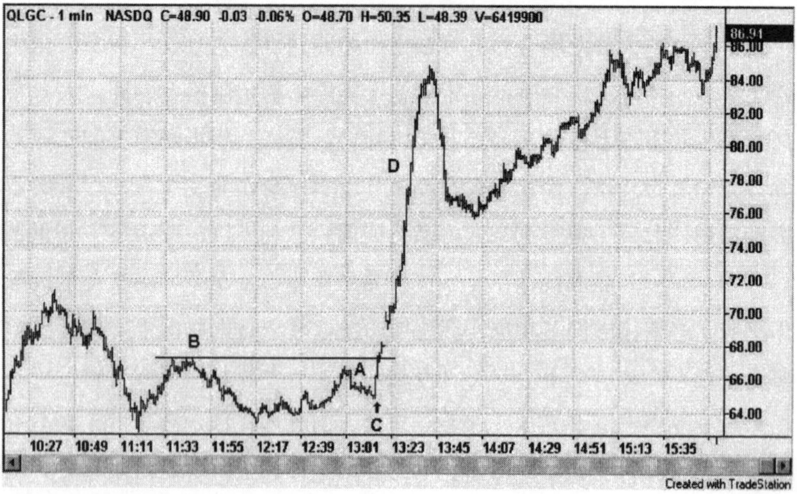

ストップの間違った使い方

設定幅が狭すぎるストップ

ストップを活用しないのもストップの誤用のひとつだが、トレーダーたちがよく犯す過ちはストップを間違った位置に入れるというものだ。トレーディングをやっていて最もフラストレーションがたまるのは、ポジションを建てたあと相場が自分の思惑とは逆方向に動いてストップアウトし、その直後に自分の希望していた方向に相場が反転するという状況になったときだ。良いストップの置き方とは、損失を一定の範囲内に制限すると同時に、思惑どおりの方向に動いた場合には利食い時期を遅らせて利を伸ばすことができるような位置に置くことだ。ところが、トレーダーのなかには、ストップの設定幅が狭すぎて利益を伸ばす余地を与えないような置き方をする人もいる。これは、大きな損失を出すことを恐れるあまり「損切りは素早く」にこだわりすぎたり、ストップを置く適正な位置が分からない人に多い過ちだ。彼らはストップを相場の通常のレンジ内に置いたり、トレンドラインの内側に置いたりする。その結果、動きの底でストップアウトしてフラストレーションを募らせるというわけだ。相場観が正しかったとしても、仕掛けるタイミングが悪かったり、市場のボラティリティが高かったりすれば、せっかくの良い動きを生かせずにストップアウトしてしまうことになる。そして、ストップアウトしたあと相場が予想どおりの動きを見せ始めると、彼らは再び仕掛けるのだが、以前と同じ位置で仕掛ける場合が多い。

ストップの設定幅が狭すぎれば確実に損をする。もちろん損失額は小さいが、通常のトレーディングレンジ内にストップを置けばヒットする確率が高いため、利益機会は減少し、勝てるはずだったトレードも利を伸ばす機会を奪い取られるため、結局は損失額は小さいとはいえ、負けトレードに終わる。

昔、顧客のひとりにS&P500のＥミニを売買している人がいたが、彼はどのトレードでも２～３ポイントを上回る損失は絶対に出したがらなかった。Ｅミニで２～３ポイントと言えばドルに換算すれば100～150ドルに当たる。１日に20ポイント（＝1000ドル）動くことも珍しくなく、わずか10分で３ポイントも動くことがあるＥミニでは２～３ポイントの動きなどゼロに等しい。２～３ポイントのストップは、この相場の10分間の値動きの標準偏差内の数字だから、簡単にヒットしてしまう。仕掛けた水準が申し分のないものでもないかぎり、これほど狭い設定幅のストップでは利を伸ばすチャンスなどほとんどない。彼は１日平均10トレード行い、その80％がストップアウトした。ブローカーの私にとっては好都合だが、当の本人にとっては最悪だ。彼の相場観はずば抜けて良かった。ストップの置き方さえ良ければ、もっと儲けられたはずだ。彼は5000ドルの当初資金をおよそ６週間で使い尽くしたあと、追証請求のたびに追加の資金を差し入れた。しかし、過ちに学ぶことはなく、同じ過ちを何度も繰り返した。ひとつのトレードで大きな損失を出すことを恐れるあまり、小さなトレードを繰り返した結果、口座を無に帰したわけである。１トレード当たりの許容損失額が100ドルしかないのであれば、１日のトレーディングレンジが200～300ドル程度のトウモロコシ相場でもやるべきだったのだ。S&PのＥミニのような相場でストップ幅をわずか100ドル程度に設定したのでは、利を伸ばす機会などあるはずがない。

設定幅が広すぎるストップ

ストップの設定幅が狭すぎるのと同様に、広すぎるのもまた利益機会を失う原因になる。ドル価でストップを設定している場合、安全圏を外れた位置にストップを設定してしまうこともある。するとどうなるかというと、相場が下がり続けた場合、本来置くべきストップ位置を通り越して実際に置いたストップ位置まで下落するため、300ドルの損失ですんだところを損失が500ドルにまで膨らむという不本意な結果に終わる。ストップの設定幅の広すぎる人の口座は、ストップを慎重に置いてきた人の口座に比べるとはるかに速いピッチで減少していく。とはいえ、ストップの設定幅を広く取ったほうが良い場合もないわけではない。相場が大きく動き、支持線から遠く離れてしまったあとなどがそうだ。ストップはテクニカル的に正しい位置に置けばよいというものではない。相場がこういった状態のときは、リスクに見合うリワードは期待できないのでトレードは見合わせることだ。リスクを取りすぎるよりも安全な利益機会を待ったほうが身のためだ。

市場ボラティリティが高いほど、ストップの設定幅は広く

ストップを置くときに常に注意しなければならないのは、市場のボラティリティが高いほど、ストップの設定幅は広くしなければならない点だ。そうでなければ、ストップを置く意味がなくなるからだ。大きな損失を許容できないのであれば、そもそも、振れの大きな相場や株には手を出すべきではない。私の場合、株のストップは50セント～1ドルと決めている。しかし、例えばヤフーのようにボラティリティの高い銘柄を1日のレンジが15ドルのときに売買している場合、設定幅が50セント～1ドルだとストップ注文が執行された途端に1ドル50セント損をすることだってある。したがって、こういった銘柄については設定幅は3～5ドルに上げた。そうしなければ、ストップアウトする確率が高くなり、ストップアウトした1時間後に8ドル上昇するといった憂き目を見るからだ。これが適用できる銘柄や市場はいろいろあるが、同じ銘柄や市場でも時期によって適用できる場合とできない場合がある。2002年の中盤、ヤフーの株価はわずか12ドルで、1日のレンジも1ドルに満たなかった。こういった場合のストップの設定幅は、5ドルよりも50セントのほうがよい。また、冬よりも夏のほうがボラティリティの高い大豆も、時期に応じてストップの設定幅を変更しなければならない相場のひとつだ。あまりリスクを取りたくない人にはボラティリティの高い市場での売買は向かない。売買する市場は自分のリスク選好度に合ったものを選ぶべきである。

ストップはどこに置くべきか

詳しくは後述するが、ストップを置く位置は、ストップアウトが好みだという場合を除き、テクニカルバリアや通常のトレーディングレンジの外側でなければならない。ストップを置くときに重要なのは、

あなたがどれくらいの損失を許容できるかではなく、相場が教えてくれる適切な位置に置くということである。必要以上にストップアウトしたくなければ、希望的観念でストップを置く位置を決めるのではなく、あなたが考える位置から安全距離だけ離れた位置に置かなければならない。基準となる数字、トレンドライン、移動平均線、その日あるいはその週の高値や安値、重要な支持線や抵抗線の内側（それ自体を含む）には絶対に置いてはいけない。これは今あなたが見ている時間枠上だろうとそれより長い時間枠上だろうと同じである。相場というものは基準となる数字やトレンドラインに引き寄せられる性質を持つ。なぜなら、これはみんなが見ている水準だからだ。だからストップはこういった水準の外側に置かなければならないのである。また、ただ外側であればよいというわけではない。これらの水準から少し離れた位置に置かなければならない。こういった水準に近づけすぎた場合、相場がそういった水準に到達した途端にヒットするため、次から次へとストップを置かなければならなくなる。ストップをどこに置けばよいかを判断するのは容易ではない。これから本章の残りの部分を使って、いろいろなタイプのストップと、その置き方、置いてはいけない位置について説明していく。

ストップの種類

マネーマネジメントストップ

マネーマネジメントストップは、仕掛け時に損失を一定額に限定するために入れるストップである。このストップは本来ならば損失を拡大させないために利用するべきものだが、間違った使い方をしている人が最も多いストップである。彼らにつられて間違った使い方をしないように注意しよう。このストップは、仕掛けたあと、例えば500ドル

※ストップについては『新版 魔術師たちの心理学』（パンローリング）を参照

といった自分が決めた許容損失額を超える損失を出さないような位置に入れるといった使い方をするのが一般的だ。それぞれのトレードで許容できる以上の損失を出さないようにするのがこのストップの目的だが、問題は、相場の状況とは無関係に入れられる点である。リスクはトレーダーの許容損失額の関数であると同時に、市場の関数でもある。同じ市場でも時と場合によって、500ドルのストップでは大きすぎる場合もあるし、小さすぎる場合もある。**チャート9.2**は大豆の60分足チャートを示したものだ。安値の更新を見込んでＡ地点で売り、500ドルのストップを入れたとすると、Ｘａ地点でストップアウトしただろう。相場の状況を考えると、Ｘａ地点はストップを入れる位置としては中途半端で、適切ではない。一方、上昇を待ってＢ地点で売ったとすると、ストップはＸｂ地点に置かれたはずだ。同じ500ドルのストップでも、この場合のストップは前に高値を付けたＸ地点を上回る位置に置かれるのでテクニカル的に正しい位置であり、おかげでストップアウトすることなく利益を確保できる。これに対してＸａ地点は波動の中間点に置かれた中途半端なストップである。

マネーマネジメントストップは、異なる複数の市場で売買しているときに問題になることもある。ボラティリティは市場ごとに異なるため、ある市場ではうまくいくドル価ストップが、別の市場ではそれほどうまく機能しない場合があるからだ。例えば、500ドルのストップはトウモロコシ市場では１日でヒットする可能性は低いが、S&Pではものの５分でヒットすることもある。適正なストップ値を決めるには、その市場や銘柄をよく知ることが大切だ。リスク額を独断で決めるのは怠慢な人間のやることである。何をするにしても怠慢なやり方では成功は望めないことは社会ではよく知られていることでもある。ストップを置く適正な位置を見つけるのは容易なことではない。そのためにはしっかりしたテクニカル分析が必要であり、自分が取れるリスクに基づいて決めるものではない。もちろん、売買すべきかどうかや、

チャート9.2　大豆の60分足――ストップを置く位置は相場を見て決めよ

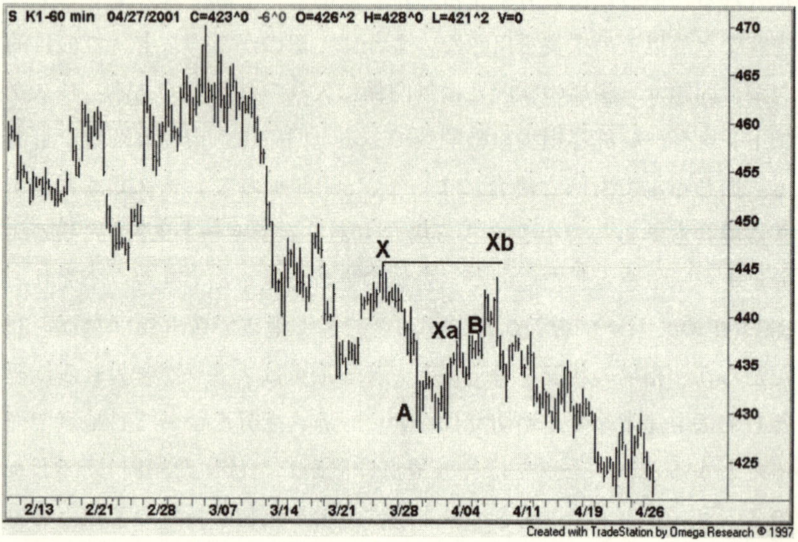

Created with TradeStation by Omega Research © 1997

何枚売買すべきかを決めるには、どれくらいのリスクを取れるかを知る必要はあるが、そのリスク値をストップ値に使ってはいけない。

マネーマネジメントストップによるポジションサイズの決め方

マネーマネジメントストップは、ストップをテクニカル的に正しい位置に置き、それを基にポジションサイズを決めるというのが正しい使い方だ。したがって、まず最初にやらなければならないことは、許容できるリスク量、つまり１トレード当たりの最大許容損失額を決めることである。どういったトレードでも、内包されるリスクと自分が許容できる損失額を知らずして行うべきではない。例えば、10万ドルの口座を持っていたとすると、１トレード当たりの損失額は2000ドルまで、と決めるのである。許容損失額はおおよその数字でよく、通常は総資産の何パーセントといった具合に決める。これについては本書のマネーマネジメントの章で詳しく解説する。１トレード当たりの最悪の場合の損失額を知るにはチャートを見ればよい。つまり、損失額を教えてくれるのはあなたの財布ではなく相場ということである。ストップを置く適正な位置が決まったら、ストップアウトしたときに被る１枚当たりの損失額を計算する。例えば、**チャート9.2**のＸｂ地点と同じように、損失額を500ドルと仮定する。次に、１トレード当たりの許容リスク2000ドルを500ドルで割ると、このトレードで売買すべき枚数は最大４枚と計算できる。必ずしも４枚売買する必要はないが、高確率トレードになると思ったら４枚売買してもよい。私の場合は通常、まず最大枚数の３分の１から２分の１売買し、うまくいきそうだと分かった段階で増し玉することにしている。最高のタイミングで、しかもきわめて低いリスクでトレードできる場合は、最初から枚数を増やしてもよいが、１枚当たりのリスクが2500ドルにもなるようであれば、あなたのリスクレベルである2000ドルを超えているので、そのトレードは控えたほうがよい。リスクが大きすぎる場合には、枚数ゼロという選択肢もあることを覚えておこう。

パーセンテージムーブストップ

パーセンテージムーブストップはマネーマネジメントストップ同様、１トレード当たりのリスク量を決めるためのものだが、若干のテクニックを伴うためある程度の技量がなければ使えない。パーセンテージムーブストップでは、相場そのものを使って１枚当たり、あるいは１株当たりのリスク量をはじき出す。具体的には、リスク量はトゥルーレンジの一定比率、値動きの標準偏差、委託証拠金の一定比率などに基づいて決まる。リスクがどれくらいあるのかを知るには、取引する市場や銘柄の特徴を知る必要がある。私の経験から言えば、どのトレードでも１日のトゥルーレンジの平均（ATR）の30％を上回るリスクは取るべきではない。また取るべきリスクの比率は、必ず長い時間枠を見て決めることが大事だ。例えば、ポジションを長く保有するつもりなら、リスクの算出には週足や月足チャートのトゥルーレンジを使う、といった具合だ。商品先物取引であれば、１日の損失は委託証拠金の25～33％程度にする。長期トレードの場合は、リスクは委託証拠金を超えないようにする。

私の場合、デイトレードではどのトレードについてもリスクは株価のトゥルーレンジの平均の25～30％以下に抑えるようにしている。例えば１日のトゥルーレンジが２ドルの株で85セントを上回る損失を出せば、何かが間違っていたことになる。大概は、タイミングが悪かったか、トレードしたこと自体が間違っていたかだ。だから損失をトゥルーレンジの平均の30％未満に抑えることで、損失を限定するのである。適正なストップがこの額を上回る場合は、そのトレードはやらない。それぞれの市場でのリスク額の例を挙げれば、大豆は１枚につき300ドル、トウモロコシは100ドル、S&P500は2000ドル、IBMは１ドル、デルは40セントである。１枚当たりのテクニカルリスクがこれらの額を下回るときだけトレードする。リスクがこれを上回るときはリスクの取りすぎになるので、トレードはしない。

タイムストップ

ストップは必ずしも市場ごとに、あるいは最大許容損失額に基づいて決めなければならないわけではない。ストップには、一定の時間を決めておき、その時間内にうまくいかなければトレードをストップさせるというタイムストップもある。前にも述べたように、私はこのタイムストップをよく使う。私には、負けトレードやうまくいかないトレードをいつまでも保有し続けるという癖があるからだ。タイムストップは、各人がいつも使っている時間枠によって違ってくる。スキャルパーの場合は10分、中期デイトレーダーの場合は45分、60分の時間枠を使っているのであればその日の終わりまで、ポジショントレーダーの場合は５日といったところだろうか。これはうまくいかないトレードを手仕舞う場合の時間だ。一方、トレードがうまくいっている場合、私はタイムストップは無視してそのまま保有し続ける。これらのタイムストップはトレードを常にチェックするのに適切と思えるおおよその目安にすぎないので、自分に合った時間を選べばよい。いったんタイムストップを決めたら、うまくいかないトレードはこの時間が来たらすぐに手仕舞う。

私がこのストップを使い始めたのはつい最近のことで、デッドポジションを手仕舞う手段として使い始めた。デイトレードの場合、45分たってもうまくいかなければ、そのトレードはきっぱりあきらめる。45分たってもどうにもならなければ、それ以上やっても金とエネルギーの無駄になることが経験的に分かっているからだ。これは敗色の濃厚なトレードに当てはまるのはもちろんだが、それほど悪くないトレードにも当てはまることがある。良いトレードであればすぐに利益が出始めたはずだ（ベストトレードは大概はすぐに利益を出し始める）。30分たっても利益を生まなければ、自分が間違っていたことが分かってくる。そういった場合、私はもうしばらく様子を見て、45分たってもまだストップアウトしていなければ手仕舞う。うまくいかないトレードは早めに手仕舞いしたほうがよいというのが私の考え方だが、これが当てはまるのは悪いトレードばかりではない。私がタイムストップを用いる主な理由は、それほど大きな負けにはなっていないトレードをいつまでも保有する癖があるからだ。１株10セント程度の損失であれば大した痛手にはならないので、ついついそのまま野放しにしてしまいがちだ。しかし時間がたつと、損失は20セント、40セント、60セントと拡大し、気づいたときにはダメなトレードを１時間も保有し、損失は１ドルにもなっている。それでもまだ手仕舞いしたがらない。

最初からうまくいかないものは、時間がたてばますます悪化するだけなので、早めに手仕舞ったほうがよい。

トレーダーは相場がどの時間枠でどうなってほしいのかという未来予想図を常に頭の中に描いておくことが大切だ。そして、相場がそのとおりに動かなければ、勝っていようと、負けていようと、あるいは引き分けだろうと、そのトレードはきっぱりとあきらめるべきだ。相場が自分の思惑どおりに動かないときは、負けているのか少し利益が出ているのかは問題ではない。ただちに手仕舞うことが重要だ。あなたの不利な方向に動いている相場やほとんど動きのない相場でトレードするよりも、反応の良い相場でトレードしたほうがよい。うまくいかないものにいつまでもこだわり続けるよりも、新たな機会を見つけるほうが得策だ。

テクニカルストップ

ストップは、相場が教えてくれる位置に置くというのが大原則だ。相場が教えてくれるストップは、トレーダーに自らの過ちに気づかせてくれるような位置に置かれるため、最も効果的なストップになる。相場はトレーダーがどれくらいの損失を許容できるかなどは気にしない。自分の動きたいように動く。自分のリスク許容度だけに基づいて勝手な位置にストップを置くトレーダーはストップの正しい置き方を知らない人である。しかもストップの位置が通常のトレーディングレンジの範囲内にあれば、簡単にストップアウトしてしまう。テクニカルバリアの内側や、見ている時間枠における通常のトレーディングレンジの範囲内にストップを置けば、ストップアウトする確率が高まるため、お金にお別れのキスをするようなものだ。また、ストップを置く位置には多少の余裕を持たせることが必要だ。つまり、トレンドラインのすぐ外側に置くのではなくて、バッファーゾーン（値動きの標準偏差値）を設けるということである。これについては後ほど詳しく説明する。テクニカル分析に基づくストップの置き方はいろいろだ。トレンドラインの外側、移動平均線の外側、チャネルの外側、支持線や抵抗線の外側、Xバー前の安値の外側、フィボナッチリトレイスメント水準の下側、前の安値や高値の位置、といった具合に多種多様だが、これらの水準に共通するのは、これらの水準はすべて相場が戻ってくる可能性のある水準であり、相場がそれをブレイクすれば相場の反転が起こる位置を示している点だ。

相場を基にリスクを決める利点は、リスク量がはっきりするとともに、小さく抑えることができることだ。リスクが大きすぎると思った場合は、高確率トレードにはならないので行うべきではない。トレード機会が失われるといった心配は無用だ。そういったトレードをやったところで、最悪の場合、まるっきり稼げないことだってあるからだ。稼げないだけならまだしも損をすることだってある。チャンスはいくらでもあるのだから、慌てる必要などまったくない。

今までに使ってきたチャート上で、ストップを置く正しい位置、間違った位置を見ていくことにしよう。**チャート9.3**には仕掛けポイントの候補となる位置をいくつか示してある。ひとつ目は前の高値を更新した位置（A地点）でのトレードだ。この位置で仕掛け、最大許容損失額が１株当たりわずか１ドルだとすると、ストップはN地点(「ノー」を意味する）辺りに置かなければならない。N地点はチャネルのボトムラインとメジャートレンドラインの上方に位置し、しかも中途半端な位置にあるため、ヒットする可能性が高い。実際にはヒットしていないが、ストップを置く位置としてはやはり好ましくない。この場合のストップはチャネルのボトムラインのすぐ下に位置し、前の安値水準であるレベル１に置くのがよい。レベル１がブレイクされたら、次の候補はメジャートレンドラインの下にあるレベル２である。そして、ストップを置くぎりぎりの位置が直近の最安値を付けたレベル３

チャート9.3　インテルの60分足――テクニカルストップ

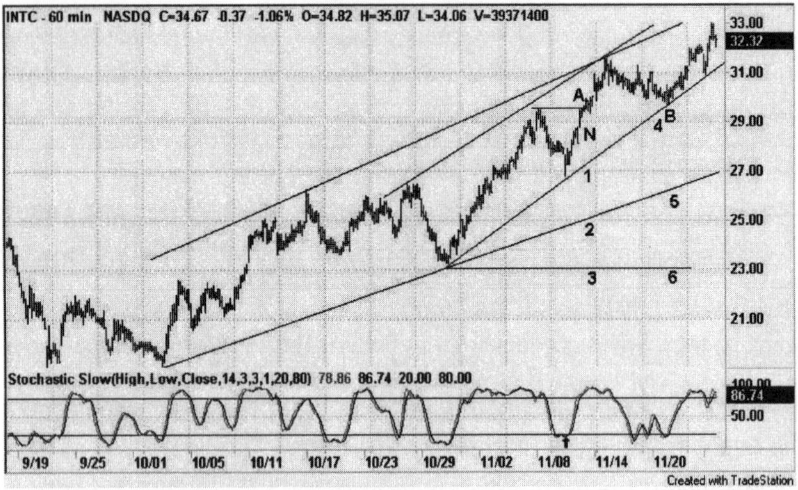

である。しかし、そもそもこのトレードはストップの位置が離れすぎているので、あまり良いトレードだとは思えない。その点、B地点は良いトレーディングポイントだ。ここで仕掛ければ、ストップを現在価格から数ペニーしか離れていないレベル4に置いてチャネルのボトムラインまでリスクを取れるからだ。レベル5やレベル6はレベル2やレベル3と同様、離れすぎているのでストップを置く位置としては好ましくない。ここでは複数のストップ位置を示したが、これは複数枚数トレードしている場合を考慮してのことである。複数枚数トレードしている場合は、一部を最初のストップで手仕舞い、残りは次のストップで手仕舞えばよい。レベル3とレベル6は現在価格から7ドル近くも離れているので、問題外である。レベル2とレベル5はレベル3とレベル6に比べればまだマシだが、やはり離れすぎの感があるため、長期トレードで使う分には構わないが、デイトレードでは使わないほうがよいだろう。レベル1もやはり離れすぎているため、このト

レードはこの時間枠で見るかぎりではあまり良いトレードとは言えない。しかし、レベル４はテクニカル的に良いストップであり、現在価格にも近いため、Ｂ地点は良い仕掛けポイントである。この場合、仕掛けポイントとストップの位置が非常に近いが、テクニカル的に見て正しければ、ストップは現在価格に近すぎても構わない。Ａ地点でのトレードについてもう一度考えてみよう。Ａ地点でのトレードはブレイクアウトに基づくトレードなので、ストップの設定幅をブレイクラインの下方の動きの幅にすればこのトレードも悪くはない。この手のトレードは頻繁にストップアウトするが、ローリスクで大きな利益が見込めるため、ひとつの選択肢にはなる。

複数の時間枠による手仕舞いタイミングの微調整

ストップを置く正しい位置をより正確に知るためには、長い時間枠を見ることが不可欠だ。それは、長い時間枠のほうが重要なテクニカルバリアを見つけやすいからである。ただし、仕掛けるタイミングや、利益を出してあるいは損失を小さく抑えて手仕舞うタイミングを計るには、短い時間枠が役立つ。**チャート9.4**は**チャート9.3**の10分足バージョンを示したもので、ストップ水準は**チャート9.3**と同じである。まずトレードを始める前に、長い時間枠を使ってストップ水準を調べる。ストップを置く適切な位置が分かったら、次に短い時間枠を見てこれらのストップ位置近辺で仕掛けポイントを探す。例えば、前の高値を更新したＡ地点で仕掛け、60分足チャートで定めたレベル１にストップを置いたとしよう。短期トレードならば、リスク幅をレベル１まで取る必要はなく、移動平均線下のレベル７にストップを置き、レベル１は最悪のケースに備えたストップに用いるのがよい。トレードがうまくいき始めたら、**チャート9.4**を使ってストップの位置をレベル８、レベル９と上げていく。ただし、常に移動平均線の少し下に置

チャート9.4　インテルの10分足――手仕舞いポイントの調整

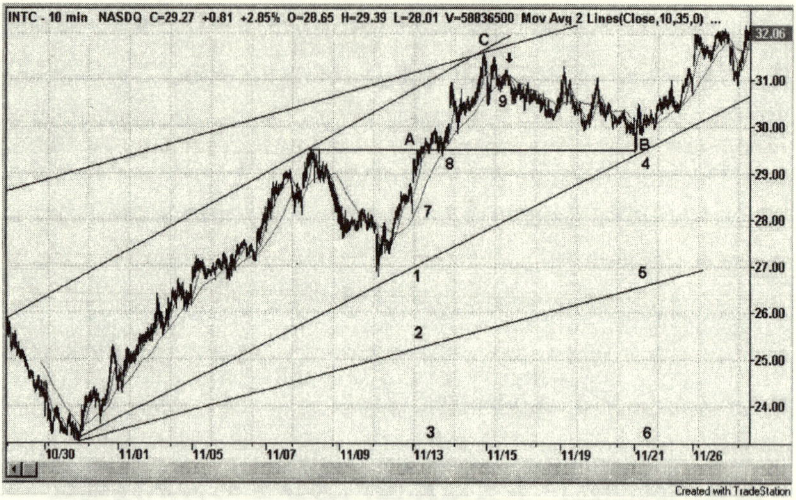

く。こうすれば、レベル９でストップアウトして利益が得られたはずだ。レベル９は移動平均線が相場を上にクロスしている点であることにも注目しよう。注意深く観察していれば、Ｃ地点で相場が２本のチャネルラインに近づいていることも発見できたはずだ。これは**チャート9.3**を見るともっとはっきりする。つまり、Ｃ地点は手仕舞いの絶好のポイントであり、そのあと押しを待って再び仕掛ければよい。

相場がブレイクアウト水準のＡ地点に再び近づくのを忍耐強く待っていたトレーダーには、Ｂ地点で次の機会が訪れる。**チャート9.3**を見ると分かるように、相場はＢ地点でチャネルのボトムラインに近づいている。Ｂ地点は上昇トレンドにある相場が押してトレンドラインに近づいているため、このトレードは非常に簡単だ。トレードが思惑どおりに行き始めたら、短期トレーダーはトレイリングストップを使って、ストップアウトするまで移動平均線の下方でストップをどんどん上げていけばよい。

インディケーターに基づくストップ

ストップは相場そのものに基づくもの以外にも、インディケーターに基づくものもある。例えば、RSIが50を下回るか、ストキャスティックスが本来あるべき動きをしなければ手仕舞う、というのもストップのひとつの利用方法だ。具体例を見てみよう。例えば**チャート9.5**の地点１ではストキャスティックスが反転し、相場がレンジトップにあるので売ったとしよう。この場合のストップとして、「インディケーターが前のピークをブレイクしたら手仕舞う」といった具合に、自分自身に言い聞かせる形をとったとする。45分後、地点２でストキャスティックスが前のピークをブレイクしたので、規律あるトレーダーならばここで手仕舞うだろう。このタイプのストップは、相場を常に見ていなければならないので管理が若干難しいものの、ストップを置く方法としては完璧だ。インディケーターはストップを決めるツールとして使おうと思えば、ほぼすべてのインディケーターが使える。

トレイリングストップ

あるトレードを行ったら、相場が思惑どおりに動いて含み益がどんどん膨らんできた。こんなとき、あなたならどうするだろうか。最初に入れたストップは現在価格からはかなり離れてしまっている。あなたとしてはせっかくの利益は失いたくないし、ストップアウトして損を出すのもイヤだ。許容損失額が500ドルで、今の含み益が500ドルだとすると、ストップアウトすれば1000ドル損をすることになる。含み益は実益ではないにしても、今の段階ではあなたのお金であることに違いはないので、こういった場合はできるだけ長く保有したほうがよい。500ドル以上の損は出したくないあなたにとって、1000ドルもの損失は耐えがたいものだ。すでに市場に参加しているかどうかとは無関

チャート9.5　S&Pの5分足――インディケーターに基づくストップ

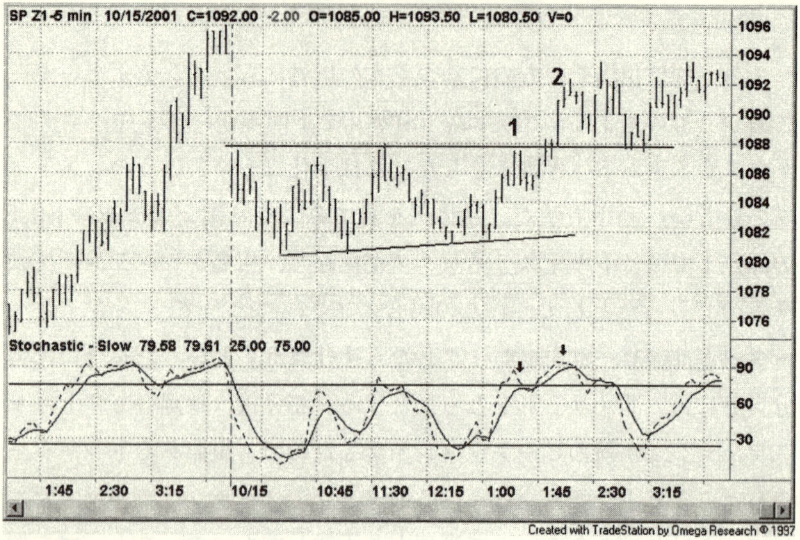

係に、利を伸ばすことは、損切りと同じくらい大事なことなのである。

利益を保護するのに有効なのが、相場追従型のトレイリングストップである。仕掛けてストップを入れたら、もうそれだけで安心してポジション管理をおろそかにするトレーダーは多い。相場の動きに合わせてストップを移動しなかったために失った金の一部でも取り戻せたら、どんなにいいだろう。最初に入れたストップの位置を変えなかったために、得られたはずの利益をみすみす取り逃がした経験は数え切れない。ストップは一度設定したらそれでよいというわけではない。相場の変動に合わせて再評価する必要がある。ポジション管理の最良の方法は、たった今仕掛けたばかりだと思って、相場を常にウオッチすることである。相場が動けば、ストップを設定するテクニカルバリアの位置も変わってくるため、リスクを減らすためにはテクニカルバリアの変動に合わせてストップも変動させなければならない。ストップが相場から離れ始め、ストップを入れる適切な位置が見つからない

チャート9.6　S&Pの60分足――トレイリングストップ

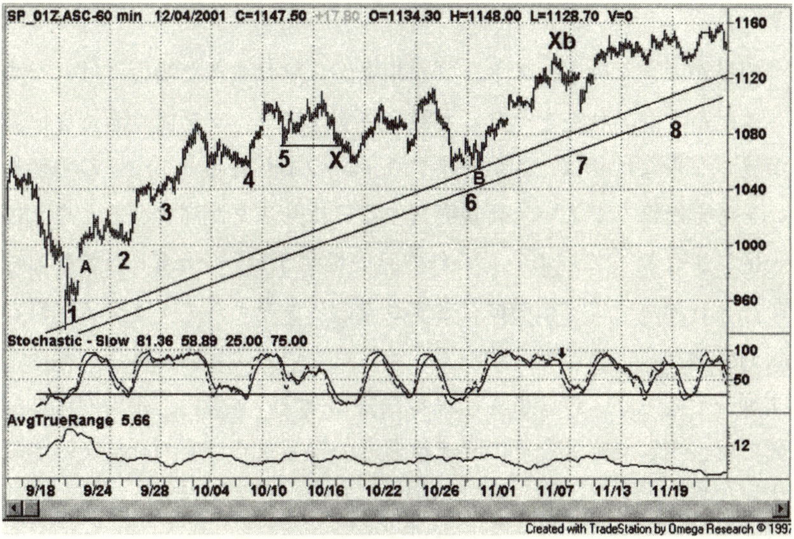

場合は、ポジションの一部を手仕舞うのが一番よい。

トレンドフォロー型システムを使っていれば、ストップを相場の動きに合わせて変えるのは簡単だ。ストップは、相場が上昇や下落を続けている間中、あるいは明確なトレンドや移動平均線に乗っている間中、それに合わせて動かし続ければよい。**チャート9.6**は、A地点で仕掛けた場合にストップを相場の上昇に伴って上方に移動させていく様子を示したものである。相場が高値を更新し安値が前の安値を上回るたびにストップを前の安値水準まで上げ、最終的にはX地点でストップアウトして大きな利益を確保する。その後、相場がB地点でトレンドラインまで押したら、そこで仕掛け、トレンドラインの上昇に伴ってストップを上げていく。下のトレンドラインはいわゆるバッファーゾーンで、実際のトレンドラインから安全距離だけ離れた位置にストップを設定するのに使う。これはダマシのブレイクでストップアウトするのを防ぐのに有効だ。

利益の確定

相場が大きく動き、ストップが相場から離れすぎた場合にはどうすべきだろうか。利益をそれほど減らさずにストップを置く適切な位置が見つからなければ、スケールアウト、つまり勝ちトレードの手仕舞いを考えたほうがよい。新規売買するにはリスクが高すぎると思えば、一度に手仕舞ってもよい。これの良い例が**チャート9.6**上のＸｂ地点だ。Ｘｂ地点では、相場は行きすぎで、ストキャスティックスは買われ過ぎ圏から下落に転じ始めている。こういった局面では、とりあえず利益を確定し、再び市場に戻る機会を待つのがよい。相場の反転局面では、ポジションをそのまま放置して得られたはずの利益をみすみす棒に振ることはない。利益が出ていれば利食っておこう。この手法の難点は、利が伸びているのに慌てて手仕舞ってしまう可能性があることだ。こういった場合は、次の押しで迷わず市場に戻る。前よりも悪い仕掛けポイントであったとしてもだ。これはまったく新しいトレードなので、過ぎたことは忘れてしまおう。少しばかりの利益を取り損ねてもどうということはない。それよりもリスクを減らすことのほうが重要だ。この場合、リスクを減らすという賢い選択をしたことで、今こうしてリスクの低い新しいポジションを建てることができたのである。

CICストップ

ストップを実に器用に動かす人がいるが、残念ながら、間違った動かし方をしている場合がほとんどだ。相場がストップに近づいてヒットしようとすると、ストップの位置を相場からどんどん遠ざけてしまうのだ。これは、痛みを増やす以外の何物でもない。こういった注文方法はブローカーたちの間ではCIC（cancel if close）ストップと呼ばれている。なぜこういったことをするのかというと、相場はストップに近づくと上昇する、と考えているからだ。理由はいろいろだ。相場が安定してきたから、十分下げたから、RSIが売られ過ぎ圏にあるから……、だから上昇するのも時間の問題だ、というわけである。したがって、相場がストップに近づくと、彼らは上昇したときのためにポジションを保有していようと、ストップを動かす（つまり、キャンセルする）。CICストップもうまくいくことはあるが、一般に、正しい位置に置いたストップはそのままにしておいたほうがよい。健全な考えに基づいて置いたのだから、ストップはしかるべき位置に置かれているはずだ。だから、いじるべきではない。

メンタルストップ

市場からの撤退時はフロアブローカー、マーケットメーカー、スペシャリストたちが決めてくれると思っているため、ストップを入れたがらない人は多い。彼らはストップを入れず、ストップアウトしたい位置に相場が近づいたら成行注文を出すという方法をとる。こういったメンタルストップの問題点は、注文が執行されない場合が多い点だ。相場はきっと好転すると、その理由をあれこれと74も考えている間に、結局は彼らの注文は無視されてしまうのだ。そして相場が好転しない場合、最初にストップアウトしたいと思っていた水準に相場がいつか戻ることを念じつつ座して待っている間に、損失はどんどん大きくなる。実際にストップを入れる代わりにメンタルストップを使う場合、一度設定したメンタルストップには必ず従うように自分を律することが大事だ。私自身、相場に比較的近い位置にストップを入れるのを嫌うトレーダーのひとりだ。相場が速い動きをしたため、相場に近い位置に入れたストップがヒットし、そのあとすぐに相場が戻ったという経験を何度もしているからだ。この経験から、最近ではストップアウトしたい位置を書き留めておき、ヒットしたらその動きが本物かどうかを見極めるためにもう数分待ってから成行注文で手仕舞うことにしている。つまり、ストップを、手仕舞いする準備をせよという警告として利用するわけである。私はこの方法が気に入っているが、初心者は規律が身につくまでは、実際のストップを入れたほうがよいだろう。私の場合、ランチに出かけたり、相場をずっと見ていられないときには実際のストップを入れるが、必ずバッファーゾーンを設けるようにしている。しかし、実際のストップよりやはり自由度の高いメンタルストップのほうが私は好きだ。

ディザスターストップ

　実際のストップは市場のランダムノイズによってヒットすることがあるので入れないという人にお勧めのストップがある。名づけてディザスターストップだ。ストップを相場から大きく離れた位置に入れることで、予期しない利下げといったビッグイベントが発生したときだけヒットするようにするのである。相場から遠く離れているため、普通の状態では滅多にヒットすることはないが、ちょっとした精神安定剤にはなり、しかもビッグイベントが発生すればヒットするので最悪の事態は避けられる。

ストップがヒットする理由

これといった理由もなくストップアウトしたという経験は、トレーダーであればだれにでもあるはずだ。ストップを入れて、ヒットしたら、相場が元に戻る。まるで「やつら」が報復でもしに来たみたいだと感じるかもしれないが、あなたがストップを入れた位置を「やつら」がどうしていつも知ることができるだろうか。ストップがヒットする最大の理由は、みんなが同じ位置にストップを入れるからであり、フロアブローカーやプロはその位置を知っている。これはフロアブローカーがお互いのストップの位置を教え合うという、一般トレーダーから見ればずるいと思える有利な立場にあるだけでなく、一般大衆の動きが相場を占ううえで有効に使えることを彼らは知っているからである。一般大衆は相場からほとんど離れていないテクニカルバリアに近すぎる位置にストップを置く傾向があるため、相場はすぐにそのストップに近づき、近づいたと思ったら瞬く間にヒットする。ヒットして大量のストップが執行されると市場の勢いは消えて相場は反転する。そして高値で売ったフロアトレーダーたちは買い戻しを始める。

ストップを入れてはいけない場所は、トレンドライン、移動平均線、前の高値や安値、保ち合い圏、ダウの10000といった基準となる数字などのテクニカル水準の近くだ。こういったテクニカル水準の近くにストップを入れれば、すぐにヒットするのは目に見えている。相場にトリプルトップが形成されたとき、その領域上方には多数のストップがあると見て間違いない。なぜならこの辺りはトレーダーたちがトリガーを引こうとしている位置だからだ。少なくともプロならば、その辺りが簡単に金儲けできる領域であることを知っている。相場がこれらの水準辺りをドリフトしていれば、ローカルズによって２～３ポイントはすぐに押し上げられるのでストップはすぐにヒットする。ただし、こういった動きはファンダメンタルズに根ざしたものではないので、相場は押し上げられる前の水準に戻る傾向が高い。ストップはだれの目にもはっきりとした水準に入れるべきではないことをよく覚えておこう。ストップはよく熟慮したうえで入れる位置を決め、多少の幅を持たせる（つまり、バッファーゾーンを設ける）ことが大切だ。

ストップと反転

システムによっては、ストップを手仕舞いに使うのではなくて、反対方向への仕掛けに使うものもある。こういったシステムは常に買っているか売っている状態にあり、ストップは反対方向のシグナルの役目を果たす。例えば、２枚買っていて、そのトレードがうまくいっていない場合、システムからは４枚売れという売りシグナルが出される、といった具合だ。この代表例が、単純移動平均線クロスオーバーシステムだ。このシステムは、短期線が長期線の上にあるときは買い、その反対のときは売るというものだ。「買いでなければ、売り」といった単純な理論が気に入って、私はこの種のシステムはこれまでかなり使ってきた。しかし最近では、どちらの方向にもトレードすべきではないときもあることが分かってきた。特に、トレンドに逆うトレードになる場合などがそうである。

ストップとボラティリティ

ポジションを持っているときに相場がそれまでよりはるかに速く動き始め、１日の上下動が大きくなるといった状況がたまにある。これは、ボラティリティが上昇してきたサインだ。したがって保有しているポジションのリスクも高まることになる。ボラティリティが上昇すると、ストップの設定幅を広げなければならない。そうしなければ、すぐにヒットしてしまうからだ。ストップ幅を狭くしすぎたためにすぐにヒットした場合は、ポジションをすべて手仕舞うか、一部を手仕舞うかのいずれかを行う。たとえそれが非常に良いポジションであったとしても、こういった場合はスケールアウトするのがよい。リスクを少なくすることもトレーディングの目標のひとつであり、そのためにはボラティリティの高い場合はトレードはしないことである。市場のボラティリティはチャートで確認できる。値動きが激しかったり、トゥルーレンジの平均が大きければボラティリティが高い証拠だ。チャート以外にも、値動きの標準偏差でボラティリティを調べる方法もある。相場の標準偏差を知ることは、相場の通常のトレーディングレンジの外側にストップを置くのにも役立つ。

相場の標準偏差の計算方法

1．まず、ルックバック期間として、標準偏差を計算するのに用いる日数（バーの数）を決める。この変数には通常10、14、20がよく用いられる。次に示すのは、ルックバック期間の変数として10を使った場合の例で、各値には直近10日間の終値が使われている。

60、58、54、55、58、61、63、59、57、59

2．すべての終値を足し合わせる。

$$60+58+54+55+58+61+63+59+57+59=584$$

3．平均を計算する。

$$584 \div 10 = 58.4$$

4．それぞれのデータ値から平均を差し引く。

例えば、60－58.4＝1.6、58－58.4＝－0.4、54－58.4＝－4.4、……。

5．ステップ4で得られた結果をそれぞれ二乗する。

1.6の二乗＝2.56、－0.4の二乗＝0.16、……。

6．ステップ5で得られた結果を足し合わせる。

二乗数の和＝64.4

7．ステップ6で得られた結果をデータ数で割って、分散を求める。

64.4÷10＝6.44

8．分散の平方根をとって標準偏差を求める。

標準偏差＝6.44の平方根＝2.537716

標準偏差は、各観測値が平均からどれくらい離れているかを測定したものだ。このケースの場合、現在価格から1標準偏差の動きは2.54ということになる。つまり、相場は68.26％の確率でこの値の範囲内（±2.54）で動くことが予想されるということである。2標準偏差（5.08）の場合、価格変動は95％の確率でこの範囲内（±5.08）に収まる。したがって、価格は95％の時間帯では前の終値から5.08を上回る大きさの変動を見せることはなく、68.26％の時間帯では前の終値から2.54を上回る大きさの変動を見せることはない。

標準偏差の利用

標準偏差は、どこにストップを入れれば相場のランダムな動きによるストップアウトを避けることができるかを教えてくれるものだ。具体的には、現在価格から１標準偏差以上離れた位置にストップを入れれば、ランダムノイズによるストップアウトはないと考えてよいだろう。また、２標準偏差以上離れた位置にストップを入れた場合、ヒットすればどんなストップもダマシではないことが分かる。モニター用の時間枠でこの方法を用いれば、通常の値幅の外側にストップを入れることができる。標準偏差は扱いが若干難しい面があるが、ストップを入れる安全な位置を示してくれる理想的なインディケーターだ。これから紹介するのは私がTradeStation用に書いたインディケーターで、現在価格から１標準偏差および２標準偏差のラインを表示するものだ。一見ボリンジャーバンドに似ているが、私のインディケーターは、20期間移動平均線からの標準偏差ではなく、各バーの高値および安値から１標準偏差と２標準偏差のラインである。標準偏差の計算に使ったルックバック期間は10である。これを図示したものが**チャート9.7**だ。バンド１は各バーの安値から１標準偏差のライン、バンド２は安値から２標準偏差のライン、バンド３は各バーの高値から１標準偏差のライン、バンド４は高値から２標準偏差のラインを示している。これは次のように使う。例えば、リバーサルデイのあと相場が上昇に転じることを見込んでバーＡの終値で買ったとすると、そこから２標準偏差だけ離れた位置（Ｘａ地点）に水平線を引き、その線をストップ水準にする。このケースの場合、相場は数バー後にその水平線をブレイクしている。したがって、初めて水平線を下回って場が引けた地点で手仕舞う。次に、バーＢの終値で買って相場が思惑どおりに動いたとしよう。この場合も前と同じように水平線を引く。そして標準偏差バンドの上昇に伴って、その水平線の位置も上げていく。つまりこの場合

チャート9.7　KLACの60分足――標準偏差

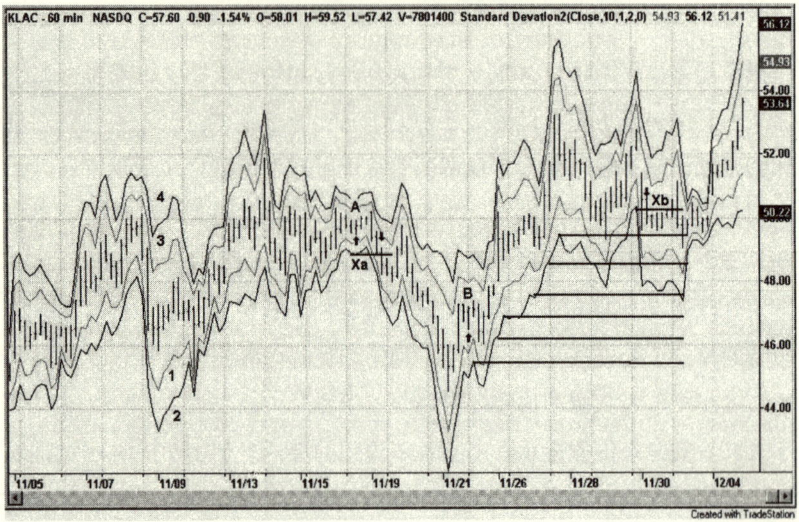

は、トレイリングストップとして利用するわけだ。インディケーターの上昇が一時的に止まったら、最も高い位置にある水平線をストップにする。つまり、最も高い安値から２標準偏差の位置がストップになるということになる。ポジションは、インディケーターの最高点を下回って場が引けるまで持ち続ける。このケースで言えばＸｂ地点で手仕舞い、そこそこの利益を手にすることになる。このトレーディング戦略に似た標準偏差ストップは、トレーディングシステムにプログラミングすることができる。プログラミング例については第12章で多数紹介する。

TradeStationのEasy Language言語による標準偏差ラインのプログラミングコード

```
Inputs: Price(Close), Length(10), StdDev1(1),
        StdDev2(2), Displace(0) ;
Variables: SD(0), LowerBand1(0), LowerBand2(0),
Upperband1(0), UpperBand2(0) ;
SD = StandardDev(Price, Length, 1) ;
UpperBand1 = High + StdDev1 * SD ;
UpperBand2 = High + StdDev2 * SD ;
LowerBand1 = Low + StdDev1 * -SD ;
LowerBand2 = Low + StdDev2 * -SD ;

If Displace >= 0 or CurrentBar >
  AbsValue(Displace) then begin
Plot1[Displace](UpperBand1, "LowerBand1") ;
Plot2[Displace](UpperBand2, "LowerBand2") ;
Plot3[Displace](LowerBand1, "UpperBand1") ;
Plot4[Displace](LowerBand2, "UpperBand2") ;
```

優れたトレーダーになるためには

優れたトレーダーになるためには、勝ちトレードと負けトレードの手仕舞いの方法を知ることが必要だ。どのように手仕舞うかは、仕掛ける前に計画を立てておかなければならない。計画性のないトレードは方程式を半分しか完成させていないのと同じである。トレーディングでは、利益目標と損失限界の設定が重要だ。勝てるトレーダーは負け方を知っているトレーダーである。また勝てるトレーダーは、欲を出しすぎることなく、利が乗ってきたトレードはできるだけ長く保有することの重要性を知っているトレーダーでもある。早く利食いしすぎれば利益を十分に伸ばすことができないため、長い目で見れば高くつくことになる。しかし時と場合によっては、損切りしたほうがよい場合もあるので注意が必要だ。トレーディングにおいてもうひとつ重要なのは、しっかりしたストップ戦略を持つことだ。ストップを入れる適切な場所を知ることは、仕掛けと同じくらい重要なのである。手仕舞いのストップは、新規売買に用いるストップと要領は同じだ。ストップの位置は、トレーダーが許容できる損失額によって決めるのではない。こういった方法によるストップは、相場とは無関係にでたらめな位置に設けられることが多い。ストップを置く正しい位置は、テクニカルバリアから安全距離だけ離れた位置である。ストップはあくまで相場に基づいて決めるべきものであって、個人の許容損失額に基づいて決めるべきものではないことを、くれぐれも忘れないようにしたい。ストップは貴重な資産を保護する役割りを果たす一方で、マネーマネジメントツールとしても利用できる。マネーマネジメントツールとしてはテクニカル分析と併用することで、①トレードに必要な資金があるかどうかの判断とトレードに内包されるリスク量の計算、②ストップの正しい位置に基づいてトレード枚数を決定する――といったマネーマネジメントが可能になる。

　ストップの正しい置き方を知ることで、必要以上の損失を出したり、ストップが相場に近すぎるためにすぐにストップアウトしたりすることを防ぐことができる。相場に近すぎるストップは、相場の通常の変動範囲に置かれていれば必要以上にヒットする。また、相場のランダムノイズによってストップアウトしないためには、ストップは現在価格から１標準偏差以上、理想的には２標準偏差離した位置に入れるのがベストだ。あるいは、ストップを入れようと考えているテクニカルバリアから安全距離だけ離した位置に入れる。優れたトレーダーになるためには、二段構えのストップ水準を持つことが重要だ。第一の水準は、トレンドラインや移動平均線といったテクニカル水準で、これはあなたが間違っていることを警告してくれるものだ。この水準で相場が好転しなければ手仕舞う準備を始める。第二の水準は、テクニカル水準から安全距離だけ離れた水準である。テクニカル水準を過ぎてもなお相場の改善が見られず、第二の水準(バッファーゾーンの外側)をヒットしたらそこで手仕舞う。この方法を使えば、ストップ水準がひとつしかないときに比べてポジションに長くとどまることができるため、トレードに利益を出す余地を与えることができる。ストップはストップオーダーとして入れてもよければ、メンタルなものであっても構わない。メンタルストップで注意すべきことは、相場がメンタルストップをヒットしたら必ず手仕舞うという規律を持つことである。ストップには、一定時間たってもうまくいかなければ手仕舞うというものもある。この場合も、規律に従うことが大切だが、ポジションをすべて手仕舞う必要はなく、負けているものだけ処分してもよい。本章を一口でまとめるならば、手仕舞いにも仕掛けと同じくらい気を使うことが大切、ということになる。

手仕舞いとストップに伴う過ち

1. 手仕舞い戦略を持たない
2. リスクマネジメントプランを持たない
3. うまくいかないトレードを手仕舞うタイミングが分からない
4. 負けトレードを放置して損失を拡大させる
5. 手仕舞いに仕掛けほど気を使わない
6. どこで手仕舞うべきかが分からない
7. 早く利食いしすぎる
8. 欲を出す
9. ストップをドル価で勝手な位置に入れる

10. 相場や状況を判断しないで、いつも同じドル価ストップを使う
11. チャートを見ないでストップを入れる
12. ストップの設定幅が狭すぎる
13. ストップの設定幅が広すぎる
14. バッファーゾーンを設けない
15. ストップを入れたら安心して、その後の管理を怠る
16. 相場が思惑どおりに動いてもストップを移動させない
17. 相場がストップに近づいたら、ストップをキャンセルする
18. メンタルストップに従わない
19. ストップを無視する

手仕舞い戦略の有効活用

1. 利食いは遅く
2. 損切りは素早く
3. トレードのスケールアウト（段階的処理）
4. 明確な理由に基づいて手仕舞え
5. 仕掛けた理由が変わったら手仕舞え
6. 時には損切りしたほうがよいこともある
7. どこで手仕舞うかは仕掛ける前に決めよ
8. 投げ（踏ま）ざるを得ない状況に追い込まれないようにせよ
9. ストップは相場を見て決めよ
10. ストップはテクニカルバリアの外側に置け
11. バッファーゾーンを設けよ
12. ストップを置くときには、トレードに利益を出す余地を与えられるだけの十分な設定幅をとれ
13. トレイリングストップを使って利益を守れ
14. 最大許容損失額をあらかじめ決めておけ

15. 最大許容損失額を上回るリスクは取るな
16. 複数のストップを使ってポジションをスケールアウトせよ
17. ストップを入れる適切な位置は長い時間枠を使って決めよ
18. 規律が身につくまでは、メンタルストップではなく、実際のストップ注文を入れよ
19. うまくいかないトレードの手仕舞いにはタイムストップを使え
20. 自分の最大許容損失額に合わない市場ではトレードをするな
21. 相場のランダムノイズによるストップアウトを防ぐには、ストップは相場から２標準偏差離れた位置に置け
22. 決めたストップには従え

自問自答コーナー

●ストップは置いているか
●その水準で手仕舞う明確な理由があるか
●このトレードではどれくらいの損失を許容できるか
●トレードするに見合うだけのリスク・リワード比率か
●ストップの設定幅が狭すぎたり広すぎたりしてはいないか
●リスクに見合う正しいトレード量で売買しているか
●メンタルストップに従うだけの規律が身についているか
●ストップを無視しなかったか
●だれの目にも明らかな水準にストップを置いていないか

第10章
高確率トレーディング

Making the High Probability Trades

ネコのソフィー

3年ほど前のある日のこと。家路に向かう私の後ろから痩せこけた子ネコがついてきた。まるで歩調を合わせるかのように、私が止まるとネコも止まり、私が角を回るとネコも角を回った。ネコは私から1メートル以上離れることなく、影のようについてきた。幸運にも私の家から2ブロックのところに獣医がいたので、そこに立ち寄ってネコがいなくなった人がいないかどうか聞いてみることにした。心当たりのある人がいなかったので、獣医に診てもらい、飼い主が現れるまで預かることにした。とても従順なネコで抱いても嫌がらないところをみると、飼われていたネコに違いないと思った。私とネコは獣医をあとにして、家に向かった。家に着いて食べ物を与えると、ネコはうとうとし始めた。翌日から飼い主探しを始めたが、飼い主は一向に現れなかった。そのうちにネコを連れての散歩にも慣れてきた。リードを使うことも考えたが、あまりにも華奢な体なのでそれはあきらめた。ネコは外に行くのが大好きだった。だから、アパートの向かいの公園に毎晩連れていった。ある夜のこと、いつもの公園でハトの群れを見つけた彼女は、ひっそりと忍び寄って身をかがめると、数分間観察して、私の元に戻ってきた。それから数日後、いつものように公園に行くと、今度は低い茂みの上に１羽のスズメを見つけた。彼女は茂みの辺りに忍び寄ると、また身をかがめて草の葉の陰に隠れた。彼女は今回は微動だにすることなくおよそ15分間もスズメをじっと見ていた。そして、スズメが茂みから草のほうに飛び降りるや否や、ソフィーは尻を震わせて２メートル近くもジャンプして空中でスズメを捕えると、地面に取り押さえた。私は彼女がスズメを傷つけないように止めようとしたが、それには及ばなかった。スズメは少し驚きながらも無傷で飛び去った。

これはネコの話ではあるが、トレーディングにもそのまま通じるものだ。つまり、トレーディングもソフィーのやり方を倣わなければならないということである。ソフィーがハトの群れを襲わなかったのは、相手が大きすぎるためにタックルしても勝ち目のないことが分かっていたからだ。タックルすれば１匹は捕えられたかもしれない。だが相手は複数だ。だから自分がやられる可能性のほうが高い。それに、餌を食べたあとだったので、高いリスクを犯してまで群れを襲う必要もなかった。しかし、スズメの場合は違った。スズメは１羽で、しかも非常に小さかったので、ソフィーにとってはそれほどの脅威ではなかった。ただ、スズメは茂みの上の高いところにいたし、飛び立ってしまえばそれで終わりだ。ソフィーはチャンスは一度しかないことを知っていた。だから相手の出方を辛抱強く待って、一度のチャンスをものにしようと考えたのである。結局待っただけの甲斐はあり、絶妙のタイミングでスズメを捕まえることに成功した。トレードの場合もまったく同じである。市場が低リスクで高確率の機会を提供してくれるまで辛抱強く待てば、パフォーマンスは飛躍的に向上する。

高確率トレーダーになるためには

ほかのトレーダーたちに差をつけるひとつの方法は、高確率トレードと低確率トレードを見分けられる能力を身につけることである。この能力が身につけば、勝率はグンと上がる。私がトレードをやるのは生活のためだ、と人に言うと、トレーディングとギャンブルは同じようなものだと彼らは口をそろえて言う。もちろんトレーダーのなかにはギャンブラーと同じくらい強運の持ち主もいるが、トレーディングとギャンブルとはまったく別物だ。プロのトレーダーが常に利益を出せるのは、しっかりしたマネーマネジメントと健全なトレーディング戦略とに基づくトレーディングプランを持っているからだ。このトレーディングプランに含まれる重要な項目のひとつが、高確率でリスク・リワード比率の良いトレードのみを行うというものである。こういったトレーディングができなければ、トレーディングは単なるギャンブルでしかなくなる。

高確率トレードとは、明確な手仕舞い戦略に基づき、ストップ水準をあらかじめ決めたうえで慎重に行われるトレードで、高い成功率が過去のデータによって裏付けられた、リスク・リワード比率の良いトレードのことをいう。また、トレードを行うに当たっては、だれに説明しても恥ずかしくないような明確な理由がなければならない。深く考えることもなく、訳の分からないトレードをする人もなかにはいるが、こういったトレードは、結果の良否にかかわらず、高確率トレードとは言えない。行おうとしているトレードが理想的な市場環境の下で計画的に行われるトレードなのか、無計画なトレードなのかは、トレードの経験を積めば分かるようになるだろう。無計画なトレードは可能なかぎり減らすことが大切だ。

高確率トレーディングを構成する要素は多数あるが、なかでも最も重要なのは、リスクに見合うトレードであるかどうかである。高確率トレーディングは、負けトレードを出さないことではない。間違っていたときでもリスクをなるべく低く抑えることができると同時に、正しかったときには大きな利益を出せるようなトレードを行うことを意味する。もうひとつの重要な要素は、自分の持てる全知識とツールを総動員し、市場が良いトレーディング機会を提供してくれるまで辛抱強く待つということである。一言でいえば、不当なリスクは取らない、ということになる。私のこれまでの経験からすれば、トレード回数を減らし、トレードにふさわしい環境下でのみトレードを行うことでパフォーマンスは確実に上がる。トレーディング機会を逃すこともあるかもしれないが、そんなことは問題ではない。トレード回数を減らさなければならないとなると、当然ながらリスクに見合わないトレードや過去のデータからあまりうまくいかないことが分かっているようなトレードは極力控え、トレードを選ぶようになるはずだ。

プランを持つ

本書の残りの部分では、トレーディングプランとゲームプランを中心に話を進めていく。トレーディングプランは、マネーマネジメントと明確なトレーディング戦略とに基づいてトレードを行うためのガイドラインとなるものだ。突発的なトレードを防ぎ賢明なトレードを行ううえで、トレーディングプランは絶対不可欠だ。一方、ゲームプランは、トレーディングプランを実行するのに必要な具体的な戦略であり、日々見直す必要がある。トレーダーにトレードを行う明白な理由を持たせ、気まぐれなトレードを行わせない役割りを果たすのが、このゲームプランである。残念ながら、優れたトレーディングプランとゲームプランに基づいたトレードを行っている人が少ないのが実状である。高確率トレードだけを厳選して行うためには、優れたトレーディングプランが必要になる。プランは立てればよいというものではなく、それに従わなければ意味がない。これを実現するひとつの方法が、完全にメカニカルなシステムを採用し、それを基にトレーディングの意思決定を行うというものだ。システムは自分で設計したものでも購入したものでもよいが、手仕舞い戦略を含む、高確率トレードを実現するために必要なすべての要素が盛り込まれているとともに、バックテストによって検証されたものでなければならない。システムの作成、システムによるトレーディング、およびバックテストについては第12章と第13章で説明する。

高確率トレードを行うために必要な要素の例

●トレードの良否を確認するときと、タイミングを計るときとでは、異なる時間枠を用いる
●メジャートレンドの方向にトレードする
●押しや戻りを待つ
●事前に手仕舞い戦略を立てておく
●プランは市場が開く前に立てておく
●トレンドフォロー型インディケーターとオシレーター系インディケーターとを併用する
●明確な理由に基づいたトレードを行う
●トレードに伴うリスクを知る
●集中力を持つ
●規律を持つ

典型的な高確率トレーディングシナリオ

次に示すのは、高確率トレーディングが行われている様子を示す非常に分かりやすい例である。各時間枠で用いるインディケーターはランダムに選んだが、別の組み合わせでもうまくいくはずである。まず、原油の日足チャートを示す**チャート10.1**から見ていくことにしよう。グレーの部分は短い時間枠で焦点を当てた部分に対応する。この日足

チャート10.1　原油の日足――長い時間枠で見た相場

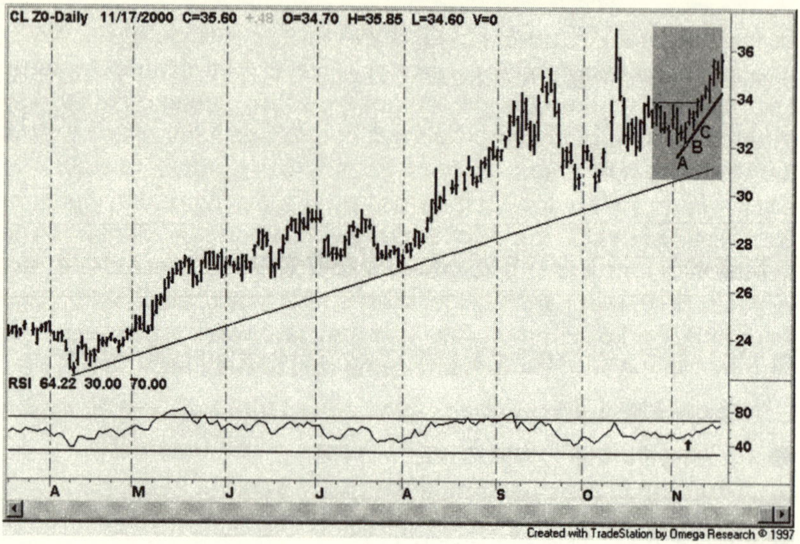

チャートから明らかなように、メジャートレンドとして非常に強気なトレンドが形成されている。RSIが50のラインを上回り、買われ過ぎ圏を下回っている部分は、相場が強く上値余地があることを示している。相場は何カ月にもわたって上昇トレンドが続いており、１カ月続いた32ドル～34ドルの保ち合い圏を抜けて、再び上昇する気配を見せている。

次に、60分足チャートを見てみよう（**チャート10.2**）。このチャートは仕掛けポイントを決めるのに役立つ。保ち合い圏は日足チャートで見るよりはるかに分かりやすいが、相場がずっと強い上昇トレンドにあることは、日足チャートのほうが分かりやすい。例えば、買うタイミングを模索しながら押しを辛抱強く待っていたとしよう。11月１日から11月３日にかけてのＤ１地点では、相場は保ち合い圏の底に向かってやや下落し、このときストキャスティックスと相場との間にはダイバージェンスが発生している。またＡ地点では数日前に付けた安値

チャート10.2　原油の60分足――短い時間枠で見た相場

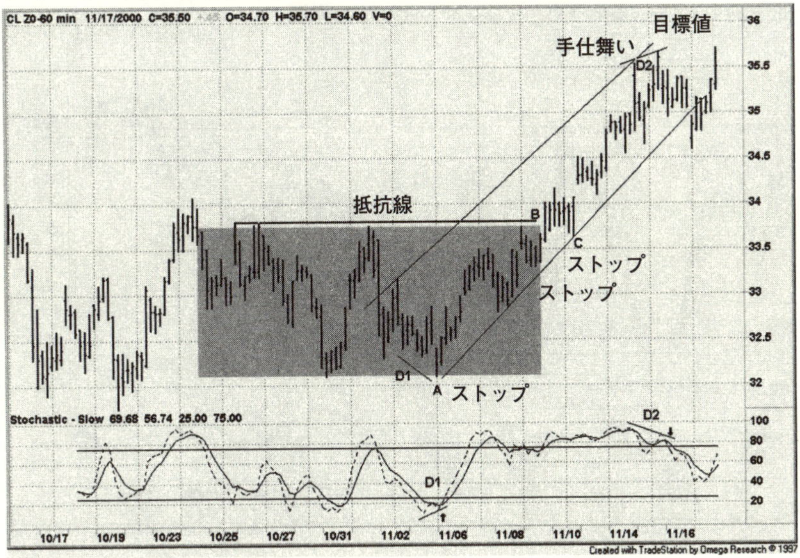

を更新し、売られ過ぎ圏にあったストキャスティックスはそこから上昇に転じている。またA地点から相場は急激に上昇している。このあと相場が数ティック下の前の安値を更新すれば手仕舞わなければならないというリスクはあるものの、あなたはここは買いだと読む。

次は買いのタイミングを計るために、もっと短い時間枠（**チャート10.3**）を見る。A地点の直前で、市場は前の日から下げて寄り付き、およそ30分間下落したが、下げ止まってからは急上昇を始めた（こういう場合は、第８章で説明した30分ブレイクアウトシステムを使うとよい）。相場の急上昇に伴ってMACDラインはクロスしたあと上昇に転じている。これは買いシグナルを意味する。相場がその日の高値を更新するのを見て仕掛けるのが絶妙のタイミングだ。とりあえずはその日のうちに利食い売りすることを目標とするが、上昇トレンドが続くようであれば長期保有を考えてもよい。この時間枠を使うことで、前の安値を簡単に確認できるだけでなく、読みが間違っていた場合には

チャート10.3　原油の10分足――トレードのタイミングを計る

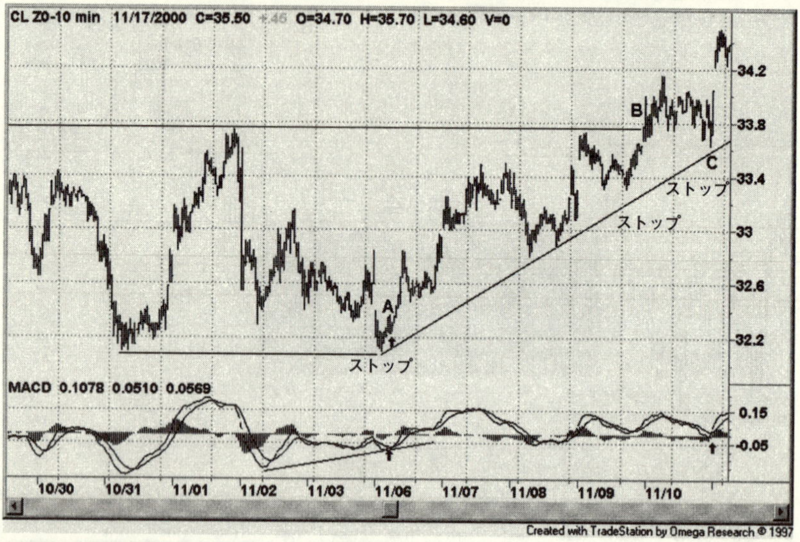

直ちにそれが分かる。相場が保ち合い圏のトップである33.80ドルまで上昇すると仮定して、潜在的利益を見積もる。この場合のリスク対リワードは、30セント対1.50ドルである。たとえ読みが完全に間違っていたとしても、このトレードはリスク・リワード比率が極めて高いため、けっして見逃してはならない。長期トレードの場合は**チャート10.2**の保ち合い圏の長さから上値余地を予想することができる。この場合、上値のターゲットとしては36ドル辺りを見込むことができるため、リスク・リワード比率はさらに良くなる。

仕掛けポイントとして考えられるポイントはA地点以外にもいくつかある。高確率トレードを見込めるポイントは2つだ。相場が保ち合い圏をブレイクするB地点と、ブレイクアウトしたあと押して再びトレンドラインに近づくC地点だ。どちらかと言えば、B地点よりC地点のほうが確率は高い。というのは、相場が保ち合い圏をブレイクしたあと押しを待っていたとすると、C地点はまさにそういうポイントに相当し、しかもトレンドラインまで押しているためＢ地点よりはるかにリスクが低いからだ。これは、ちょっと待てばさらに良い機会に巡り合える可能性を示す良い例である。Ｂ地点で仕掛けても利益は出るが、もう少し待てば利益はさらに増える。

さて、手仕舞いタイミングであるが、長い時間枠のチャートから分かるように、相場は強い上昇トレンドにあるため、トレイリングストップを使いながらできるだけ長く保有するのがよい。手仕舞いポイントとしてまず最初に考えられるのが**チャート10.2**上のＤ２地点である。Ｄ２地点では相場はチャネルのトップラインに近づきつつあり、しかもストキャスティックスと相場との間にはダイバージェンスがあり、ストキャスティックスは買われ過ぎ圏を脱しつつあるからだ。しかも、Ｄ地点は保ち合い圏の長さから見積もったターゲットポイントの36ドルにきわめて近い。このように、Ｄ地点はどの点からみても絶好の手仕舞いポイントであるため、この辺りを手仕舞いポイントと見るのがよいだろう。

トレードする明確な理由を持て

高確率トレードをするうえで重要なのは、トレードは何かに急かされてでたらめにやるのではなくて、明確な根拠に基づいて行わなければならないということである。事前にトレードプランを立てることがパフォーマンス向上につながるのはこうした理由による。トレードに内在するリスクやリワードをよく調べもせずにいきなりトレードしてしまうといったケースがときどき見受けられるが、大概は忍耐力がなかったり、押しや戻りを待てなかったり、相場を追っかけたり、トレード数が多すぎて管理しきれない、といったことがその背景にある。トレーディングには愚かなトレードをやらせてしまうような落とし穴が無数にあることを忘れてはならない。しっかりとした根拠に基づいたトレードを行うためには、トリガーを引く前にそのトレードを行う理由をもう一度確認することが必要だ。「自分はなぜこのトレードをしようとしているのか」と自問自答するのである。その理由が正当なものであることが確認できればトレードしてもよいが、トレードを正当化できるだけの理由でなければ、そのトレードはきっぱりあきらめる。

「なぜ今買わなければならないのか」という問いに対する理由として適切なものをいくつか紹介しよう。

好ましい理由

●その銘柄は市場全体に比べて強く、セクター全体も堅調
●上昇トレンドの途中で移動平均線まで押した
●悪い材料が出たにもかかわらず、下落していない
●移動平均線をクロスした
●システムからシグナルが出された
●大きな水準をブレイクしたが、まだ値動きの余地がある
●昨日リバーサルデイが発生したが、それが今日も継続しそう
●１日の平均レンジが小さくなり反転する気配がある
●ストキャスティックスが売られ過ぎ圏を脱して上昇に転じている
●相場がレンジの底まで下落し、MACDが売られ過ぎ圏にある

好ましくない理由

●儲けたい
●大きな損失を出したので、一発逆転でそれを取り戻したい
●退屈している
●市場が開いている

●買った銘柄が値下がりしている
●ブローカーに推奨された
●ニュースが発表される予定
●かなり下げたので、そろそろ反転するはず
●もう上昇するしかない
●動きに乗り遅れたくない
●証拠金に余裕がある
●短期反転を狙っている
●マリア・バーティモロがその銘柄は強いと言った

手を広げすぎるな

何をすべきかは分かっていても、手広くやりすぎるために結局損をしてしまうというトレーダーがいる。いろいろな市場に手を出しすぎたり、ポジションを抱えすぎることで、注意力が散漫になるのである。あれもこれもと欲張りすぎるよりも、時間をかけて自分が得意とする市場のエキスパートになったほうがよい。ベストトレーダーはひとつの市場やひとつのセクターのみの売買に集中し、そういった市場やセクターのエキスパートであるという事実を忘れてはならない。見る市場が多すぎれば、高確率トレードの選択に集中することができなくなるため、必ず失敗する。仕掛けと手仕舞いのタイミングを計り、しっかりとしたリスクマネジメントを行うためには、厳選した少数の市場や銘柄、セクターに集中することが重要だ。相場が上昇あるいは下落し続けているので、好きなだけトレードしたらあとは気楽に見ているだけでいいといった日でもないかぎり、集中できるのはせいぜい２～３ポジションである。15ものポジションを抱えていれば、そのすべてが高確率トレードであったはずがない。こういった株や商品の大量取引は、純粋にメカニカルなシステムを使わないかぎり管理は不可能で、

特に手仕舞いタイミングを計るのは至難の業だ。

辛抱強く良いトレーディング機会を待て

何度も言うようだが、トレーディングでは辛抱強く相場を待つことが重要だ。これは何度言っても言いすぎることはない。賢明なポーカープレーヤーは勝機のある手しかプレーしないものだ。これと同じように、トレーダーも高確率な状況になるまで待たなければならない。目に入ったトレードをすべて行う必要はないし、慌てる必要もない。時には何もしないという選択肢もある。スズメが地上に下りてくるまでじっと待ち続けたソフィーのように、相場をじっくり観察してからトレードしても遅くはない。慌てて仕掛けるよりも、そのトレードの良否についての裏づけが取れるまで待ったほうがよい。動きが鈍く取引量が少ない日にわざわざトレードする必要もない。そんな日にトレードしても不利なだけだ。そんな日には思い切って家に帰ってしまうという英断が私にできていれば、あの数年間のパフォーマンスははるかに向上していただろう。どのトレードにも実行しないという選択肢があることを忘れてはならない。トレードしないという意思決定が最もベストな判断である場合もあるのである。私は昔からオーバートレードしがちで、それによってよく失敗した。もっと辛抱強く待って、確実に勝てると思えるトレードだけを厳選して行っていれば、パフォーマンスはもっと早くに好転したはずである。

動きに乗り損なうことがたまにはあってもよいのだと思えるようになるまでには何年もかかった。相場の動きをすべてキャッチしなければと思っていた時期もあったが、今ではより良いトレーディング機会が訪れるまでじっくり待つほうがよいのだということが分かってきた。前にも言ったように、いかなるトレードを行うにも明確な理由がなければならないが、トレードのタイミングもそれに引けを取らないほど

※参考文献　『ギャンブルトレーダー』（パンローリング）

重要だ。慌てて行うトレードはタイミングを外していることが多い。高確率でリスク・リワード比率の良いトレードを模索している間に、良いトレード機会を逃すことがあるかもしれないが、それによって月並みなトレードや悪いトレードをしなくてすむのなら、そのほうがマシだ。値動きのなかには事前の噂などで簡単に予測できるものもある。気まぐれでトレーディングするよりも、こういった動きを待ったほうがよい。どんな動きも見逃したくないと思っているトレーダーは常にポジションを保有している状態にあるが、そのトレードの多くは良くても小利しか見込めないものばかりだ。高確率トレードが訪れるのを待つ忍耐力が身につけば、勝てるチャンスは確実に増えるだろう。

初期のころに得たアドバイス

私がフロアトレーダーを始めた最初のころに得たアドバイスのひとつは、トレードで食べていくには良いトレードを１日に１回だけやればよい、というものだった。その完璧な機会をじっと待ち、６～10ティック儲ける。それだけでよいのだ。絶好のチャンスと思える機会は１日に一度や二度は必ずあるはずだ。それまでじっと辛抱するのだ。１日中市場を打ち負かそうなどと考える必要はまったくない。

リスクとリワード

高確率トレードを行うに当たって特に重要なのは、リスクとリワードの比率の良いトレードをするということである。そのためには、事前に最大許容損失額を決め、最悪の場合のシナリオを想定し、利益目標を立てることが重要だ。もちろん、リスク・リワード比率が高いほど良いトレードであることに違いはないが、この比率はトレーダーごとに異なるし、保有時間によっても異なる。デイトレードの場合、2：1か3：1以上のリスク・リワード比率が好ましいが、もちろん高ければ高いほどよい。また、長期トレードでは少なくとも5：1は必要だ。リスクの割合を減らすのに有効な手段のひとつが、トレードのタイミングを計ることである。

自分にとって安心できる最低比率が決まったら、チャートを見てトレードするかどうかを決める。まずはリスク（ストップを置く位置）を決める。次に、すべてがうまくいった場合にどれくらい稼げるかを計算する。これは必ずしも簡単ではないが、フィボナッチ比を使ったり、前の保ち合いと波動の長さを測定したり、オシレーターが極値圏に到達するまでにどれくらいの余地があるかを調べたり、長い時間枠を使って抵抗線を見つけたりすることで見積もれるはずだ。リスクが200ドルで潜在的利益が100ドルだったら、あなたはそのトレードを実行するだろうか。しないはずだ。では潜在的利益が400ドル、500ドル、1000ドルだったらどうだろう。これは実行すべきだ。たとえ間違っていたとしても、これはリスクに見合うトレードである。

30分ブレイクアウトシステムなどによるトレードは成功率の高いことが過去のデータから分かっているため、最大許容損失額は若干高めでもよい。しかし、素早い反転を狙ったり、リスクの高いトレードをやっている場合は、ストップアウトする可能性が高いため、最大許容損失額は低く設定しなければならない。

プロのポーカープレーヤーはなぜ勝つのか

トップポーカープレーヤーが常に勝つことができるのは、どういった手がどういった確率で出るかをすべて分かっているからだ。

彼はペイオフレシオが高い賭けしかやらない。例えば、インサイドストレートを狙うには６を引かなければならず、６を引く確率が11：１である場合を考えてみよう。だれかが10ドル掛けた。次は彼が賭ける番だ。彼はポットが110ドルを上回らなければその賭けはしないだろう。ポットがわずか50ドルしかなければ、そのゲームはやる価値のないゲームだ。この場合ペイオフレシオは５：１なので、欲しいカードが出る確率11：１には到底見合わない。ではポットが400ドルの場合はどうだろう。この場合のペイオフレシオは40：１なので、自分のストレートに勝つ手はないことを前提に賭けに出る。たとえ６を引かなかったとしても、彼は賢い賭けをやったことになる。

ポジションサイズ

正しいポジションサイズを知っているのと知らないのとでは、パフォーマンスに大きな違いが出る。ポジションサイズをトレーディングにおける最重要事項のひとつと位置づけている人もいるほどだ。良いトレーディング機会が訪れたときにそれを最大限に活用するには、どういったときにポジションサイズを増やし、減らせばよいのかを知ることが大切だ。いつも同じ枚数しかトレードしない人は、市場に発生するさまざまなシナリオの違いが分からない人、つまりトレードに内包されるリスクを計算できない人である。私は市場の感触をつかむためにトレードすることがある。例えば朝方は少ないボリュームでトレードして様子を見る。市場が開いてから最初の30分は値動きはランダムで、トレンドが形成され始めるのは30分を経過した辺りからだ。したがって最初の30分で利益が出ることはほとんどない。だから朝方のトレードはボリュームを抑えるわけである。方向感のない相場にも同じことが言える。こういった相場でのトレードは難しく、勝てるという確かな確証はなかなか得られない。一方、トレンド相場でトレンドラインまで押してきたときには、ストップを入れる位置がはっきりしているうえトレンドラインからそれほど離れていないので、高確率トレードになる確率が高い。こういった場合はポジションサイズを大きくする。なぜなら、ペイオフレシオが高いのでリスクを増やしてもそれに見合うトレードになるからだ。勝てるトレーダーのほとんどは、普段はボリュームを抑えてトレードする。そして、ここぞというときにだけサイズを増やして大きく儲けるのである。トレーディングで勝つためには、１カ月に２～３日だけビッグチャンスがあれば十分だ。すべてのトレードで、あるいは毎日、大儲けする必要などない。

市場の動きを把握する

トレーディングで勝率を上げるには、売買する銘柄、セクター、市場の動きを把握することが先決だ。各市場はそれぞれ独特の動きをする。これはそれぞれの市場における参加者の心理状態に違いがあるからである。つまり市場によって参加者の特徴が異なるため、各市場は若干異なる動きをするのである。トレンドを形成しやすい市場もあれば、レンジ相場になりやすい市場もある。ポーカーゲームでは、ほかのプレーヤーの手が気になるため、彼らの「テル」（プレーヤーが持っているのが弱い手か強い手かを示すサイン）を読み取ろうとするものだ。これはトレーディングでも同じだ。つまり、それぞれの市場の振る舞いを知ることで、市場はそれぞれに同じようなパターンを繰り返すことが分かってくるし、それぞれの時間枠ごとにパターンに特徴があることも分かってくるため、注意深いトレーダーはこういった特徴を利用してトレードすることができるということになる。例えば、私がよく売買していたIDTIは毎日数ドル下げて寄り付き、寄り付いてからは６ドル程度上昇するという特徴があった。ただし、この特徴が当てはまるのは、上昇トレンドにあり、相場がトレンドからあまり乖離しない場合のみだった。この特徴はほかの銘柄には当てはまらなかった。またこの特徴が続くのは数カ月間のみだったが、この特徴が崩れる時期は比較的容易に予測できた。少数の市場に集中し、その動きを記憶することで、それぞれの市場に特有のパターンが見えてくる。こういったパターンをうまく利用してトレードすればよいのである。

私のモーニングトレード――石油採掘業者株

最近、石油採掘業者株の値動きの特徴が分かってきた。過去３カ月の毎日、石油採掘業者株は10時ごろから45～90分にわたって急上昇するという傾向があるのだ。１分足チャート上でまず下落したあと動きが止まるのがそのサインだ。このサインを見たらいかに敏速なアクションをとれるかですべてが決まる。このサインは当然ながらほかのトレーダーの目にもとどまるはずであり、彼らが買い始めたら時すでに遅しである。このトレードは私の最近の日課になった。うまくいっている間は続けるつもりだ。このトレードは勝率が高く、高確率トレードになるので、結構大きなサイズでトレードする。また、ストップを置く位置はその日の安値か、うまくいかない場合は45分のタイムストップを使う。

低確率トレーディング

勝率を上げるもうひとつの方法は、低確率シナリオを見分け、そういったシナリオ下でのトレードを避けることだ。この実例を紹介しよう。

大学卒業後、バックパックひとつでヨーロッパ中を貧乏旅行したとき、パリで見かけたホテルは最低だった。何と入り口には、「このホテルにはシラミがいます」と書いた貼り紙がされてあった。いくら破格のロープライスとはいえ、シラミにつかれたのでは元も子もない。このホテルに泊まった客は、不必要なリスクを犯したことになる。もう少し辛抱強く歩けば、すぐ近所にゴキブリしか出ないホテルがあったのだから。もちろん宿泊料はさっきのホテルよりは高かったが、リスク・リワード比率も良かった。

では、低確率トレーディングとは具体的にはどんなものをいうのだろう。その一例が、強いトレンド相場で天井と底を当てようとすることである。底を予測することを、落ちるナイフをつかもうとすること、と言う。相場が一直線に下落しているときに底を予測しようとすれば、必ず痛い目に遭う。2002年２月４日はまさにそんな日だった。脳みそを家に置き忘れて愚かなトレードをしてしまったのだ。辛うじてトントンには持っていけたが、あんなバカなことをしなければ大きな利益が得られたはずだ。数週間前にピークを付けたあと、やや下落トレンドに転じていたため、その日も下げて寄り付いた。**チャート10.4**はS&P500指数の日足チャートを示したものだ。見てお分かりのように、下落トレンドにあるのは明らかである。**チャート10.5**は、私がよく売買するQLGCの日足チャートである。これもまた、ダブルトップの直後から下落に転じている。

この日、私が何をやったかというと、上昇を期待してQLGCとその関連株のいくつかを、買うチャンスがあるたびに買いまくったのだ。**チャート10.6**はQLGCの５分足チャートで、上向きの矢印は私が買ったポイントを示している。４番目の矢印で買ったものは平均で１株当たりおよそ20セント儲かったが、これ以外のトレードでは平均で１株当たり50セントの損失を出した。長期トレンドが下降トレンドであるときに戻りを狙ってトレードするのは時間の無駄以外の何物でもない。

チャート10.4　S&Pの日足──弱気相場

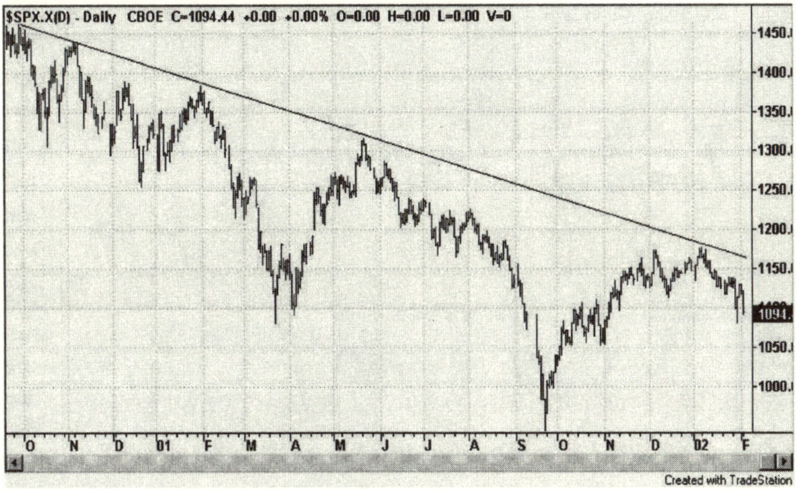

チャート10.5　QLGCの日足──弱気相場の株価

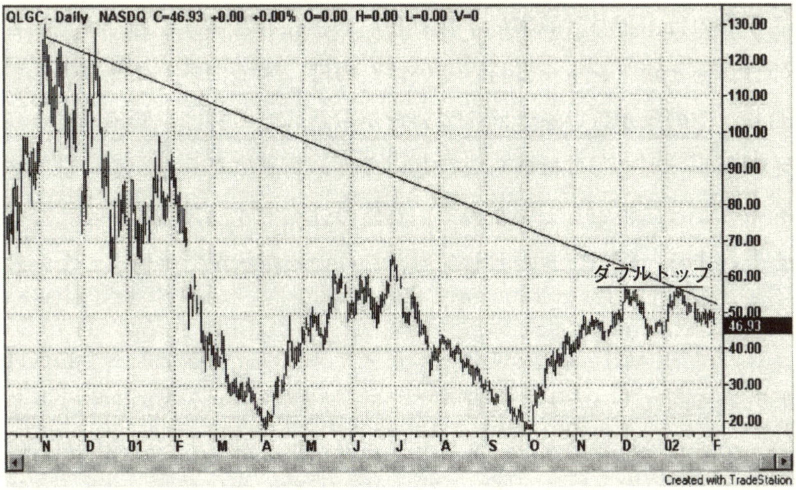

チャート10.6　QLGCの5分足──落ちるナイフをつかむ

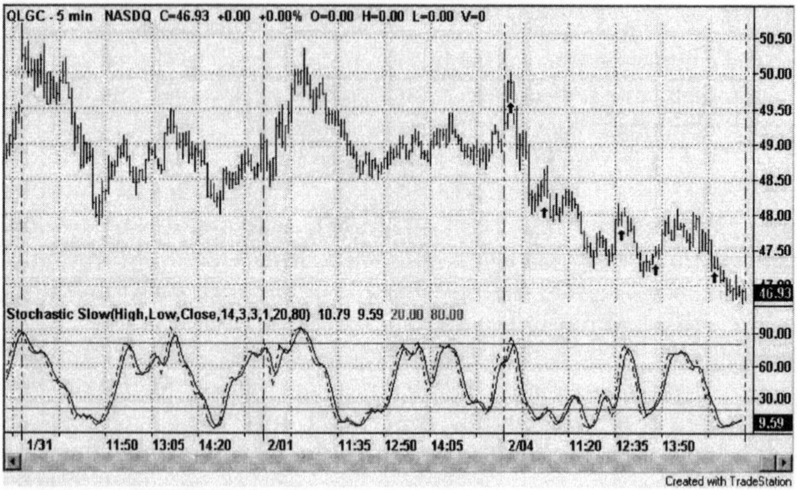

確かなのは、損益計算書に手数料が加算されるということだけだ。この日、何とかトントンに持っていけたのは、すでに多くの株を売っており、その量が買いを上回っていたからだ。この日は、低確率シナリオのトレードをしてはならないという良い教訓になった。その日、底を拾うことに集中していたので、安値の近くで4回買っている。たとえ上昇すると確信できたとしても、こういった状況では何もしないのが賢い選択だ。

このほかに避けなければならないシナリオは、相場が大きく動き買われ過ぎ圏に入ったときに買うことと、相場がチャネルのトップライン、つまり抵抗線の水準にあるときに買うことだ。また、相場が右肩上がりのトレンドラインをブレイクしたあとの買いも避けなければならない。なぜなら、これはトレンドが終わったことを示すサインだからである。しっかりとした手仕舞い戦略を持たず、ストップを無視することも損失に直結する。高確率トレードと低確率トレードを見分けられるようになるには経験が必要だ。要するに、実行する価値のあるトレードと実行する価値のないトレードを見極められる能力は、ベストトレーダーの第二の天性というわけである。

優れたトレーダーになるためには

優れたトレーダーになるためには、本章の冒頭で述べたネコのソフィーのように、高確率な状況と低確率な状況とを見極めることができなければならない。この能力がつけば、プロ並みのトレードも夢ではない。私の経験から言えば、このためのベストな方法は、大きな動きの間違った側をつかむことがないように、相場が今何をしているのかを異なる複数の時間枠で常に注意深く観察することだ。そして、好みの時間枠だけにこだわることなく、複数の時間枠とさまざまなテクニカル分析のテクニックを組み合わせることで、勝てるトレードを特定するのである。

行おうとしているトレードがそれに内包されるリスクに見合ったものであるかどうかを見極めるためには、どのトレードに対してもそれを行う明確な理由を持つこと、そして事前に十分なプランを立てることが大事だ。プランを立てるための時間を惜しめば、どれくらいのリスクがあり、どれくらい儲かるのかは分からない。理由とプランという２つの重要な要素を欠けば、トレードの良否を判断することは不可能だ。すべてのトレードがうまくいくわけではないが、勝率が低くリスクの高いトレードをできるだけ排除できれば、トレーディングパフォーマンスの大幅な向上が期待できるはずだ。トレード回数は少なく、そして確率の高いトレードをのみを行うこと。これはベストトレーダーになるための重要な要素であるため、何度繰り返しても言い足りないくらいだ。トレードを行う前に、「自分はなぜこのトレードをやろうとしているのか」と自問自答してみることだ。そして、納得のいく理由がなければ、そのトレードはきっぱりあきらめる。高確率メンタリティーを養ううえで必要なことのなかでも最も重要なのは、良いトレード機会が訪れるまで待ち良いトレードのみを行うという規律を持つことと、そういった機会が訪れたときに正しいアクションが取れるようにマネーマネジメントスキルを身につけることである。

低確率トレーダーになるための14のステップ

1. トレードのタイミングを計らない
2. 方向感のない相場でトレードする
3. 寄り付きでトレードする
4. トレンドに逆らってトレードする
5. チャートを見ない
6. 市場の動向を無視して、ニュースだけでトレードする
7. いつも同じ枚数でトレードする
8. 落ちるナイフをつかまえようとする
9. オーバートレードする
10. 高確率トレードと低確率トレードを見分けられない
11. でたらめにトレードする
12. 手仕舞い戦略を立てる手間を惜しむ
13. マネーマネジメントを無視したトレードを行う
14. 相場を追っかけた揚げ句、買われ過ぎ圏でつかまされる

高確率トレーダーになるためには

1. 複数の異なる時間枠を使え
2. トレンドの方向にトレードをせよ
3. 押しや戻りを待て

4．ネコのソフィーのように考えよ
5．最良の機会を辛抱強く待て
6．勝算があるかどうかを見極めよ
7．ときには見逃すトレードがあってもよいことを理解せよ
8．メカニカルなシステムを使え
9．リスク・リワード比率の観点から見て有利なトレードのみ行え
10. トレードごとにリスクを調整せよ
11. 勝算があるときにはトレード量を増やせ
12. ギャンブルはするな
13. どの点からみても勝てると思えるトレードだけ行え
14. トレードする理由を持て
15. プランを立てよ
16. 市場が開く前にトレードプランを立てよ
17. 立てたプランには従うという規律を持て
18. 集中力を持て
19. 市場の振る舞いを学べ
20. じっくりと考えたうえでトレードせよ

自問自答コーナー

●どういった理由でそのトレードを行ったのか
●よく考えてトレードしたか
●内包されるリスクが分かっているか
●トレード量は適切か
●絶好の機会が訪れるまで辛抱強く待ったか
●メジャートレンドの方向にトレードしているか

第4部

プランに基づくトレーディング
Trading With A Plan

第11章

トレーディングプランとゲームプラン

The Trading Plan and Game Plan

朝起きて、とりあえずコーヒーでも飲みながら市場が開くのを待つ間、今日はどういった戦略で行こうか、と考える人は、かなりいい線をいっている。良いトレーダーというものは、市場が開く前に下準備をすべてすませ、市場が提供してくれるものに備えるものだ。こういったトレーダーが行うトレードに気まぐれなものは一切ない。しっかりしたトレーディング戦略とリスクパラメータに基づいたトレードが行われる。戦略やリスクを定めたトレーディングプランは市場が開く前にすでに作成済みなので、相手がどう出ようとじたばたすることはない。また、市場のどういった出方にも対応できるように、その日のゲームプランもすでに作成済みだ。

トレーディングプランとは何か

トレーディングプランとは、トレーディングにおいて常に正しい意思決定を行うためのガイドラインのことをいう。トレーディングプランは２つの要素からなる。１つは買いシグナルや売りシグナルを生成するトレーディングシステムやトレーディング手法であり、もう１つはマネーマネジメントパラメータである。具体的に言えば、仕掛け、手仕舞い、ストップを置く位置、ポジションサイズ、一般的なリスク水準が主な要素だが、このほかにも、どの市場でトレードすればよいかや、トレーダーの気質、トレーディングスタイルも重要な要素になる。さらに、トレーディングで見落とされがちな、パフォーマンスの検証方法もプランに含めなければならない重要な要素だ。過ちから学ばなければ進歩はない。パフォーマンスの検証が必要なのはそのためだ。これらの要素はどのひとつをとってみてもトレーディングには欠かせない重要な要素ばかりだ。こういった要素のすべてを含んだトレーディングプランを作成できるようになれば、勝者への道も遠くはない。

トレーディングスタイルもリスク選好もトレーダーごとに異なるため、トレーディングプランは、自分に合ったものを作ることが肝要だ。自分のトレーディングスタイルや考え方に合わないトレーディングプランに、どうして従えるだろうか。よく練られたプランは、不利な状況を避けながら自分の強みを最大限に生かしたトレードを可能にしてくれるものだ。トレーディングプランは基本的にはトレーダーが使っているシステムとマネーマネジメントプランを規定したものであるため、毎日見直す必要はない。しかし、ゲームプランは、その日の相場を最大限に生かせるようなプランにする必要があるため、毎日見直さなければならない。ゲームプランでは、ストップの移動、失業者統計が発表されたあと何をすべきか、相場がトレンドラインをヒットするまで待ってからエントリーする、といったトレーダーが取るべき具体的な方法が規定される。

トレーディングプランはいわばトレーダーのビジネスプランのようなものだ。ビジネスで成功するのにビジネスプランが必要なように、トレーディングで成功するためにはトレーディングプランが必要だ。トレーディングプランにどういった項目を含めればよいのかは、あなたがだれかのお金を預かってトレーディングさせてもらうときに、その人にどう説明すれば自分にお金を預けてもらえるかを考えると分かりやすい。CTA（商品投資顧問業者）が作成する開示書類は実質的には精巧なトレーディングプランである。なぜなら、トレーディングプランに含むべき内容はすべて開示書類に含まれるからだ。

トレーディングプランの作成

トレーディングプランの作成は難しく、時間もかかる。人によってはすぐに充足感を味わいたいがために、トレーディングプランをスキップしていきなりトレードを開始する場合もある。つまり、トレーディングプランを完全に無視するわけである。しかし、これは大きな誤りだ。トレーディングプランを立てないでトレーディングするのは、海図もなく大海原に漕ぎだすようなものだ。具体的なルールを設定し、それにきちんと従うには、プランは紙に書くほうがよい。紙に書いておくことは、相場が白熱化したり損をしているときに感情で意思決定することを避けるのにも役立つ。

トレーディングプランは必ずしも紙に書かなければならないというわけではないが、やはり紙に書いて定期的に見直すほうがよい。紙に書いていない人には、ぜひそうすることをお勧めする。簡単なプランでも、ないよりはマシだ。トレーディングプランには、少なくとも、１トレード当たりの最大許容損失額と、相場がどういった状況のときにトレードするかも含めるべきだろう。例えば、次のような簡単なものでもオーケーだ。

相場が前日より下げて寄り付き、寄り付きから30分後にレンジの中央から上にあるときには１枚買う。その日の安値を更新したら損切りする。それ以外では、引けで手仕舞う。

単純なプランだが、これも立派なトレーディングプランである。単純でありながらも、トレーディング戦略、マネーマネジメントパラメータ、ポジションサイズという重要な項目はすべて含まれている。あとはあまり深く考えないで毎日このプランに従えばよい。しかし、もっと精巧でプロっぽく見えるトレーディングプランを作成するには、他人のお金を任せてもらうにはどう説明すればよいか、という先ほどの考え方に立ち戻らなければならない。お金を預ける側としては、次のような具体的な説明が欲しいはずだ。

●どういったトレードを行うのか
●どういったタイプのシステムを使うのか
●どの市場でトレードするのか
●どれくらいのリスクを想定しているのか
●最大許容損失額はいくらか
●無理なく儲けられる額はいくらか
●トレーディングにかかるコストはいくらか
●想定外の変数が発生する可能性はあるか
●破産を避けるための策はあるのか
●一度にどれくらいのリスクを取るつもりか
●取引する市場の数
●保有時間

こういったことが事前に分かっているとしたら、あなたのトレーディングパフォーマンスはどれほど向上するだろうか。一度プランを作成したら、トレーディングの意思決定は市場が閉じている時間帯に行えるため、市場が開いている時間帯は仕掛けと手仕舞いのタイミングを計ったり、リスクを調整したりすることに集中できる。トレーディングプランの作成には時間はかかるが、時間をかけてよく練ったプランを作成することで、結局はトレーディングをスムーズに進めることができるため時間の節約につながる。

プランはなぜ必要なのか

トレーディングプランとゲームプランが必要な理由は２つある。常に高確率トレードを行うためと、トレードをする前にそれに内包されるリスクを知るためである。トレーディングプランには、正の期待値を持つ高確率の戦略であることが実証されたトレーディング戦略が含まれる。プランがなければ、相場が同じ状況であるにもかかわらず、今日は買い、明日は売るといった一貫性のないトレーディングをしかねない。トレーディングアイデアが次々と生まれてくるようなプランを持つことで、理由のないトレードはやらなくなるし、感情に支配された衝動的な意思決定をすることも少なくなる。トレーディングの意思決定に感情が持ち込まれて良い結果がもたらされることはまずない。また、意思決定をその日の相場が動き出してからではなく、市場が開く前にすませておくことで、勝率は上がる。トレーディングプランがなければ、相場を追っかけて気まぐれなトレードをすることになり、手仕舞うタイミングも分からない。トレーディングプランにはオーバートレーディングを防ぐ効果もある。しかしプランがあってもそれに忠実に従わなければ、オーバートレーディングというワナにいとも簡単に陥り、損を取り戻そうと不適切な意思決定をしてしまう。トレーディングプランがあれば、トレーディングアイデアを模索する必要はないため、１日中集中してトレーディングに打ち込むことができる。トレーディングプランのメリットはこれだけではない。プランを持つことで、取るべきリスク量や損切りのタイミングも知ることができる。最大損失額が事前に分かっているので、最悪の事態が発生しても慌てることはない。

トレーディングプランを構成する要素

トレーディング手法またはトレーディングシステム

トレーディングプランに含むべき要素として最も重要なものは、トレーディングにどういったシステムを用いるかである。システムとは平たく言えば、仕掛けと手仕舞いの方法を規定するルールと条件の集合体である。システムの作成とバックテストについては、このあとの２つの章を使って解説する。システムは１つでなければならないというわけではない。市場別あるいは市場の状況別に複数のシステムを併用してもよい。システムは必ずしもメカニカルなものでなければならないわけではないが、どういったときに買って、どういったときに売るかを規定した基本的なルールは盛り込んでおく必要はある。自分に最も合ったトレーディングスタイルとインディケーターが決まったら、うまくいくものが見つかるまでシステムでいろいろなアイデアを試してみるのだ。

システムは使用する前に、過去のデータを使ってその有効性を確認しておくことが重要だ。過去にうまくいかなかったシステムは、将来的にもうまくいかない可能性が高いからだ。テストするのが面倒なら、実際に痛い目に遭って、つまり実際にトレーディングして損をすることで確認するという方法もある。仕掛けルールはもちろんのことだが、それよりも重要なのが手仕舞いルールである。これを無視してはいけない。手仕舞いルールによって勝負が分かれると言っても過言ではない。優れたシステムにするためには、勝ちトレード、負けトレード、引き分けトレード別に、手仕舞いの方法を明確に決めておくことが大切だ。そして、手仕舞いする場所は仕掛ける前に決めておくこと。手仕舞いルールを持つことのメリットは、いったん仕掛けてしまえば、少しリラックスできる点にある。手仕舞いルールを持つことで、相場が1ティック動くたびに一喜一憂し、ポジションを細かく管理する必要がないからだ。システムがあれば、毎日何をどのようにトレードすればよいのかが分かるし、あらかじめ決めておいた条件に従ってトレードするので、突発的なトレードをすることもない。条件が満たされれば仕掛け、満たされなければ何もしないだけだ。

トレーディングシステムとは言っても、コンピューター化された本格的なメカニカルなシステムである必要はない。簡単なトレーディングアイデアでも立派なシステムだ。ただし、全トレードを通じて同じシステムを使うことが大切だ。簡単なトレーディングシステムの一例を示そう。

相場が前日より下げて寄り付き、寄り付きから30分後にレンジの中央から上にあるときには買い。その日の安値を更新したら損切りする。あるいはトゥルーレンジの平均の80％動いたら手仕舞って利益確定。それ以外は引けで手仕舞う。

こういったシステムを複数用意しておいてもよい。ただし、どのシステムもあなたのトレーディングプランに一致し、きちんと機能するものでなければならないことに注意しよう。

マネーマネジメント

トレーディングシステムもトレーディングプランの大事な要素ではあるが、それよりも重要なのは、トレーディングプランの屋台骨とも言えるマネーマネジメントプランである。これについては第16章と第17章で詳しく述べる。マネーマネジメントを意識しないトレーダーは、どんなに優れたマーケットの達人であろうと、勝者にはなれない。勝つためには、資金の使い方、取るべきリスク量、適切なトレード量、ポジションサイズの増やし方、取引すべき銘柄や市場を知ることが不可欠だ。マネーマネジメントプランを持つことで、一度にトレードできる市場の数や、それぞれの市場で取るべきリスク量も分かってくる。

マネーマネジメントプランを作成するに当たっては、十分に時間をかけ、細かく規定することが大切だ。例えば、それぞれの市場や市場グループには何％の資産を割り当て、何枚トレードすべきか、といった具合に具体的に決めておくのである。適切なポジションサイズを知ることはマネーマネジメントの非常に重要な部分をなし、これによって勝ち負けが決まると言っても過言ではない。過大な投資はトラブルの元だ。したがって、ポジションサイズは常に監視することが必要である。

マネーマネジメントプランは、トレードを始める前に作成しておくべきものだ。リスクを知らずにトレードすれば、自らトラブルを招き寄せるようなものだ。損をするトレーダーが多いのは、やりたいようにやれるだけの十分な資金がなく、気がつけば資力を超えたリスクにさらされていたという人が多いからだ。マネーマネジメントプランを持つことで、リスクの取り方や、最大許容損失額を知ることができる。内包されるリスクを事前に計算できれば、破産は避けられる。

どの市場で売買すべきか

良いトレーディング戦略は持っていても、トレードすべき市場や銘柄が分からないのでは、せっかくの戦略も台無しだ。トレーダーのなかにはこういう人が少なからずいる。市場はそれぞれに異なる動きをする。トレンドが形成されやすい市場もあれば、方向感のない市場もある。また、ボラティリティやレンジの大きな市場もあり、こういった市場はデイトレーダーたちにとってはチャンスであると同時に、注意力を要する市場でもある。流動性が低すぎる市場はトレードには向かない。トレードする銘柄や商品を絞り込むのもトレードプランに含むべき項目のひとつだ。原油だけ売買すると決める人もいれば、半導体株のみ、あるいはトゥルーレンジの平均が２ドルを上回り１日の出来高が100万株を超えるすべての銘柄を売買すると決める人もいる。どういった売買ルールでもよいが、市場が開いてから売買する市場をあれこれと迷って集中力を欠くことがないように、市場が開く前に決めておくことが重要だ。また、用いるシステムが売買対象となる市場で機能することをバックテストで確認しておく必要がある。私は通常売買するセクターを２～３に絞り、そのなかから５～10銘柄を選ぶことにしている。そして、毎日同じ銘柄だけを売買する。ただし例外もあり、何らかの材料が出ている銘柄は、先ほどの銘柄とは別にトレードする価値があるかどうかをチェックする。先物に関しては、最近は債券、原油、株価指数のみに売買を絞っている。

保有時間

トレーディングプランでは、メインとなる時間枠と平均保有期間も決めておかなければならない。メインとなる時間枠にはトレーディングするうえで最も自分に合うと思うものを選べばよい。保有期間は通常、用いる時間枠によって決まってくる。ウォーレン・バフェットのように良いポジションであれば20年保有する人もいれば、スキャルパーのように勝ちトレードの保有期間がわずか６～10ティックの人もいる。これらはきわめて極端な例だが、通常は自分のトレーディングスタイルに合わせて、これらの間の期間にするのが一般的だ。具体例を挙げれば、例えば60分チャートを使っている場合は、保有時間は３～５日で、タイムストップは１日にする。５分の時間枠を使っている場合は、保有時間は45～90分で、30分たった時点で負けトレードなら手仕舞う。保有時間は必ずしもこのとおりにする必要はない。これらはそれぞれのトレーディングスタイルで最もよく機能すると思われるガイドラインを述べたにすぎない。トレードは手仕舞うべき時期が来たら速やかに手仕舞うのが原則だが、基準を決めて置くことは必要だ。私の場合、デイトレードの保有時間はうまくいっている場合で90分～２時間、長期トレードの場合は３～５日というのが一般的だ。ただしこれは平均であり、時と場合により長くなったり短くなったりすることはある。

リスクファクター

人生においては、何事も常に最悪の事態を想定し、それに備えなければならない。これはトレーディングについても言えることだ。つまり、コントロール可能か否かとは無関係に、トレーディングで発生すると思われるありとあらゆる不測の事態を想定することも、トレーディングプランの重要な要素になる。内包されるリスクファクターを知るだけでも、何らかの準備は可能だ。こういった備えがなければ、いざそういう事態になったときには手も足も出ない。何もかも完璧に計画を立てていても、テロリストの攻撃によって市場の力学が変われば、そんな計画などひとたまりもない。以下に示すのは、不測の事態に対する対応策のほんの一例だ。トレーディングでは何でも起こり得る、ということを覚えておこう。

起こりうる不測の事態の例

- トレーディングでは損をすることもある。損をしたくなければ最初からトレーディングなどしないことだ。
- トレンド相場でうまく機能するシステムを持ってはいるが、トレンドのある相場を見つけることができない。

●FRB（連邦準備制度理事会）が突然利下げをする。
●ギャップが発生して、相場があなたのストップ水準を上回った。
●市場ボラティリティが異常に高く、リスクが３倍に上昇した。
●サーキットブレーカーが発動したため３日間手仕舞いできず、１枚当たりのコストが予想を3000ドル以上上回った。
●手数料が天文学的数値に膨らんだ。
●20枚買った途端にシステムがクラッシュし、市場もクラッシュした。
●ネズミが取引所のケーブルをかじったため、売買が停止した。
●ポジションを持っている銘柄の株価が２日間も動かない。
●米国第７位の企業が倒産した。
●個人的なことで感情が高ぶっていて、トレーディングに集中できない。

実はこれらは私が過去に経験したものばかりだ。

コスト

トレーディングプランに必ず含むべき項目として、トレーディングコストを忘れてはならない。トレーディングコストがパフォーマンスをどれだけ左右するかについては、第13章のシステムのバックテストのところで詳しく説明する。今のところは、コストといえどもバカにはならないことを覚えておこう。プランを立てるうえで重要なのは、コストをできるだけ低減できるようなプランを立てることである。コストと言えば最初に頭に浮かぶのは売買手数料だが、スリッページやそのほかの費用も忘れてはならない。このほかにも、気配値をリアルタイムで見るのに必要なコストやソフトウエアコストといった、トレーディングに関連するあらゆるコストを考慮しなければならない。こういったコストに対する費用は、口座から引き落とすのか、あるいは予算を別に取っておくのか。こういったこともプランに明記しておかなければならない。

トレードとパフォーマンスのチェック

トレーディングプランには、行ったトレードとそのパフォーマンスをいつどのようにチェックするかについても明記しておく。これは毎日行う必要はない（しかし、本当は毎日したほうがよい）が、自分の行ったことが正しかったのか間違っていたのかを知るためには、ポジションを監視し、行ったトレードを詳細にチェックする方法を確立しておく必要がある。まず、最初にチェックしなければならないのが保有ポジションだ。保有ポジションが仕掛けた当時のパラメータの範囲内にあるかどうかをチェックする。もし当時のパラメータの範囲内にない場合、つまり仕掛けたときの理由が存在しなくなっている場合、その保有ポジションはさらに詳しくチェックするか、手仕舞う。どれくらいの頻度でトレードをチェックするかは、トレードに用いる時間枠によって違ってくる。長期トレーダーの場合は１日に１回チェックすればよいが、スキャルパーの場合は常時チェックしている必要がある。

常に注意深くウオッチする必要のある項目

●目標圏に達したかどうか
●目標圏に近づいたので、もっとよく監視する必要があるかどうか
●増し玉すべきか、あるいは減らすべきかどうか
●計画どおりに行っていないのではないか
●投資先を変えたほうがよいのではないか
●ポジションを今手仕舞うべきか、あるいはそのまま保有し続けるべ

　きかどうか
●ストップ水準に近づいているかどうか
●ストップ水準を無視しなかったかどうか
●ボラティリティが変化していないかどうか

　オープンポジションのチェックが終わったら、次は負けトレードをチェックする。私は、適切な手仕舞いによって損失を小さく抑えられた負けトレードの見直しには特に力を入れる。こういったトレードこそが私にとっては重要であり、これらを見直すことによって自分の弱点を補強することができるからだ。私にとっては、勝ちトレードを持つことよりも、そのまま保有していれば損失が拡大したであろうトレードを適切な時点で手仕舞いすることで損失を小さく抑えられることのほうがむしろ誇らしい。正しく手仕舞ったという意味で、これらのトレードは私の評価では良いトレードに分類される。再び同じ状況に遭遇したときに前と同じく正しいアクションを取れるように、なぜ素早く手仕舞うことを判断したのかは、必ず記憶にとどめておく。負けトレードをいつまでも保有し続けて損失を拡大させる傾向があった私にとって、この部分が改善できたことは喜ばしいかぎりだ。ダメなトレードを放置して悪化させてしまったときには、同じ過ちを二度と繰り返さないために、その理由を徹底的に調べる。次にチェックしなければならないのは、去っていく原因を私自身が作ってしまったトレード、つまり愚かなことをしてしまったトレードだ。これは、利益が出たかどうかとは無関係だ。こういう過ちは二度と繰り返さないように心がけている（とはいえ、言うは易く行うは難し、である）。そして最後に勝ちトレードをチェックする。負けトレード同様、勝ちトレードからも学べることは多い。これはあまり時間はかからない（場が引けたあとのわずか数分）割には、効果は絶大だ。自分の行ったトレードをチェックしなければ、自分が正しいことをしているのか間違ったことをしているのかは分からない。トレードだけをチェックするのではなく、プランそのものの有効性も常にチェックしなければならない。今損をしているのであれば、それはプランそのものに原因があるかもしれないからだ。

ゲームプラン

トレーディングプランの作成が終わったら、次にしなければならないのが、日々のトレードに用いるゲームプランの作成だ。ゲームプランには、トレーディングにおける日々の意思決定と、トレーディングプランを実行するための具体的な方法が含まれる。ゲームプランとトレーディングプランとの違いは、トレーディングプランが例えば相場がトレンドラインから0.5ポイント以内にある場合には２枚買い、それと同時に相場がトレンドラインをブレイクしたときに備えて逆方向の0.5ポイントの位置にストップを置く、といったトレーディングルールであるのに対し、ゲームプランとは、あらかじめ決めておいた基準をどの市場が満たしているかを日ごとに特定し、どのように仕掛けのタイミングを計るかといった具体的なトレーディングの方法を規定する点だ。

トレーディングに関する意思決定は市場が開く前に行うのがベストだ。こうすることで、トレーダーは市場が開いたときに適切なアクションを取ることができる。私は夜帰宅すると、相場を必ずチェックする。チェックしながら、どの銘柄を買い、どの銘柄を売るかを決めるのだ。売買予定銘柄が決まったら、支持線やブレイクアウト水準がどの辺りに来るかを予測し、どの辺りで仕掛けるかを決める。それと同時に、どの辺りで手仕舞うかも決めておく。翌日トレードするときには、何を、いつトレードするかはすでにリストアップされている。これが私のその日のゲームプランになる。どれくらいのリスクを取り、どのテクニカルインディケーターを使ってトレードの良否を判断するかはすでにトレーディングプランにまとめられているのでそれに従えばよいが、ゲームプランは毎日見直すことが必要だ。私はその日のゲームプランはランチタイムに見直し、相場に変化があれば調整する。午後は、新たなトレーディング機会がないかどうかを探し、オープンポジションのリスク水準やストップも見直す。

私の最近のゲームプランの一部を紹介すると、10時に石油採掘業者株を、ランチタイムにはテクノロジー株を買う。各銘柄の保有時間はおよそ90分だが、30分たっても思惑どおりにいかない場合は手仕舞う。このパターンは数日間はうまくいくので、うまくいっている間はゲームプランに含める。

ゲームプランは集中力を高めるのにも効果的だ。ゲームプランがなければ、退屈しのぎのために、あるいは新しい材料につられて、あるいは損を取り戻すために、あるいはほかのトレーダーがやっているからといった理由で、気まぐれなトレードをせざるを得ない羽目に陥ることもある。この種のトレードは、ゲームプランがないか、あってもそれに従わなかった結果として生じるものだ。しかし、ゲームプランがあれば、シナリオごとの戦略が決まっているため、市場が何をしようとそれに適切に対応することができる。たとえ何が起ころうと、それに対する準備はできているので、感情に流されることなくあらかじめ考えておいたトレードだけを行えばよい。もちろん、あとになって、あのときに動きに乗っていればなぁ、と思うこともたまにはある。しかし、自分のプランに含まれないトレードは極力避け、もっと良いトレーディング機会が来るのを待つという基本姿勢は崩さないようにしている。２～３のチャンスを逃したとしても、どうなるわけでもない。トレーディング機会はほかにもたくさんあるので、逃したトレードのことなど気にする必要はない。

規律

トレーディングプランには含まれないが、規律はすべてをひとつにまとめる糊のようなものだ。トレーダーにはプランには絶対に従うという規律が必要だ。プランに従わなくなれば、損失が出始め、感情で意思決定をするようになる。参入すべきではない市場に参入し、オーバートレードし、必要以上のリスクを取り、ポジションの保有時間が長くなるのはすべて、プランを逸脱した結果であり、そこからは低確率トレードしか生まれない。

勝ちや負けが続くと、自己を律することが難しくなるが、連敗したからといってそれによってプランを変えてはいけない。２～３回程度の負けであれば、プランに従い続けるべきである。自分のトレーディングスタイルを変えて、アグレッシブになりすぎたり、頑なになりすぎるのもよくない。ビジネスに損は付き物だ。損をしたことはきれいさっぱり忘れて、次の機会を待てばよい。損を取り戻そうとトレード量を増やす人がいるが、これは最もやってはいけないことだ。負けがあまり続くようであれば、とりあえずトレーディングを中断してトレーディングプランを見直す。場合によっては、トレーディングプランに問題がある場合もあるからだ。同じことは連勝についても言える。連勝したからといって、規律を失いトレーディングプランを無視するようなことをしてはいけない。勝ちが続くとうぬぼれて、自分が無敵のように思えてくるため、不用意にポジションサイズを増やすトレーダーは多い。ずっとうまくやってこれたのは、トレーディングプランのおかげなのだから、それを無視してはいけない。

優れたトレーダーになるためには

優れたトレーダーになるためには、トレーディングプランと日々の

※参考文献　『規律とトレーダー』『ゾーン』（いずれもパンローリング）

トレードを行ううえでのゲームプランが不可欠だ。リスクと戦略の両方を含む包括的なトレーディングプランなくして、トレードを行うべきではない。トレーディングプランに加えて、日ごとのゲームプランも不可欠だ。これによって高確率トレードに集中できるようになる。ゲームプランは家を出る前に作成しておかなければならない。さもなくば、行き当たりばったりのトレードをする羽目になる。その日に何をするかは、市場が開く前に決めておくことが重要だ。また相場が上昇したとき、下落したときには何をすべきかも決めておく。何をすべきかをその都度考えることなく、一貫したトレードを行うのに必要なのが、バックテスト済みのトレーディングシステムだ。これもプランに含むべき重要な要素のひとつだ。バックテストでうまくいった戦略は、将来的にも機能する確率は高い。コンスタントに儲けるためには、バックテストで効果が確認された同じ戦略に従うことが大切だ。

しっかりしたマネーマネジメントプランと、取るべきリスク量を決めるうえで役立つリスクパラメータを持つことも、優れたトレーダーになるための条件のひとつだ。取るべきリスク量が分からなければ、わずか2～3の悪いトレードで破産に追い込まれることにもなりかねない。取るべきリスク量、トレード量（何枚あるいは何株トレードすべきか)、いつ増し玉すべきか、どの市場や銘柄をトレードすればよいのかなどを考えるのが、マネーマネジメントである。こういったことは、市場が開いてから準備し始めたのでは遅い。市場が開く前にやっておかなければならない作業だ。遅くとも、トレードを始める前までには終えていなければならない。こういったプランは、頭の中で考えるだけではダメだ。紙に書くことをお勧めする。トレーディングプランを作成する、そしてそれに従う、という規律を持てば、間違いなくパフォーマンスは向上するはずだ。完璧なトレーディングプランとは、だれに見せても恥ずかしくないもの、そしてそれを見た人があなたのやりたいことを正確に理解できるようなものをいう。

優れたトレーダーになるために必要なもうひとつの要素が、トレーディング結果を定期的にチェックすることである。行ったトレードとトレーディングプランのチェックを習慣づけることも、トレーディングプランの一部である。最初にチェックしなければならないのが保有ポジションだ。次に、手仕舞ったトレードを見直す。自己向上を図るベストな方法は過去から学ぶことである。だから、トレードは忘れずにチェックしよう。プランそのもののチェックも忘れてはならない。定期的にチェックして、不備な部分がないかどうかを調べ、あれば改善する。トレーディングプランはトレーダーにとっては貴重な財産にも相当するものだ。必ず作成するようにしよう。

トレーディングプランやゲームプランの不在によって生じる問題点

1．行き当たりばったりのトレードを行う
2．良いトレーディング戦略から逸脱する
3．取るべきリスク量が分からない
4．どの市場でトレードすべきかが分からない
5．適切なトレード量（枚数）が分からない
6．オーバートレードする
7．破産する
8．市場が提供してくれるものに対して事前に準備ができていない
9．いつ手仕舞うべきかが分からない
10．パフォーマンスを評価する基準がない

トレーディングプランとゲームプランを自分に有利な武器にせよ

1．トレーディングプラン＝ビジネスプランと考えよ
2．トレーディングプランとゲームプランは、トレーディングのすべ

てをひとつにまとめたもの
3．トレーディングプランもゲームプランも、自分のトレーディングスタイルにマッチしたものでなければならない
4．うまくいくことが立証されたトレーディング戦略のみに集中できる
5．事前に準備を整えられる
6．明確な理由に基づくトレードが可能
7．確実なマネーマネジメントが可能
8．リラックスできる
9．最大許容損失額が事前に分かる
10．ゲームプランは計画的なトレードを可能にする
11．手仕舞いポイントを事前に決めておくことが可能
12．トレーディングのチェックが可能
13．感情による意思決定を避けることが可能
14．どの市場でトレードすべきかが分かる
15．プランには絶対に従うという規律を持つことが重要

自問自答コーナー

●トレーディングプランはあるか
●ゲームプランはあるか
●トレーディング戦略はあるか
●マネーマネジメントプランはあるか
●すぐにプランから逸脱するようなことはないか
●規律があるか
●トレードのチェックはしているか
●トレーディングプランを最後にチェックしたのはいつか

第12章 システムトレーディング

System Trading

トレーディングプランの重要な要素のひとつがトレーディング手法であることは、すでに前章で述べたとおりである。トレーディング手法とは、一言で言うならば、買いと売りのルールをまとめたものだ。システムトレーディングは、このトレーディング手法を作成することから始まる。何らかのシステムを持つことは、今やトレーダーには不可欠と言ってよい。システムはどんなにシンプルなものでもよいが、それがなければ、トレーディングは場当たり的になるため危険が伴う。システムといっても、精巧で固定化されたものである必要はなく、完全にコンピューター化されたものである必要もない。システムは自由裁量的なものであってもよければ、完璧にメカニカルなものであってもよいが、トレードの指針を与えてくれるものでなければならない。システムは自分で作成してもよいし、購入してもよいが、自分のトレーディングスタイルに合ったものであることが重要だ。すべてのトレーダーのニーズを満たす唯一のシステムなどこの世には存在しない。市場へのアプローチの方法はトレーダーによって異なるため、あるトレーダーにはうまくいくシステムでも、ほかのトレーダーではうまくいかないこともあるからだ。システムトレーディングの目的は、バックテストされたトレードを繰り返し行うことで勝率を上げることにある。

システムとは何か

システムとは簡単に言えば、買いと売りの決定に用いるルールの集合体のことである。一口にシステムといっても、1つの移動平均線が別の移動平均線を下から上にクロスしたら買い、逆に上から下にクロスしたら売り、という単純なものから、10の条件を満たして初めてトレードが行われるといった複雑なものまで多種多様だ。仕掛けのシグナルを出すだけでは良いシステムとは言えない。手仕舞いとストップにも対応できて初めて良いシステムと呼ぶことができる。つまり、仕掛け時を知るだけでは完全なシステムとは言えないということである。システムと言うと、TradeStationのようなトレーディングソフトウエアにプログラミングしなければならないと思っている人もいるが、必ずしもそうではない。相場の状況に基づいて繰り返し使えるようなルール、パターン、条件をまとめたものであれば、どういった形態でも構わない。私がかつて使っていたシステムは、印刷した日足チャートを見ながら忠実にシグナルを生成していくというものだ。つまり、仕掛けと手仕舞いポイントをあらかじめ書き出しておき、相場がこの水準に近づくまでひたすら待つのである。システムには、チャート上で視覚的にとらえるといったものもある。市場全体が下げ続けているときに下げ止まった銘柄を買う、といったケースがこれに当たる。これはプログラミングは難しいが、この状態になったら必ず仕掛けるというルールになるので、立派な仕掛けシグナルである。このほかにも、ファンダメンタル分析に基づくシステムもある。原油の備蓄量が先週よりも減少したら買い、増加したら売りといったケースがそれである。私はフォーマルなシステムを使うことはあまりない。どういったパターンを見つければよいかが分かっているので、そのパターンが見つかればトレードするだけである。また、常に複数の時間枠を見ているので、できれば1つのシステムですべての時間枠を読めるようにプログラミングしたいのはやまやまだが、それはなかなか難しい。そのため複数のシステムを使い、自分の目で確認するしかない。私は売買の判断はある程度は自分の裁量で行う。手仕舞うときは特にそうだ。例えば、時間枠のひとつに好ましい動き、あるいは好ましくない動きを見つけたらすぐに手仕舞う、といった具合だ。トレーディングの意思決定を同じ指針に基づいて行うという意味では、これもシステムトレーディングの部類に入る。

純粋にメカニカルなシグナルを使うトレーダーは、シグナルがコンピューターによるものかどうかとは無関係に、システマティックトレーダーと呼ばれている。彼らはシグナルが出たら、それに厳密に従い、システムから逸脱することは絶対にない。システムによって生成されたシグナルを用いるトレーダーのなかには、市場の状況によって、あるいはトレーディングのより良いタイミングを計るために別のインディケーターによる確認を待つために、出されたシグナルをある程度選別して受け入れるトレーダーもいる。こうしたトレーダーを自由裁量的トレーダーという。自由裁量的にしてもシステマティックにしても、それぞれに長所と短所がある。これについては本章でこの後詳しく論じる。

トレーダーはなぜシステムを使うべきなのか

おそらくプロのトレーダーのほとんどは、意思決定プロセスの大部分をシステムに基づいて行っていると思ってよいだろう。コンピューター化されたシステムであろうと、ルールと条件の単なる寄せ集めであろうと、システムを用いることで軌道を大きく外れることはない。先ほども述べたように、コンピューターから出されるシグナルをすべて受け入れる、完全にシステマティックなアプローチをとるトレーダーもいれば、システムを一応の目安としながらも、最終決定――特にトレード枚数を決めるとき――は自分で判断する自由裁量的なトレーダーもいる。アプローチこそ違え彼らに共通するのは、高確率トレードを生み出すことが立証されたルールを持っていることである。トップトレーダーともなればさすがにルールを書くことなどしないが、市場の一定の状況に基づいて仕掛けや手仕舞いを行うという点はほかのトレーダーと同じである。

プロがシステムを使うのは、成功する確率の高いトレードを見つけるのにそれが有効であることを知っているからである。正の期待値を持つことが立証されたルールに基づいてトレーディングすることで勝率を上げられることを、彼らは知っているのだ。もちろん、システムが間違っていることも少なくない（これはまったく問題ない。50％の確率で正しければ、素晴らしいことなのだから）が、高確率トレードを繰り返していれば、長い目で見れば勝ちトレードのパフォーマンスが負けトレードのそれを上回るはずだ。システムを使わないトレーディングでは、結果は運に大きく左右されるが、立証されたシステムによるトレーディングでは結果が運に左右されることはあまりない。結果に対する運の影響力をいかに少なくできるかが、優れたトレーダーになれるかどうかの別れ道と言ってもよいだろう。

システムもプランも持たずにトレードして大失敗するトレーダーがいるが、その理由はあまりにも明白だ。彼らの行うどのトレードも明確な理由に基づいてなされることはなく、一貫した考えに基づいてなされることもないからだ。ある日にはブレイクアウトで買い、翌日は同じシナリオ（高値をブレイク）であるにもかかわらず、そのまま上昇し続けることはないだろうと考えて売るのである。勝てるトレーダーになるためには、常に一貫したプランに基づいてトレードすることが重要だ。そのために必要なのが、厳密なルールであり、相場のどちら側にいなければならないかのかを（必要に応じて）常時判断する能力である。これを可能にしてくれるのがシステムである。システムに従っていれば、ケアレスミスは大幅に減る。システムに従っていれば、何をすべきかを考えなくてもすむ。ただし、システムのルールにどれくらい厳密に従うべきかという問題はある。システムがなければ、何をすべきか分からず迷うことになる。相場を見ていると、常に迷いが生じるものだ。「ずっと上げているから、買いだな。いや、ちょっと待てよ、少し下げたから売りのほうがいいかも。よく分かんないなぁ。でもかなり下げているから、やっぱり買いだ」。何と無謀なトレーディングだろう。システムがあれば、こんなでたらめな意思決定とは無縁だ。何をすべきかはシステムが教えてくれるからだ。

システムを用いるもうひとつの重要なメリットは、手仕舞う時期が分かることだ。仕掛ける素晴らしいスキルはあるのに、いったん仕掛けたら、いつ手仕舞えばよいのかが分からない人がいる。そのため、必要以上に損失を膨らませたり、早く利食いしすぎたり、利益のほとんどを無駄にしたり、さらに悪いことに、勝ちトレードを負けトレードに転じさせてしまったりする。仕舞う時期が分からないのは、仕掛けるときに手仕舞いについて何も考えていないからである。良いシステムは手仕舞いまで面倒を見てくれる。トレーダーはシステムに従ってさえいればよい。そうすれば、手仕舞いのタイミングはシステムが教えてくれる。

システムは買うべきか、自分で作成すべきか

システムを作成するのは簡単だ。ものの数分もあれば十分だ。しかし、勝てるシステムを作るとなると話は別だ。作成から調整、書き直し、バックテストといった一連のプロセスを何度も繰り返して完璧なシステムを構築するまでには数週間、あるいは数カ月かかることもある。トレーディングソフトを使っている人なら、プログラミングの仕方を覚えるのさえ骨の折れる作業であることはご存知のはずだ。まし

てや最初からシステムを構築するとなると大変な時間と労力を要する。システムの構築を途中でギブアップしてしまう人がいるのもうなづけるというものだ。一応トライはするのだが、すぐにあきらめて、中途半端なままのシステムを使うか、システムを使わない元の状態に戻ってしまう人が大半だ。しかし、トレーディングで成功したいのであれば、しっかりしたトレーディングシステムやトレーディング戦略は不可欠だ。

システムを購入する

自分でシステムを作成するのが難しい人、あるいはその方法が分からない人は、他人の作ったシステムを使うのが手っ取り早い。トレーディング関連の雑誌やウエブサイトで売られているシステムを買ってもいいが、私は売られているシステムはどうも信用できない。なぜなら、私だったら良いシステムは売らないからだ。良いシステムができたら人には絶対に話さない。自分でトレードして稼ぎまくるだろう。その良いシステムで他人と自分がオーダーのエントリーを張り合うのはごめんだ。売られているシステムと同じものを売り手も使っていることはあり得ない。彼らが売りに出すのは自分が使わなくなった古いシステムなのだ。

売られているシステムのもうひとつの問題点は、そのパフォーマンスが誇大広告されている場合が多いことだ。３年で利益が１万ドルから13万2000ドルになる、と大きく書かれた隅っこのほうに、ただしスリッページと手数料は含まない、利益はすべて再投資するものとする、といった但し書きが小さく書かれているのだ。トレードするごとに利益をすべて再投資する人がいるだろうか。１回か２回負ければその利益はすべて吹っ飛ぶのだから、これは良いマネーマネジメントとは言えない。また、手数料とスリッページを含まないパフォーマンスは実際のパフォーマンスとは大きく異なる。こういったコストをすべて差し引けば、13万2000ドルどころか、利益は３年で7000ドルがいいところだ。また、広告に示されているパフォーマンスは、そのシステムが最もうまく機能するデータで最適化・テストされたものであることにも注意しよう。ほかのデータでテストすれば、絶望的な結果しか出ないかもしれない。最後の問題点は、システムというものは自分のトレーディングアイデアに一致していなければうまくはいかないという点だ。トレーディングスタイルは人によって異なるため、自分に最も合ったルールでトレードしなければ、パフォーマンスは上がらない。

しかし、がっかりすることはない。なかには自分に合ったシステムを買って、稼いでいる人もいる。売られているシステムのなかにも確実に機能する優れたシステムはあるので、そういったシステムを選んで、規律を持って使えば稼ぐことはできるだろう。システムのなかには、シグナルが出される仕組みの分からないブラックボックス化されたものもある。私は個人的にはこの手のシステムは使いたくない。自分のトレーディング手法に合っているかどうかを確認するために、自分で中身を分析できるものでなければ使わない。とはいえ、こういったシステムが合っている人もいる。

オリジナルのシステムを作成する

メカニカルなシステムの利用を考えてはいるものの、その作成方法が分からない人は、システム作りの第一歩としてまずは購入したものを使ってみるのも悪くはない。他人の作成したシステムを購入したら、一通りの機能を試してその仕組みをひとつひとつ分析してみる。仕組みが分かったら、自分のスタイルに合うように改良するか、アイデアだけいただくのもよい。本章では、私がTradeStationのEasy Languageで作成したシステムのなかから部分的に抜粋した簡単なプログラムを紹介し、章末には完全プログラムも紹介する。気に入ったアイデアがあれば、オリジナルシステム作りの参考にしていただきたい。インターネットやトレーディング関連の雑誌ではフリーシステムも提供されているので、それらを利用するのもよいだろう。しかし、他人の作ったシステムよりも自作のシステムのほうが使い勝手は良いはずだ。したがって、他人の作ったシステムは、いろいろと試して自分に合ったものに改良するのがよい。

本章と次章の大部分は、コンピューターによるトレーディングシステムの作成方法とテスト方法についての話だが、内容的にはマニュアルシステムにも当てはまる。システムの作成やバックテスト用のソフトウエアを持っていなければ、作成やバックテストはすべて手で行わなければならない。大変な作業だが、必ずやらなければならない。私がシステムを作り始めたころは、コンピューターは使わずすべて手で行った。システムは問題なく機能したが、コンピューターを使えばもっと多くのことが、しかも短時間で行えただろう。昔は、システムのテストは手でやっていたので何カ月もかかったものだ。たとえうまく機能すると人に言われても、自分自身で確認した。どんなことでも鵜呑みにするのは危険だからだ。システムの作成とテストにTradeStationを使い始めてからは、あらゆることが短時間で行えるようになったが、なかでもバックテストの時間は大幅に短縮できるようになった。それまで数週間かかっていたものが数分、あるいは数十分でできるようになったため、かなりの時間が浮いた。その浮いた時間の使い方に迷っているときに、本書の執筆を思いついたというわけである。

私の最初のシステム

私はトレーディングには最初からシステムを使った。最初は非常にシンプルなシステムで、バックテストも手で行ったが、結構うまく機能した。初めて使ったシステムは、ピットでつけていたポイント・アンド・フィギュアのチャートをベースにしたものだった。リングではコンピューターなどという贅沢なものは使えないので、フロアトレーダーたちは相場が一定幅だけ動いたときにチャートに記号を記入するというポイント・アンド・フィギュアのチャートを手でつけて相場を追う。私がこのチャートのつけ方を学んだのはアシスタントをしていたときだ。そして、どういったパターンを見つければよいのかや、そのチャートを使ったトレード方法はベテラントレーダーに教わった。これは基本的には、トレンドの方向にトレードを行うという簡単なブレイクアウトシステムだった。手仕舞う位置は前の保ち合い期間の長さで決めるか、反対方向のシグナルが出たら手仕舞った。

のちにもっと多くの市場を見るようになると、商品の将来展望チャート（日々のチャート）をつけるようになり、チャートは1日中絶えず更新した。見る市場が10市場に増えたので、トレードにはリバーサルデイシステムを使い始めた。このシステムは今でも利用している。リバーサルデイシステムは非常にシンプルなシステムだ――今日の安値が昨日の安値を下回ったら、反対方向に一定幅のフィルター（市場によって異なる）を設定し、相場がその水準をブレイクしたら買う。そして、その日の安値をストップとして用いるか、反対方向のシグナルが出たら手仕舞う。

どんなシステムを選ぶべきか

　システムを作成するにしても買うにしても、注意すべきポイントがいくつかある。まず、自分のトレーディングスタイルに合ったものでなければならない。そして、複雑なものよりシンプルで理解しやすいものがよい。当然ながら、きちんと機能するものでなければならない。複雑なシステムほど、データにカーブフィットしている可能性が高い。さらに、特定の市場や時間枠でしか機能しないものよりも、複数の市場と時間枠で機能するもののほうがよい。優れたトレーディング戦略であれば、どういった条件下でも機能するはずだ。特定の条件でしか機能しないのは、何か問題があると考えてよい。結果に関しては次の章で詳しく述べるが、今のところは、正の期待値を持ち、一貫性があり、ドローダウンが利益に比べて小さいシステムが良いと覚えておこう。

シンプルなシステム

　システムはできるだけシンプルなものがよい。過ぎたるはなお及ばざるが如し、という諺にもあるように、手を加えすぎれば良いシステムさえダメにしてしまうことがある。インディケーターと変数をできるだけ増やしてできるだけ複雑なシステムを作ろうとするトレーダーがいるが、これはトレーダーが陥りやすい過ちだ。最良のシステムのなかには、きわめてシンプルなものもある。経験から言えば、システムはシンプルで、含まれるインディケーターやルールをだれもが理解しやすいものがベストだ。「何事もシンプルに！」という古い諺を常に忘れないようにしたい。

　インディケーターとアイデアの組み合わせは何百通りもあるが、結局は自分の気に入ったいくつかの組み合わせしか使わないものだ。私はインディケーターやアイデアは過度に使わないようにしている。私が用いるのは、ほとんどの市場や市場環境で機能するインディケーターであり、恣意的に選ぶことはない。トレーディングで成功するためには、世界中のインディケーターをかき集めるよりも、マネーマネジメントをしっかり行うことのほうが重要だ。システムには自分に合ったインディケーターをいくつか選び、なるべくシンプルなシステムに保つこと。42もの変数が含まれているようなシステムは、ちょっとやりすぎだ。用いるインディケーターやパラメータの数が多すぎれば、問題が発生する可能性が高くなるだけだ。そしていざ問題が発生すれば、その原因を特定するのはほとんど不可能だ。また用いるルールが多すぎるとデータにカーブフィットしてしまうだけでなく、いざ改良しようというときに見るべきパラメータが多すぎて分析できなくなる。システムにもっと多くのトレードをキャッチさせたり、あるいは排除させようと、調子に乗ってフィルターを作りすぎる人がいるが、これはやめるべきだ。フィルターが増えればシステムが将来的に機能しなくなるおそれがあるため、フィルターはできるだけ少なくする。過去にうまく機能したシンプルなシステムは、カーブフィットした複雑なシステムよりも将来的にうまく機能する可能性は高く、また別の市場でもうまく機能するだろう。

自分のトレーディングスタイルに合ったシステム

システムが自分のトレーディングスタイルや市場に対する考え方にマッチしたものであるかどうかも、システムを選ぶ際の重要なポイントになる。ある人にとっては魔法のようにうまく機能する素晴らしいシステムでも、ほかの人が使えば損をすることだってある。というのは、システムがその人のトレーディングスタイルに合っていなければ、システムが出すシグナルをそのまま受け入れないからだ。例えば、レンジのブレイクアウトで買うことを旨とする人がいる一方で、ストキャスティックスでトレーディングしているトレーダーは、相場がレンジをブレイクアウトしてもストキャスティックスが買われ過ぎ水準にあれば買わないだろう。また、ポジションをわずか２～３分しか保有しないトレーダーもいれば、数時間保有するトレーダーもいる。これは個人の好みの問題であり、自分なりの考え方を持っている人は保有時間は簡単には変えられない。これは私が一番よく知っている。私は過去、スキャルパーになろうとしたことがあるが、どうしてもなれなかった。うまくいっているトレードがあれば長く保有するというのが私の基本的な方針だからだ。私のシステムはこういった私の方針を考慮して、勝ちトレードは長く保有するようにプログラミングされている。損を出すのが絶対にイヤな人はストキャスティックスを使ったほうがよいだろうし、長期保有主義者は移動平均線をベースにしたシステムのほうが向く。買いしかやらない人は、売りシグナルはすべて無視して、買いしかやらないシステムを作ればよい。

システム選択におけるルールその１――違和感なく使え、それが出すシグナルを信じることができるシステムであること。このためには、まずは自分がどういったタイプのトレーダーであるのか、そしてその理由は何かを知ることが必要だ。自分の性格を分析し、どういったトレードをしたいのかを知るのである。あなたがトレーディングするのは、刺激が欲しいからか、あるいは金儲けのためか。確実に儲かるときにだけ週１回トレードできればいいのか、あるいは１日に50回トレードしたいタイプか。どういったトレード方法が好みか。リバーサルか、トレンドか、ブレイクアウトか。あるいはほかのものか。フルタイムの仕事があるので相場を１日中見ていられない人は、フルタイムのトレーダーが使うような、日中に注文を入れるタイプのシステムではなくて、市場が開く前か夜間に注文を入れるシステムが必要だろう。どういったタイプのトレーダーであろうと、自分の考え方にぴったりマッチする使いやすいシステムを選ぶことが大切だ。

自分はどういったタイプのトレーダーなのか

次に示すのは、自分がどういったタイプのトレーダーで、どういったタイプのシステムが必要なのかを知るのに役立つチェックリストだ。

●どれくらいの頻度でトレードしたいか
●好みの時間枠は？
●トレンドでトレードするのが好みか
●ブレイクアウトでトレードするのが好みか
●リバーサルでトレードする逆張りトレーダーか
●好みのインディケーターやパターンは？
●アグレッシブなトレーダーか、リスク回避的トレーダーか
●動きの遅い市場や銘柄をトレードするのが好みか、あるいは動きの速い市場や銘柄が好みか
●オーバーナイトできるタイプか
●夜はゆっくり眠りたいのでその日のうちに手仕舞いたいタイプか
●神経質か、あるいはのんびりやか
●ティックごとの動きが気になるタイプか
●トレードが十分機能し始めるまで待つことができるか
●小さくちまちまと稼ぎたいタイプか、あるいは大相場を取りたいタイプか
●可能なポジションサイズは？
●トレーディングで生計を立てようと思っているのか、あるいは単なる小遣い稼ぎなのか
●１トレード当たりどれくらいまで損しても平気か？
●負け方を知っているか

●自分の相場観がどれくらい当たっていれば満足か
●全資産の何％くらいまでドローダウンが許容できるか
●１トレード当たりの最大許容損失額は？

これらの質問に正直に答えることで、自分に合うトレーディングアイデアとシステムが見つかるはずだ。

いろいろなトレーディングスタイルとシステム

トレーディング手法にはいろいろなものが存在し、うまくいくものも多数ある。重要なのは、そのなかから自分に合ったものを選ぶことである。これからいくつかの項目で、いろいろなタイプのシステムを紹介する。そのまま使ってもよければ、オリジナルのシステム作りに役立てていただいてもよい。また、TradeStationのユーザー用にEasy Languageによるプログラムも掲載した。

ブレイクアウトシステム

最も古くから使われ、最もシンプルで効果的なシステムがブレイクアウトシステムだ。ブレイクアウトシステムの勝率が高いのは、メジャートレンドが始まると同時に、あるいはその継続中に仕掛けることができるからだ。トレンド、つまり大きな動きは前の高値や安値のブレイクアウトから始まるため、そういったトレーディングスタイルの人にはブレイクアウトシステムは向く。ただし、このシステムにはダマシも多いため、高値で買って安値で売るといった危険性もけっして少なくないことは覚悟しておくべきだ。このシステムを使ううえでのポイントは、本物のブレイクアウトを見つけられるかどうかである。たとえダマシに引っかかったとしても、本物のブレイクアウトを１つか２つでも見つけられれば利益は出る。ブレイクアウトシステムが最も効果的なのは、押しや戻りまで辛抱強く待てるとともに、勝ちトレードはできるだけ長く保有できるようなトレーダーである。早く手仕舞いしすぎれば、大きなトレードをつかみ損ない、結局は負けトレーダーに終わる。ブレイクアウトで市場に参入しようとしているトレーダーはストップ注文を出す人が多いが、これがいつも奏功するとは限らない。すでに買われ過ぎていれば、押しを待つのがベストなときもある。私の場合、複数のシステムを使い分けている。まず、ひとつのシステムがブレイクアウト基準に達したという警告を出してきたら、次にそれよりも短い時間枠のシステムで押しや戻りを確認してから仕掛ける。こうすることで、より高確率なトレーディング機会を得ることができる。

最も簡単なブレイクアウトシステムは、価格が過去ｘ期間の最高値を上回るか最安値を下回ったらシグナルを出すようにプログラミングしたものだ。手仕舞いとストップについては本章で後述するとして、とりあえずは仕掛けシグナルだけを考えることにしよう。

買いの仕掛けシグナルはTradeStationのEasy Languageでは次のように書く。

```
Input:  Length(10);
If Close > Highest(High,Length)[1] Then Buy On Close;
```

これは、終値が１つ前のバー（[1]）から10（Length）バーの期間の最高値を上回ったら買いシグナルを出すためのプログラムだ。

ルックバック期間を変えるには、Input：Length(10) の中の数字を変えるだけでよい。システムへのインプットはすべてプログラムの最初に定義する。[1]はルックバック期間が１つ前のバーからスタートすることを示しており、当日のバーは含まれない。当日のバーの高値は場が引けるまで分からないので、含めてはならないことに注意しよう。

当日の場が引けるのを待たないで買いシグナルを出したければ、プログラムは次のように変更する。

```
If High > Highest(High,Length)[1] Then Buy;
```

ダマシに引っかかってちゃぶつくのを防ぐひとつの方法が、フィルターを追加してバッファーゾーンを設けるというものである。これにはいくつかの方法がある。そのひとつは、次のプログラミング例に示すように、ブレイクアウトに何ポイントか上乗せするというものだ。この例では、終値が過去10バーの最高値＋５ポイントを上回ったら買いシグナルを出すようにプログラミングしている。こうすることで、前の高値をほんのわずかブレイクして、仕掛けたあとすぐに押すといった事態を避けることができる。

```
If Close > Highest(High,10)[1] + 5 points Then Buy On Close;
```

もうひとつの方法は、市場のボラティリティに基づくバッファーを追加するというものだ。ボラティリティは絶えず変化している。ボラティリティが高いほど、ブレイクアウトの見極めには慎重さを要する。このような場合、標準偏差に基づくバッファーが便利だ。これは、相場がブレイクアウト水準を確実にブレイクして、再びその水準まで戻らないことが確認できたうえで仕掛けるという考え方に基づく。相場が戻らないことを確認できる目安が、最高値＋標準偏差である。これはプログラムのなかに直接書いてもよければ、次の例に示すように、標準偏差を別の変数として定義してもよい。

```
Buffer = StdDev(Close,10)[1]
If Close > Highest(High,10)[1] + Buffer Then Buy On Close;
```

また、終値が35日移動平均線を２日間続けて上回ったら買いシグナルを出すといったバッファーの設け方もある。これは、移動平均線を１日だけ偶然ブレイクした地点での仕掛けを避けるのが目的だ。移動平均線の期間は任意に選ぶことができる。

```
If Close > Average(Close,35) And Close[1] >
   Average(Close,35)[1] Then Buy;
```

このほかにも、出来高を伴うときだけ仕掛けるという条件を組み込むこともできる。仕掛け条件が複数ある場合、条件のすべてを設定したうえで、ひとつの命令文としてまとめて記述する必要がある。この場合のプログラミング例は次のとおりである。

```
Inputs: Length(10), LengthV(5);
Condition1 = High>Highest(High,Length)[1];
Condition2 = Volume>(Average(Volume,LengthV)*1.25);
If Conditio1 and Condition2 Then Buy On Close;
```

条件１は過去10バーの最高値のブレイクで、これは最初の例と同じである。条件２の設定には、当日バーの出来高が過去５日の平均出来高を25％上回るというフィルターを用いる。これによって、一定レンジをブレイクし、出来高が一定量を超えるときのみ、つまりブレイクが継続するときのみ買いシグナルが出されることになる。

ブレイクアウトシステムのなかには、チャネル、トレンドライン、ダブルボトムといったプログラミングが難しいパターンを条件とするものもある。このような場合は、チャートを見てシグナルをとらえるしかないが、一定のトレーディングルールを設けることができれば、プログラミングできなくても立派なシステムである。

トレンドフォロー型システム

トレンドで売買する場合、移動平均線とトレンドラインがシステムの中核をなす要素となる。トレンドラインはプログラミングが難しいので、トレンドフォロー型システムのプログラミングには移動平均線を用いるのがよい。チャネルやトレンドラインをトレーディングガイドとして使いたいのであれば、チャートを見てシグナルを確認するか、チャート上にトレンドラインを引いてソフトウエアにシグナルを計算させるかのいずれかだ。

ブレイクアウトシステム同様、トレンドフォロー型システムもまた長期保有型トレーダーに向くシステムだ。ただし、方向感のない相場では、間違えることが多い。ちゃぶつきを避けるひとつの方法が、期間の長い移動平均線を使うことだ。ただし、長期線はトレンドに対するタイムラグが大きくなるためシグナルが遅く出されるという欠点もある。短期線を用いるか長期線を用いるかは、トレードオフを考慮したうえで決める必要がある。移動平均線は遅行インディケーターなので、短期線、長期線のいずれにしても、トレンドの形成され始めを示す時期は実際に形成され始めた時期に対してタイムラグがある。したがって、移動平均線を用いるシステムでは、相場が動き始めてからでないとシグナルは出ない。しかし、トレンドが強い場合は動きにほぼ完璧に乗ることができる。

最も基本的な移動平均線システムは、２つの移動平均線のクロスオーバーシステムだ。このシステムでは、短期線が長期線を下から上にクロスしたときに買いシグナルが出される。

```
Input: Length1(10), Length2(35);
If Average(Close,Length1) Crosses Over
  Average(Close,Length2) Then Buy On Close;
```

この例では、10日移動平均線が35日移動平均線を下から上にクロスしたときに買いシグナルが出される。このとき注意しなければならないのは、シグナルは終値で買うことを指示してくるが、終値も移動平均線も場が引けないと計算できないので、オーダーは翌日の始値で出さなければならないという点だ。なぜなら、場が引ける直前に相場が反対に大きく動くということもあるからだ。1つ前のバーまでの情報を使って始値で買うようにするには、次のように書き換えればよい。

```
Input: Length1(10),Length2(35);
If Average(Close,Length1)[1] Crosses Over
  Average(Close, Length2)[1] Then Buy On Open;
```

システムに条件をひとつ設定することで、50日移動平均線または200日移動平均線の方向にのみトレードすることも可能だ。こうすることで、常にメジャートレンドの側に立つことができる。移動平均線の方向を調べるには、その移動平均線の今の水準と10日前（この期間は任意に決めてよい）の水準を比較してみればよい。今の水準のほうが高ければ、その移動平均線は上昇していることになる。

```
Input: BarsBack(10)
Condition1 = Average(Close,50)>
  Average(Close,50)[BarsBack];
```

今日のバーが移動平均線に接近しているときのみ買うという条件を設けることも可能だ。この条件を設けておけば、行きすぎた相場で買ったあと、相場が移動平均線まで押すといった事態は避けられる。私の場合、価格が移動平均線の１トゥルーレンジの平均（ATR）の範囲内にあること、といった条件を設ける。規定する範囲は１ATRより大きくても小さくてもよく、ATRの代わりに標準偏差やポイントを用いても構わない。次のプログラミング例は、今日の終値が35日移動平均線から１ATRの範囲内にあることを条件付けるためのものだ。

```
Input: Length2(35), ATRlen(10);
Condition2 = (Close − (Average(Close,Length2))
  < AvgTrueRange(ATRlen(10));
```

移動平均線クロスオーバーシステムに設定できる条件をいくつか紹介してきたが、このほかにもトレーダーのアイデア次第でいろいろな条件を設定することができる。

オシレーター系システム

トレーディングはトレンドでやるのが一番だ、といくら説得してみたところで、底で買って天井で売ろうとするやり方を変えない人はいるものだ。相場の反転、底、天井をうまく拾おうとするこういったカウンタートレーダーにお勧めなのがオシレーター系システムだ。支持線と抵抗線の間のレンジ圏で上下するような相場では、売られ過ぎ水準で買いシグナルを出し、買われ過ぎ水準で売りシグナルを出すオシレーター系システムが、特に短期トレードでは最も勝率が高い。また、オシレーター系システムは、常にポジションを持っていたい人にも向く。オシレーターに基づくシグナルのプログラミング方法はいろいろあるが、例えば、相場とオシレーターのダイバージェンスをシグナルとして出すのは難しい。ダイバージェンスはチャート上で探す以外にない。とはいえ、コンピューター化システムでオシレーターを使う方法は多数ある。オシレーター系システムでプログラミングできるシグナルと条件をいくつか紹介しよう。

ストキャスティックスを使った最も典型的なシグナルが、%Kラインが%Dラインを下から上にクロスしたときに出される買いシグナルだ。そのプログラミング例は以下のとおりである。

```
Input: Length(14);
If SlowK(Length) Crosses Above SlowD(Length) Then
   Buy On Close;
```

これに、ストキャスティックスが売られ過ぎ圏（BuyZone）を下から上にクロスするという条件を付け加えることもできる。%Dラインはすでに%Kラインの下にあるわけだから、あとは%Dラインが一定水準をクロスしたかどうかを確認すればよい。このためのプログラムは以下のようになる。

```
Inputs: Length(14), BuyZone(30);
If SlowK(Length) > SlowD(Length) and SlowD(Length)
   Crosses Above BuyZone Then Buy on Close;
```

ストキャスティックスの代わりにRSIを使ったクロスオーバーシステムも可能だ。

```
Input: RSILen(10), BuyZone(30);
If RSI(Close,RSILen) Crossses Over BuyZone Then Buy
```

On Close;

インディケーターがクロスする水準を変えたいときには、BuyZoneのパラメータ値を変えればよい。例えば、インディケーターが50を上回ったときにだけ買いたいときは、BuyZoneのパラメータ値を30から50に変える。

相場がすでに動いていて買われ過ぎ圏にあるときの買いを避けたい場合は、ストキャスティックスシステムに、インディケーターが買われ過ぎ圏の下側にあるときのみ買うという条件を設ければよい。こうすることで、買われ過ぎた相場での買いを避けることができる。この条件はどのタイプのシステムにも適用可能で、追っかけを防ぐのに役立つ。

```
Input: SellZone(70);
Condition1 = SlowD(Length) < SellZone;
```

最後に、強い相場で使える例を紹介しよう。これは、相場が買われ過ぎ圏にしばらくとどまることが予想されるときに、買われ過ぎ圏で買いシグナルを出すためのプログラムだ。このプログラムは買われ過ぎ圏で売るシグナルの逆だが、市場の状況が違えば、機能する戦略も違ってくる。一例として、仕掛けルールのひとつと、ADX（アベレージ・ディレクショナル・インデックス）を取り入れたルールを組み合わせたものを紹介しよう。これは、ADXが強くて、つまりトレンドが強くて、それがストキャスティックスの強さによって裏付けられたときに買いシグナルが出されるというものだ。

```
If ADX(10) > 30 And SlowD(14) > 85 Then Buy On Close;
```

手仕舞いについてはこのあと説明するが、上の例から、ストキャスティックスが70を下回ったら手仕舞うというルールを作ったほうがよいことが分かる。なぜなら、それは強いトレンドが終焉に向かっていることを示しているからだ。これまで示してきた例はオシレーターを使ったほんの一例にすぎない。オシレーターの詳細については第７章をもう一度振り返り、自分に最も合ったものを選んでシステムを作るとよいだろう。

相場のさまざまな状態への適応

トレーダーは相場のさまざまな状態に柔軟に適応できなければならない。例えば、強いトレンドの形成された相場ではそれに合ったルールを使い、方向感のない相場ではそれに合ったルールを使うことが大切だ。私は方向感のない相場では、相場に参加しないか、もし参加する場合にはストキャスティックスをベースにしたシステムを使う。間違っても、移動平均線を使ったシステムは使わない。特にブレイクアウトに関連したものは一切使わない。また、高値でつかむことがないように、必ず相場が極値圏で反転するまで待つ。一方、強い相場では、トレンド系インディケーターを使う。こういったトレンド系オシレーターは、トレンドを確認したり、押しや戻りを待つのに役立つ。オシレーターは強い相場での追っかけを防ぐのにも役立つ。オシレーターが市場の売られ過ぎを示したときが買いだ。

どのタイプのシステムを使えばよいのかを決めるときに役に立つのがADXだ。ADXは相場にトレンドがあるかないかを調べるためのインディケーターだ。以下にADXを使ったプログラムを紹介しよう。ADXが20を下回るときと30を上回るときの条件文をそれぞれ別々に記述することに注意しよう。

```
If ADX(Length) > 30 Then
```

```
Trending Market System
Else;
If ADX(Length) < 20 Then
Chppy Market System
Else;
Middle Ground System
```

ストップと手仕舞い

システムは仕掛けのパラメータを設定するだけではまだ未完成だ。ストップと手仕舞いのパラメータを設定して初めて完全なものになる。プログラムは仕掛けサイドでうまく機能するのはもちろんのこと、手仕舞いサイドでもうまく機能することが重要だ。システムをスキーに例えるならば、仕掛けのシグナルを出すだけのシステムは、スキーで初めて滑降するのに似ている。とりあえず滑り始めることはできても、止まるときには木か何かにぶつかる以外に方法はない。こんなことが面白いはずがない。トレーディングでお金を儲けるのは仕掛けたときではなく、手仕舞うときなのだから、手仕舞いにも仕掛け時と同じくらいの時間をかけるべきである。私のシステムにはもちろん手仕舞いルールを設定しているが、手仕舞いのパラメータは複数の時間枠を実際に見ながら設定することが多い。トレードが思惑どおりの動きをしなくなったと思えば、手仕舞いのシグナルが出される前に手仕舞うこともある。わざわざストップアウトするまで待って、利益を減らす必要はないからだ。うまくいかなくなればすぐに手仕舞うのが私の方針だ。そして再び軌道に乗り始めたら市場に戻るだけだ。市場にずっととどまって下落リスクを負う必要はないのである。

ストップと手仕舞いを確実にカバーする最も簡単な方法が、ストップ・アンド・リバース・システムの利用だ。このシステムではポジションは常に建てた状態にある。このシステムでは、買いか売るかしたら、反対方向のシグナルを手仕舞いまたはストップシグナルとする。このシステムの問題点は、短期システムではメジャートレンドに逆らってトレードする場合が多いことである。私は昔はこのストップ・アンド・リバース・システムをよく使っていたが、最近はメジャートレンドに逆らったシグナルが出されたときには何もしないことにしている。

ストップ

私はどのシステムでもストップの使い方は同じだ。仕掛けのポイントから逆方向に２標準偏差の地点をストップポイントと決めている。

```
ExitLong From Entry("Buy1") at $ Close -
   2*StdDev(Close,10)[1] Stop;
```

at$ Closeは仕掛けたときのバーの終値を意味する。このタイプのストップを用いるには、仕掛けシグナルに名前をつけておかなければならない。次の例では、"Buy1"が仕掛けシグナルの名前だ。

```
If SlowK(Length) Crosses Above SlowD(Length) Then
   Buy ("Buy1") On Close;
```

このほかにも、相場が移動平均線を一定のバッファーゾーンだけ下回ったら手仕舞うというストップのかけかたもある。

```
If Close < (Average(Close,Length1) - Buffer) Then
   ExitLong("Stop1");
```

また、相場が５日間の安値を下回った地点をストップポイントにする場合は、次のようになる。

```
If Close < Lowest(Low,5)[1] Then
  ExitLong("Stop2");
```

手仕舞い

反対方向のシグナルで手仕舞う方法以外でよく使われるのが、ｘバー後に手仕舞うというものだ。

```
If BarsSinceEntry = 10 Then ExitLong;
```

あるいは、ストキャスティックスが買われ過ぎ圏に入ったら手仕舞ってもよい。その場合のプログラムは次のようになる。

```
If SlowD(Length) > 85 Then ExitLong At Close;
```

相場がトレンドラインや移動平均線から大きく離れたときに手仕舞うためのプログラムは次のようになる。

```
Input: SD(5), Length(35), Period(10);
If (High − Average(Close,Length)) >
  StdDev(Close, Period)*SD Then ExitLong At Close;
```

上のプログラミング例では、価格が移動平均線から５標準偏差以上はなれたら手仕舞いのシグナルを出すように設定している。この戦略は、相場が支持線から離れすぎれば、やがては反転するという考え方に基づくものだ。これらはほんの一例にすぎない。ほかのアイデアも試して、自分に最も合うものを選ぶとよい。手仕舞いルールやストップを複数設定しておいて、そのうちのいずれかひとつの条件が満たされたときに手仕舞うといった方法もある。

複数のシステム

システムはひとつしか使ってはいけないわけではない。同じ銘柄や同じ商品を複数のシステムでトレードする人もいる。例えば５つのシステムを使っている場合、すべてのシステムが同じ側でのトレードを指示するシグナルを出してきたら５枚トレードし、シグナルが一致しなければポジションは持たない、といった具合だ。方向感のない相場でうまく機能するシステムもあれば、トレンド相場でうまく機能するシステムもあるので、複数のシステムを使うのは良い考えだ。市場環境ごとのシステムがあれば、市場の動向にかかわらず常に市場に参入することも可能だ。複数のシステムが同じ方向のシグナルを出してくれば、そのトレードがうまくいく可能性は高い。このときシステムが出してくるシグナルをすべて受け入れることでトレードサイズは増える。かくして有効な資産運用ができるというわけだ。

システマティックトレーダー対自由裁量トレーダー

システムトレーダーは完全にシステマティックであるべきなのか、あるいはある程度自由な判断の下でトレードすべきなのかについては、意見の分かれるところだ。完全にシステマティックなトレーダーは、実行するトレードのすべてをバックテスト済みのシステムとルールに依存する。彼らは出されたシグナルはすべて受け入れ、システムを疑うことはない。一切の感情と思考を排除し、システムの警告には完全に従うように規律もできている。一方、自由裁量トレーダーは出されたシグナルをすべて受け入れるわけではない。受け入れるものもあれば、無視するものもある。彼らにとってシグナルは単なる警告にすぎず、トレードのタイミングはあくまで自分で決める。特に相場が急騰したときにはこの傾向が強い。プログラミングできないパターンでトレードしているときに自由裁量を用いる人もいれば、システムそのものを最初から使わない人もいる。100％自由裁量でトレードするトレーダーでも優れたトレーダーは、自分なりの買いと売りのルールを持っているものだ。

システムを持ちながらシグナルを選択的に用いる場合の問題点は、行っていれば直近の５つの負けトレードをカバーできたはずのトレードをスキップすることもあるということである。こういったトレーダーは、システムはうまく機能していたにもかかわらず、出た損失をシステムのせいにしてしまうものだ。シグナルを選別することで損を出せば、それはシステムの責任ではなく、トレーダーの責任だ。トレーディングに自由裁量を持ち込むのは構わないが、そのときの気分でシグナルを無視するようなことはすべきではない。バックテスト済みの良いシステムを使っているのであれば、そしてシステムトレーダーになりたいのであれば、自分の考えとは無関係にすべてのシグナルを受け入れるべきである。どのトレードが魔法のようにうまくいくかは分からないのだから。しかし、前にも述べたように、パターンや手法のなかにはうまくいくことが証明されていたとしても、プログラミングできないものもある。優れたトレーダーはシステムがキャッチできないパターンを見つけることもできる。プログラミング不可能なパターンの例としては、今の相場はエリオット波動パターンのどの波動に当たるのかや、相場が38.2％リトレイスメントかどうかなどがそれに当たる。ヘッド・アンド・ショルダーズ、カップ・ウィズ・ハンドル、ソーサー、フラッグなどのパターンもTradeStationではほとんどプログラミング不可能だ。これらのパターンのなかにはローリスクトレードにつながるものもあるので、こういったパターンは見逃さないように常に注意している。発表を控えている指数や統計のなかには、必要以上のリスクを取るよりもサイドラインにいたほうがよいと感じるものもある。こういった直感もプログラミングできない。行ったトレードが間違いだったと思うことは多々あるが、そういったときはストップや目標値に達していなくても手仕舞う。システムトレーダーとはいえ、シグナルを無視したくなるときはある。相場を急騰させ、大きなギャップを生じさせるようなニュース発表があったときなどがそうだ。システムはシグナルを出してくるかもしれないが、大きなギャップが発生することが分かっているのに、そのシグナルをわざわざ受け入れる必要があるだろうか。シグナルが出されたときの価格と現在価格との差は１枚あるいは１株につき数百ドルにもなることがある。こんなときは何もしないで、もっと良い機会が訪れるまで待つのがベストだ。シグナルの方向にトレードしたい気持ちは分かるが、そんなに慌てて仕掛けることはない。

結局、完全にシステマティックなアプローチを用いるべきかどうかは、断言できるものではない。どちらのアプローチでも稼げることもあれば、負けることもある。ひとつだけ確実に言えることは、機能するものがあればそれに素直に従ったほうがよいということである。

よくある過ち

正しいシステムは見つけるのも作るのも容易ではなく、人々はその過程で多くの過ちを犯す。自分のスタイルに合わないシステムを使うだけでなく、システムを使ってトレードしているときにも過ちを犯す。詳しくは次章のバックテストのところで話すが、ここでそのいくつかを簡単に見ておこう。システムトレードをするのに十分な資金がない、システムを簡単にあきらめる、正の期待値を持たないシステムでトレードする、カーブフィットしたシステムでトレードする、バックテストを正しく行わなかった、つまり十分なデータでバックテストを行わなかったシステムでトレードする……。システムは正しくバックテストして正の期待値を持つものであることが確認できない以上は、使うべきではない。必要以上の損失を招くことになりかねない。システムをバックテストすらしないで用いる人が多いことには驚くばかりだ。正しくバックテストした新しいシステムを使う場合、リアルトレーディングでしばらく様子を見てうまくいくことが確認できるまでは、あまり多額の投資をすべきではない。まずは少額から、あるいはボラティリティの低い市場からスタートし、リアルトレーディングでのパフォーマンスが確認できたら、投資額を普段の額に戻すのがよい。

システムに対する目標がない

システムにどんなに手を加えても、満足しない人がいる。とにかく完璧なものにしたくて、次から次へと変更や追加を繰り返すのだ。こういった人は作成に時間がかかりすぎて、トレーディングするところまでいかないのがおちだ。こういった事態を避けるには、システムに対する目標を持つことだ。システム作りを始める前に、まずは何をしたいのかを決めることが大切だ。システムを買うにしても作成するにしても、トレーディングに対するはっきりとした目標があったほうがスムーズにいく。例えば、勝率が55％、利益が損失の２倍、ドローダウンは3000ドル以下、ひと月の利益が５％のシステムを探している場合、これに近いシステムがあれば、それで満足すべきである。すべての条件を完璧に満たすシステムを見つけようとすれば、いつまでたっても見つからずトレードを始めることすらできないだろう。

サンプルシステム

TradeStation 用の簡単なシステムを紹介しよう。これはこれまでに説明してきた断片的なプログラムをベースにしたものだ。ブラケット{}で囲んだ部分はコメントなので、システムはこの部分は無視する。システムを書くうえでの参考にしていただきたい。

このシステムは、相場が過去10期間の最高値を上回ったら買いシグナルを出す。フィルターは、過去10バーの0.5標準偏差だ。売りシグナルはこの逆である。仕掛けの条件はきわめてシンプルだが、手仕舞い条件はADXを使って複数の条件を設定した――ADXが強くてトレンド相場のときは、2つの移動平均線がクロスするまでシグナルは出さないように設定し、ADXが弱いときは、10バー後に利食いするように設定、またこの中間のときは、ストキャスティックスが買われ過ぎ圏に到達した時点でシグナルを出すように設定した。また、仕掛けた価格から2標準偏差の位置にストップを置いた。

```
Input: Length(10), BSE(10), LengthADX(10),
   SD(.5)Length1(10), Length2(35);
        {*******ENTRY SIGNALS*******}

If Close > Highest(High,Length)[1] +
   StdDev(Close,10)[1]* SD Then Buy("Buy1") On Close;
If Close < Lowest(Low,Length)[1] -
   StdDev(Close,10)[1]* SD Then Sell("Sell1") On Close;
        {********** STOPS **********}

ExitLong("Stop1") From Entry("Buy1") at$ Close -
   2*StdDev(Close,10) Stop;
```

```
ExitShort("Stop2") From Entry("Sell1") at$ Close +
   2*StdDev(Close,10) Stop;
      {********** EXITS **********}

If ADX(LengthADX) > 30 Then
If Average(Close,Length1) Crosses Below
   Average(Close,Length2) Then ExitLong ("ExitL1");
If Average(Close,Length1) Crosses Above
   Average(Close,Length2) Then ExitShort ("ExitS1");
        Else
            If ADX(LengthADX) < 20 Then
               If BarsSinceEntry=BSE Then
                  ExitLong("ExitL2");
               If BarsSinceEntry=BSE Then
                  ExitShort("ExitL2");
        Else
            If SlowD(14) > 85 Then
               ExitLong("ExitL3");
            If SlowD(14) < 15 Then
               ExitShort("ExitL3");
```

優れたトレーダーになるためには

優れたトレーダーになるためには、何らかのシステムを使うことが不可欠だ。システムは、コンピューター化されたものであってもよいし、チャートを見ることによるものであってもよい。また、シンプルなものであっても精巧なものであってもよい。要するに、きちんと機能することが実証されたルールを持つことが大事だということである。

常に同じルールに基づいて賢明なトレードを行わなければ、損をするばかりか、その理由さえ分からない。システムを使っているのに儲けられない場合は、システムが悪いか、トレーダーがシステムに従わないことが原因だ。システムに従うことができないのであれば、もっと自分に合ったものを選ぶべきだし、システムが悪いのなら、その使用をやめるか改良しなければならない。システムを使用する前にバックテストすれば、悪いシステムによるトレードはかなりの確率で防げるだろう。システムを使わない場合、トレードは気まぐれに行われるため、損をする理由を特定できないという欠点がある。

コンピューター化された堅牢なシステムを使っている場合でも、自由裁量の余地はある。なぜなら、どの戦略もすべてプログラミングできるわけではないからだ。あるいは、あまりうまくいっていないような気がするため、シグナルが出る前に手仕舞いしたくなることもあるだろう。勝ちトレードを早く手仕舞いしすぎることが頻繁になければ、それも構わない。しかし、システムがうまく機能しているのであれば、与えられるシグナルはすべて受け入れるのがよい。どのシグナルが大きな利益を生み出すかは分からないからだ。

システムで注意しなければならないのは、仕掛けのシグナルを出すだけのシステムでは不十分だということである。仕掛けだけでなく、手仕舞いとストップの位置も提示してくれるものでなければならない。ストップは必ずしもプログラミングする必要はない。常に同じ方法を使えばチャートを見て判断するものであってもそれはそれで立派なシステムである。方法はどうであれ、大事なのはストップを設定するということである。手仕舞いをシステムに含めるメリットは、手仕舞いが早すぎるとか、遅すぎるといったことを気にしなくてもよい点だ。そういったことはシステムに任せておけばよい。

システムの作成とバックテストは簡単ではないが、トレーディングで成功するためには避けて通ることはできない。この部分を時間をかけてしっかりやるかどうかが、高確率トレードを継続的に行えるかどうかの決め手だ。特にシステムの作成には莫大な時間がかかるが、成功するトレーダーはこれを成功するための不可欠な要素ととらえ、けっして手抜きはしない。

システムを使っているのになぜ損をするのか

1．システムをいとも簡単にあきらめる
2．手数料とスリッページを無視する
3．ルールに従うよう規律ができていない
4．シグナルを疑う
5．正しく表示されていない紛らわしい結果に騙される
6．自分のスタイルに合わないシステムを使っている
7．資力に見合わないシステムを使っている
8．正しくバックテストされていないシステムを使っている
9．変数や条件を組み込みすぎる
10．カーブフィットしたシステムを使っている
11．物事を複雑にしすぎる
12．負けるシステムでトレードしている

高確率システムによるトレーディング

1．正の期待値を持つシステムだけを用いよ
2．システムの正しいバックテスト方法を学べ
3．さまざまな市場に適応できるシステムを使え
4．しっかりとしたトレードルールを持て
5．仕掛けだけでなく、手仕舞いにも気を使え
6．システムにストップを設定せよ

7．リターンが一定のシステムを使え
8．何事もシンプルに
9．警告シグナルとストップ監視には、システムを長い時間枠で使え
10. 仕掛けと手仕舞いのタイミングを計るのには、システムを短い時間枠で使え
11. 相対的ドローダウンの小さなシステムを使え
12. 最大許容損失額を知れ
13. 複数のシステムのシグナルを見てトレードの良否を判断せよ
14. 必要に応じて自由裁量を使え
15. 純然たるシステマティックトレーダーになりたいのであれば、出されたシグナルはすべて受け入れよ

自問自答コーナー

●本当にシステムを持っているか
●自分のシステムはどういうシステムか
●システムが精巧すぎやしないか
●システムにはストップと手仕舞いも設定しているか
●システムを正しくバックテストしたか
●システムを信じているか
●システムを疑いすぎることはないか

第13章 バックテストについて

A Little about Backtesting

システムもできたし、さていよいよトレーディングの開始だ、といきたいところだが、そううまくはいかないものだ。システムはうまく機能することが「確認」できないかぎり、何の意味もない。トレーディング戦略がうまくいくかどうかを確かめる方法はいくつかある。まずは、実際に資金を使ってテストしてみるという方法だが、これはうまくいかなければあまり面白いものではない。もうひとつの方法は、実際の金をリスクにさらす前に、数カ月そのシステムでつもり売買してみるというものだ。しかし最も効果的なのは、ヒストリカルデータでバックテストしてみることだ。バックテストとは、そのシステムを過去の市場で使っていたらどういう結果が出ていただろうかを調べることである。少し前までは、チャートの前に座って手でテストしなければならなかったバックテストだが、今ではシステムの作成やテスト用の優れたソフトウエアがあるため簡単に行えるようになった。つまり、システムを正しくバックテストしなかったという言い訳はもう通用しないのである。

なぜバックテストが必要なのか

バックテストはシステムが将来的に機能するかどうかを知るのに不

可欠なものだ。だから、良いシステムは持っているけれど面倒だからテストはしない、といった誤った考えには陥らないようにしよう。システムがバックテストでうまく機能しなかった場合、実際の資金をリスクにさらすリアルトレーディングでうまくいくことは期待できない。つまりバックテストとは、実際の資金をリスクにさらす前に、使えるシステムであるかどうかを試すチャンスをあなたに与えてくれるものなのだ。バックテストであなたのシステムがボーダーラインすれすれか、あるいは機能しないことが判明したら、時間以外の被害が出る前にそのシステムはきっぱりとあきらめることだ。

注意しなければならないのは、バックテストはシステムの将来のパフォーマンスを保証してくれるものではないという点だ。バックテストでは申し分のないパフォーマンスを示したシステムでも、リアルトレーディングで使ってみたらひどかったという場合もある。徹底したバックテストで分かるのは、システムを過去の市場で使っていれば、10連敗したり、ドローダウンが２カ月続き資金が１万ドル減った可能性があるといったことだ。過去にこうしたことが起こったのであれば、将来的にも同じようなことが起こる可能性はある。起こり得る最悪のことを知ることで、コストの高いシステムを使ったり、何回かの悪いトレードでフラストレーションを溜め込んだあとに、ようやくやってくる良いトレードチャンスを棒に振るといったことはなくなる。システムに連敗は付き物だ。重要なのは、最大連敗数がどれくらいになるのかを知ることなのである。

トレーダーがバックテストでよく犯す過ち

バックテストの説明に入る前に、バックテストの際の注意事項について話しておきたい。時として、やるべきことを直接学ぶよりも、やってはならないことを学ぶことでやるべきことを知ることのほうが簡単なこともある。正しいことをやるには、間違ったことをやらなければよいのである。例えば、ネコのソフィーは爪とぎ用の柱以外引っかいてはいけないことは知らない。しかし、爪とぎ用の柱以外は引っかかない。それは彼女が、ソファーやカーテンやカーペット、それに家具や私の足を引っかいてはいけないことを知っているからだ。つまり、やってはいけないことを知ることで選択肢が必然的に正しいものだけに狭められるというわけである。彼女は毎朝５時に私の顔を舐めて起こしてくるのだが、５時では早すぎることをどう悟らせればよいのか、今思案中だ。まず、やってはいけないことを説明したあとで、やるべき正しいことを説明する。とりあえずは、悪い習慣を排除することから始めよう。

バックテスト結果の評価方法を知らない

最もよくある過ちは、システムをバックテストしたはよいが、結果の評価方法を知らないことである。結果を正しく評価できなければ、そのシステムがどの程度のものなのかは分かりようがない。正味リターンや勝率を評価基準にするトレーダーもいるが、ドローダウンが大きければ、これらの値がいくら高くても無意味である。システムの評価には、このほかにも、トレード数、１トレード当たりの利益、連敗数、最大損失、最大利益、平均損益、リターン分布といった項目を調べる必要がある。これらの項目を総合的に評価して初めて、システムの良し悪しや、ほかのシステムと比べてどうなのかが分かるのである。

カーブフィッティングと最適化のしすぎ

システムを評価するうえで重要なのは、テスト結果は本物なのか、あるいはカーブフィットしたものなのかを知ることである。カーブフィッティングとは簡単に言えば、システムを過去のデータにフィットさせすぎることである。カーブフィッティングが生じるのは、システムの作成にも問題があるし、バックテストにも問題がある。例えば、強いトレンド形成されたチャートに基づいて買い持ちするシステムを作成すれば、システムはそのデータにカーブフィットしたものになる。トレーダーのなかには、自分に都合の良いチャート部分だけを重視し、うまくいかなかった部分を無視したシステム作りをする人がいる。出来上がったシステムは素晴らしいシステムだ。ただし、素晴らしく機能するのは特定のデータ上でだけである。こういったシステムは、ほかのデータでテストしてその機能が確認されるまでは使うべきではない。最適化のしすぎも、システム作成者がよく陥る問題のひとつだ。これは、システムが完璧に機能するようになるまでパラメータをいじくり回すことが原因だ。例えば、移動平均線のありとあらゆる組み合わせを試して、最大の利益が得られる組み合わせを探す、といった具合だ。こうして出来上がったシステムは、所詮テストに用いたデータでしかうまく機能しない。システムのバックテストでは、この点に注意していただきたい。つまり、より良い結果を得ようとパラメータをいじくりすぎれば、将来的に機能するシステムは得られないということである。

システムを信じすぎる

得られた結果に一抹の疑問も抱かないトレーダーがいるが、これもまたトレーダーが陥りやすい問題点のひとつだ。そこそこの結果が出れば、それでもうひと安心というわけだ。結果がどうであれ、欠陥はないか、異常はないか、カーブフィットしたために実際よりも良い結果が出てはいないか、といった疑問を持つことが大事だ。１つか２つの大きな勝ちトレードのおかげで高い収益性を示したということはないだろうか。同じ状態が将来発生しないときも、高いパフォーマンスを示すだろうか。スリッページは含めたか。十分なデータ（トレード数）でテストしたか。テスト結果や欠陥をチェックしなければ、実際に使ってみたときに、こんなはずではなかった、ということになりかねない。良くない結果が出たシステムについても同じである。うまくいかない原因を究明し、改善方法を探さなければならない。うまくいかない原因を究明することで、トレーディングについていろいろなことが分かってくることも少なくない。自分の考え方が間違っていたのなら、その考え方は改めなければならない。何はともあれ、まずはテスト結果を徹底的に調べることから始めることが必要だ。

テストに用いるデータや市場環境が不十分

システムのテストで犯しやすいもうひとつの誤りが、十分なデータを使わないことである。統計学的に有効なテストを行うのに必要なトレード数は最低で30だが、もちろん多いに越したことはない。十分なデータでテストしなければ、テスト結果が有効なものなのか、偶発的なものにすぎないのかは、判断することはできない。システムを作成して６つのシグナルしか得られなかったとすると、そのうちの５つのシグナルが利益に結びついたとしても、それだけではそのシステムの良し悪しは判断できない。最初の５つのシグナルがたまたま連勝で、そのあとにはもっと大きな連敗が発生する可能性だってあるからだ。システムが有効で、結果が単なる偶然ではないと言えるには、最低30のサンプルデータが必要になる。また、テストに用いるデータには、自分の好みの市場環境だけではなく、あらゆるタイプの市場環境が含まれていなければならない。つまり、あなたのシステムは、上昇トレンドでも、下落トレンドでも、横ばい相場でも、ボラティリティの高い相場でも、動きの少ない相場でも十分機能するか、ということである。また、いろいろな市場でテストしてみることも必要だ。それで良い結果が出れば、そのシステムはどの市場でも機能するはずだ。

イントラデイのデータを用いる場合に注意しなければならないのは、数カ月分のデータでは不十分で、数年分のデータが必要になる点だ。まずは１年分のデータでやってみても構わないが、システムの良し悪しを判断するのにはまだ不十分である。１年間は素晴らしくうまくいっても３年のスパンで見るとひどい結果を示すシステムは少なくない。先物は１枚ごとにテストしなければならないため、イントラデイのデータを使ってテストしようと思えば、時間はかかるし高くつく。しかし、トレーディングはそもそも安いものではないし、簡単なものでもない。良い結果を得るためには、時間とお金がかかるのである。

アウトサンプルデータの不足

データ量が不十分な場合、アウトサンプルデータとして使う分が取れないという問題が発生する。システムのテストには、システムの作成や最適化には用いなかったデータを用いなければならない。つまり、良いシステムと思えるものが出来上がり、最終テストを行うときには、システムがまだ経験していない新たなデータでテストしなければならないということである。データにフィットするように最適化されたシステムのなかには素晴らしいシステムに見えるものもあるかもしれないが、未知のデータではテストしていないため、その本当の実力は未知数だ。最適化に用いたデータでテストすれば良い結果が得られるかもしれないが、良い結果が得られるように不純物を取り除いたデータでテストするのだからそれは当たり前であり、まやかしにすぎない。そこで必要になるのがアウトサンプルデータである。新しいデータによるテストこそが、リアルトレーディングで得られる結果に最も近い結果を、実際の資金をリスクにさらすことなく得る方法なのである。

手数料とスリッページの無視

システムをテストするときにスリッページや手数料を含めないトレーダーは多い。彼らは素晴らしいシステムを手に入れたと思うかもしれないが、トレーディングコストを含まないか過小評価しているので、実際には素晴らしいシステムを手に入れたことにはならない。トレーディングにかかるコストを考慮しなければ、実際にトレーディングしたときに驚かされることになる。いかなるトレードも手数料やスリッページを伴うため、システムをテストするときにはこういったコストを含むのを忘れてはいけない。タイムトレーダーの多くはスリッページを軽視する。シグナルが出た位置で注文が執行されると考えているからだ。成り行きで出した注文が、希望価格から30セントから１ドルも離れた価格で執行されたことなど、私の場合数え切れないくらいある。予想外の利下げでとんだ災難にあった私の体験談を覚えているだろうか。あのとき、銘柄によっては１株５ドル近いスリッページが発生したのだ。つもり売買では素晴らしい結果が出たのに、実際にトレードしてみると大した利益が出なかったり、損が出たりすることがあるように、利益を生みそうに思えるシステムでも手数料やスリッページを加味すると損をするシステムに早変わりする場合もあるのだ。テストには必ず手数料とスリッページを含めること。そうしなければ正確なテスト結果は得られない。

バックテストの方法

カーブフィッティング

バックテストを始めるに当たり、まずはカーブフィッティングと最適化についての話から始めたいと思う。カーブフィッティングとは前

※参考文献　『トレーディングシステムの開発と検証と最適化』（パンローリング）

述したように、システムを特定のデータにフィットさせることをいう。したがって、カーブフィットしたシステムは一定期間の特定のデータ上では素晴らしい成績を上げるが、これはそのシステムの本当の実力ではない。チャートを観察して横ばい相場であることが分かったので、その横ばい期間に良い成績を上げるようなシステムを作成する。あるいは、相場が崩れる直前に売るようなフィルターを作成する。こうして作成されたシステムは素晴らしい成績を上げるかもしれないが、それは幻想にすぎない。同じシグナルで次に来る相場の大きな崩れもキャッチできるだろうか。おそらくあなたは、システムをデータに完璧にフィットするまでいじくり回すのだろうが、そうして出来上がったシステムはほかのデータ上ではそれほど良い成果は上げないだろう。これが問題なのである。時間と労力を惜しまず懸命にやれば、どのチャートのサンプルデータ上でも2000％のリターンを達成する勝てるシステムを作ることは可能だろう。しかし、将来相場が違った振る舞いをすれば、そんなシステムなど何の役にも立たない。トレーダーが注目しなければならないのは、システムが過去にどういった成績を上げたかではなくて、新しいデータでどういった成果を出せるかなのである。詳しくはこれから述べるが、良いシステムができたと思ったら、それをアウトサンプルと呼ばれる新しいデータでテストしなければならないのはこういった理由による。システムをその作成と最適化に用いられなかったデータでテストしてこそ、本当の意味でのテストと言えるのである。カーブフィットしたシステムは、作成に用いたデータでバックテストすれば素晴らしい成果を上げるが、リアルトレーディングでは絶望的な結果しか出ないこともある。一般に、複雑で詳細に書かれたシステムが良い結果を出せば、カーブフィットしたと見て間違いはないだろう。

最適化

特定の期間での利益が最大になるようにパラメータやインディケーターを調整することをシステムの最適化と言う。例えば、移動平均線を使っている場合、期間をいろいろに変えて、最大利益が出る期間を見つける。ベストな期間の移動平均線が見つかったら、システムのパフォーマンスをさらに上げるために、ブレイクアウト水準に設定するフィルターのベストパラメータを見つける。こうしてパラメータやインディケーターを常にいじくり回しながらパフォーマンスのさらなる向上を目指すのである。TradeStationでは、最適化はソフトウエアがすべてやってくれるので、システムの最適化など朝飯前だ。どんなインディケーターのベストパラメータも、ものの数秒ではじきだしてくれる。これは素晴らしい機能には違いないが、システムを本物以上の実力に見せかける一端を担っていることも否めない。

最適化の目的は、システムの収益性を向上させることにあるが、最適化のしすぎには注意が必要だ。システムの基本概念が健全なものであれば、パラメータにどんな値を用いても成績はそれほど大きく変わることはない。したがって、最大の利益を上げると思われるパラメータ値の範囲を求めるのが正しい最適化である。例えば、最高値のベストなブレイクアウトがどこで発生するのかを知りたいとする。最適化することで、ルックバック期間が長いほどシステムの収益性が高まることが分かったが、バーの数が20を超えてもそれ以上の改善は見られないことも分かった。したがって、ルックバック期間は5ではなくて、20程度にすればよいことが分かる。ひとつの理想値を選ぶのは無意味である。なぜなら、データが違えば理想値も違ってくるからである。

私は最適化するときには、最も収益性が高く同じような成果を上げるパラメータの範囲を見つけ、その平均を取ることにしている。例えば、12期間、14期間、17期間の移動平均線が最も高い成果を上げることが分かったら、これらの平均を取って14期間か15期間の移動平均線を使う、といった具合だ。12期間、14期間、17期間ではうまくいったのに15期間と16期間ではうまくいかなかったとすると、それはシステムに問題がある証拠だ。良いシステムならば、移動平均線の期間が５だろうと７だろうと、10あるいは15だろうと、うまく機能するはずである。14期間移動平均線がこのデータセット上で最大の利益を上げたとしても、そういったことはどうでもよい。私が知りたいのは、特定の移動平均線が最大の利益を上げるかどうかではなく、基本的な考え方がうまく機能したかどうかなのである。１つや２つのパラメータでうまくいったとしても、それでシステムの万全性が証明されたことにはならず、むしろカーブフィットした可能性が高い。

私が最適化を行うのは、システムが異なるパラメータでもうまく機能するのかどうか、あるいは特定のパラメータだけで偶然うまく機能しただけなのかを調べるためである。過去にはうまくいったものが機能しなくなるのは、市場のランダムノイズにその原因があるのか。ランダムノイズによるトレードを避けるために、ブレイクアウトシステムにはバッファーゾーンを設けたか。このトレードは現実を反映したものなのか。チャートを見て、そのチャートに完璧に一致するフィルターを用いる人もいるが、異なるパラメータを試してそのフィルターがまぐれ当たりではないことを確認する必要がある。また、異なる期間のデータでも試してみて同じような結果が得られるかどうかを調べてみることも必要だ。同じデータでも異なる時間枠でテストしてみれば、新しい発見があるかもしれない。こういったことをすべてクリアできたら、アウトサンプルデータによるテストに進む。きっと同じような結果が得られるはずだ。

アウトサンプルデータ

おそらくバックテストで最も重要なのは、最適化結果をアウトサンプルデータでテストすることだろう。システムは実際のトレーディングで用いる前に、その作成や最適化に用いなかった新しいデータで必ずテストしてみることが大切だ。初心者がよく犯す過ちは、システムの作成と最適化とテストに、手元にあるすべてのデータを使ってしまうことである。例えば、３年分のデータがあったとしたら、アウトサンプルデータを残しておかなければならないことを知らないために、そのデータをすべて使ってベストパラメータを求めてしまうのである。知らない人のために言っておくが、もし３年分のデータがあったとしたら、システムの作成と最適化に用いるのはその２年分だけにする。残り１年分のデータは、そのチャートも含めて、アウトサンプルデータになるので、絶対に見てはならない。つまり、あなたの思考に少しでも影響を及ぼすようなことがあってはならないということである。これで良しと思えるシステムが出来上がったら、最適化とテストを行う。そして、最適化とテストを繰り返し、十分に満足のいく結果が得られたところで初めて、それまで封をしてきたデータ、つまりすべてのデータのおよそ３分の１に当たるアウトサンプルデータを使って最終テストを行うのである。統計学的に有効な結果が得られるためには、アウトサンプルデータは少なくとも30トレードを含む大きさでなければならないことに注意しよう。良いシステムなら、アウトサンプルデータでも良い結果を出せるはずだ。良い結果を出せなければ、修正するか破棄するかのいずれかである。アウトサンプルデータは何が問題なのかを調べるためのものであって、それを最適化に使ってはいけない。最適化に使えば、アウトサンプルデータを残しておいた意味がなくなる。私はアウトサンプルデータのチャートを使って、システムが予想どおりに動いたかどうかを確認することにしている。ただし、システムをもう少し手直ししようと思っている場合は、動作確認にアウトサンプルデータは使えない。

アウトサンプルデータを用いることで、システムは新しいデータを見る機会を与えられるため、得られた結果が最適化のしすぎによるものである可能性は少なくなる。最適化されたパラメータはその新しいデータとは無関係なので、システムがその新しいデータ上で機能したとすれば、それはそのシステムが本当に良いシステムだからであり、システムがそのデータにカーブフィットしたからではないということになる。

データの使い方

まずは、十分なデータを準備しよう。６カ月分程度のデータでは少なすぎる。なぜなら、そういった短い期間では何が起こるとも知れず、結果に歪みを生じかねないからだ。また、統計学的に健全な結果を得るためには、最低30のトレードサンプルが必要であることも覚えておこう。トレードサンプルが少ないほど、結果の信頼度は低下する。トレードサンプルが不十分だと、１つか２つの極端な動きに結果が左右されるため、素晴らしく思えるシステムでもトレードサンプルを増やせば月並みなシステムでしかなかった、ということになりかねない。また、異なる市場環境での結果を知る必要があるので、いろいろな市場環境が含まれたデータを用いることも重要である。

データのベストな使い方を具体的に見ていくことにしよう。まず、システムの作成には全データの３分の１を使う。何とか満足のいくシステムが出来上がったら、次の３分の１のデータを使って、システムの微調整、最適化、最終調整を行う。これが終わったら、最後の３分の１のデータを使ってテストを行う。あるいは、真ん中の３分の２のデータをシステムの作成と最適化に用い、最初と最後のそれぞれ６分の１ずつのデータをアウトサンプルデータとして用いてもよい。いずれの方法でも構わないが、アウトサンプルデータによる結果はシステム作成段階における結果に一致しなければならない。一致すれば、システムはどの期間でも一貫したパフォーマンスを示すことが証明されたことになる。

注意しなければならないのは、同じタイプの市場環境から取ったデータは異なるデータとはみなされない点である。アウトサンプルデータには、市場、銘柄、時間枠の異なるバラエティーに富んだデータが含まれていなければならない。例えば、IBMのデータを使ってシステムを作成したとすると、テストはシスコ、メリルリンチ、インテル、ウォルマート、ダウ、S&P500指数などの各データを使って行わなければならないということである。システムが本当に優れたものであれば、ひとつの銘柄だけでなく、どの銘柄でも良い結果を出せるはずである。また用いるデータは、さまざまな市場や市場の状態を含んだものでなければならない。同じチャートパターンを持つ10の銘柄で同じシステムをテストしても意味はない。実際に起こり得ることをより正確に把握するためには、上昇トレンドにある銘柄、下降トレンドにある銘柄、横ばいで推移している銘柄、その中間の銘柄でテストしてみることが重要である。

システムの評価

これからがいよいよバックテストの核心部分である。つまり、システムが正の期待値を持つ良いシステムであるかどうかをテスト結果から判断するのである。システムが正の期待値も持つかどうかは、システムを判断するうえできわめて重要な要素だ。なぜなら、トレーダーが有利な立場にあるかどうかは、システムが正の期待値を持つかどうかで決まってくるからである。有利な立場になければ、トレードすべ

チャート13.1　ストキャスティック・クロスオーバーシステム（システム1）のテスト結果

System Report: Performance Summary

Stochastic Crossover SP_01U.ASC-30 min 06/01/2001 - 08/31/2001

パフォーマンスのまとめ（全トレード）

総損益	$ 7025.00	オープンポジションのP/L	$ 625.00
総利益	$ 111600.00	総損失	$-104575.00
総トレード数	182	勝率	41%
勝ちトレード数	74	負けトレード数	108
最大勝ちトレード	$ 7000.00	最大負けトレード	$ -3500.00
平均利益	$ 1508.11	平均損失	$ -968.29
平均利益・平均損失比率	1.56	平均損益	$ 38.60
最大連勝数	6	最大連敗数	8
勝ちトレードの平均保有期間	8	負けトレードの平均保有期間	3
日中の最大ドローダウン	$ -18525.00		
プロフィットファクター	1.07	最大保有枚数	1
必要口座サイズ	$ 18525.00	リターン	38%

Created with TradeStation by Omega Research © 1997

きではない。**チャート13.1**と**チャート13.2**は、TradeStationにあらかじめ用意された２つの異なるシステムの評価結果をプリントアウトしたものだ。どちらも利益が出ているが、２番目のMACDシステムのほうがシステムとしては優れている。利益基準のみならず、これから説明するほかの基準も多数満たしているからだ。これらの結果からは、スリッページと手数料は意図的に外している。これらのコストが結果に与える影響がいかに大きいかは、このあとの説明で分かってくるだろう。

収益性（トータル正味利益）

システムの収益性――つまりそのシステムが利益を出すかどうか――を示すものが、トータル正味利益である。ここに示した２つの例は正味利益がそれぞれ7025ドルと３万2750ドルで、いずれも利益を出

チャート13.2　MACDシステム（システム2）のテスト結果

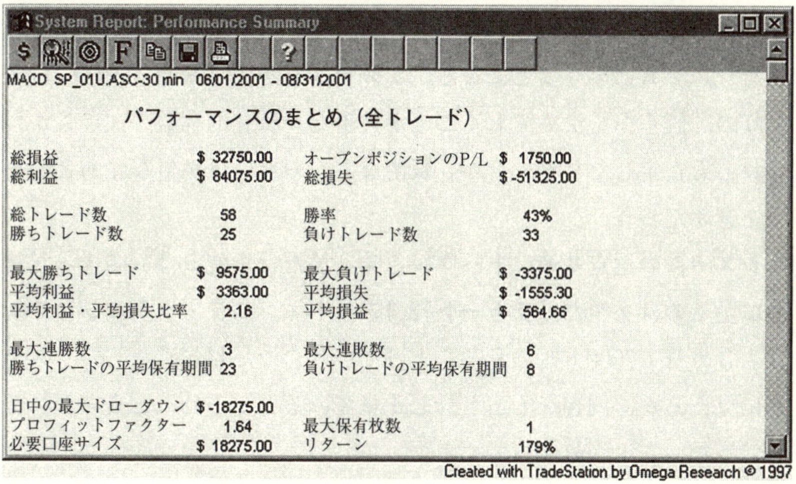

System Report: Performance Summary

MACD SP_01U.ASC-30 min 06/01/2001 - 08/31/2001

パフォーマンスのまとめ（全トレード）

総損益	$ 32750.00	オープンポジションのP/L	$ 1750.00
総利益	$ 84075.00	総損失	$ -51325.00
総トレード数	58	勝率	43%
勝ちトレード数	25	負けトレード数	33
最大勝ちトレード	$ 9575.00	最大負けトレード	$ -3375.00
平均利益	$ 3363.00	平均損失	$ -1555.30
平均利益・平均損失比率	2.16	平均損益	$ 564.66
最大連勝数	3	最大連敗数	6
勝ちトレードの平均保有期間	23	負けトレードの平均保有期間	8
日中の最大ドローダウン	$ -18275.00		
プロフィットファクター	1.64	最大保有枚数	1
必要口座サイズ	$ 18275.00	リターン	179%

Created with TradeStation by Omega Research © 1997

している。もしこの数字が負であれば、そのシステムで利益を出すことは期待できないので、振り出しに戻らなければならない。システムを評価するときにだれもが真っ先に見るのがこの数字だが、この数字自体はそれほど大きな意味を持たない。もちろん、正味利益が負ではなくて正になるシステムが良いに越したことはないが、行われたトレード数、損益のムラ、ドローダウン、平均損益なども、システムを評価するうえでの重要な要素になる。リターンが１万ドルのシステムと５万ドルのシステムがあった場合、後者に飛びつくトレーダーもいるが、前者のほうが優れている場合もある。例えば、後者のシステムが１年に1000トレード行い、３万5000ドルのドローダウンを出したとしたらどうだろう。しかも、損益分布も月によって大きく違った（例えば、大きな損失を出した月もあれば、大きな利益を出した月もある）かもしれない。これに対して、前者のシステムは１年にわずか50トレードしか行っておらず、ドローダウンもわずか3000ドルで、毎月少ないながらもコンスタントに利益を出したかもしれないのだ。この場合、リターンは小さいかもしれないが、前者のシステムのほうが安全で優れたシステムということになる。システムを評価するときには、自分なりの評価基準を決めておくことが大事だ。潜在的利益の大きさか、それとも安定したリターンか。賢明なトレーダーは例外なくあとの基準を選ぶだろう。

システムの選定基準にトータル正味利益だけを使えば、間違った結論に至るのは必至だ。**チャート13.1**のストキャスティック・システムは、３カ月で7000ドルの利益を上げているので一見素晴らしいシステムに見えるが、内容をもっと詳しく見てみると、それほど良いシステムではないことが分かってくる。

総トレード数

同じような結果の２つのシステムからどちらかを選ぶ場合、同じ期間におけるトレード数を比較し、少ないほうを選ぶのがよい。トレード数が少なければ、スリッページや手数料といったコスト（かなりの額にのぼる）の影響が少ないからである。トレード数の少ないシステムは人によっては退屈に感じるかもしれないが、結果が同じなら必ずトレード数の少ないシステムを選んだほうがよい。システム１はシステム２より正味利益が少ないばかりでなく、トレード数がシステム２の３倍もある。つまり、システム１はシステム２より努力はしているが、結果はシステム２より悪いということである。トレード数は少ないほうがよいが、テストには30以上のトレード数が必要であることにも注意しよう。トレード数がこれを下回れば、得られた結果は偶然性の高いものになる可能性が高い。トレード数が30を下回る場合、正しくテストするためにはもっとデータを集める必要がある。

勝率

この数字はそれほど大きな意味は持たないが、注目度は非常に高い。ベストトレーダーでも50％の確率でしか勝てないのに、50％を負けとみなす人は多い。そういえば学校のテストは65％が合格ラインだったから、みんながそう考えるのも無理はないかもしれない。昔からこうした考え方の下で育ってきた彼らにしてみれば、勝率が40％のシステムなど負けるシステム以外の何物でもないわけである。しかし、これを野球で考えてみるとどうだろう。つまり、勝率を野球の打率に置き換えて考えてみるのである。野球で打率４割といえば、なかなかの数字だ。私自身は勝率はあまり重視しないが、トレーダーのなかには勝率がわずか40％のシステムを使うのはどうも気が進まないという人もいるのは確かだ。実際には、システムの勝率が30％か、40％か、60％かなどは、結果にはほとんど関係ない。重要なのはむしろ平均利益に対する平均損失のほうである。しっかりとしたリスクマネジメントスキルがあれば、勝率がわずか30％のシステムでも十分な結果は出せるのである。ここに示した２つのシステムは勝率がいずれも40％の前半とあまり高い数字ではないが、通常のシステムの勝率は大方こんなものである。

最大利益対最大損失

私がシステムの有効性を判断するのに見るのがこれらの数字だ。まず、トータル利益が１つか２つの大きなトレードに依存していないかどうかをチェックする。システム１はトータル利益が7025ドルで、最大利益が7000ドルである。7025ドルから7000ドルを引くと25ドルなので、このシステムは182トレードでわずか25ドルの正味利益しか上げていないことになる。これはあまり良い数字ではない。このように、

１つか２つの大きなトレードを差し引いたあとのパフォーマンスがあまりよくなければ、そのシステムの信頼度はあまり高いとは言えない。もうひとつのチェックポイントは、最大損失が最大利益より大きくないということである。トレーディングで勝つには、損失を利益以下に抑えることに尽きる。これが逆転すれば最悪な事態を招くことは言うまでもない。最大損失が大きすぎる場合は、手仕舞いやストップの位置を見直す必要がある。最大利益と最大損失の比率としては２：１または３：１以上を考えているが、実際には1.5：１程度でも良しとすることが多い。この比率は平均利益と平均損失との比率にもそのまま当てはまる。平均利益が平均損失よりも大きくなければ、私はそのシステムは使わないことにしている。また、システムが私のトレーディング手法にフィットするかどうかを確かめるために、負けトレードの保有時間（チャートではバーの数の平均で測定）が勝ちトレードのそれよりも短いかどうかもチェックする。

連敗数

次のチェックポイントは、連敗数だ。多くのトレーダーは10連敗もすればたまりかねて、システムが本当に機能するのかどうかが分かる前にさっさとあきらめてしまう。こういった事態を避けるためにも、そのシステムの過去の平均連敗数を知っておくことは大切だ。その数字が自分の許容値を超えていれば、そのシステムでのトレードは最初からやらなければよいだけの話である。そのシステムを使ってトレードしているときに連敗に遭遇してしまった場合は、連敗の数が平均連敗数より少なければトレードはそのまま続けるべきである。例えば、平均連敗数が６のシステムでトレードしている場合、この平均連敗数を知らなければ４連敗した時点で早々とシステムを放棄してしまうことにもなりかねない。

最悪の事態に備えよう

私はかつて、数カ月かけてS&Pのデイトレード用のシステムを書いたことがある。システムが完璧だと思えるまでバックテストと変更を繰り返した。システムの唯一の欠点は連敗数が多いことだった。まさかこの唯一の欠点に出鼻をくじかれようとは、このときは思いもしなかった。勝ちトレードが負けトレードをはるかに上回っていたので、システム自体は高い収益性を示していた。損失を出してもダメージを受けないように最初から利益を出す自信が私にはあった。ところが、もうお分かりかと思うが、最初からいきなり連敗してしまったのだ。確か８連敗だったと思う。いきなり１万2000ドルの赤字だ。もちろん、そんな大金の備えなどなかった。結局私たちはシステムを放棄し、しばらくトレードのペースを落とすことにした。運よく次のトレードが大当たりだったので救われはしたが、あのままシステムを使っていれば、損失をすべて取り戻すことができたうえに、利益も出ただろう。この経験から得た教訓は、システムのドローダウンを知ること、そしてそのドローダウンに耐えられるだけの資金を準備しておかなければならないこと、である。

平均PL（１トレード当たりの平均損益）

平均PLは、２つのシステムを比較したり、同じシステムを異なる状況下で比較したりするうえで有用なので、重視すべき数字のひとつである。平均PLとは、システムのトレードベースでのパフォーマンス、つまり、１トレード当たりどれくらい稼げるかあるいは損をするかを測定したものだ。システム１の平均PL（手数料差し引き前）は38.60

ドルで、システム２の平均PLは564.66ドルである。システム２のほうが１トレード当たりの利益が大きいのは一目瞭然だ。平均PLが負のシステムは使うべきではない。理由は言うまでもないだろう。判断が難しいのは、平均PLは正だが、数値が非常に小さい場合、そのシステムを使うべきかどうかである。こういった場合のために、自分の希望する平均PLをあらかじめ決めておき、その数値より小さい場合はそのシステムは使わないとするのがよいだろう。

ドローダウン

おそらくシステムを見るうえで最も重要な数字はドローダウンだろう。ドローダウンは、そのシステムを使って特定の市場でトレードするに当たり当初資金がいくら必要なのかを計算うえで重要な数字であるばかりでなく、リスクを測定するベースにもなる数字である。つまり、ドローダウンはこのシステムを使ってトレードしたときに、最悪の場合でどれくらいの損失を出すかを示したものである。したがって、特定の銘柄や市場に対する当初資金がいくら必要なのかはこのドローダウンから見積もることができるというわけである。良いシステムだと思っていても、広範囲のデータでテストすると、最悪の場合には２万5000ドルもの損失を出していた可能性のあることが判明することもある。最悪の事態なんてそうそう起こるものじゃないよ、なんて考えは甘い。最悪の連敗は常にそこまで来ているのである。最大ドローダウンの２倍の大きさの連敗を乗り切れるだけの資金がなければ、そのシステムでのトレードはあきらめたほうがよいだろう。

リスク回避型トレーダーが統計量の中で最も気にするのが、このドローダウンである。そのドローダウンに耐えられなければ、そのシステムはあきらめるか、損失を制限するための変更を行う。マネーマネジメントはトレーディングを行ううえで一番大切なものだ。したがって、常にマネーマネジメントを考えながらトレードすることが重要だ。結果が同じ2つのシステムがあったとすると、ドローダウンが小さいシステムのほうがおそらくリスクは少ないだろう。またリスクの大きすぎるシステムは使うべきではない。

プロフィットファクター

プロフィットファクターとは、トータル利益をトータル損失で割ったものである。つまり、損失1ドルに対する利益を計算したものである。例えば、プロフィットファクターが1であれば、差し引き損益はゼロである。安全を期すためには、プロフィットファクターは最低1.5は必要だ。プロフィットファクターが2のシステムは非常に良いシステムである。システム1はプロフィットファクターはほぼ1なので、使用は避けるべきだろう。これに対して、システム2はプロフィットファクターが1.64とまずまずの数字なので、使えるシステムということになる。

リターン分布

最後にチェックしなければならないのがシステムの安定度である。システムはどういった稼ぎ方をしたのだろうか。継続的に良いリターンを上げたのか、あるいは期間全体を通じて利益に大きなバラツキがあったのか。十分なデータがあるのであれば、月ごとのパフォーマンスが安定しているかどうかを見てみよう。イントラデイシステムの場合は、日ごとのパフォーマンスを調べる。稼ぎは多くてもバラツキが大きいシステムよりも、毎日平均に近い利益を安定的に上げているシステムのほうが良い。標準偏差（平均からのズレ）が大きすぎるシステムは、ドローダウンが大きな数字になる可能性があるので、あまり使いたくないシステムだ。平均から２標準偏差以上の損失を出したトレード、日、月が多すぎるシステムは、とても使う気にはなれない。これに対して、運用資産にあまり大きな変動のないシステムは信頼できるシステムだ。TradeStationでは月ごとやトレードごとの内訳が分かるので、パフォーマンスが安定しているかどうかは簡単にチェックできる。月ごとやトレードごとのデータはエクセルをはじめとする統計ソフトでも計算できる。けっして楽な作業ではないが、自分が使っているシステムのパフォーマンスの安定度を調べたい熱心なトレーダーにとっては省くことのできない作業だ。

手数料とスリッページ

手数料やスリッページはできれば考えたくないものだが、これら２つの要素を真面目に考えるかどうかで、勝てるシステムになるか負けるシステムになるか、あるいは勝ちトレーダーになるか負けトレーダーになるかは決まると言っても過言ではないほど、トレーディングにおいては重要な要素である。トレーディングスタイルを考えるときに考慮しなければならないのは、どういったトレードでも――つまり、勝ちトレードになろうと、負けトレードになろうと、引き分けになろうと――必ず何がしかのコストがかかるという事実である。これはトレーダーの力ではどうにもならないコストなので、システムの設計に必ず含めなければならない。そうしなければ、現実を反映したシステムにはならない。まず、どういったトレードでも必ず発生するのが売買手数料だ。これは、このあとのスリッページに比べればまだマシだ。そして、次がスリッページだが、これはトレーディングの意思決定ではつい忘れてしまいがちな（あるいは、意図的に忘れてしまいたい）ものである。スリッページとは基本的には、トレーダーの注文価格と約定価格とのズレ（注文価格と実際の買い値あるいは売り値との差）

によって生じるコストのことをいう。スリッページが発生する原因としては、指定した価格から相場が遠ざかったり、ビッドアスクスプレッドの発生などが考えられる。買い値で買い、売り値で売るのが理想的だが、実際にはその反対になることが多く、最初から負けポジションを抱える羽目になる。トレードごとに見れば、手数料もスリッページも微々たるものだが、積もり積もれば天文学的数値になり、損益（P&L）計算書に大きな影響を及ぼすこともある。また、一見利益が出ているかに見えるトレードも、手数料やスリッページを差し引くと、たちまち負けトレードに変わることもある。

システムを設計するときには、トレーディングコストを含むのを忘れないようにすることが大事だ。そうしなければ、負けるシステムを作ってしまうことになる。前の２つのシステムに往復の手数料として15ドル（控えめな数字）と、スリッページとして１トレード当たり100ドル（これもS&Pにしてはかなり控えめ）を加味してみると、まったく異なる様相を呈してくる（**チャート13.3**と**チャート13.4**を参照）。システム１はコスト差し引き前は7025ドルの利益だったが、コスト差し引き後は１万4000ドルの損失に変わり、システム２も３万2000ドルの利益は２万6515ドルに減少する。システム２はコスト差し引き後も利益が出ているので依然として良いシステムであり、ほとんどのパラメータも好ましい数値を維持しているが、システム１は何があっても使うべきではないシステムに変貌している。システム１の場合、多すぎるトレード数が足かせになっていることは明らかだ。

優れたトレーダーになるためには

優れたトレーダーになるためには、実際のトレードに用いる前に、トレーディングアイデアとシステムをバックテストしなければならない。これを怠れば、実際の資金をリスクにさらして初めて、自分の使

チャート13.3　システム1のテスト結果（トレーディングコストを含む場合）

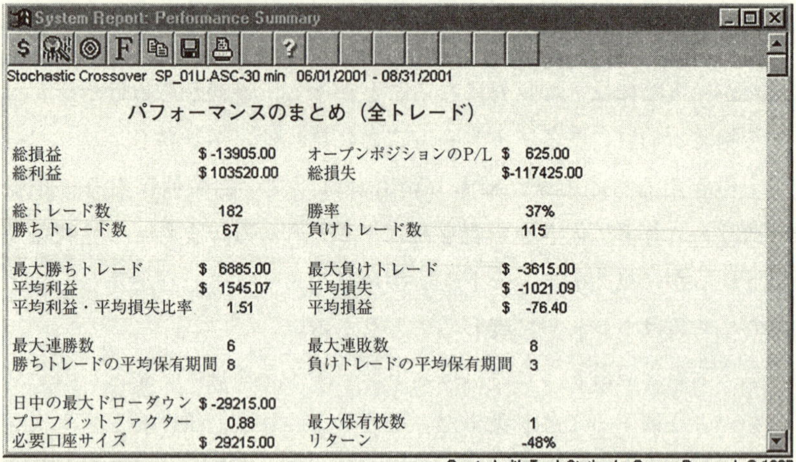

System Report: Performance Summary

Stochastic Crossover SP_01U.ASC-30 min 06/01/2001 - 08/31/2001

パフォーマンスのまとめ（全トレード）

総損益	$ -13905.00	オープンポジションのP/L	$ 625.00
総利益	$ 103520.00	総損失	$-117425.00
総トレード数	182	勝率	37%
勝ちトレード数	67	負けトレード数	115
最大勝ちトレード	$ 6885.00	最大負けトレード	$ -3615.00
平均利益	$ 1545.07	平均損失	$ -1021.09
平均利益・平均損失比率	1.51	平均損益	$ -76.40
最大連勝数	6	最大連敗数	8
勝ちトレードの平均保有期間	8	負けトレードの平均保有期間	3
日中の最大ドローダウン	$ -29215.00		
プロフィットファクター	0.88	最大保有枚数	1
必要口座サイズ	$ 29215.00	リターン	-48%

Created with TradeStation by Omega Research © 1997

チャート13.4　システム2のテスト結果（トレーディングコストを含む場合）

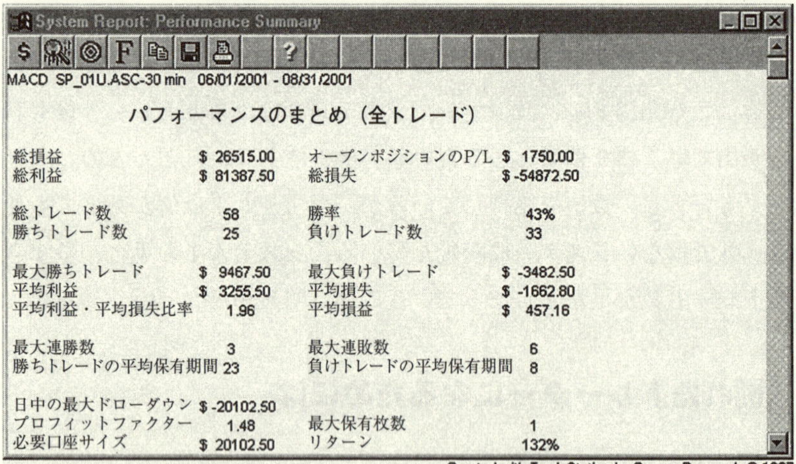

System Report: Performance Summary

MACD SP_01U.ASC-30 min 06/01/2001 - 08/31/2001

パフォーマンスのまとめ（全トレード）

総損益	$ 26515.00	オープンポジションのP/L	$ 1750.00
総利益	$ 81387.50	総損失	$ -54872.50
総トレード数	58	勝率	43%
勝ちトレード数	25	負けトレード数	33
最大勝ちトレード	$ 9467.50	最大負けトレード	$ -3482.50
平均利益	$ 3255.50	平均損失	$ -1662.80
平均利益・平均損失比率	1.96	平均損益	$ 457.16
最大連勝数	3	最大連敗数	6
勝ちトレードの平均保有期間	23	負けトレードの平均保有期間	8
日中の最大ドローダウン	$ -20102.50		
プロフィットファクター	1.48	最大保有枚数	1
必要口座サイズ	$ 20102.50	リターン	132%

Created with TradeStation by Omega Research © 1997

っているシステムが健全かどうかを知ることになる。自分の使っているシステムが稼げないシステムであることをお金を失って初めて知るという事態になどなりたくはないはずだ。そのためには、バックテストを行う手間を惜しんではならない。バックテストを正しく行うためには、最低30のトレードサンプルが取れ、ありとあらゆる市場の状態を含む十分な量のデータを用意する必要がある。システムをトレンド相場だけでテストし、横ばい相場ではどんな振る舞いをするのかが分からないというのでは不十分だ。さまざまな市場の状態を含むデータでテストしなければ、正しいバックテストをしているとは言えず、完成したシステムはトレンド相場だけで最大利益が出るようにカーブフィットしたシステムになってしまう。

　システムを作成するときとパラメータを最適化するときとでは、異なるデータを用いなければならない。これはカーブフィッティングを防ぐうえで重要だ。最終テストは、システムの作成や最適化には用いなかったまったく新しいアウトサンプルデータを使って行わなければならないことも併せて覚えておこう。アウトサンプルデータはさまざまな市場の状態を含み、統計学的に有効な（30のトレードサンプルが取れるということ）十分な量のデータであることが望ましい。システム開発でトレーダーが犯しやすい最悪の誤りのひとつは、システムの作成、最適化、テストを同じデータで行うことである。システムを特定のデータで最適化すれば、そのデータ上では素晴らしい成果を上げるだろうが、将来的にも同じ成果を出せるとは限らない。ここでひとつ留意すべきことは、バックテストで見事な結果が出たとしても、それは必ずしも将来の結果を保証するものではないということである。市場は絶えず変化しているのである。バックテストで満足のいく結果が出たら、チャートを見てトレードが行われたであろう位置を確認することでシステムがどう機能したかをチェックすることが大切だ。また、得られた結果が１つか２つの大きな勝ちトレードによるものでないことも確認しておこう。目指すのは、将来を予測できる常に安定したシステムである。こういったシステムこそが実際のトレードで最大の利益をもたらしてくれるものである。これとは反対に、トレードにムラのあるシステムは、将来を予測できず、使うにはきわめて危険である。

最後に、バックテスト結果の評価方法と、異なるシステムとの比較方法を知っておくことも大切だ。バックテスト結果のなかで特に注目すべき項目は、平均利益とプロフィットファクターだ。トータル利益や勝率はそれほど重要ではない。また、ドローダウンにも注目しよう。ドローダウンは、そのシステムでトレードを始めるのにどれくらいの当初資金が必要かを見積もるうえで重要な数字である。ドローダウンを考えるうえで重要なのは、ドローダウンはいついかなるときにでも起こり得るということである。トレードを始めた途端にドローダウンが発生することもないわけではない。また、トータル利益を計算するときには、手数料とスリッページを含むのを忘れてはならない。これらのコストによって結果がまるっきり別のものになることもあるのだから。

バックテストには時間をかけよう。無視したり、行うのを怠ってはいけない。バックテストは優れたトレーダーになるための重要な要素のひとつであることを認識することだ。また、システムを徹底的にバックテストすることなくそのシステムを使ってトレードすることは絶対にやめよう。

バックテストで犯しやすい過ち

1．バックテストを行わない
2．自分のシステムが稼げるシステムであるかどうかを知らない
3．自分のシステムやトレーディング手法をバックテストせずにトレ

ーディングする
4．バックテスト結果の評価方法を知らない
5．システムやそのテスト結果に疑問を持たない
6．勝率にこだわる
7．トータル利益を重視しすぎる
8．ドローダウンを無視する
9．システムを特定のデータにカーブフィットさせる
10．（最適化に使ったデータに対して）完璧な結果が出せるようになるまでシステムを最適化し続ける（最適化のしすぎ）
11．テストに用いるデータ量が不十分であったり、さまざまな市場環境を含まないデータを用いる
12．アウトサンプルデータの不足
13．さまざまな市場に対してテストしない
14．手数料とスリッページを無視する

バックテストを有効活用するためには

1．ソフトウエアを使ってテストの効率化を図れ
2．負ける戦略は二度と用いるな
3．テスト結果が満足のいくものでなければ、そのシステムは使うな
4．十分なデータを用意せよ
5．最低30のトレードサンプルを用意せよ
6．最終テストはまったく新しいアウトサンプルデータで行え
7．全データの３分の１はアウトサンプルデータ用に取っておけ
8．さまざまな市場環境でテストせよ
9．さまざまな時間枠でテストせよ
10．さまざまな市場でテストせよ
11．最適化のしすぎやカーブフィッティングに注意せよ

12. バックテスト結果の評価方法を知れ
13. 別のシステムとの比較方法を知れ
14. 手数料やスリッページを侮るな
15. 当初資金は最大ドローダウンの２倍以上を準備せよ
16. 不安定なシステムは使うな
17. トータル利益が１つか２つのトレードによってもたらされていないことを確認せよ

自問自答コーナー

- ●システムやアイデアは正しくバックテストしたか
- ●システムを最適化しすぎなかったか
- ●システムはカーブフィットしていないか
- ●アウトサンプルデータでテストしたか
- ●システムは正の期待値を持っているか
- ●平均トレードはいくらか
- ●手数料やスリッページをテスト結果に含めたか

第14章

マネーマネジメントプラン

Employing a Money Management Plan

ギャンブラー

私はよく良いトレーダーをプロのギャンブラーに例える。両者には共通点が多く、常に勝者である点も同じだからである。プロのギャンブラーは確率とオッズを知り尽くしているだけでなく、厳格なマネーマネジメントルールを持っている。不必要なリスクを取って危険な賭けをすることは絶対にない。オッズが自分たちに有利になる瞬間を見抜き、ここぞというときに勝負に出るのだ。オッズが悪ければ、賭けるにしても大きな賭けに出ることはない。彼らは利益を守る術を知り、幸運の女神が他人に微笑みかけたらその日は潔く切り上げる。こういった規律を持つことで、翌日再びテーブルに戻ってくることができるのだ。

ベストトレーダーのなかには、プロのカードプレーヤーやバックギャモンプレーヤーたちのギャンブリングスキルをトレーディング分野に応用している人もいる。リチャード・デニスがタートルズたちの養成を決めたとき、候補者リストの上位にはギャンブル、バックギャモン、ブリッジのプロたちが名を連ねていた。成功するギャンブラーと成功するトレーダーの間には、ひとつの共通点がある。それは、リスクを知り、リスクに応じた賭け方をする、ということである。

私の言うギャンブラーとは、趣味でギャンブルをやる人ではなく、ギャンブルで生計を立てている人のことを指す。ギャンブルをやるほとんどの人は負ける。これは事実だ。しかし、プロのギャンブラーは、規律を持ち、参加するゲームにおける結果のすべてについて、それが起こる確率を知っている。これに加え、彼らは賢く賭け、単なる楽しみのためではなく、生計のためにギャンブルをする。この点が一般ギャンブラーと異なる。彼らはリスクを嫌い、期待値が正のとき以外は賭けない。プロのカードプレーヤーはけっして大きな勝ちは狙わず、コンスタントに勝ち続けることを目指す。ポットが大きいからといって、持っている手が悪いときにそれを狙ったりはしない。しかし、オッズが良いと見ると、負けることなど気にせず賭けに出る。これがプロのギャンブラーのやり方だ。彼らにとって負けることも成功の一部なのだ。正しいことをしているかぎり、負けても気にすることはない。ましてや、次の一手で負けをすべて取り戻そうなどとは考えない。ルールに従って一貫したプレーを続けていれば、負けはいつかは取り戻せることを知っているからだ。例えば、ブラックジャックプレーヤーが手持ちのカードの合計が11のときにダブルダウンしたり、エースのペアをスプリットして負けたとしても、自分は正しいことをしたという自信があるので、落胆することはない。正の期待値を持っているかぎり、いつかは必ず負けを取り戻せることが分かっているからである。

また、成功するギャンブラーはどんな手のときも見境なくプレーすることはない。ポーカープレーヤーは良い手が巡って来るまで待つという規律を持っている。プレーするチャンスがなかなか回ってこないとうんざりすることもあるが、目の前にある山のようなチップを無駄にするようなプレーにはけっして手を出さない。これに対して、下手なプレーヤーはどんな手のときもプレーする。これは、下手なトレーダーが採算ギリギリのトレードであることなどお構いなしに、どんなトレードにも手を出してしまうのとまったく同じである。相手にブラフをかけるのは素人のやることだ。プロはこんなことはしない。彼らがプレーするのは強い手を持っているときだけで、あとは黙って座っている。プロのギャンブラーは厳密なゲームプランとマネーマネジメントプランを持っている。つまり、どういった状況のときにはどうすればよいのかが事前に頭の中に叩き込まれているのである。だから、どんな状況になろうと迷うことはない。彼らが賭け金を増やすのは、オッズが自分に有利になったときであって、ずっと勝ち続けているからとか、持ち金が2倍になったからといって賭け金を増やすようことはしない。プロというものは、直感や、無敵だからという理由で、賭け金を増やしたりはしないものだ。ベットサイズはオッズで決めるという基本的な姿勢は絶対に崩さない。一般トレーダーがプロのギャンブラーから学ぶべきことはたくさんある。

トレーダーがプロのカードプレーヤーから学ぶべきこと

プロのカードプレーヤーは、

- ●手を追いかけない（良い手が来るまで待つ）
- ●強い手を持っているときに賭け金を増やす
- ●すべての手について、リスク・リワード比率を常に把握している
- ●プレーに参加すべきではないときを知っている
- ●オッズが自分に有利なときだけプレーする
- ●損することを恐れない
- ●負け方を知っている
- ●規律を持っている
- ●ゲームプランを持っている
- ●マネーマネジメントの方法を知っている

しかし、最も重要なのは、プロのカードプレーヤーは、どういった

ときにゲームを続けるべきなのか、降りるべきなのか、テーブルを静かに去るべきなのか、逃げだすべきなのか……を知っているということである。確か私が最初に買ったシングルレコードも、こういった歌詞だった。まるで自分のことを言われているような気がする。

カフェテリアのギャンブラー

トレーディングフロアやカフェテリアでは、本職のトレーディングはそっちのけでカードゲームやバックギャモンに興じていたトレーダーがいたのを思い出す。かく言う私自身も、フロアトレーダーをやっていたころはライアーズポーカーに何時間も費やさない日は１日たりともなかった口だ。トレーダーの多くには元々ギャンブラーとしての血が流れているようだ。トレーディングには、彼らを虜にするギャンブル的要素が元々あるのだと私は思う。トレードの腕をめきめきと上げていくのは、ベストギャンブラーたちである。単なる刺激を求めてギャンブルをやる人に、優れたトレーダーになる人はいない。彼らはオーバートレードして過度のリスクを取るのがおちである。偉大なトレーダーになるのは、ブリッジやバックギャモンといったゲームの達人たちばかりだ。カフェテリアでは毎日のようにブリッジゲームが行われているが、彼らはけっして素人ではない。なかにはトーナメント級のつわものもいる。彼らがひとたびそのスキルをトレーディングに向ければ、たちまちトップトレーダーだ。

マネーマネジメントプランを持つことの重要性

勝ちトレーダーになるか負けトレーダーになるかの最大の決め手は、

マネーマネジメントにあると言ってよいだろう。あなたがどういったタイプのトレーダーであるかは問題ではない。トレンドフォロー型システムを使っている人だろうとリバーサルシステムを使っている人だろうと、スキャルパーだろうと長期トレーダーだろうと、あるいは純粋にメカニカルなシステムを使っている人だろうと自由裁量型システムを使っている人だろうと、厳密なマネーマネジメントプランに従う人こそがゲームの勝者になれる人だ。マネーマネジメントプランを持たないトレーダーは多く、たとえ持っていたとしても、それが何をやるものなのかを知らない人もいる。自分の資産の管理方法を知らない人は、たとえ世界一強運のトレーダーだとしても、お金を儲けることはできないだろう。

マネーマネジメントもまた、トレーディング関連の書籍であまり取り上げられることのない題材のひとつである。マネーマネジメントはトレーディングにおいては最も重要な概念であるにもかかわず、テクニカル分析、オプションはもとより、トレーディング心理について書かれた書籍ですら、この題材を真剣に扱っているものはほとんどない。負けトレーダーになる最大の原因がマネーマネジメントをおろそかにすることであるにもかかわらず、である。たとえ世界一のシステムを手に入れたとしても、資金の管理方法を知らなければ、行き着く先は敗者である。かつての私は複数の良いシステムを持ってはいたものの、マネーマネジメントとリスクには十分な注意を払わなかった。しばらくは稼げたものの、そのうちにリスクを取りすぎるようになり、結局稼いだ資金はすべて失った。常にオーバートレードしていたため、少し負けが込んでくると利益などすぐに吹き飛んだ。

逆に、そこそこのシステムでも、優れたマネーマネジメントスキルがあれば勝てることもある。要するに、しっかりしたマネーマネジメントスキルがありさえすれば、使っているのが大したシステムではなくても成功するということである。非常にシンプルなシステムでも、リスクマネジメントを正しく行えば素晴らしい成果を上げることができるのである。こういったスキルなくしては、トレーダーとしての成功はおぼつかないだろう。本章ではこのあと、マネーマネジメントプランを持つことの重要性について議論していく。プランの詳しい内容については次章で論ずる。

マネーマネジメントがトレーディングにおいていかに大事かは、車におけるブレーキに置き換えてみるとよく分かるはずだ。高速車を持っているティーンエイジャーはだれもがエンジンを自慢するだろう。彼の車は確かに速く走れるかもしれないが、ブレーキがなければ、トラブルなしに走ることは不可能だ。私の母の車は古いポンティアックだ。運転速度は時速40マイル。彼女が特に気を付けているのはブレーキだ。常に安全運転で、フェンダーをかする程度の事故すら起こしたことはない。マネーマネジメントはまさにこの話に集約されている。素晴らしいトレーディングシステムは確かに魅力的だが、あなたを勝者へと導き、破産から守ってくれるのはマネーマネジメントであることを忘れてはならない。

マネーマネジメント――勝つトレーダーが共通して持っているもの

トレードの仕掛けはパズルの１ピースにすぎず、手仕舞いの方法を考えるのもパズルの１ピースにすぎない。仕掛けや手仕舞いの方法を知ることよりも、リスクマネジメントの方法を知ることのほうが、トレード結果に及ぼす影響は大きい。しかし、マネーマネジメントの学習とリスクパラメータの設定は、トレーダー教育のなかでは最も軽視されているような気がする。チャートの読み方やシステムの作成には十分すぎるほどの時間をかける割には、マネーマネジメントは無視され、その重要性に気づいたときには時すでに遅しというのが現状だ。システム開発にさえマネーマネジメントの概念を採り入れない人もいるほどだ。インディケーターのみでシステムを作成し、トレードサイズなどまったくお構いなしである。トレードサイズはトレーディングの成功を左右する重要な要素のひとつであるにもかかわらず。資産の正しい管理方法を学ぶことは、チャートの読み方や仕掛けの方法、ストップロスの設定方法を学ぶことよりはるかに難しい。11年たった今でも、資産管理は私の最大の弱点だ。

マネーマネジメントはトレードの選択よりも重要なものだと私は考えている。『マーケットの魔術師』にあるように、そしてトップトレーダーのだれもが口をそろえて言うように、市場へのアプローチの方法はトレーダーによって異なる。トレンドを探す人、リバーサルを探す人、スキャルパー、ポジションを何年も保有する人、オプションをトレードする人、スプレッド取引しかしない人……しかし、彼ら全員に共通することは、厳密なマネーマネジメントプログラムを採用していることであり、これが成功の秘訣であることに異論を唱える人はいない。

マネーマネジメントの目的

マネーマネジメントの目的は明白だ。最悪のトレードをしたり、ついてない日があったり、連敗したあとでも、生き残ることができるようにするためである。リスクマネジメントの方法を知ることは貴重な資産の保全につながる。しっかりしたリスクマネジメントを行っていれば、連敗しても連敗数が通常の範囲内であれば生き残ることができる。たとえ15連敗しても、そのあとの２回のトレードで損をすべて取り戻すといったことも、マネーマネジメントプランの概念をよく理解しているトレーダーには可能なのである。しかし、マネーマネジメントプランがなければ、15連勝しても、取るべきリスク量を知らないがために、そのあとの２回のトレードで利益をすべて無にすることもある。しっかりしたマネーマネジメントプランがなければ、許容損失額が分からないため、わずか数回の負けトレードで破産に追い込まれることもある。

15年ほど前に読んだチャールズ・ディケンズの『デイヴィッド・コパーフィールド』の中で最も印象的だったのは、ミコーバ氏が若いデイヴィッドにお金の管理について助言したシーンだ。

「コパーフィールド、最後にもうひとつだけ言っておこう」とミコーバ氏は言った。「いいかい。20ポンド稼いだときに使う金が19ポンドならばうまくいく。だが、収入が20ポンドなのに21ポンド使ってしまえば、悲惨なことになる。花は枯れ、葉は色を失い、荒涼とした大地に太陽は身を隠す。要するに永遠に地を這うのだ。この私のようにね」

（『デイヴィッド・コパーフィールド』チャールズ・ディケンズ著、石塚裕子訳、岩波書店より）

つまりミコーバ氏は、使う（失う）以上のお金を稼げばうまくいくが、稼ぐ以上のお金を使えば（失えば）破滅するぞ、と言っているのである。トレーディングでもこの忠告に耳を傾けるべきである。ところで、『デイヴィッド・コパーフィールド』を読んだことがないのなら、ぜひ一読をお勧めする。

貴重な資産を守れ

トレーディングで成功するためには、損失を利益以下に抑えることが重要だ。正しく損を取る、という概念は、多くのトレーダーにとってはなかなか理解しがたいものだ。しかし、1000ドルの損失を300ドルに抑えることがいかに重要であるかは、やがては分かってくるはずだ。トレーディングにおいて最も重要なことのひとつは、いくら稼ぐかではなくて、損失をどれくらい低く抑えられるかである。貴重な資産を保全することの重要性については第1章でも述べたが、このことを常に肝に銘じることが他人より長く生き延びるための秘訣だ。私はこのことを常に忘れないようにするために、トレーディングパッドの一番上に毎日「PPC」（貴重な資産を保全せよ）と書いていたが、今ではコンピューターモニターに彫り刻んである。こうして常に自分を戒めているのだ。現実を見失い、想定した以上の損を出しそうになったとき、この文字が私にブレーキをかけてくれる。

ひとつだけ確かなのは、破産した人がなぜ破産したのかというと、その原因はトレーディングの意思決定の良し悪しというよりも、マネーマネジメントが下手で、貴重な資産を保全できなかったからである。もちろん行ったトレーディングがまずかったのも大きな要因のひとつではあるが、そういったトレーディングに導かれたのは、マネーマネジメントの方法を知らず、リスクを取りすぎたからである。お金がなければトレードを続けることは不可能だ。だから、手持ちのお金をすべてリスクにさらすようなトレードをしてはならない。

マネーマネジメントプランの構成要素

マネーマネジメントにはさまざまな要素が含まれる。トータルリスク量とトレードごとのリスク量、どういったときにリスク量を増やせばよいのか、いつどれくらいの資金を投じるべきか、トータルでどれくらいまで資金を投じてもよいのか、どの時点でトレードを中止すべきか、ポジションサイズ、正しい増し玉の方法などなど、ほかにもいろいろある。ストップやポジションサイズは相場が教えてくれる許容損失額と資産に基づくリスクレベルとによって決まるため、マネーマネジメントは良い手仕舞い戦略を立てるうえでも重要だ。トレード量を決めるのはトレーディングではきわめて重要だ。どのトレードも2つとして同じものはない。控えめに行かなければならないときもあれば、アグレッシブに行ってよいときもある。取るべきリスク量を決めるのが資産額だ。5万ドルの口座を持っているトレーダーは1トレード当たりのリスクを1000ドルに設定してもよいが、3000ドルの当初資金しかないトレーダーは、どんなにうまくいきそうなトレードでも5万ドルの口座の持ち主と同じリスクを取るべきではない。

リスクレベル

優れたトレーダーは、具体的なマネーマネジメントプランを持っていることは言うまでもなく、リスクレベルを低く設定する。堅実なトレーダーとは、最も稼ぐトレーダーではなく、損失を最も低く抑えることのできるトレーダーである。リスクレベルを低く設定する人がなぜベストトレーダーになれるのかというと、それは深みにはまらないからである。ほかのトレーダーに比べると稼ぎはそれほど多くはないかもしれないが、彼らは常に安定した利益を上げることができる。

証券会社やブローカーなどで働くプロのトレーダーは自由裁量権が与えられ、大きなバイイングパワーを持つが、彼らが最も稼いでいるわけではない。しかし、損をするときの額は最も少ない。どんなに優れていようと、一発狙いのガンマンで資産変動の激しいトレーダーよりも、リスクを抑え控えめなトレードを行うトレーダーに大きな裁量権を与えたほうが、管理する側としては安心だ。一歩間違えれば会社に甚大な被害を与えかねない危険なガンマンに自由に売買させるのはリスクが高すぎる。

リスクレベルは変えようと思って簡単に変えられるものではない。私自身、リスクテイキングを減らそうと長年にわたって努力してきたが、なかなか難しいものがある。以前よりは良くなったとはいえ、依然として取るリスクは他人に比べると多い。自分がリスクを取りすぎる性質だと思う人は、何らかの対処法を考えたほうがよいだろう。そのひとつの方法として、マネーマネジメントプランの中に自分のリスクレベルを設定し、それに必ず従うようにするとよい。とはいえ、守り続けることができないようなリスクパラメータを設定しても意味がないので、必ず守れる数値を設定するようにしよう。

取るべきリスク量を知る

トレーダーは初めてトレードを行う前に、リスクプランを立てておくことが大事だ。つまり、1トレードでどれくらいの損失を出せるか、を決めておくのである。どの市場でトレードするかとは無関係に、1トレードにおける最大許容損失額をドル価で決めておくのである。そのためには、まず損失額を全資産の何%までに抑えるかを決める必要がある。それと同時に、一時に建てるポジション全体に対する許容損失額と、損失限界も決めておく。損失限界とは、1日あるいは1週間という具合に任意の期間を決め、その間にx以上の損失を出したらすべてのポジションを手仕舞うか、少なくとも損を出しているポジションを手仕舞う場合のxの値のことをいう。損失限界に達したら、落ち着きを取り戻すために数時間あるいは数日トレードを中断したほうがよい場合もある。その日の損失限界を決めておくことはどのトレーダーにも必要だ。損失限界に達したら、その日のトレードは終わりにするか、ポジションを手仕舞って近くを散歩する。私は数カ月前、最悪の事態を経験した。ほぼ毎日、3週間にわたって損を出し続けたのだ。私は思い切って1週間トレードを中断してバケーションに出かけた。バケーションから戻ると、すっきりとした頭でトレードを再開することができた。

リスク量を調整する時期を知ることも大切だ。市場は常に変化しているため、それに伴ってリスクも変わる。したがって、市場におけるリスクの変化に応じてトレーディングを調整することが必要になる。良い市場環境にあるときは、トレード枚数を増やしてもよい。しかし、ポジションを建てているときに市場のボラティリティが上昇したり、6分後に大きな統計発表などがある場合はリスクが上昇するので、すべて手仕舞うか一部手仕舞ってリスクエクスポージャーを減らすのが賢明な策だ。リスクが変化した以上、リスクを減らさなければ、当初の想定を超える損失を被ることになる。

直近のトレード結果に左右されるな

トレーディングを長くやっているとマンネリ化し、朝方がどうも冴えないとか、1日中あるいは1週間ずっと冴えないといった時期を迎えることがある。何をやっても思いどおりにいかないとき、立ちすくむトレーダーもいれば、どうでもよくなって、せっかくのマネーマネジメントプランを無視し始めるトレーダーもいる。最も典型的なケースは、決めておいたリスクパラメータに基づく最大枚数でトレードし始めるというものだ。例えば通常のトレードサイズが2枚だとすると、それがうまくいかなくなると、損を取りたくないばかりにストップもマネーマネジメントプランも無視し始める。すると予想以上の大きな損失が出るため、それを取り戻したくなる。このトレーダーは次に何をやるかというと、トレードサイズを4枚に増やすのだ（私はこれをやって何度も打ちのめされた)。枚数が多いほうが早く損失を取り戻せるうえに、利益も出すことができると考えてしまうからだ。さらに、既存ポジションに増し玉する。つまり、1351.00ドルで買ったポジションを1334.50ドルでナンピンするのである。しかも、それ以上下がればさらにナンピンする。

それまでの最大トレードサイズが2枚だったのであれば、前のトレードで大きく負けたからといってそれ以上の枚数トレードしてはならない。マネーマネジメントプランに規定した最大枚数を上回るトレードをしてはならない。理由はどうであれ、そういった行為をしている自分に気づいたら、立ち止まって自分が今何をやっているのかを冷静になって考えることが大事だ。損を取り戻したいからといって、マネーマネジメントプランを無視してアグレッシブなトレードに走ってはいけない。そういった行為に走れば、大きな痛手を被ることは火を見るより明らかだ。

同じように重要なのが、連勝が続いたときでもマネーマネジメントプランに従うということである。最大の損失は大きな連勝のあとで発生することもある。なぜなら、連勝が続くと自信過剰になってリスクパラメータを無視する傾向があるからだ。良いマネーマネジメントプランがあるのなら、良いときも悪いときもそれに従うことだ。次のトレード結果は直近のトレード結果とはまったく無関係なのである。

十分なトレード資金を準備せよ

マネーマネジメントにはトレーディングにかかわるもの以外に、個人的なマネーマネジメントにかかわるものもある。つまり、十分なトレード資金を準備せよ、ということである。トレードを始める前に、トレードを行い、かつ運用口座の資金に頼らずに暮らしていけるだけの資金を準備することが大切だ。生活費を運用口座でまかないながら口座資産を増やすのは、無理だと思ったほうがよい。生活費を支払うのに口座資産に手を付けるようなことをすれば、勝者にはなれない。私の体験談で恐縮だが、生活費を口座から支払わずにすむようになったとき、どんなに肩の荷が下りたかしれやしない。経済的負担がなくなった途端、がむしゃらにお金を稼ぐ必要がなったのでトレーディングもリラックスしてできるようになった。その効果は結果にすぐさま現れた。前よりも稼げるようになったのだ。常に勝ち続けなければならないというのでは息が詰まる。口座から利益を引き出せば焼け石に水だ。トレーディング用の資金は別に準備してあるにしても、それはトレードを適切に行えるだけの十分な額だろうか。十分な額でなければ、数千ドルのチャンスが巡ってきても棒に振ることになるが、それでも構わないとお考えだろうか。十分な額とは、たとえ連敗を喫しても、しかも最悪の連敗を喫しても、トレードを続けられるだけの資金のことをいう。だから、トレーディングシステムのバックテストが必要なのである。バックテストすることで、最大ドローダウンのおおよその額を見積もることができる。ドローダウンと連敗はトレーディングでは必ず発生する。だから、そういった事態に備えることが必要なのである。

小口口座

トレードをやってきて気づいたのは、小口口座のトレーダーは大口口座のトレーダーより取るリスク量が大きいという事実である。これは、資金のないギャンブラーほど大きな賭けに出るのとまったく同じだ。手持ちの資金が元々少ないのだから、全部擦ったところでどうということはないのだろう。しかし、資金が少なければ過ちを犯す余裕などないわけだから、取るリスクには人以上に慎重にならなければならない。小口口座の持ち主はポジションサイズなど考えずにトレードする傾向があり、マネーマネジメントなどやってもどうにかなるわけでもないため、自分たちには無関係だと考えてしまうようだ。彼らは全資金の50％もリスクにさらす。ほかにアイデアがないからだ。しかも、ひとつのバスケットに卵をすべて入れてしまう。だから、バスケットが壊れれば、一巻の終わりだ。10万ドルの資金があったとすると、リスクを分散して１トレード当たりのリスクは２％に抑えなければならないことは、本で読んで知っている。しかし彼らは5000ドルの口座で同じことをやってしまうのだ。つまり、5000ドルの口座で2000ドルのリスクを取るということである。結果は明白だろう。多額の資金を持っているトレーダーにとっては２回や３回の負けなど痛くも痒くもないが、資金不足のトレーダーにとってはそれは命取りになる。口座資産が少ない場合でも、マネーマネジメントを軽んじてはいけない。自分がやりたいトレードを行うだけの十分な資金を準備すること、そして口座サイズに見合ったリスクを取ることを忘れてはならない。

自分の戦略は正の期待値を持っているか

いろいろな書籍に繰り返し述べられていることは、正の期待値を持つトレーディングシステムでなければ、どんなマネーマネジメントテクニックやポジションサイズ戦略を駆使しても勝つことはできない、ということだ。カジノや宝くじは正の期待値を持っている。したがって、ギャンブラーたちがどんな戦略を使っても、最後に勝つのはカジノ側である。もちろん、勝つギャンブラーもいるが、カジノにとって重要なのは、個々の結果ではなく、全体的な結果だ。繰り返しゲームを続けていれば、最終的にはカジノ側が勝つ。それは、カジノ側が正の期待値を持ち、オッズが彼らに有利だからである。

これはトレーダーにも当てはまる。つまり、正の期待値を持つシステムを使えば、長い目でみれば儲かるということである。逆に言えば、負の期待値を持つシステムは使うな、ということになる。なぜならそのシステムは負けるシステムだからである。自分のシステムが正の期待値を持っているかどうかを調べるには、バックテストしてみればよい。過去にうまくいかなかったのであれば、将来的にもうまくはいかない。システムが正の期待値を持つということは、50％を上回る勝率を上げるという意味ではない。勝ちトレードのパフォーマンスが負け

※参考文献　『ディーラーをやっつけろ』（パンローリング）

トレードのそれを凌ぐという意味である。だから、勝率が低くても気にする必要はない。30％の勝率でも勝てるのである。重要なのは、勝率×平均利益が敗率×平均損失を上回るかどうかである。例えば、勝率は30％と低いが、平均利益が800ドルで、平均損失が300ドルの場合の期待値は、（0.30*800ドル）－（0.70*300ドル）＝240ドル－210ドル＝30ドル（１トレード当たりの利益）となる。もちろん手数料を差し引くとマイナスになるかもしれないが、システムのスタート地点としては悪くはない。これを勝てるシステムにするためには１トレード当たりの平均利益をもう少し上げる必要がある。そのためには、平均利益を上げるか、平均損失を下げるか、勝率を上げればよい。スリッページと手数料をカバーしてもなお正の期待値が得られる戦略を見つけるまでは、トレードを始めてはいけない。満足のいく戦略が得られるまで、ひたすら努力することだ。

優れたトレーダーになるためには

優れたトレーダーになるためには、マネーマネジメントプランを持つことと、それを正しく使うことがいかに重要かということを認識することが大切だ。勝者になれるかどうかは、おそらくはマネーマネジメントによって決まるといっても過言ではないだろう。トレードをセレクトして仕掛けることは、トレーディングのほんの一部にすぎない。重要なのは資産の管理方法であり、これを知らなければ成功はおぼつかない。行ったトレードの損失を管理することだけがマネーマネジメントではない。むしろ、トレードを始める前のほうがやるべきことは多い。まず、１トレード当たりのリスク量を決めなければならないし、一度に売買する枚数、その日のトレードに見切りをつける目安となる損失限界も決めておかなければならない。マネーマネジメントプランを持つことがなぜそれほど重要なのかというと、それは破産することなく、次の日もトレードを続けることを可能にしてくれるものだからである。また、成功するためには、用いるシステムの期待値は正でなければならない。どんなに優れたマネーマネジメントプランがあったとしても、システムの期待値が正でなければ、最後に勝つことはできない。もうひとつ重要なのは、マネーマネジメントプランはそれに従わなければ意味がないということである。自分で決めたルールとパラメータには必ず従うという規律を持つことも、勝者になるための重要な条件である。

優れたトレーダーはリスクの管理方法を最もよく知っているトレーダーである。稼ぎではほかのトレーダーに負けることもあるが、長い目でみた場合に安定した利益を上げることができるのはリスクマネジメントのうまいトレーダーである。リスクの変化に常に注意し、リスクに応じてトレーディングを調整することで、大きな損失を出すことは避けられるはずだ。勝てるトレーダーになれるかどうかは、いくら稼げるかで決まるのではなくて、損失をいかに低く抑えることができるかで決まるということを忘れてはならない。トレーディングでは勝つことよりも負けることのほうが多いはずだ。したがって、いかに損失を少なくできるかがカギとなるのである。

マネーマネジメントプランを持たなかったり、間違った使い方をした場合の問題点

1．全資産を失う
2．取るべきリスク量が分からない
3．トレーディングを行ううえでのガイドラインがない
4．見切りをつけるべき時期が分からない
5．負の期待値を持つシステムを使う
6．許容量を超えたリスクを取る
7．リスクの調整が必要なときにそれをしない

8．プランに従うよう規律ができていない
9．大きく負けたり勝ったりすると、リスクパラメータを無視する
10．大きなドローダウンが必ず発生するという事実を無視する

マネーマネジメントプランの重要性

マネーマネジメントプランは、

1．優れたトレーダーが共通して持っているもの
2．貴重な資産を守ってくれるもの
3．取るべきリスク量を教えてくれるもの
4．最悪の事態に備えさせてくれるもの
5．損失を抑えるのに役立つもの
6．適正なトレード枚数を教えてくれるもの
7．トレードに必要な資金額を見積もるうえで必要なもの
8．破産を防いでくれるもの
9．自分に見合った目標設定に役立つもの
10．具体的な損失限界を教えてくれるもの
11．ギャンブルに走るのを防いでくれるもの
12．最大損失額の見積もりに役立つもの

自問自答コーナー

●しっかりしたマネーマネジメントプランはあるか
●取るべきリスク量は分かっているか
●十分なトレード資金はあるか
●自分のシステムの期待値は正か
●自分のプランに従っているか
●リスクを取りすぎてはいないか

第15章

リスクパラメータの設定とマネーマネジメントプランの作成

Setting Risk Parameters and Making a Money Management Plan

マネーマネジメントプランの必要性を人に説くのは簡単だ。だが、それを実際に作成させるとなると、そう簡単にはいかない。しかし、マネーマネジメントプランをじっくりと時間をかけて練り上げることは、結局は勝てるトレーダーへの早道になる。マネーマネジメントプランと言っても、手の込んだものを作成する必要はない。資金的に軌道を外れないようにするためのガイドラインと考えていただければよいだろう。つまり、リスクパラメータ、最大許容損失額、取るべきリスク量、トレード枚数、どういったときにトレード量を増やすべきかといったことを決めておくのがマネーマネジメントプランである。本章では、マネーマネジメントプランの具体的な内容とその作成方法について見ていく。前の章と重複する部分も若干あるが、重要な部分だと思って記憶にとどめていただきたい。

十分な資金があるかどうかの確認

まず最初に、十分なトレード資金があるかどうかを確認しておこう。資金不足だと良いリスクパラメータの設定が不可能になるため、成功は難しくなる。一般に、資金不足のトレーダーほどポジションサイズを大きくしすぎる傾向が強い。また、一般トレーダーのなかには、トレードするのに十分な金があれば十分だと考えている人もいる。こういったトレーダーはいつも資金の全額を投資する。なぜなら、それ以外に方法がないからだ。しかし実際には、トレードするのに十分な資金があるだけでは、十分な資金があるとは言えない。資金不足のトレーダーは結局はリスクを取りすぎることになるため、何回か過ちを犯せばにっちもさっちもいかなくなる。

資力に見合ったトレードを行う

では身動きのとれない状態に陥るのを避けるためにはどうすればよいのか。そのためには、自分の資力に見合ったトレードを行うことである。5000ドルの口座はトウモロコシを売買するには十分だが、大豆やコーヒーの売買には資金不足である。また、ボラティリティが高すぎる市場でのトレードはリスクが高すぎるため、避けるべきだろう。自分の資力に見合ったトレーディングとは、自分の資力に合った市場を選ぶだけではない。トレードする枚数や株数も資力に見合った量にしなければならない。ある銘柄を200株しか売買できない資力で500株デイトレードすれば、あなたのトレーディング人生はたちまちのうちに終わりを迎えるだろう。トレーディングの世界で生き長らえるためには、多くを稼いで大きな損失を被るよりも、儲けはそれほど多くなくても損失を抑えることのほうが賢明な選択だ。

遊び金という意識を捨てる

トレーディングは失っても特に支障がないようなお金でやるべきものであることは、だれもが知っている。しかし、そういった風には考えないほうがよい。自分の口座にあるお金はリスク資産であり、失っても特に支障はないといった考え方でいれば、今あるお金を守ろうとする気持ちは弱くなるものだ。私はカジノでこれをやる。つまり、1000ドル持ってカジノに行ったとすると、これで楽しもう、と考えるわけだ。負けたら負けたときさ、と。するとどうなるかというと、大概はすべて擦ってくる。キャッシュマシンだけは例外だが。トレードでも同じだ。自分の口座の金は１ペニーでも自分の貴重な資産であり、失ってはいけないのだと考えなければならない。余分なお金だと考えた瞬間から、大事にしなくなるものだ。

ディフェンスが第一

どんなスポーツでも、コーチは常にディフェンスの重要性を強調する。オフェンスももちろん大事だが、相手に点を取らせなければ自分たちが負けることはない。トレーディングでも、第一に考えなければならないのはディフェンスであり、オフェンスはその次に考えればよい。要するに、トレードをする前にリスクを見積もれ、ということだ。リスクを考えることで、そのトレードがやる価値のあるものかどうかを考えるようになる。そして、実行しようとしているトレードがやる価値のあるものである場合は、何枚あるいは何株買うべきかを考える。いくら稼げるかを考える前に、損失をいかに低く抑えるかを考えることが重要だ。リスクを第一に考えるということは、つまりトレーディングの意思決定やアイデアよりもマネーマネジメントを優先させるということである。リスクを取るべきではないとき、あるいは自分の力ではどうしようもない状況下では、不必要なリスクを取ってはならない。例えば、統計や指標などの発表が控えているときは、自分に不利な方向にギャップが発生したときにどれくらいの損失を被るかはまったく分からない。こういった状況は余分なリスクを取るに値する状況ではない。リスクが分からないときには、トレードはしないこと。それは自分からトラブルを引き起こすようなものだ。

リスクパラメータとマネーマネジメントパラメータの設定

どれくらいのリスクを取るべきか

まず最初に設定すべきマネーマネジメントパラメータは、取るべきリスク量である。トレーディング初心者の大部分は、どれくらいのリスクを取るべきかが分からない。これは彼らにとって大問題に発展する。彼らは、トレード枚数も、１トレード当たりのリスク（資産に対する比率）も、ポジションサイズも、市場の相関性も、複数のポジションを保有しているときのリスクも、ストップの置き方も、ストップを移動させるべき時期も、まったく知らないでトレードする。その結果、リスクを取りすぎることになる。5000ドルの資金しかないときに、１トレード当たり3000ドルのリスクを取るのは無謀だ。どのトレードにも超えてはならない適切なリスク量というものが存在する。トレーダーは取るべきリスク量というものを常に考え、自分のリスクプロフィール（リスク面から見た特徴）に最も適した損失サイズを理解することが大事だ。

リスク資産対トータル資産

まず、トータル資産はトレーディングに使える資金を意味するものではないことを理解することが必要だ。実際にトレーディングに使える資金は、トータル資産の半分、あるいは自分が許容できる割合の資産である。これをリスク資産と呼ぶことにしよう。例えば、リスク資産をトータル資産の２分の１と決めた場合、残りの２分の１は利息口座に入れておきセーフティネットとして使う。この資金はトレーディングには使わないが、十分な資産があるかどうかの判断は、この口座のお金も含めたトータル資産で見る。トータル資産の50％を超える資金をリスクにさらさないかぎり、破産することはない。たとえ負けが続きリスク資産をすべて失ったとしても、残りの半分でまだトレードすることができる。このルールを守ることで、過ちを犯しながらもトレードを続けていくことが可能になる。どのトレードでも有り金のすべてがリスクにさらされることがないため、この方法はリスクエクスポージャーを自動的に低減するのに役立つ。

固定比率マネーマネジメント

１トレード当たりのリスク量を決める方法としては、資産の固定比率を超えるリスクを取らないと決めるのが一般的だ。これを固定比率マネーマネジメントという。１トレード当たりのリスク量は通常、トータルリスク資産の５％以下に設定する。１トレード当たり５％というのは、リスク量としては悪い数字ではないが、プロのトレーダーはこれを２％に設定する。しかし残念ながら一般トレーダーの場合、たとえ５万ドルの口座であってもこれは不可能だ。５％のリスクレベル（2500ドル）では、市場によってはたった１枚のトレードでもギリギリだからである。リスクレベルを２％に下げれば、どんなトレードサイズにしようとトレードそのものができなくなる。ただしここでは、3000ドルのような小口口座については考えないことにする。こういった小口口座の保有者は結局はどういったトレードでも資産の20％を超えるリスクを取らされてしまうことになる。だから１回連敗に遭えば、万事休すだ。さて、話は元に戻るが、この５％という数字には意味がある。このリスクレベルは、20回まで続けて連敗しても破産することのない数字なのだ。20回も続けて連敗することなど滅多にはないだろうから、つまりは破産することのないリスクレベルということになる。たとえ連敗を喫しても、その間控えめにトレードしていれば、連敗後もトレードを続けられるのである。リスク配分を適切に行わなければ、ほんの数回の連敗で文無しになる可能性だってある。５回続けて負けることなど珍しいことではない。リスクを取りすぎれば、５回の連敗でも破産する。十分な資金が必要なのはこのためである。

固定比率マネーマネジメントとは、どのトレードでも資産の一定比率のリスクを取るというリスクマネジメントの方法である。口座資産が増えれば、当然ながらリスク量も増えるが、リスクは常に一定比率に保たれる。例えば、１万ドル口座で１トレード当たりのリスク量を５％に設定した場合、当初のリスク量は500ドルだが口座資産が１万5000ドルになるとリスク量は750ドルに増えるため、ストップの設定幅を広げたり、１トレード当たりの枚数を増やすことが可能になる。

連敗するとトレードサイズを増やす人がいるが、それには２つの理由が考えられる。ひとつは、損を取り戻したいからであり、そのためにはトレードサイズを倍にするのがベストだと考えるからだ。もうひとつは、負けが続いたのだからそろそろツキが回ってきて勝てるはずだという思い込みだ。どちらの場合も情勢は不利なのでリスクは増やすべきではない。窮地から脱出しようと思っても資金が以前より少なければ、さらに深みにはまるのがおちである。損を取り戻そうという焦りは禁物だ。こういった心理状態でトレードすれば、マネーマネジメントプランの枠を超えたトレードをしかねない。つまり、オーバートレードしてリスクを取りすぎるということである。損失を出したら、リスクレベルはそれに応じて調整しなければならない。２万5000ドルあるときのリスクと１万ドルしかないときのリスクとが同じであってよいはずがない。また、連勝しているときにリスクを増やすのも危険だ。ひとたび連敗になると、連勝を上回る損失が出るのは必至だからである。要するに、何週間か、何カ月かにわたって小さいサイズで行ってきた勝ちトレードの利益など、大きなサイズの負けトレードが１回か２回発生すれば、すべて吹っ飛んでしまうのだ。

ポジションサイズ

何枚トレードすべきか

ポジションサイズはトレードを行ううえできわめて重要な要素であり、間違えれば悲惨な目に遭うこともある。適切なトレード量を知らなければ、結局は大きな損失を出すことになる。たとえ60％の勝率を上げたとしても、負けたときの損失額が利益より大きければ敗者になる。１トレード当たりのリスク量を決めるのは第一ステップにすぎない。１トレードでトレードする株数や枚数も決めておく必要がある。これは２段階に分けて行わなければならない。まず最初に、１市場でトレードできる最大枚数を決める。これは簡単だ。難しいのはこの次のステップだ。次のステップでは、市場リスクやそのトレードの勝率に基づいてトレード量を決めなければならない。

大部分のトレーダーが敗者になるのは、トレード量が多すぎるからである。これは言い方を変えれば、リスクを取りすぎるということである。この傾向は、小口口座のトレーダーに特に顕著だ。こういったトレーダーは枚数が１枚のときでも資金不足、少し儲けて枚数が２枚になると資金不足の域を超えて危険領域に入る。

一般に、トレード量はないがしろにされがちだ。トレーダーたちはポジションを建て、ストップを設定することには熱心だが、適切なトレード量を考える人はほとんどいない。その結果、トレード量が多すぎて資金のほぼ全額を使い切るか、トレード量が少なすぎて状況に見合った量になっていないかのいずれかだ。正しいルールに基づいてポジションサイズを決める人はほとんどいないのが実状だ。いつも同じトレード量にするか、状況に応じて増やしていく人が多い。連勝や連敗のあとなどが特にそうだ。しかし本来は、連勝や連敗したからといってマネーマネジメントプランは変えるべきではない。忘れてはならないのは、どのトレードも前のトレード結果とは無関係ということである。前のトレードで大きく勝っても負けても、マネーマネジメントプランに規定がないかぎり、次のトレードのリスクパラメータは変えてはいけない。また、負けが続いているときにトレードを一時的に中断するためのルールも設けておかなければならない。連敗はトレーディングには付き物だ。だから落胆することはない。少しだけ休もう、というだけの話である。

最大許容枚数

１トレード当たり資産の何％のリスクを取るかが決まったら、次は１市場当たりのトレード枚数を決めなければならない。市場はそれぞれに異なるため、どの市場にも共通して使える公式はない。例えば、トウモロコシとS&P市場とでは、S&Pのほうがリスクが20倍高いので、同じ枚数でトレードすることはできない。どの銘柄も商品も、それぞれに特有のリスク特性を持つため、それぞれのリスク特性に合ったトレードを行う必要がある。それぞれの市場における枚数を決めるときの判断基準は、その市場に内包されるリスクやトゥルーレンジの平均（ATR）である。例えば、ある市場の１日のレンジが2000ドルで、別の市場のレンジが500ドルだとすると、同じ枚数でトレードするならば、前者の市場では４倍のリスクを取ってトレードすることになる。ただし、市場は絶え間なく変化しているので、枚数は常に再評価することが必要だ。

リスク資産が２万5000ドルで１トレード当たりのリスクを資産の５％とした場合、１トレード当たり最大で1250ドルまでリスクを取ることができることはもうお分かりだろう。商品トレーダーのなかには、この数字を委託証拠金で割った値をトレード枚数にする人もいるが、私は市場のATRを用いる。例えば私がデイトレーダーだとすると、1250ドルを市場のドル価換算ATRで割った値をトレード枚数にするのである。ATRの２分の１の数字を用いてもよいが、ここはやはり手堅くいきたい。また長期トレードの場合は、ATRを数倍した数字を使うか、週足チャートのATRを使う。具体例で見てみよう。例えば、ATRが４ドルの株をデイトレードしているとすると、トレード枚数は300、ATRが２ドルの場合は600になるという具合だ。

ここで注意しなければならないのは、株と商品との違いである。商品先物取引の場合、自分で準備する資金は実際に売買する総代金の一部でよい。だから、商品先物取引で1250ドルのリスクを取る場合、自分で準備する資金は例えば1000ドルでよいといった具合だ。これに対して株取引で同じリスクを取ろうと思えば、１万ドル分の株を買わなければならないので資金は１万ドルが必要になる。このように、同じ口座でも商品先物取引の場合、売買できる量は株取引よりもはるかに多く、はるかに大きなリスクが取れる。しかし、株取引の場合は、１ポジション当たりに必要な資金は商品先物取引よりもはるかに多いが、取れるリスクは１トレード当たり５％で変わらない。例えば、IBMの株を１株100ドルで100株買い、１株当たりのリスクを10ドルとすると、必要資金は１万ドルだが、取れるリスクはわずか1000ドルである。これに対して商品の場合、同じ1000ドルのリスクを取るのに必要な自己資金は証拠金分のわずか1000ドルである。したがって、売買できる枚数もポジションも株より多くなる。株取引よりも商品先物取引のほうが損失額が多くなるのはこういった理由による。ひとたび間違えれば、１トレードに使った資金のほとんどを失うことになるからだ。

表15.1 市場別最大許容枚数

総資産		$50,000
リスク資産＝総資産の50%		$25,000
1トレード当たりのリスク＝リスク資産の5%		$1,250

商品または株	14日ATR	最大許容枚数
S&P500	$4,800.00	0
S&Pミニ	$1,000.00	1
ナスダック100	$3,500.00	0
ナスダックミニ	$700.00	1
Tボンド	$1,100.00	1
スイスフラン	$500.00	2
原油	$750.00	1
ヒーティングオイル	$800.00	1
小麦	$250.00	5
トウモロコシ	$175.00	7
大豆	$350.00	4
リーンホッグ	$350.00	4
ライブキャトル	$250.00	5
コーヒー	$550.00	2
ココア	$200.00	6
砂糖	$250.00	5
金	$300.00	4
AMAT	$2.50	500
KLAC	$3.00	400
MSFT	$2.00	600
GS	$2.80	400
LEH	$2.50	500
SLB	$1.90	600
DELL	$1.50	800
IBM	$3.50	300

最大許容枚数の設定

私は、市場ごとの最大許容枚数を表にしている。こうしておけば、自分に対するチェック機能が常に働くので、マネーマネジメントプランを無視して闇雲に突っ走る心配はない。**表15.1**は、市場別最大許容枚数表の一例だ。この表は、リスク資産が２万5000ドル、１トレード当たりのリスクが５％（1250ドル）という想定の下で作成したものだ。

１枚当たりの最大許容リスク量は直近14バーの日々のATRを基に計算している。しかし、実際のトレードで取るリスクはこれよりもはるかに少ない。したがって、ここに示した数値はガイドラインと考えていただきたい。**表**に示した市場ごとの最大許容枚数は、市場が許さないかぎり、その数値を下回る枚数でトレードしなければならない枚数を示している。最大許容損失額に基づいて買う株数をいつも600株にするのは正しいやり方ではない。良いトレーダーは常に最大許容枚数でトレードするといったことはしない。リスクが通常より大きい場合の枚数は、**表**に示したものとは違ってくる。しかし、現在価格にもっと近い適切な位置にストップを入れられるためリスクが減り、市場環境も良好であれば、**表**に示した以上のリスクを取ってもよい。

トレードの勝率に基づくポジションサイズの設定

ポジションサイズはそのトレードの予想勝率と内包されるリスクとによって決まる。勝率が高いと思われるトレードのポジションサイズは大きくし、勝率が中程度のトレードは中程度のサイズ……となる。また、勝率は高そうに思えても、適切なストップの位置が現在価格から遠すぎるようなトレードは、ポジションサイズは小さくしたほうがよい。つまり、トレードはやっても構わないが、相場を見誤った場合を考えてリスクは通常より少なめにせよということである。これとは逆に、市場環境が素晴らしく良好で、適切なストップの位置も現在価格にきわめて近い場合は、最大許容枚数を上回るトレードをしてもよい。要するに、状況が良ければ思い切って大勝負に出てもよいということだ。しかし一般的には、最大許容枚数を超えないほうがよい。

取るべきリスク量を決めるうえで役立つチェックポイント

●トレンドでトレードしているか

●相場がトレンドラインや移動平均線にどれだけ接近しているか
●相場はすでに大きく動いたか
●ストップは現在価格からどれだけ離れているか
●あなたの許容損失額は？
●どれくらい稼げるか
●このタイプのトレードは普段はどうしているか
●自信のほどは？

リスクは大きすぎるが、何としてでもやりたいトレードであれば、私は買う株数を少なくする。トレードの方向がトレンドの方向に一致している場合は、トレード量を増やす。トレンドの方向がメジャートレンドと逆方向の場合は、トレード量は減らす。相場は朝方は不安定で、トレードはあまりうまくいかない場合が多いので、その間はトレード量は通常の３分の１に減らす。そして、良いトレーディング機会が訪れたりトレンドが形成されたら、いつものトレード量に戻す。また、ランチタイムのトレード量も少なくしている。統計的に見ると、昼時はトレードを行う時間帯としては理想的ではないことが分かっているからだ。しかし、自分の思惑どおりに事が進み始めたり、過去に勝率が高かったトレードを行っている場合は、アグレッシブに行く。

ポジションサイズの設定はいつも簡単にいくとは限らないが、プロセスを覚えておこう。まずリスク限界を設定し、１トレード当たりの許容損失額を計算し、次にストップの位置を計算し、最後にトレード枚数を決める。リスクが大きすぎると思ったら、そのトレードはスキップしたほうがよい。トレード枚数がゼロというのも選択肢のひとつである。ハイリスクなトレードはスキップして、確実な機会を待つのがよい。

複数ポジション

１トレード当たりのリスク量とトレード枚数が決まったら、次は、一度に建てるポジションの数と取れるリスク量を決めなければならない。一度にひとつの市場や銘柄しかトレードしないトレーダーもいるが、ほとんどのトレーダーは一度に複数の市場でトレードするため、一度に取れるリスク量も知っておく必要がある。これは人によって考え方は違うが、私は一度に取れるリスク量はリスク資産の半分以下に設定している。30％に下げられればなおよい。したがって、リスク資産が２万5000ドルの場合、相関のない複数市場で一度に取れるリスク量の合計は8000～１万2500ドルである。気をつけていただきたいのは、２つの類似した市場でポジションを持つということは、ひとつの大きなポジションを持つことに等しいということである。例えば、原油のリスクを資産の５％、ヒーティングオイルのリスクを同じく資産の５％にした場合、これは資産の10％のリスクを取るのと同じである。リスク５％というルールを守るためには、それぞれのトレード量を減らさなければならない。ただし、同じセクターや同じグループ内にあっても業態の異なる銘柄や商品に投資する場合は相関はそれほど高くないので、相関の非常に高い銘柄に投資する場合と比べると、各セクターやグループに対するリスクはもう少し増やしてもよい。つまり、一度に取れるリスクは最大５％ではなくて、7.5％程度でも構わないということである。通常のリスクレベルが２％であれば、相関のそれほど高くない市場で取れるリスクは３％程度といったところだろうか。

これ以上の不運はないという不運

私はかつて一度におよそ15の商品に投資したことがある。十分リスク分散しているから大丈夫だと思っていた。しかし、その日

> の終わりには、どのポジションも負けポジションになっていた。全投資額は私の資力を大きく上回り、１日でおよそ6000ドルもの損失を出してしまった。6000ドルなど今の私にとってはどうという金額ではないが、当時の私の口座には5000ドルしかなかった。たった１日でこんなに大きな損失を被るとは思いもしなかった。しかし、オーバートレードし、マネーマネジメントプランに従わなければ実際に起こり得ることなのである。

複数ポジションを持つ場合に重要なのは、相関性がほとんどない、つまり同じような動きをしない銘柄や商品を選ばなければならないということである。例えば、トウモロコシ、原油、砂糖、銅、スイスフランはそれぞれに別々の動きをするので、良い組み合わせだ。株の場合は、半導体、銀行、製薬、石油採掘業者株をそれぞれ数銘柄ずつにすればリスクは十分分散できるだろう。しかし、10種の半導体株を買えば、ひとつの大きなポジションを保有するのと同じである。もちろんこれが絶対にいけないというわけではないが、これをやるのであればリスクを考慮し、それぞれの銘柄のトレード量は少なくしなければならない。個人的には、例えばあるセクターが気に入っているとすると、特定の１～２銘柄ではなくてバスケットで売買することにしている。こうすることで、例えばある企業のCFO（最高財務責任者）が辞任するというように、特定銘柄に何かが起きても大きなリスクを負うことはない。数値例で見ていくと、例えば任意のセクターの通常のトレード量が5000株だとすると、10銘柄を選び、１銘柄当たり500株ずつトレードする。わずか２銘柄を2500株ずつ買うということはしない。

前にも述べたように、リスクを減らすためには買いと売りを同時にやることをお勧めする。例えば市場全体が上昇しているときでも下がっている銘柄は必ずあるので、そういった銘柄をいくつか見つけて売るのだ。こうしておけば、たとえ相場が反転しても、弱い銘柄はさらに弱くなるので、買いの損失分はその利益で補うことができる。マネーマネジメントプランには、買いと売りの正味ポジションは5000株を上回らないように規定しておくとよいだろう。つまり、8000株買ったら、自分のリスクレベルを維持するには少なくとも3000株は売らなければならないということである。

トレードサイズを増やす

マネーマネジメントプランに含むべきもうひとつの項目は、リスクレベルとポジションサイズをいつ増やせばよいかである。これは、「資金が5000ドルのときは１枚で、１万ドルになったら２枚にする」といった単純な話ではない。まず最初に１トレード当たりのトータルリスクを２％未満に下げることを目標にする。これが達成できるまでは、トレード枚数を変えてはいけない。この目標が達成できたら、最大許容トレード量は定期的に調整する。プランは資産額が一定額だけ変動するたびに、あるいは週１回、月１回といったペースで見直すのがよいだろう。トレードサイズは適当に増やせばよいというわけではない。リスクパラメータプランの範囲内で変更しなければならない。

ポジションサイズを口座資産の伸び率に不釣合いな比率で増やす人もいるが、これは間違っている。儲けが出始めると枚数をどんどん増やしていき、気がついたら口座資産に対する比率がどうしようもなく大きくなっているというケースが多い。正しいやり方も知らずにピラミッディングすれば、結局は１ポジション当たりのリスクは大きくなりすぎる。１万ドルあった資金が１万5000ドルになるとすっかりいい気になって、トレード枚数を突然５枚に増やしてしまうのだ。しかしここはまだ枚数を増やす段階ではなく、１枚をキープしなければならないところだ。

そろそろステップアップする時期だと思ったら、ゆっくりとやることが大切だ。一気に増やすのではなくて、良いトレーディング機会が訪れるのを待って少しずつ増やしていく。トレードサイズを増やすときには慎重にやらなければならない。トレードサイズを増やせば負けたときにはあっという間に文無しになってしまうからだ。トレードサイズをいきなり２倍にするのは勧めない。しかし、１枚あるいは100株といったスモールトレーダーにとってはこれは難しいかもしれない。彼らのロジックでは、１枚の次は２枚しかないからだ。その結果、２倍の速さですべてを失ってしまうことになる。３枚から４枚に、あるいは10枚を11枚に増やすのはまだよい。なぜなら、損失が２倍にはならないからだ。しかし、資金の少ないトレーダーは常に不利な立場にあるのだから、もっと慎重になるべきである。

そして最後は、連勝や連敗したからといってトレード量を増やしてはならないということである。連勝や連敗後はトレード量を増やす適切な時期ではない。これは賢いマネーマネジメントとは言えず、感情のなせる業にすぎない。通常のトレードサイズを増やしてもよいのは、素晴らしいトレーディング機会を市場が提供してくれ、リスクが少ないときだけである。しかしこういったときでも、慎重さは必要だ。

正しいピラミッディングの方法

トレーダーの多くは正しいピラミッディングの方法を知らないため、逆方向にやってしまうことが多い。ピラミッディングとは、相場が一定幅上昇するたびに増し玉していく手法である。例えば、１枚買ったあと、相場が思惑どおりに動いたらもう１枚買い増しし、さらに２枚、３枚……と買い増していくのは間違ったやり方である。このやり方だと、ほとんどの場合前よりも高い価格で買い増すため、出来上がったポジションの頭が重くなるという問題点がある。相場がいきなり反転しようものなら、それこそ多大なコストを負うことになる。ポジションの頭が重くなった途端に、相場はそれまで動いてきた分だけ逆方向に動くため、それまでの含み益はすべて御破算になる。

ピラミッディングの正しい方法は、底値のときに大量に買い、相場が上がるたびに少しずつ買い増すというものだ。例えば、最初に10枚買ったとすると、そのあと7枚、4枚、2枚、1枚と買い増していく。したがって相場が反転してもわずかな損失だけですみ、前の利益のほとんどは維持できる。この方法で増し玉していくと、出来上がったポジションは下が広く上にいくにしたがって先細になるピラミッドのような形状になる。しかし、間違った方法で増し玉したポジションは、ピラミッドを逆さにしたような形になる。こんな形のピラミッドは頂上まではまず登れないだろうし、そもそも4600年も立っていられるとは思えない。トレーディングもこれとまったく同じである。つまり、逆方向にピラミッディングすれば、ポジションが崩壊するのに時間はかからない。ピラミッディングでは、しっかりとした土台作りを最初に行うことが大事だ。

相場が上がり続けている間はよいのだが……

昔、小麦の先物を資金2000ドルから始めた友人がいた。彼はまず、大きな上昇相場の最初辺りで2枚買った。数日後、かなりの含み益になったので追加の証拠金を差し入れてもう2枚買い増しした。相場がさらに上がると、彼はまた2枚買い増しした。こういったことを2週間繰り返した。彼は含み益が増え、新しいポジションの証拠金がまかなえるようになるたびに、2～3日に一度のペースで買い増しを続けたのである。時間がたつにつれ、相場がほんの少し動いただけで新しいポジションを建てるのに必要な証拠金をカバーできるようになったため、増し玉する枚数は次第に増えていった。２カ月後、彼の2000ドルの小麦ポジションは５万ドルのポジションにまで成長し、買った枚数は全部で30枚にもなっていた。ところが突然相場が反転したのだ。しかも、大暴落だった。彼のお金は、稼いだときよりもはるかに速い速度で目減りし始めた。彼が買った枚数は最初が一番少なく、最後が一番多かった。つまり、相場が下がり始めた時点の枚数が一番多かったわけである。このため、彼は利益の何倍もの大きさの損失を被った。わずか１週間で含み益はすべて消えた。これはすべて、アグレッシブに行きすぎたこと、ピラミッディングの方法を知らなかったこと、トレードサイズを増やすプランを持っていなかったことが原因である。

マネーマネジメントプランに含むべき項目

マネーマネジメントプランには具体的にどういった項目を含めればよいのだろうか。プランに含めるべき項目をひとつずつ詳しく見ていくことにしよう。

損失限界

プランにはトレードごとのリスク量の設定に加え、日々の損失限界と、１週間または１カ月の損失限界も設定しておかなければならない。また、トレーディングを中断し、トレーディング戦略とリスクプランを含むトレーディングプランを見直す損失水準も決めておく必要があ

※参考文献　『投資家のためのマネージメント』（パンローリング）

る。

日々の損失限界とは、その損失額に達したたらその日のトレーディングは終了するという損失額である。大きく損をしてもまたすぐに好転するといった日もあるかもしれないが、一般に、ツキのない日は悪化の傾向をたどるのが普通だ。日々の損失限界は適度な額に設定することが大事だ。大きすぎればなかなかヒットしないか、ヒットした途端に破産に追い込まれることになるし、小さすぎても簡単にヒットするのでよくない。また、現在価格に近すぎてもいけない。損失を挽回する余地を残しておくことが必要だ。適切な損失限界としては、その水準に達すると焦ってトレードを行うため悪化の一途をたどることがそれまでの経験から分かっているような水準に設定するのがよい。１日に許容できる最大損失額は、リスク資産の２～５％程度が妥当ではないだろうか。損失限界をこの辺りに設定しておけば、壊滅的なダメージは避けられる。私は１日で破産した人を何度も見てきた。何らかのブレーキ手段を持っていれば、あんなことにはならなかっただろう。損失限界に達したからといって、その日のトレーディングを完全に終わらせなければならないわけではない。プランには、損失がｘに達したらすべてのポジションを手仕舞うか一部を手仕舞う、と規定しておくとよい。

日々の損失限界と同じ考え方に基づいて、その損失水準に達したらその週やその月のトレーディングを縮小したり、見直す水準も設けておく。どういった水準にするかはトレーダーによって異なるが、トレードをする前に決めておくことが大事だ。トレーディングを完全に中止する損失限界としては、リスク資産の30～50％に設定するのがよいだろう。何か間違ったことでもしなければこれほど大きな損失を出すことはないため、今やっていることを見直す良い機会である。トレーディングを中断して、何が間違っているのかを調べてみることだ。これほどの損失は偶然には出せないはずだから、それ以上トレーディングを続けてはいけない。

ナンピンはするな

マネーマネジメントプランには、「ナンピンはするな」という項目も入れておこう。ナンピンとは、負けポジションの増し玉をすることである。これはトレーディングにおける大罪のひとつであり、絶対にやってはならないことだ。負けているのには理由があるはずだ。つまり、そのトレードは良いトレードではないということである。良いトレードなら負けるはずはなく、儲かるはずである。負けているポジションを増し玉することほど負けを増大させるものはない。私がこれまでに経験した最悪の日も、自分の間違いに気づかず、けっして起こることのない好転を期待したことが原因だった。相場がどんどん悪化しているにもかかわらず、損切りすることなく買い続けたのである。こうなるともう損失は拡大するばかりで、手の施しようがない。

悪い振る舞いで報われる

ナンピンが奏功しそのおかげで救われることもあるが、これを習慣化してはいけない。悪い行いが報われることは結果から言えば有害だ。それに味を占めてまた同じことをやろうとするからである。つもり売買では良い結果が出ることもあるだろう。だれでも敗者になるより勝者になったほうが気持ちがいいに決まっている。しかし、ナンピンはけっして良いトレードではない。投げるべきところで増し玉するのだから、長い目で見ればこれは低確率トレードであり、結果的には大きな損失を被ることになる。

リスクレベルの監視

マネーマネジメントプランには、リスクレベルを常に監視しチェックするという項目も入れておいたほうがよい。これには、マネーマネジメントプランとリスクパラメータを見直して更新するだけでなく、建てたポジションを監視することも含まれる。リスクレベルを常に状況に見合ったものに維持するためには、仕掛ける前に下調べをすることはもちろんのこと、仕掛けてからも、トレードを行った理由が変わってはいないかとか、市場のボラティリティが上昇してはいないかとか、手仕舞いの時期などに常に目配りする必要がある。また、オープンポジションのリスクの調整頻度と、総合的なリスクエクスポージャープランの見直し頻度も決めておく。こういったことは放っておけば自分で勝手に変わってくれるわけではない。トレーダー自らが常に更新し続けるしかない。

負けトレードを先に手仕舞え

マネーマネジメントプランに含めなければならないもうひとつのルールが、負けポジションは最初に手仕舞い、ベストポジションは長く保有せよ、である。この反対をやる人が多すぎるのである。一度に複数のポジションを持ったら、最も利益の出ているポジションを最初に手仕舞う傾向が多くに人に見られる。利益は取り逃がしたくない、負けポジションも今は負けていてもそのうちに好転するはずだから持っていよう、という心理が働くのだろう。しかし、これは良いトレーディングとは言えない。良いポジションこそ長く保有すべきである。うまくいっているのだし、勢いもあるのだから。負けているトレードは元々ダメなトレードだから負けているのである。それなのに、なぜそれを保有し続ける必要があるのか。これは負けポジションに限ったわけではない。動きの鈍いポジションについても同じである。５ティック上昇したポジションと40ティック上昇したポジションとでは、後者のほうが良いに決まっている。ポジションを減らしたいのなら、うまくいっていないポジションから先に手仕舞うべきである。

リスク・リワード比率の良いトレードだけを行う

トレードするときには、相場に対してこうなってもらいたいという希望があるはずだ。トレードを行う前には、間違った場合にはどこで手仕舞うかや、大まかな利益目標を決めておくことが必要だ。トレードしてもよいのは、潜在的損失に対する潜在的利益の比率が良いときだけである。敗者はよく、「１トレード当たり500ドルを上回るリスクは取らない、トレンドラインをブレイクしたら手仕舞う」といった目標設定をする。規律を持っている人であれば、方程式の損失サイドを実行することはそれほど難しいことではないだろう。難しいのは「このトレードで750ドル稼ぐ」といった目標設定をしたときだ。これは言うのは簡単だが、実行するとなると油を塗ったスイカをプールから拾い上げるほどの難しさがある。自分が目標とする利益を実際に稼げるかどうかはまったく保証がないからだ。750ドルの利益目標を掲げていても、実際には400ドルあるいは89ドルしか儲からないかもしれない。利益目標を設定するときには実際に達成できそうな値を設定しなければならない。高すぎる目標値を設定すれば、がっかりさせられることが多いだろうし、目標を達成するためにポジションを長く保有しがちになる。しかし、ポジションを長く保有しすぎれば、勝っていても結局は負けて終わることが多い。利益目標に現実的な値を設定することも重要だが、プロフィットファクターを考えることも大事だ。プロフィットファクターとしては２：１や３：１、あるいは自分の好みの比率でも構わないが、１：１を下回るのはよくない。１：１を下回れば、絶対に儲かることはない。リスクが500ドルのトレードでわずか100ドルの儲けしか期待できないとすると、「私は一体何をやっているんだ？」と自分の行動に疑問を持ったほうがよいだろう。万一儲かったとしても、それは勝つ確率の低いシナリオであり、やる価値のないトレードであったことに変わりはない。勝ち・負け比率の高いトレードだけをやるというルールに従えば、もっと大きな利益が出せるようになるはずだ。

資金の別の使い方

私は長期トレードやオプション取引用に、資金を少しだけ別に取っておくことにしている。ただし、このようにする場合にはマネーマネジメントプランのなかにその旨を規定しておかなければならない。といっても、それほど大袈裟に考える必要はなく、リスク資産のｘ％を別のトレードに配分する、とだけメモしておけばよい。この別口の資金は、あるトレードをもう少しアグレッシブにやりたいときに使うことも可能だ。ただし、この別口の資金を失敗の埋め合わせに使ってはならない。別口資金の用途としてはこのほかにも、気配値情報やペプト・ビスモル（胃腸薬）などのトレーディングコストの支払いに当ててもよい。

常に規律を持つ

リスクパラメータの設定で最も重要なのは、それに従うという規律を持つことである。いくら素晴らしいマネーマネジメントプランを作っても、それに従わないのでは意味がない。特に、大きく儲けたり損をしたりしているときにこそプランに従うことが重要だ。うまくいきはじめると欲が出るため、現実を見失い、マネーマネジメントプランを無視する人は多い。このチャンスを生かせとばかりに、枚数やポジションを過度に増やしてしまうのだ。大きな負けがすぐそばまで迫っているとも知らずに。規律を守れなくなるのは儲かっているときだけではない。負けているときにはもっと守れなくなり、そのツケも大きい。人は負け始めると、「もう、どうでもいいや」とやけっぱちになり、どんなに立派なプランがあっても投げ出してしまうことが多い。受け入れがたい大きな損失を前に、彼らの希望は夢と散る。そして、損を取り戻す唯一の方法はもっとアグレッシブにいくことだという考えに行き着くのだ。要するに、人間は大きく勝ったり負けたりすると、規律を完全に失くしてしまうのである。いったんリスクパラメータを設定したら、何があってもそれに従うことが大切だ。規律を守っていれば、軌道を大きく外れることはない。

マネーマネジメントプランの作成

それでは、マネーマネジメントプランの作成方法を例を示しながら説明することにしよう。これは単なるガイドラインに過ぎない。実際のプランには、例えば、ナンピンはしない、といった自分なりのルールを設けて、より具体化することも可能だ。あるいは、仕掛けと手仕舞いは段階的に行うという項目を設けてもよい。この場合の一例を示すと次のようになる――最大許容枚数トレードすべきだと思っても、まずは予定の半分をトレードして様子見をして、30分後にうまくいっている場合は、残りの半分もトレードする。マネーマネジメントに含みたいルールやアイデアは人によって異なるため、これが最も素晴らしいマネーマネジメントプランだ、というようなものはない。

マネーマネジメントプランに含むべき項目例

1．リスク資産

トレードに使える金はトータルで３万ドル。そのうちの１万5000ドルをリスク資産に当て、残りの１万5000ドルはリスク資産がなくなったときのためにマネーマーケット口座に入れておく。

2．１トレード当たりのリスク量

１トレード当たりのリスク量は、リスク資産１万5000ドルの５％。つまり、口座の金が１万5000ドル近辺で推移している間は、１トレードにつき750ドルを超えるリスクは取らない。目標は、リスク量をリスク資産の２％にまで減らすこと。

3．全オープンポジションのリスク量

ポジション数は常に７以下に抑える。あるいは、全オープンポジションのリスクは資産の20％以内に抑える。相関する市場でポジションを建てるときは、全市場を合わせて7.5％を超えるリスクは取らない。

4．１市場当たりの最大トレード量

最大トレード枚数または株数を市場別に表にしておく。表に書き込む数値は、１トレード当たりのリスク量をその市場のトゥルーレンジの平均で割ったものだ。常にこのトレード量で売買しなければならないわけではない。高確率トレードだと思ったときだけこの最大トレード数で売買する。リスクが低くきわめて好条件のトレードの場合は、この数値の1.5倍売買してもよい。

5．リスクに基づくポジションサイズ

1トレード当たりのリスク量が決まったら、テクニカル分析を使ってストップ水準を決める。許容リスク量をストップロスで割ったものが、売買する株数である。ストップロスが許容リスク量を下回る場合はトレードを実行し、そうでない場合はパスする。

6．許容リスク・リワード比率

リスク・リワード比率が3：1より良い（ただし、3：1を含む）トレードでなければ実行しない。市場環境がどんなに良くても、間違ったときの損失が利益を上回るようなトレードはしない。

7．1日の損失限界

1500ドル（リスク資産の10％）を上回る損失が出たら、その日のトレードは終わりにする。その前に、まず1000ドルの損失が出た時点で、最悪のポジションを手仕舞い、少し休みを入れてから新たに仕掛ける。

8．リスクパラメータの調整時期

1トレード当たりのリスク量が2％を下回るまでは、リスクパラメータは変えない。リスク量が2％を下回ったら、口座資産が20％増えるごとに1トレード当たりのトレード量（ドル価）を増やす。また、資産の20％を超える損失が出たら、損失額に応じてリスク量を減らす。

9．トレーディングプランを疑う前に損失限界を見直す

トレードを開始してからの損失の合計が資産の35％に達したら、トレーディングを中断してシステム、リスクパラメータ、トレーディングプランを見直し、失敗の原因を突き止める。

優れたトレーダーになるためには

優れたトレーダーになるために不可欠なのが、マネーマネジメントプランの作成とリスクパラメータの設定だ。これは甘く考えてはいけない。適切なリスクプランがあってこそ、成功するチャンスは増えるのだ。トレーディングを始めるに当たっては、まずやりたいトレーディングを行うことができ、連敗にも耐えられるだけの十分な資金を準備することが先決だ。必要資金額を見積もるのに必要なのが、そのトレーディングに内包されるリスクと最大許容損失額である。連敗を切り抜けるためのひとつの方法が、トータル資産の半額をトレードに使い、残りの半分は万一に備えて残しておくことだ。また、１トレード当たりリスク資産の一定比率（２～５％）を上回るリスクは取らないことを決めておくことも必要だ。リスクパラメータを設定するときは、一度にトレードを行うそれぞれの市場や市場グループごとに最大トレード量を設定しておく。どの市場でも同じトレード量でトレードするといった過ちは犯さないように気をつけなければならない。また、市場によってリスクは異なるため、それぞれの市場ごとのリスクを把握しておく必要がある。各市場のリスクを知るには、その市場のトゥルーレンジを長い時間枠で見ればよい。これはまたテクニカル的に正しい位置にストップを置くのにも役立つ。市場ごとの最大トレード量が決まったら、いつでも参照できるように表にしておくとよい。また、全ポジションに対するリスク量も決めておく必要がある。トレーディ

ングのどの時点においても、リスクがリスク資産の30％を上回らないようにする。先物取引のときは特にそうである。株取引では全資産を使ってもリスクは低く抑えることができるが、商品先物取引では使った資金の大部分を失うことも珍しくないので、慎重さが必要だ。許容リスク目いっぱいのリスクを取るのは避けたほうがよい。目いっぱいのリスクを取ってもよいのは、そういったリスクを取るに値するトレードを行うときだけである。いつもは10枚トレードしていても、２枚だけのほうがよいと思えるときもあるだろうし、５枚か10枚、あるいはほんのときたまだが、それ以上の枚数をトレードしたほうがよいと思えるときもあるだろう。いずれにしても、常にリスクに見合った枚数だけトレードすることが重要だ。

マネーマネジメントプランには、自分のお金を守るのに役立つと思ったら、どんなに些細なルールでも含ませておくとよい。また、スケーリングとピラミッディングについても規定しておく必要がある。プロフィットファクターもトレーディングではきわめて重要な要素だ。まず、利益が損失よりも大きいかどうか、そしてリスク・リワード比率が良いかどうかを確認しよう。マネーマネジメントプランに含むべき項目はほかにもいろいろあるが、重要なのはプランを作成するということ、そしてそれに従うということである。例えば、１株当たり５ドルを上回るリスクは取らないと決めたら、そのリスクに達したら手仕舞わなければならない。そうしなければ、プランなどあってないのと同じである。規律を持たないトレーダーが成功することはない。したがって、自分のプランには必ず従うという規律を持つことが大切だ。

適切なマネーマネジメントプランを持たない場合の問題点

1．適切な目標を設定するうえでガイドラインにするべきものが何もない

2．マネーマネジメントプランを持っているトップトレーダーと張り合う
3．常にリスクを取りすぎる
4．適切なトレード量が分からない
5．損失を野放しにして拡大させる
6．壊滅的なダメージを受ける
7．ストップ水準の置く位置が分からない
8．ナンピンをする
9．どのトレードでも同じリスクを取る
10．ピラミッディングやスケーリングの正しいやり方が分からない

リスクパラメータの設定とマネーマネジメントプランの作成時に注意すべきこと

1．自分の資力に見合ったトレードを行え
2．一番重要なのはディフェンス、オフェンスはその次
3．損失はなるべく小さく抑え、利が乗ればそのまま伸ばせ
4．資産のすべてをトレーディングにつぎ込むな、半分は万一に備えて残しておけ
5．１トレード当たりリスク資産の５％を上回るリスクを取るな（２％が理想的）
6．相関性のあるポジションには注意せよ
7．全オープンポジションに対する最大許容リスク量を設定せよ
8．最大許容ポジションサイズの表を作成せよ
9．最大許容ポジションサイズとテクニカル分析を使ってトレード量を決めよ
10．最大許容リスク目いっぱいのリスクを取るな
11．トレードしないのも選択肢のひとつ
12．リスク・リワード比率が許容できる値のトレードのみ実行せよ

13. 損失限界を設定せよ
14. 連敗中はトレード量を抑えよ
15. 市場のボラティリティを把握せよ
16. ピラミッディング―最初に大きなポジションを建て、増し玉する枚数を徐々に減らしていくのが正しいやり方
17. トレードサイズを増やすためのプランを立てよ
18. 無理のない確実に従えるようなプランを立てよ
19. 勝っているから、あるいは負けているからといって、アグレッシブになったりクレイジーになったりするな

自問自答コーナー

- ●リスクパラメータを正しい値に設定しているか
- ●市場ごとにトレードすべき枚数が分かっているか
- ●リスクを取りすぎてはいないか
- ●１日の最大許容損失額はいくらか
- ●損を出しすぎてはいないか
- ●トレーディングを見直す必要はないか

第5部

自己管理
Self-Control

第16章

規律――成功へのカギ

Discipline : The Key to Success

確実な仕掛けの戦略や手仕舞い戦略とリスクパラメータを設定したトレーディングプランが出来上がれば、勝てるトレーダーになるための大方の準備は整ったと言ってもよいだろう。あとは、設定したルールに従うように自己を律することができるかどうかである。大部分のトレーダーはここでつまづく。やるべきことは分かっているのに、なぜ間違ったトレードを繰り返すのか。それは、正しいことをやるように規律ができていないからである。自分に言い聞かせるそばから、相場を追っかけ、リスクを取りすぎ、ストップを無視してしまうことの繰り返しだ。トレーディングスキルを高め、市場に関する知識を増やし、テクニカル分析のノウハウを高めることには懸命だが、規律を養おうとしなければ、パフォーマンスの向上は望めない。

規律は成功へのカギ

偉大なトレーダーになるためには、多くのスキルを学ぶ必要がある。しかし、やるべきことを知るだけではなく、正しいことをするという規律を持つことも、成功するための大切な要素のひとつだ。ひとりのトレーダーを見ただけでも、勝ち方はいろいろだし、負け方もいろいろだ。損切りしなければならないこと、トレード量は少な目がよいこと、リスクマネジメントプランを作成すること、下調べをきちんとやることは、どんなトレーダーでも分かっているが、規律がなければ、これらのツールを有効に活用してトレーダーとして成功するのは不可能だ。規律とはつまり、これらの事柄を確実に実行するのに必要なものであり、おそらくはトレーダーに必要なツールのなかでも群を抜いて重要なものと言えるだろう。規律はトレーディングのあらゆる局面で必要とされ、トレーダーのやるべきことリストの筆頭に置くべきものだ。どんなことでも、規律を持って行ったほうが良い結果を生む。

ベストトレーダーと呼ばれる人々に共通することのひとつが、規律があるということである。プロのギャンブラーがお金を儲けることができるのは、規律があることもひとつの理由だ。規律もなく無謀なトレーディングを繰り返すトレーダーは、規律のあるトレーダーに比べると、あまり良い成果は出せないだろう。規律がなければトレードの選択は不可能であり、そのためオーバートレードはするし、トレードのやり方もでたらめで、損失は増すばかりだ。立派なトレーディングシステムを持っていても、マネーマネジメントとリスクパラメータに従うよう規律がなければ、損ばかりするだろう。結局、最後に勝つのは自分のルールを守るように自己を律することができるトレーダーなのである。本章では、トレーディングにおいて規律が特に必要とされる局面と、規律を持ったトレーダーになるための方法について見ていく。

ふさわしい時期が来るまで待つという規律を持つ

忍耐は美徳である、という言葉は聞いたことがあると思うが、トレーディングほどこの言葉が当てはまるものはないだろう。つまり、インディケーターがシグナルを出してくるまで、あるいはトレンドラインがヒットされるまで仕掛けるのを待つということであり、ブレイクアウトのあと相場が押したり、戻すまで仕掛けるのを待つということである。何物も見逃すまいとありとあらゆる動きを追っかけるという意味ではないし、退屈しのぎに、あるいは刺激を求めてトレーディングするという意味でもない。トレーダーは良いトレーディング機会が訪れるまで辛抱強く待つことができなければならない。これは、そういった機会が訪れなければ、丸１日トレードしない日もあるという意味でもある。私の知る人でこれができる人はほとんどいない。自分たちは「ウオッチャー」ではなくて「トレーダー」だという自負があるからだ。トレードしなきゃトレーダーとは言えないじゃないか、というわけだ。チャンスが来るのを落ち着いて待っていられない人がいるのは当然だ。トレードしたくてたまらないのに、チャンスが来るまで待てと言われても落ち着いていられないのがトレーダーだ。そして結局、目の前のトレードに飛びついてしまうのだ。高確率なトレーディング機会をじっくり待つことなく、慌ててトレードしてしまうトレーダーは、規律のない証拠であり、結果も予想をはるかに下回る。これに対して、良いトレーダーは、まずいトレードをするくらいならトレードしないほうがマシであることを知っているため、環境が整うまで待つという規律を持っている。辛抱強いトレーダーは、野球で言えばボールカウントが0ストライク３ボールのピッチャーインザホールになるまで待てるバッターと同じだ。恥ずかしながら私の規律はというと、メジャートレンドでの小さな押しや戻りを取ろうとする衝動には逆らうな、だった。ストキャスティックスやチャネルラインを見て、相場は若干元に戻るはずだと思ったら、もう居ても立ってもいられなくなるのだ。しかし今は、こういったトレードは低確率トレーダーだと分かっているので、けっしてやろうとは思わない。相場の動きが自分の予想どおりに動いても、メジャートレンドが続くことが確認できるまでただ黙って見ているのは、確かに辛いものだ。しかし、規律のあるトレーダーはこれができるのである。規律のあるトレーダーは、慌ててトレードすることはしない。再びメジャートレンドの方向に戻るまでじっと待つ。なぜなら、メジャートレンドの方向に相場が戻ってきたところで行うトレードこそが利益につながることを知っているからだ。高確率トレードが訪れるまで辛抱強く待つことができるようになれば、成功するチャンスは確実に増えるはずだ。

退屈かもしれないが、彼にとってはうまくいく

トレーディング仲間の１人に、何日間も何もやらずに過ごせるヤツがいる。絶好のタイミングだと思える時が来るまで、ただひたすら座って相場を見たり、ニュースを読んだりしているだけだ。つまり、彼は自分の望む環境が整うまでトレードはやらないという規律を持っているのである。彼がトレードをやらないことをわれわれはからかうが、総合的に見ると、彼のほうがわれわれの大部分より良い成果を上げている。彼を毎日見ていて不思議に思うのは、トレーディングルームのなかで注文や銘柄を叫ぶ声が行き交うなか、なぜトレードしたいという誘惑に打ち勝つことができるのだろうかということだ。実は彼はトレードしたい気持ちを懸命に抑えているのである。彼はトレーディングを始めた当初は今ほど規律はなく、オーバートレードしては墓穴を掘っていた。自分自身を見つめ直すために彼はしばらくトレーディングから遠ざかった。そして、規律をしっかり身につけてカムバックした今の彼は、前よりもはるかに良い成果を上げるようになった。

オーバートレードしないという規律を持つ

いつもポジションを保有しているか、多くのポジションを持ちすぎ

るトレーダーは規律があるとは言えない。いつも市場に参加するのが正しいわけではない。ときには、市場に参加しないことも、あるいは取引するポジション数や株数を減らしたほうがよいこともある。これは私の最大の問題点のひとつでもある。市場の状態にかかわらず、市場に参加したい気持ちが先に立つのだ。買いでなければ売り、5000株買える資金があればそのすべてを投資する。こういった誘惑に打ち勝つ規律を身につけるのが、私の最大の課題だった。タイミングを見極めたうえで少なくトレードし、少ないポジションを持つことこそが、パフォーマンスを向上させる秘訣だ。ベストトレーダーは１つか２つの市場に集中し、そのエキスパートになる。ポジションを持ちすぎると管理できなくなるため、適正なトレーディングはできなくなる。ところが、市場の状態が自分に不利であるにもかかわらず、常に自己資金を目いっぱい投資する人がいる。最後に勝つトレーダーは、不利なときには参加せず、少なくトレードし、自己管理できる量のポジションを持つという規律を身につけたトレーダーだ。アグレッシブなトレーダーに比べると大儲けすることはないかもしれないが、彼らはコンスタントに勝ち続け、大きく負ける日は少ない。２～３日大儲けしても、それよりも大負けする日が多くあれば結局は負ける。それよりも、コンスタントに小さく儲け続けたほうが勝利につながるのだ。

トレーディングシステムを開発・バックテストし、それに従うという規律を持つ

トレーディングは楽しいものだ。しかし同時に、大変な作業を伴うものでもある。莫大な時間を費やさなければならないもののひとつが、トレーディング戦略の開発とバックテストだ。良いシステムを持っていても、バックテストを手抜きする人がいる。実際には３年分のデータでテストしなければならないところを、わずか数カ月分のデータしか使わず、得られた結果を見て良しとするのである。なかにはテスト

そのものをまったくやらない人もいて、無分別なトレーディングを繰り返すが、これは賢いやり方とは言えない。成功を目指すなら、明確なトレーディング戦略を打ち出し、正しくテストすることが必要だ。これは数週間あるいは数カ月のハードワークを要する作業だ。しかし手抜きをしたり、今あるもので満足したりしてはならない。実際のお金をリスクにさらす前にこの作業をやらなければ、お金はたちまちのうちに手元から離れていくだろう。

バックテストをやったからといってそれで終わりではない。次は、バックテストした戦略に従うよう自分自身を規律づけることが必要だ。トレーディングシステムとルールに従っているうちは大概はうまくいくが、つい自己を律することを忘れて、シグナルを無視したり、その場の雰囲気でトレードしてしまうことがある。うまくいくと信じているものがあるのなら、それを疑ったりせずに従うことだ。手仕舞うときは特にそうである。仕掛けなかったためにチャンスを逃すことはあるかもしれないが、すでにポジションがあるときにストップを無視すれば、それは自らトラブルを招くようなものだ。相場がトレンドラインをブレイクしたら手仕舞うという戦略を立てたのならば、気に入ったブレイクのときだけではなく、ブレイクしたときには必ず手仕舞うべきである。

トレーディングルールを設定して、それに従うという規律を持つ

トップトレーダーはトレーディングルールを持ち、それを紙に書いて常に自分の目の前に掲げておく。ルールとは、何かで読んだり聞いたりしたことで、うまくいきそうなものを寄せ集めたものだ。例えば、「負けトレードは早めに手仕舞え」などがそうだ。私はルールを録音し、２台のモニターの間の鼻先から20センチほどのところから常に流している。ルールを自分の目の前に掲げておくのは簡単だ。難しいの

は、それに従うよう自分を律することである。負けが込んでくると、ついルールを無視しがちになるが、実はこういったときこそがルールにより真剣に目を向けなければならないときなのだ。ルールをじっくり読み返すことで、また冷静な気持ちになれるのだ。ルールを守らなくなった自分に気づいたら、軽く散歩してソフトドリンクを飲むことにしている。散歩から帰ったら、ルールを読み返し、ルールに違反しているすべてのポジションを手仕舞う。ほとんどのポジションが手仕舞いの対象になる場合も少なくない。まったくツキのない日、私はこのステップを無視することがある。言うまでもなく、その日は最悪の日になる。ルールに常に従うことは難しいことかもしれないが、良いルールを持っているのなら、それに従う規律がなければ何の役にも立たない。

次に示すのは、私が机の前に掲げているルールをコピーしたものだ。

パフォーマンス向上を目指すなら、これらのルールに従え！

PPC（貴重な資産は減らさない）
少なくトレードせよ。そしてトレードを選べ。
トレンド形成前の朝方のトレード量は減らせ。
最大許容トレード量いっぱいまでトレードするな。
負けトレードは寄り付きから30分で手仕舞え。
どのトレードもトレードする理由を持て。
より良い仕掛けポイントを探せ――まずはチャートを見よ。
ニュースでトレードするな。
ストキャスティックスがトップ近くにあるときは買うな。
押しや戻りを待て。

押し目で買え。
負けトレードから処分せよ。
トレンドの方向にトレードせよ。
ビッグデイは相場の方向にのみトレードせよ――生意気なことは考えるな。
損切りは素早く。
悪いトレードは45分で手仕舞え。
プロのように考えよ。
大きな損失を出すな。
長い時間枠を見よ。
ストップは事前に決めておけ。
ひどく負けているときには、少し休みを入れよ。
トレードに損は付き物。
ポジションは段階的に増やし、段階的に減らせ。
不得手な銘柄には手を出すな。
最大利益が出るまで保有する必要はない。
仕掛けたら、手仕舞え。
ギャンブルはするな。
追っかけはやるな。
愚かなトレードはするな。

ご覧になってお分かりのように、ルールのほとんどは私の欠点――つまり、オーバートレード、タイミング、損切り――に関するものだ。自分の欠点をコントロールするように自分を律することができるときには、良い成果を出すことができる。自分のトレーディングでひとつ気づいたことは、ツキのない日のトレード回数がツキのある日のおよそ3倍になっているということだ。これは、損を取り戻すためであり、そのためにいつもよりスキャルピングが増えるというわけだ。これと同時に、トレード量も増える傾向がある。こういった誘惑と闘うのは難しいが、成功するためには避けては通れない道だ。詳しくは次章で述べるが、毎日プラスで終わる必要はない。損をした日があってもくよくよしないことだ。損はいつかは必ず取り戻せるのだから。負けてもすぐに損を取り戻す必要はない。ツキのない日が最悪の日に変わるだけだ。ツキのない日に損を取り戻すのは難しい。最悪の日になればなおさらだ。損を取り戻そうという焦りは絶対に禁物だ。

トレーディングプランとゲームプランを作成して、それに従うという規律を持つ

ここで言いたいのは、トレーディングプランを必ず持てということである。これを理解するには少々時間がかかるかもしれないが、トレーディングプランを持たないでトレードするということは非常に不利な状況でトレードするも同然である。トレードの準備をするよりも、すぐにトレードしたがる人がいるかもしれない。要するに彼らは長期のトレーディングプランと日々のゲームプランを作成するという規律が身についていないわけである。何をやりたいかは分かっているのだから、プラン作りなんかで時間を潰したくないというのが彼らの言い分だろう。プランを持たないでトレードするトレーダーは、おそらくは規律を持っていない。私自身、良いプランができるまでトレードはしないように自分を規律づけるのに、およそ5年かかった。これに対する規律を持つようになったのには理由がある。トレードするための資金を調達する必要があったからだ。しっかりしたトレーディングプランを持つと、トレーディングは前よりもはるかにスムーズにいくようになった。ほかのどのプランについても言えることだが、トレーディングプランを持った以上はそれに従うという規律を持たなければプ

ランを持つ意味はない。

事前に下調べをすませておくという規律を持つ

市場をチェックするという下準備は前の晩にすませておくという規律を持つことも大切だ。トレーディングは９時半から16時（自分がトレードする市場が開いている時間帯）で終わりではない。良いトレーダーになるためには、自分がトレードする市場が開く前と後の仕事をきっちりやることが重要だ。つまり、夜遅くまでかけてその日のトレーディングを見直し、現在のポジションをチェックし、次の日のプランを立てるということであり、翌朝は早起きしてその日のプランを確認し、チャートをチェックし、意思決定に役立ちそうなニュースをチェックするということである。まだこれらをやっていないのであれば、まずは毎晩、市場やチャートをチェックし、翌日のトレーディング戦略を立てることから始めることだ。トレードする前に、異なる時間枠のチャートがどうなっているかをチェックし、支持線、トレンドライン、ブレイクポイント、ストップなどをチャートに書き込む。これを複数の時間枠でやるとなると時間はかかるが、市場をより明確に把握できるようになるため、優れたトレーダーになるためのむしろ早道であると言えるだろう。

私の知るベストトレーダーと呼ばれる人々は、最も勤勉な人たちでもある。夜はだれよりも遅くまで働き、朝はだれよりも早い。彼らは充足した私生活を送り、トレーディングをビジネスととらえている。けっして手抜きはせず、成功に結びつくことはどんなことでも実行する。彼らは読書家でもある。ウォール・ストリート・ジャーナル紙とインベスターズ・ビジネス・デイリー紙は毎日欠かさず読み、本も手当たり次第読む。人より優位に立てることならどんなことでもやる。できるかぎりベストなトレーダーになろうと自分を律してきたことが、ベストトレーダーという結果に結びついているのである。これに対して、トレーディングルームには市場が開く３分前に駆け込み、クロージングベルの音とともにジャケットを羽織ってすぐに帰れる準備を整えるような人は、そういったのんきな態度に対するツケを払うことになる。彼らのなかにも儲けている人はいるだろうが、事前の準備をするという規律があれば、もっと稼げたはずである。

マネーマネジメントパラメータに従うという規律を持つ

私が過去に直面した問題のひとつを紹介しよう。まず小口口座でトレーディングを開始し、自分の口座サイズに合ったマネーマネジメントルールを作る。最初は、ポジションサイズも小さく、ローリスクのトレードを手堅くやっていた。ところが、少し小金が儲かると、突然、マネーマネジメントルールなど蚊帳の外のものと化す。トレードする市場はどんどん増え、トレード枚数も増える。気づいたときには、リスク量はそれまでの５倍。資金は２倍にしか増えていないというのにである。破産は時間の問題だった。マネーマネジメントパラメータに従うという規律を失ったツケがこれだった。

トレーダーは、儲かっていても損をしていても、自分のルールに従うという規律を常に持たなければならない。連敗などトレーディングでは珍しいことではないのだから、連敗したからといって落胆することはない。自分のプランに忠実に従い、連敗が終わるまではトレード量は控えめにする。連勝しているときも同じである。過度にエキサイトして、自分は市場より優れているなどという大胆な考えを起こしてはならない。プランに従い、それまでのペースを維持することが大事だ。せっかく時間をかけて適切なリスクパラメータを設定しても、それらに従うよう自分を律することができなければ何の役にも立たないのだ。

損失限界を設けるという規律を持つ

トレーディングでは損失限界を設定しておくことが大切だ。１トレード当たりの損失限界、日々の損失限界、口座全体に対する損失限界を設けておく。損失限界を設けなければ、巨大な損失を出し、最後には破産する。マネーマネジメントプランに損失限界を設けること自体はそれほど難しいことではないだろう。問題は、それに従えるかどうかである。損失限界に達したらトレードをストップできるかどうかである。損失限界を設けるといっても、自分勝手な数字を設定しても無意味だ。どれくらいの資金をリスクにさらすことができるのかを、じっくり考えなければならない。自分の資力と照らし合わせて、１トレード当たり1000ドルを超える損失を出してはいけないとか、１日の損失は2000ドル以内に抑えるとか、口座資産が２万ドル減ったら１週間トレードを中断するといったことを、適正に判断する必要がある。資金力のないトレーダーは最も破産しやすい立場にあるため、人一倍厳しい規律が必要だ。ところが現実はどうかというと、資金の少ないトレーダーほどマネーマネジメントプランに従っていては儲からないとして、無視してしまう傾向が強い。資金力があろうとなかろうと、そんなことは関係ない。どんなトレーダーでも、マネーマネジメントプランには必ず従わなければならない。

トレードを手仕舞うという規律を持つ

トレーディングで成功するためには、勝ちトレードであろうと負けトレードであろうと、必ず手仕舞うという規律を持つことが重要だ。手仕舞いは気分任せで行ってはならない。ルールに従うことが大切だ。ルールがなければ、トレードごとに別々の理由で手仕舞いしてしまうことになる。つまり、でたらめに手仕舞うということである。トレードを行う前には必ず手仕舞いの目標値や基準を設けておかなければならない。そして、いったん設けた目標値や基準には何があっても従うことが重要だ。手仕舞ったトレードについては、「たられば」は禁物だ。もちろん、手仕舞ったあとでも相場が上昇し続けることはあるだろうが、そういったことは問題ではない。重要なのは、決めた水準で手仕舞うという規律を持つことである。そのあとどうなるかなどは問題ではない。あと１ティック、２ティックと、余分な利益を期待して手仕舞いのタイミングを逃すことは多い。そして、気づいたときには20ティックの損失になっているのだ。このように、自分の決めた水準で手仕舞うという規律を破ったツケが損失となって現れることは少なくない。そのときが来たら必ず手仕舞うこと。欲張ってはいけない。また、手仕舞い目標を決めていても、相場がその水準に近づくと理由もなく注文を変えてしまうこともある。しかるべき理由がなければ、最初の注文を変更してはならない。

ストップに対しても規律が必要だ。まず、トレードするときには必ずストップロス水準を設ける。ストップは実際に注文を出してもよいし、メンタルなものであっても構わないが、必ず最悪のケースを考えてトレードすることが大切だ。損失のことを考えるのが好きという人はいないだろう。だから、ストップのことを考えない人は多い。しかし、相場が自分の思惑と逆方向に動いたときにはどのタイミングで手仕舞うかを常に考えることを習慣づけることは重要なことであり、さらにその水準に達したら必ず手仕舞うという規律を持つことも重要である。要するに、損を取るうえでも規律が必要ということである。「小さな損を出しても気にするな。どのトレードでも儲けようと思うな。損はゲームの一部だ」という言葉を常に銘記しておいていただきたい。

負けているトレードを手仕舞うときが来たら、迷わず手仕舞うことだ。いろいろな理由をつけて、そのまま持ち続けてはいけない。どうしても自己を律することができないという人は、手仕舞いポイントをあらかじめブローカーに伝えておいて、ブローカーに手仕舞ってもらうのも一案だ。こうすれば、手仕舞いプランを逸脱することはない。

勝っているトレードは長く保有するという規律を持つ

トレーダーは、勝ちトレードは長く保有するという規律を持つことも大切だ。利益を早く確定したいのはやまやまだろうが、その誘惑に打ち勝つ強さが必要だ。大きな動きをとらえたいと考えるのはすべてのトレーダーに共通する。しかし、せっかくとらえた大きな動きも、利を伸ばすトレードがなければ意味がない。手仕舞う時期が常に早すぎれば、長い目で見れば成功することは難しいだろう。勝ちトレードを長く保有するのは無理だという場合でも、勝ちトレードを手仕舞った利益は負けトレードの損失を必ず上回っていなければならないことに注意しよう。損失よりも少ない利益で手仕舞うようなトレーダーは規律のかけらもないトレーダーであり、生き残ることは不可能だ。

過ちから学ぶという規律を持つ

過ちはだれもが犯すものであり、学習プロセスの一部である。トレーディングでは、過ちの扱い方で、勝てるトレーダーになれるか、負けるトレーダーになるかが決まる。自らを律することのできるトレーダーは常に過ちから学ぼうとする。つまり、ほかの多くのトレーダーとは違って、過ちをけっして無視しない。自分のトレードとパフォーマンスとを見直し、悪い部分を改善することで向上を目指すのだ。そのためのひとつの方法が、日記をつけることだ。日記を毎日つけるのは時間がかかるかもしれないが、日記をつけると決めてそれをやり通すことができる人は、同じ過ちを繰り返さないようになるはずだから、長い目で見れば成功する可能性は高まる。自分の弱点を改善するには、まずは自分の弱点を知ることが大切だ。

感情をコントロールするという規律を持つ

成功するトレーダーは感情をコントロールする方法を知っている。机をたたいたり、怒声をあげたり、成功にほくそ笑んだりはけっしてしない。そういう風に自分自身を規律づけているからだ。そして損を出しても責任をほかに転嫁することはない。これに対して、短気なうえに気まぐれで、いつも市場と喧嘩をしているようなトレーダーは、目の向けどころが間違っている。トレーダーが目を向けなければならないのはトレーディングだけであり、ほかのものに気を取られてはならない。私はトレーディングには感情は持ち込まない。特に大きく負けているときは平静を保ち、他人に悟られないようにする。キーボードを激しくたたいたり、マーケットメーカーを罵倒するなど、もってのほかだ。私の場合、感情を抑えるのにさほど苦労はないが、努力を要する人もいるだろう。ちょっとばかりまぬけ顔になるのはともかくとして、感情的になれば何も成し遂げられない。在宅トレーダーの場合、周りにあなたを見ている人はだれもいないだろうが、それでも感情的になるのはやめたほうがよい。ベストな自分を目指すために抑えなければならない感情はたくさんある。恐れ、欲、期待、リベンジ、自信過剰……。詳しいことについてはあとで説明する。

自分を律することの難しさ

トレーダーとしての成功を妨げる最大の障害のひとつであり、最も克服しがたいものが、規律の欠如である。毎日の課題のなかで、自己を律し続けることほど難しいものはない。私はトレードのやり方も知っているし、何を見ればよいかや、何をしてはならないかも知っている。しかし、ちょっとリラックスして気を抜くと、すぐにオーバートレードはするし、負けトレードもだらだらと保有し続ける。自分のパラメータに従い続けるには絶えずそういう意識を持たなければならない。それがつまり規律である。規律はトレーディングのあらゆる面に影響を与えるため、トレーダーは常に自分自身を規律づけることが必要だ。

自分の欠点は、ただ単にそれらを知るだけでは不十分だ。欠点は必ず改善するという強い意志を持たなければならない。規律あるトレーダーになるためには、まず学びの軌道にうまく乗ることが必要であり、その第一ステップとして自分の弱点をリストアップしてみるとよい。そして、そのなかから最も改善しやすい欠点を選び、その欠点から直していく。最も簡単な欠点から直していくのは、その欠点を直すことで自信をつけ、さらに難しい欠点をスムーズに克服できるようにするためだ。私には負けているトレードを長く持ちすぎるという欠点があった。私はこの欠点を直すために、うまくいっていないトレードは45分で手仕舞うという45分タイムリミットルールを作った。これは、ソフトウエアに各トレードの経過時間を表示するようにプログラミングするだけなので簡単だ。私は表示される時間を見ているだけでよい。45分たっても損をしているトレードは直ちに手仕舞う。45分は少し長すぎるようなので、将来はもっと早く手仕舞いができるようにするつもりだ。これは規律あるトレーダーになるための小さな一歩にすぎないが、大事な一歩である。

規律を身につけることは、トレーダーにとっては最も難しい仕事のひとつではあるが、成功するためには避けては通れない。規律とは人間に形成される習性である。したがって、真剣に取り組めばだれもが自分のなかに形成しうるものである。これは、トレーディングの本を読んで身につくものではなく、その必要性に気づき、意識的に努力してこそ初めて身につくものである。なかには、こういった習性が元々備わっている人もいる。アスリート、ミュージシャン、優秀な学生、プロのギャンブラーなどがそうだ。彼らは自分の道を極めるために時間を惜しまず、懸命に努力する。彼らが持てるスキルをトレーディングに応用すれば、きっと優れたトレーダーになるだろう。こういった習性が元々備わっていない人は、トレーディングプランやゲームプランを作成し、それに従うように意識的に努力する必要がある。自分のやっていることを常にチェックできるように、トレーディングルールのリストを目の前に掲げておかなければならないのはそのためだ。規律はトレーディングにかかわる問題ではなく、個人の問題だ。したがって、外部に解決策を求めるのもよいかもしれない。催眠術師や心理学者などの専門家のアドバイスの下、規律を身につけるトレーダーも実際にいる。手段はともかくとして、トレーディングで成功するためには規律を身につけることは必須事項だ。ここでは、規律がトレーダーに与える影響のほんの一部を紹介したにすぎない。規律は自分を変えるためには不可欠のものだ。そのことを常に忘れないようにしたい。

私はポーカーで規律を身につけた

トレード量を減らし、規律を身につけるのに役立ったことのひとつが、ポーカーゲームだ。数え切れないほどプレーしたポーカーゲームが、思わぬ果実をもたらしたというわけだ。最初はそのときのトレーディング手法と同じ方法でプレーした。つまり、ミラクルカードを狙って常にあらゆる手をそろえたり、ブラフをかけたりしていたのだ。一発大当たりという刺激を求めてプレーしていたため、ゲームを降りることはほとんどなかった。しかし、トレーディングにおける規律を身につけようと思った瞬間から、私のプレースタイルは変わった。刺激のためではなく、勝つためにプレーするようになったのだ。つまり、知ってはいたがそれまで滅多に使うことのなかったポーカーの正しいルールに従ってプレーするようになったということである。強いオープンハンドでなければすぐに降りるようになった。賭け金を上げていくのは、勝率が賞金対掛け金比率を上回るときだけだ。例えば、80ドル稼ぐのに10ドルの賭け金が必要で、勝つのに必要なカードをゲットする確率が11：1の場合は良い賭けとは言えない。この場合、10ドルの賭け金に対する賞金が110ドル以上でなければ見合わない。ほとんどの手で降りたので死ぬほど退屈したが、ほとんどのゲームで勝者としてテーブルを去ることができた。ほとんどのゲームで勝つことができたのは、勝つ確率が高い手でしか勝負しなかったからだ。ポーカーゲームの回数を重ねるたびに、高確率な状況が来るまで待つという規律はトレーディングにも使えることが分かってきた。私のトレーディングスタイルが変わったのはそれからだ。

優れたトレーダーになるためには

優れたトレーダーになるために一番重要なことは、しなければならないことを確実に行うように自分自身を規律づけることである。トレードの方法を知っていることと、成功するためのステップを実際に実行することとは別物だ。良いトレーダーはトレーディングのあらゆる局面において、自らを律することができる。つまり、市場が開く前に準備を整え、下調べをし、自分のやりたいトレードをやる理由を知るということである。規律あるトレーダーはでたらめなトレードを行うことはない。良いトレーディング機会が訪れるまでじっくり待ち、慌ててトレードに走ることはない。そして、トレードを行う前にトレーディングプランの作成を終わらせ、トレーディングアイデアはバックテストし、確実なリスクパラメータを決め、これらに従うことができる。トレーディングプランに従うことは必ずしも簡単なことではないが、優れたトレーダーになるためにはプランに従うことが何より重要だ。負けポジションをそれ以上保有し続けても見込みがないときには損切りし、良いポジションはできるだけ長く保有することも、規律なくしては難しい。多くのトレーダーはこれと反対のことをやってしまいがちだ。小さな損を取ることを嫌がり、勝てば興奮して、利が乗る前に手仕舞ってしまうのである。感情をコントロールするように自分を規律づけることはパフォーマンスを大きく左右するにもかかわらず、見過ごされることが多い。感情はトレーダーから冷静さを奪うものだ。だから、そのコントロール方法を知らなければならない。トレーディングをスムーズに進めるためには、トレーディングルールを持つことが大切だ。ルールに常に従うためには、それを常に目のつくところに掲げておくのがよい。こうすることで、脱線しそうなときにはすぐにルールを読み返すことができるため、正しい軌道に戻ることができる。規律を身につけることは容易なことではない。自分にとってはかなり難しい作業だと思う人は、何とかしてそれを身につけるための方法を見つけていただきたい。規律がなければ、トレーディングで成功することはほぼ不可能なのだから。

規律がない場合の問題点

1．トレーディングルールに従うことができない
2．オーバートレードする
3．手を広げすぎる

4. 仕掛け時ではないときに仕掛けてしまう
5. 追っかけをやる
6. 高確率なトレーディング機会を待てない
7. 横ばい相場でトレードする
8. トレンドに逆らってトレードする
9. ゲームプランを立てずにいきなりトレードする
10. 相場のいかなる動きにも対応できるように準備していない
11. リスクパラメータに従わない
12. 感情をコントロールできない
13. 損切りができない
14. 勝ちトレードを持ち続けることができない
15. プロとしての振る舞いができない

規律あるトレーダーになるためには

1. トレーディングをビジネスと考えよ
2. 軌道を外れないように監視してくれる人を探せ
3. 自分の行ったトレードを見直せ
4. 適切なトレーディング目標を設定せよ
5. 簡単な問題から片付けよ
6. パフォーマンスをチェックせよ
7. トレーディングルールを作り、常に目の届く場所に掲げておけ
8. トレーディングプランを立てよ
9. ゲームプランを立てよ
10. トレーディング戦略を立て、それに従え
11. 毎回トレードをする前に、「このトレードは正しいか」と自問自答せよ
12. 下調べをせよ

13. 常に向上心を持て
14. 催眠術を利用せよ
15. つべこべ言わずにとにかくやる（もちろん、規律を持つ、ということ）

自問自答コーナー

●自分は規律ある人間か
●自分は規律あるトレーダーか
●成功するために必要なことをしているか
●自分のルールやプランに従っているか
●市場を追っかけてはいないか
●同じ過ちを繰り返してはいないか

第17章

オーバートレーディングの危険性

The Dangers of Overtrading

トレードを選べ

トレーダーのなかには、トレード回数が多いほど成功する確率が高まると考えている人がいる。トレード回数が多ければいつかは大きな波に乗れるかもしれないが、その機会を生かすには常にポジションを持っていなければならない。また、仕掛けと手仕舞いを絶えず繰り返して小利を得ることで、成功気分を味わえると考えている人もいる。しかし、いずれの考えも真実とはほど遠い。トレーダーが行う最も非生産的なことのひとつがオーバートレードだ。成功するためには規律が不可欠であることを、トレーダーは理解する必要がある。トレーディングでは規律が特に必要になるときがいくつかある。そのひとつが、トレードを選ぶ能力を磨くときだ。つまり、手当たり次第のトレードをやめてトレードを選ぶ能力を身につけるには、規律なくしては不可能だということである。規律がなければ、計画的で統制のとれたトレーディングを行うことなど、到底無理である。よく調べたり、リスク・リワード比率を計算することもなくトレードしたい衝動に駆られることは、トレーダーであれば１日に幾度もあるものだ。オーバートレーダーには、退屈したり、ニュースが発表されたり、損を取り戻したいと思ったり、ほかのトレーダーから何か聞くと、どうにもトレードせずにいられなくなる傾向があるようだ。たまには儲かることもあるだろうが、事前に手仕舞いポイントも決めずリスクも考えない無計画なトレードは、良くて月並み、大概は悲惨な結果しか生まない。私自身の経験から、またほかのトレーダーを見ていて言えることは、オーバートレードは百害あって一利なしということである。ベストトレーダーは、トレードを最も選ぶ人たちであることを忘れてはならない。

オーバートレードする傾向のあるトレーダーが気をつけなければならないのは、プランもなくトレードをやりすぎれば成功はしないということである。良い機会が訪れるまで辛抱強く待つという規律を持たなければ、トップトレーダーに名を連ねることは不可能だろう。長期的に見ると90％のトレーダーが損をすることから言えば、トレード回数が少ないほどパフォーマンスが上がることは明白だ。トレードをまったくやらなければ損得ゼロなのだから、多くやりすぎるよりはまったくやらないほうがまだマシである。最初のトレードをやった瞬間から口座資産は減り、トレードを重ねるたびに減っていくというのが平均的なトレーダーの姿である。

トレーディングは安くはない

オーバートレードをやってはいけない最大の理由は、トレーディングコストかかりすぎるため、それだけで負けトレーダーへの道を加速することになるからだ。トレーディングではコストを最小限に抑えることが重要だ。各トレードにかかるコスト（スリッページと手数料）が損益計算書に及ぼす影響は甚大である。トレード回数が増えるほど、コストはかさみ、利益は減る。トレーディングを長く続けたいのであれば、コストを抑えることだ。その最も良い方法が、トレード回数を減らすことである。

手数料とスリッページ

トレーディングをこれから始めようという人は、いかなるトレードも、勝ちか負けか引き分けかとは無関係に、コストがかかるということを覚えておいていただきたい。いかなるトレーダーといえども、手数料や費用から逃れることはできず、これに加えスリッページがかかることも多い。したがって、トレード回数が多くなるほど、収支がトントンのトレーダーは資金が目減りしていくことになる。手数料は避けられないビジネスコストとはいえ、手数料だけでも口座資産が減っていくことを考えれば、けっして侮れない。例えば、フルサービスの5000ドルの口座（手数料は往復で35ドルから100ドル）を開き、手数料が往復で50ドルだとすると、100トレード行えば手数料だけで口座資産をすべて使い果たす。しかも、それほど長くかからないで。

トレードのほとんどが収支トントン（手数料は含まない）で、１日に２トレード（１回につき１枚ずつ）行うとすると、２カ月もしないうちに口座資産はゼロになる。１回当たりのトレード枚数が２枚以上になれば、口座が枯渇するのはもっと早い。１トレードごとに手数料が課され、100株だろうが500株だろうが手数料が一定の株の売買とは違って、商品先物取引の場合は１枚ごとに手数料が課されるため、１回の取引枚数が増えれば手数料はどんどんかさんでいく。もしこのトレーダーが１トレード当たり５枚でトレードを始めたとすると、１回トレードするごとに250ドルの手数料がかかることになる。もちろん、ブローカーにとってはこのほうが都合がよい。また、異なる市場間や異なる限月間のスプレッド取引を始めれば、手数料は売り買いの両サイドで課金されるため、手数料はさらにかさむ。スプレッド取引などの手数料がかさむ取引をブローカーが勧めてきても、簡単に乗らないように注意しよう。スプレッド取引にはリスクを低減できるというメリットもあるが、売り買いの両サイドで手数料を支払わなければならないため、手数料が高ければ最初から勝てる見込みのない取引をすることになる。

手数料が損益計算書をいかに左右するかを、例を使って説明しよう。私の知っているブローカーは、69ドルのコミッションと往復の手数料を取っていた。そのブローカーを通じて1万ドル口座からトレードを始めたある顧客のことを、私はいまだに忘れられない。顧客もブローカーもとてもアグレッシブで、いきなり連勝からスタートした。2カ月で口座は3万ドル以上に膨れ上がった。200%のリターンなのだから素晴らしい成果だが、何とその2カ月間の手数料は2万5000ドルを超えていたのだ。つまり、4万5000ドルを上回る利益を上げながら、正味利益はわずか2万ドルだったというわけである。彼は莫大なコストがかかったことには気づかなかった。とにかく儲けが出ただけで満足だったのだ。彼らは3枚、5枚、6枚、10枚といった枚数で複数市場でトレードし、毎回ドテンした。この情勢が一変したのは3カ月目に入ったときだ。連勝は終わり、今度は負け始めたのだ。2週間で2万5000ドル失った。これは、前よりもポジションサイズを増やしたためである。損失と手数料がかさみ、3万ドルだった口座資産は今や5000ドルを下回るまでに減少した。結局、口座開設当初から見ると、口座資産は5000ドル減少し、3万5000ドルを上回る手数料がかかっている。トレードだけを見ると、正味で3万ドルの利益が出ていたにもかかわらず、オーバートレードしたために口座資産は減少した。これは、オーバートレードによって手数料がかさんだケースである。こういった場合に傷つくのはトレーダーだけであり、ブローカーは無傷だ。たとえもう少し控えめにトレードしていたとしても、同じ額の損失を出したかもしれないが、少なくともブローカーをこれほど喜ばせずにはすんだはずだ。

コストを削減するには、ディスカウントブローカーを使うのがよい。しかし、ディスカウントブローカーを使っても往復で12～15ドルの手数料はかかるため、アクティブなトレーダーは、注意しなければ5000ドル口座など１カ月や２カ月であっという間に消えてしまうだろう。私はフロアトレーダーだったころは、会員になっている市場での取引では往復で1.50ドルの手数料と若干の費用、ほかの市場での取引では往復で12ドルの手数料を支払っていた。かなりのローコストだが、1000ドルを超える手数料を支払わなければならない日もあった。２万5000ドルから３万5000ドルの口座サイズで、１日に３～４％の手数料はかなりきつかった。この例からも分かるように、オーバートレードとそれに伴う多額の手数料の支払いが口座に打撃を与えたことは確かだ。

手数料が安くなっている近年の傾向はトレーダーにとっては追い風だが、手数料がいくら安くなったからといっても、無視できないものであることに変わりはない。相場の方向性を見極めるのが難しいのはもとより、これに大きな手数料と費用が重なれば、ほとんどのトレーダーが損をするのもうなづける。あなたが今どれくらいの手数料を払っているかは知らないが、手数料がなるべく少なくなるようにブローカーと闘うべきである。使っているのがフルサービスのブローカーであろうとディスカウントブローカーであろうと、できれば手数料が均一で費用が無料のブローカーを使うのがよい。ブローカーとて顧客を失うのは嫌だろうから、ひと月に１回しかトレードしないような厄介者の客でもないかぎり、別のブローカーに口座を移しそうだと察すると、手数料を下げてくるだろう。そして、新しい口座開設申込書と送金申込書の記入方法を丁寧に教えてくれるだろう。

注文価格と約定価格との差、あるいはビッドアスクスプレッドとして支払わなければならないスリッページも、トレーダーの損益計算書に影響を及ぼす。スリッページ差し引き前がプラスのシステムでも、スリッページを差し引けばあっという間にマイナスになることもある。事前に決められている手数料とは違って、スリッページは市場やそのボラティリティによって常に変動するコストである。いくらになるのかを見積もるのは不可能だが、手数料同様、損益計算書を左右するものとして軽視はできない。

手数料とスリッページを合わせれば、どのトレードもそれほど安いものではないことは明らかだ。オーバートレードしがちなトレーダーが口座資産のほとんどを瞬く間に失ってしまうのは、トレード回数が多すぎるからである。例えば、1バレル当たり32.25ドルで買い、35ドルの手数料と費用を支払った原油トレーダーは、実質的には1バレル当たり32.28ドル支払うことになるので、原油価格がおよそ10ポイント上昇しなければブレイクイーブンにはならない。運よく原油が10ポイント上昇して32.35ドルで手仕舞うことができたとしても、手数料を加味すれば結局32.32ドルで手仕舞うことになるため、35ドルの手数料をカバーするのが精いっぱいで、儲けはほとんどない。勝ち負けが問題なのではない。1バレル当たりわずか10セント足らずの手数料でも長期的に見れば、損益計算書に重大な影響を及ぼすのである。コストは、勝っても利益を目減りさせ、負ければ損失をさらに増大させる。各トレードで1バレル当たりに支払うわずか10セント足らずのコストが、1年後には積もり積もって損益計算書に大きな影響を与えることを忘れてはならない。トレーディングコストがいかに高いかを理解できたら、トレード回数を減らし貴重な資産をできるだけ温存し、長くゲームを続けられるようにすることが大切だ。お金を儲けることばかりに気を取られるのではなく、お金を減らさないようにすることも重要なのである。せっかくのチャンスがやってきても、そのときにゲームに参加していなければチャンスをものにすることはできない。自分の売買計算書を見てみよう。手数料だけでも相当な額になっていることに愕然とするはずだ。トレーディングはけっして安くはない。したがって、トレードをもっと選んで回数を減らすことは重要である。

フロアトレーダーの優位性

　取引所の立会場で主に自己勘定で売買をするトレーダーであるローカルズは、一般投資家に比べると驚くほど有利な立場にある。残念ながら、一般投資家がお金を払って享受できるのはそのわずか一部だ。まず第一に、ローカルズはほとんどのトレードについて自分の売りたい値で売り、買いたい値で買うことができる。要するに、スリッページが発生しないということである。ローカルズは多くの売買を繰り返すことで市場に流動性を与える役割りを果たす一方で、リスクから常に自分を守ることも忘れない。彼らの売買によって市場の流動性が高まれば、一般投資家の市場参加を促すことになり、それによってローカルズはアドバンテージを得ることになる。こうして彼らはリスクを回避する。第二に、１トレード当たり１ドルを下回るという手数料の安さだ。ローカルズが支払う手数料は、一般のディスカウントトレーダーが支払う手数料の10分の１を下回る。手数料のことを考える必要がないため、素早く損切りができる。ローカルズは相場がわずか１ティック動いただけでも儲けが出るが、一般投資家は７ティック以上の動きがなければ正味利益にはならない。だれが何をしているのかが見えるのもローカルズの強みだ。大きな注文が入っているかどうか、相場を動かしているのが機関投資家なのか、ローカルズなのか、スモールプレーヤーたちなのかといった情報をキャッチできるのである。彼らの周りには常に優秀なトレーダーたちがいるため、情報通の投資家たちが何をしているかもすぐに分かる。

　しかし、フロアにおけるこうした特権はただで手に入るわけではない。彼らには巨額の固定費がかかる。会員権の取得代金やリース代だ。大きな取引所の会員権は500万ドルを上回ることもある。リース代はひと月でおよそ5000～8000ドルだ。綿花取引所のように小さな取引所の会員権は７万5000ドルを下回る場合もあるが、取引量と機会も少なくなる。会員権は確かに高いが、支払うだけの価値のあるものだ。成功するローカルズの売買回数は一般に多い。これは、売買すればするほど１回当たりの固定費が下がるからである。アクティブなローカルズは１日に数百回売買を繰り返すことも珍しくなく、１トレード当たり１～２ティックで十分な儲けが出る。一般投資家にはこれほどの優位性はないため、ローカルズと同じようにスキャルピングしようとしても無理である。だからこそ、トレードを選ぶ目が必要なのである。

焦点を絞れ

分散化にはそれなりのメリットがあり、複数の異なる市場に投資を分散することはリスクの低減にもつながるが、プロのトレーダーは通常ひとつの市場、あるいは特定の市場グループや銘柄グループに焦点を絞ってトレードするということを覚えておきたい。大きなトレード会社は投資先を十分分散させており、実質的にすべての市場でトレーディングしているが、そういった組織にはそれぞれの市場に専門トレーダーがいるのが一般的だ。エネルギー専門のトレーダーは穀物を取引することはないし、ココアトレーダーは綿花市場のことは知らないし気にもしない。半導体株のトレーダーが製薬株を売買することもない。特定グループのなかでも、トップトレーダーはひとつの市場しか売買しない。例えば、原油トレーダーはヒーティングオイルの売買には関与せず、原油だけに集中する。フロアトレーダーも同じである。すべてのエネルギー株を扱える会員権を持ってはいても、彼らはひとつのピットだけにとどまり、あちこちのピットを移動することはない。機関トレーダー同様、彼らも自分の専門とする市場のエキスパートであり、その市場のみに集中する。全神経をその市場にのみ集中させ、その市場の動きを逐一把握するのである。奇しくも、トップトレーダー層はこういった自分の市場に精通したトレーダーたちによって占められている。

オーバートレーダーには、仕掛けと手仕舞いを絶えず繰り返すタイプと、多くの市場で同時にトレードするタイプがある。後者のタイプは、どの市場にもそれぞれに動きがあるはずであり、それをキャッチできれば儲けられると考える人々だ。ココアからユーロドルまで、ありとあらゆる市場を追跡したがるのが彼らの特徴だ。彼らは20市場の気配値とチャートを見て、どのひとつを優先することなくすべての市場で売買する。確かに、チャートを見れば各市場の動きはキャッチできるし、どの市場でも機能する良いパターンというものも存在する。しかし、度を超えれば、限界収益さえ得ることはできない。複数の市場に手を広げすぎれば、集中力を欠くのは必至だ。オーバートレードする人はこのワナにはまりやすい。どんなものでも良い投資機会になり得るというのが彼らの考え方だが、管理すべきポジションが多すぎれば、結果は惨憺たるものになる。

かつての私は１日に15市場売買することなどざらで、15市場のすべてでポジションを抱えることもあった。うまくいけば問題はないが、すべてをしっかり管理しきれずにいつも損ばかりしていた。これほど多くのポジションを同時に抱えていれば、利益が出ているトレードを負けトレードにしてしまうこともあり、負けトレードに至ってはお手上げ状態になる。１つか２つの市場に焦点を絞れば、負けているトレードは損が大きくならないうちに早めに損切りできる。15のポジションを保有することでリスクを分散できると思うかもしれないが、すべてのポジションが負ける日もあるのだ。損失を合算すると巨大な額になるので、そんな日は損切りもできない。結局、何もしないでポジションのいくつかでも好転してくれるのを待つか、わずかでも利益を出しているポジションや損失の少ないポジションから先に手仕舞い、残りのポジションはさらに悪化するのをじっと見ているしかない。いずれにしても、そんな日はマネーマネジメントルールに従う余裕などなく、結局は大きな打撃を被った。すべてがうまくいく日などほとんどないと思ってよいだろう。またすぐに利食いするため、利が乗ったトレードを伸ばすこともできない。

物事はできるだけシンプルにすることが重要だ。すべての市場に参加することで多くを稼ごうなどと考えてはいけない。すべての市場を見るのではなく、時間をかけて自分の得意な市場のエキスパートになることが大切だ。厳選した少数市場に集中することで、仕掛けや手仕舞いのタイミングを的確に計ることができるため、リスクマネジメントもうまくいく。あまりにも多くの市場に手を広げるすぎれば、高確率トレードを待つことに集中できなくなるため、ひとつひとつのトレードはおざなりになる。

手仕舞う水準とストップをあらかじめ決めたうえで長期トレーディングを行う場合、十分な資金があれば多くのポジションを扱うことも可能だ。商品投資顧問やファンドマネジャーは通常、システマティックなトレーディングシステムを使ってトレーディングする場合こういうやり方をする。システムからは正確な仕掛けのシグナルや手仕舞いのシグナルが出され、ポジションの保有時間は数週間に及ぶこともある。保有時間を長く取り、毎晩下調べをしっかり行えば、相場が1ティック動くたびに一喜一憂する必要はない。

なぜオーバートレードするのか

トレードを行うたびにコストがかかり、それが損益計算書にいかに影響を及ぼすかが分かった今、オーバートレードするトレーダーがなぜ損をしやすいかはもうお分かりだろう。このことを銘記したうえで、人はなぜオーバートレードに走るのか、そしてそれを防ぐにはどうすればよいかについて見ていくことにしよう。オーバートレードする理由はいくつかあるが、大きく2つの種類に分けられる。ひとつは、怒りや興奮、欲といった感情による意思決定によるものだ。オーバートレーダーの多くが抱える問題点のひとつは、ただ単にトレーディングしたいがために頻繁にトレードを行ってしまうことだ。これは特にデイトレーダーによく見られる。どうしてもトレードしたいという気持ちを抑えることができない人はいるものだ。ポジションを持っていなければ、市場に動きがあった場合に乗り遅れるかもしれないし、せっかくの市場機会を逃すかもしれないと考えてしまうからである。彼らにとっては、サイドラインに立って良い機会をじっくり待つことは苦痛以外の何物でもない。オーバートレードの目的は人それぞれで、刺激を求める人もいれば、損を取り戻そうとする人もいる。もうひとつは、トレーダーそのものの問題というよりも、そのトレード環境に関連する。オンラインでトレードできる環境、横ばい相場、ブローカーからのプレッシャーなどが、この部類に入る。感情も無視できない要素であることに違いはないが、どちらかといえば環境的な要素のほうがオーバートレードを生む大きな要因である。このように、オーバートレードにはさまざまな原因があるが、その大元はひとつである。つまり、規律を欠きトレーディングプランに従わないことが、結局はオーバートレードを生み出すのである。

感情によるオーバートレーディング

刺激を求めてのトレーディング――トレード依存症

トレーダーのなかには、可能なかぎりのあらゆる機会を狙って市場に参加せずにいられない人がいるものだ。彼らは常にポジションを建てているか、市場への参入機会を常にうかがっている。使える金があれば、すべてをつぎ込む。手仕舞うときには必ずドテンし、次の機会を待つことはない。私はこういったトレーダーのことをトレード依存症と呼んでいる。保有しているポジションがなくなると、途端にイライラし始め、ヤクの次の投与を待ちきれない麻薬依存症患者さながらだからだ。彼らのイライラは次のトレードをするまで収まることはない。しかし、落ち着いていられるのも一時だけで、またすぐにトレードしたくなる。彼らにとっては、サイドラインで次の機会を待つよりも、悪いトレードでもトレードをするほうが心を満たしてくれるのである。彼らとてお金を儲けることに興味がないわけではないが、トレードをすること自体が刺激という基本的な欲求を満たしてくれるものなのである。彼らのなかには、刺激を味わうことに心底喜びを感じる人もいる。勝っても負けても、とにかくトレードすること自体に喜びを感じるのだ。これは彼らにとっては、サイドラインに立ったり、良いポジションを持っているときにはけっして味わえない刺激だ。彼らにとっては、ポジションを建ててしまえばそのトレードは終わったも同然であり、すぐに次のトレード探しに取りかかる。あらゆる市場機会を探し続けなければならないため、彼らにとって気が休まるのは市場が閉じているときだけだ。

私が何年もかかってようやく習得したことのひとつは、トレーディングの意思決定は市場が閉じてからするのがベストだということである。もちろん、市場が開いている間の動きや状況にも素早く対応できなければならないが、事前調査は前の晩に必ずすませておく必要がある。つまり、さまざまなシナリオを想定して、それに対応できるようにゲームプランを立てておくということだ。ゲームプランがあれば、たとえ何かが起こっても、それに対する準備ができているため、状況に見合ったトレードだけが行われ、刺激を味わうためにトレードが行われることはない。

実は私もかつてはトレード依存症だった。既存ポジションの管理よりも、次のトレードを探すことにいつも夢中だった。コンピュータースクリーンを前に、あらゆる市場でのトレード機会を血眼になって探したことは数え切れない。チャート画面のページをパラパラとめくりながら、よく言ったものだ。「大豆が底だぞ。今すぐ買おう」。気がつくと無意識のうちに大豆ピットに電話して、５枚買っていた。ひとつひとつのトレードをじっくり調べたり、リスクとリワードを考えたり、日足チャートや60分チャートを見たり、相場がどのエリオット波動にあるのか調べたりといったことにはまったく無頓着だった。とにかくそのトレードを逃したくない、ほかにポジションを持っていない、余分な資金がある、既存ポジションだけでは飽き足らない、という理由だけで私はトレードを行っていた。そして、ひとつのトレードが終わると、すぐに別の市場に目を向け、例えば日本円をトレードする、といったことを繰り返した。気がつけば12ものポジションを建て、そのいずれにも集中することができなかった。ポジションが多すぎるため、そのすべてを管理することは不可能だった。そのため、損失は野放しになり拡大していった。もちろん前の晩に下調べはすませていたが、市場が開いてからの動きもひとつ残らず見逃すまいと躍起になり、そのすべてにいちいち反応したのである。

トレード依存症ほどひどくはないにしろ、これといった理由もなくむやみにトレードしたがる人もいる。私がブローカーをしていたころの顧客に、トレードしたくてたまらないため毎日電話をかけてきては、何か儲かりそうなものはないかと聞いてくる人が何人かいた。大豆が良さそうだと言うと、「じゃあ、大豆を買ってくれ。ただし、大損はしないように。君がベストだと思うところで手仕舞ってくれ」と彼らは言った。彼らにとってはそのトレードがどうなろうと興味はなく、ただ自分が市場に参加していて儲かるチャンスがあることだけで満足だった。あるいは、退屈だったのか、１日に何度も電話をしてくる顧客もいた。彼らは特に儲けたいわけではなく、損をしたときに文句を言う相手が欲しいだけだった。彼らにとっては損をすることなど問題ではなく、ただ刺激が欲しいだけだった。これはゴルフをするときの格好の話題にもなる。大豆やポークベリー相場でどれだけ手ひどくやられたかとか、１万2000ドルのポジションを建て、最初は大負けだったが最終的にはトントンにまで戻したという武勇談を仲間に聞かせる彼らの姿が目に浮かぶようだ。つまり、武勇談や刺激が得られれば、損をしても十分に見合うというわけである。

以前よりもトレードを選ぶようにはなっても、トレードしたいという誘惑を打ち消すことはそれほど簡単なことではない。スリルのためにトレーディングするのでは、良いトレーダーへの道は遠のくばかりだ。トレードしたくてたまらない気持ちを満足させるためのトレードは、十分な下調べもないままにいきなり実行されたものが多い。考え抜かれたトレードに比べてパフォーマンスが下がることは言うまでもない。ときには幸運に恵まれることもあるが、これが正しいトレーディング方法ではないことは明らかであり、長期的には損をする確率のほうが高い。

トレーディングはビジネスだ

トレーディングを本格的なビジネスととらえることの必要性に

ついては、第２章で一例を示した。ビジネスマンは決定を急いではならず、ほかにもっと良い方法がないかを冷静に検討しなければならない。トレーダーにも同じことが言える。つまり、衝動的なトレードをしてはならないということである。トレーダーはお金を儲けるためにトレーディングを行う。お金儲けこそがトレーダーの目指すものである。したがって、トレーダーの取るアクションはすべて利益に結びつくようなものでなければならない。不相応なリスクを取りすぎれば、ビジネスプランから逸脱する。ビジネスとしてのトレーディングとスリルのためのトレーディングとを区別できなければ、ギャンブラーにはなれても、プロのトレーダーにはなれない。トレードを行うことそのものに夢中になり、優れたトレーダーになるための努力をしようとしない人がいるのは、残念ながら事実だ。トレーディングをビジネスとして真剣に考えるようになれば、物事をより客観的にとらえることができるようになり、コンスタントに利益を出せるようになるはずだ。

動きに乗り遅れてしまうという恐怖

人がオーバートレードするのにはさまざまな理由があり、人それぞれによって動機は異なる。私の場合、常に市場に参加しているという興奮を求めるというよりも、何か大きな動きがあったときにそれに乗り遅れたくないというのが大きな理由だった。コーヒーや生牛の大相場を逃すなど、あってたまるものか、というわけだ。悪いトレードを繰り返すことなど、何とも思っていなかった。１回大相場をとらえればすむことなのだから。しかし、多くの負けトレードを喫した経験から言えば、相場によってはトレードしないほうがよいときもあり、何かを逃すかもしれないという恐れからトレードを強行するよりも、適切なトレーディング条件が整うまで待つほうがよいこともある。

動きを見逃すことがあっても構わないことは、トレードをやっているうちに分かってくるはずである。もちろん、あとで振り返ると、あのときトレードしていればよかったと思えることも少なくはないだろう。しかし、そのトレードがプランに含まれていなければ、きっぱりあきらめて、相場の押しや戻りを待つべきである。トレンド相場だからといって、それだけでトレードするのは危険だ。適切な仕掛け水準まで待つことが重要なのである。これを無視して、ダマシのブレイクアウトだろうが何だろうが、とにかくブレイクアウトするたびにトレードすれば、オーバートレードにならないはずがない。しかし、良いトレード機会を相場が明確に示してくれるまでの20分、1時間、あるいは3日を辛抱強く待てないトレーダーが多いのが現実だ。今動かなければビッグトレードを逃すかもしれないという一種の強迫観念のようなものが彼らにはある。特にトレード依存症の人にとってはトレードをひとつでも逃すのは耐えられないことかもしれないが、チャンスはいくらでもある。1回逃したからといって、それがどうだというのだ。勝者になりたいのであれば、高確率でリスク・リワード比率の良いトレードを待つことだ。

では、どういった市場環境がトレーディングに最もふさわしいのだろうか。これは経験を積むことで次第に分かってくる。トレンドのある相場はトレードに適しているが、方向感のない横ばい相場はオーバートレードにつながりやすい。強いトレンド相場であれば、それほど頻繁に仕掛けと手仕舞いを繰り返す必要はなく、トレンドが終わるまでポジションを保有できるため、コストを削減できる。不必要にヒットしない適切な水準にストップロスポイントを決めやすいというのも、トレンド相場がトレードに適している理由のひとつだ。トレンドのある相場でトレードをし損なった場合でも追っかけはやめよう。こういった場合は、トレンドラインまで戻ってくるのを待てばよい。慌ててトレードすれば適切なストップの位置から程遠い位置で仕掛けてしまうため、リスク・リワード比率は悪化し、結局は仕掛けた直後に反転するという憂き目を見る可能性が高くなる。悪いポジションではないかもしれないが、相場が支持線まで押せば結局は売らざるを得ないため損を出すことになる。そして、次にまたピークで仕掛け、相場が反転して損をして……という悪循環に陥る。相場がトレンドラインまで押さなかったためにトレーディング機会が得られなかった場合はどうするか。その場合はひとまずあきらめて、次の機会を待てばよい。こうすることで、必然的に高確率なトレードだけをするようになるはずである。追っかけもまた大きなスリッページを生み出す。買ったあと相場があまりり動かなければ、注文は指値の水準で執行される可能性が高い。しかし逆に、相場が大きく動けば、注文価格と約定価格との差額を支払わなければならず、相場がどんどん動けばこの差額もどんどん大きくなる。

　方向感のない横ばい相場ではオーバートレードになりやすい。こういった相場では、支持線と抵抗線を明確につかめず、そのため仕掛けと手仕舞いの的確なタイミングを決めるのが難しいからである。こういった相場ではテクニカルレベルをブレイクしそうに思えてもすぐに反転することもあるし、ブレイクしてもすぐに元に戻ってしまう可能性もある。また、急反落するかと思えば、反対に急騰し、20分後には下落することもある。あるいは、小さなレンジで上下を繰り返せば潜在的利益は限定される。一般に横ばい相場では、適切なストップの位置を決めるのは難しく、そのため頻繁にストップをヒットしたり、必要以上の損失が出たりする。オーバートレーダーは動きの間違った側をつかみやすいため、横ばい相場ではちゃぶつくことが多い。横ばい相場で追っかけというワナにいとも簡単にはまってしまうのは、ダマシでも本当の動きのように見えてしまうからである。追っかけはやめて市場環境を見極めるのが重要なのはこのためである。

PLを見てトレードする

トレーダーのなかには、最悪の事態に自らを招きいれ、その状況を打開するためにオーバートレードする人もいる。１日の損失、保有ポジションの含み損、あるいはひと月の損失が大きくなるのは好ましいことではないが、そういった状況にいかに対処するかで、良いトレーダーになるか悪いトレーダーになるかが決まる。手ひどくやられたときのベスト策は、マネーマネジメント上の限界を尊重し、潔く損を受け入れることである。しかし、現実にはこれとまったく逆のことが行われている。つまり、損を取り戻すためにさらにアグレッシブになるのである。人は１日で大きな損失を出したとき、理性を失い、不安が高じて損を取り戻すことに躍起になる。トレード量を増やし、最悪の意思決定がなされるのはこういったときである。PL（損益計算書）を見てトレードするということは、これまでにいくら儲けていくら損をしたかに基づいてトレーディングの意思決定を行うことを意味する。しかしトレーディングに損は付き物であり、ツキのない日もある。調子が悪いときにはアグレッシブに突き進むのではなく、トレードを抑えることが重要だ。トレードはあくまで相場に基づいて行うのが正しい方法であり、けっしてPLを見てトレードしてはならない。損を取り戻そうとしてパニック状態に陥り、リベンジトレーディングに走ったがために、結局は損失を拡大させてしまったというのはよくある話だ。あるいは、わずかな利ザヤを狙って売買を繰り返すこと（スキャルピング）で損を取り戻そうとするトレーダーもいる。しかし重要なのは、勝ち負けにかかわらずトレーディングプランとマネーマネジメントルールに従うことである。

※参考文献　『トレーディングエッジ入門』（パンローリング）

リベンジトレーディング

その日あるいは前の日の損失を取り戻そうとしてオーバートレードのワナにはまるトレーダーもいる。こういったトレードをリベンジトレーディングという。トレーダーがリベンジトレーディングを行うのは、市場は自分に対してお金を返す義務があると感じるときであり、そのお金を取り戻すためにリベンジトレーディングに走る。（責任はトレーダー自身にあるにもかかわらず）彼は市場が自分をだましたと誤解しているのだ。オレはお前なんかよりもえらいんだ、よくもこんな日に遭わせてくれたな、思い知らせてやる、といった気持ちで彼は市場に戻る。忘れてはならないのは、正しいのはいつも市場で、最後に笑うものは市場であるという事実である。リベンジトレーディングするときのトレーダーに共通するのは、「大豆で400ドル損したから、次のトレードでは枚数を増やして損を取り戻す」という考え方だ。

朝方損失を出したため、その損失を取り戻そうとリベンジトレードを始めるトレーダーは、私自身を含めて多い。しかしこういった心理状態で行うトレードはトレード量が多すぎるうえ、思慮に欠いたものになりがちだ。こういったトレードをしたところで、悪い日が最悪の日になるだけだ。もちろん悪い日が好転することもないわけではないが、長い目で見れば損を取り戻すために行うオーバートレーディングは自らの首を締めるようなものだ。トレーダーを破産に追い込むのに、こんな日は１日あれば事足りる。

トレーディングは１日だけのイベントではないことを、トレーダーは十分認識すべきだ。１年というスパンで考えた場合、１回、１日、あるいは１週の負けトレードなど取るに足らない。ベストトレーダーでも１年のうちに負けトレードは何回も経験するし、ベスト中のベストなトレーダーでも行うトレードの半分は負けトレードだ。トレーディングとはこういうものだ。１日、１週、あるいはひと月の最初にいきなり負けトレードになっても、慌てる必要などまったくない。その日のトレードは中断して、翌日に心機一転してやり直せばよいだけだ。損を取り戻すのに数日あるいは数週間かかることがあっても、気にすることはない。負けて終わりたくないからと損失をその日のうちに取り戻すことに躍起になり、それまでに出した損失に基づくトレーディングを始めてしまえば、良い結果は生まれない。トレードはそれぞれに独立したものでなければならない。これはデイトレーディングに限ったわけではない。ポジショントレーディングでも損失を慌てて取り戻そうとすれば、同じ過ちを犯すことになる。例えば、１トレード当たりの利益目標を500ドルに設定した場合、あるトレードで500ドルの損を出すと、次のトレードでは1000ドル儲けなければという気持ちになるため、大きなリスクを取ってアグレッシブにトレードする。その結果、1000ドル儲けるどころか、1000ドルの損失になることもある。この悪循環に陥ると大変だ。トレーダーは利益目標とトレードサイズをさらに増やしてリベンジトレードを試みる。損失や負けポジションがかさんでくると、もう「パニックモード」だ。1000ドルは全資産の相当比率を占めるので、損切りすることもできない。したがって既存ポジションはそのまま維持し、おそらくはやけっぱちになって３枚目をトレードする。ポジションは３枚に増え、相場は下がり続ける。損失はあっという間に1800ドルにまで膨らみトレーダーは顔面蒼白になる。そして完全にパニック状態に陥る。もうリバウンドすることなど絶対にないだろうから売らなければと思い、突然６枚売る（買いの手仕舞い分が３枚、残りの３枚は売り）。相場が突然上昇するのは大概はこういうときだ。トレーダーは完全に路頭に迷う。最初のトレードは正しかったんだ！　市場もこうやって証明してくれたじゃないか、と内心では自分を肯定しながらも、彼はたった今売ったばかりだ。そこで今度は慌てて買う。彼の頭にもう明日という二文字はない。その日の終わりが近づくにつれて、彼のトレードは次第にエスカレートする。おそらくは６枚か８枚は買っただろう。残念ながら、戻りは下降トレンドによく見られる一時的なものにすぎず、相場は再び下降トレンドに戻った。そして彼は前と同じように、既存ポジションを保有し続けるか、逆のポジションを建てる。

少々大袈裟に思えるかもしれないが、これは現実に起こっていることである。かつての私の顧客に１枚トレーダーがいたが、前述のような売買をして最後のトレード量は20枚にも達した。結局彼のポジションは証拠金不足のために清算しなければならなかったのだが、その時点での彼の損失は口座資産１万7000ドルに対して１万1000ドルにも膨らんでいた。800ドルの損が出た段階で手仕舞っていればこんなことにはならなかっただろう。その日１日だけで手数料は1000ドルを超えた。これはその前の３カ月に支払った合計手数料を上回る額だった。３カ月かけて１万ドルを１万7000ドルにまで増やしたのに、たった１日で資産の３分の２を失ったわけだ。２週間後、損失はさらに増え、すっかりやる気をなくした彼は取引を中止した。

トレーディングキャリアを短命に終わらせるのにこれほど効果的な方法があるだろうか。これまで１枚できたのなら、前のトレードで大損したからといって２枚以上売買してはならない。いかなるときでも自分のマネーマネジメントプランに従うことが大切だ。健全な精神状態で作成したプランは、ある目的をもってそこに存在するはずだ。そう、あなたが軌道を外れるのを防ぐためである。自分の決めたリスクパラメータから逸脱しそうなことに気づいたら、いかなる理由があろうとも、ただちにトレードを中断すべきである。そのまま行けば、オーバートレードにつながるからだ。それが絶好のトレード機会であるのならば、アグレッシブにいっても構わない。ただし、すべての機会が常に絶好の機会であるとは限らない。好調なので増し玉したいと思ったときには、むしろそれまでよりも少ない量でトレードし、５枚からトレードしようと思ったときには、とりあえずは２～３枚から始めて様子を見るのがよい。それでうまくいけば、増し玉したり、次のトレードで５枚トレードすればよい。ただし、うまくいかなければ絶対にトレード量を増やしてはならない。負けていても枚数を増やしさえしなければ、損失がかさんでそれを取り戻すためにオーバートレードするといった状況に追い込まれることはなく、将来取り戻せる程度の損失に抑えることができるはずだ。

トレーディングを始めて間もないころ、私は大失敗からこの貴重な教訓を学んだ。ある日、朝方のトレードであっという間に1000ドルの損をした。すぐに反転すると思っていた下落相場で買いを入れたからだ。1000ドルはそのときの私には大金だった。何としてでも取り返さねば、という思いが先に立ち、いつもの１～２枚を大幅に超えた５枚を売って、一気に巻き返しを狙った。私が売った途端に市場では買いが先行し、私はさらに2000ドルの損失を出した。下落はもう期待できないと思った私は、５枚買った。皮肉なことに、私が買った瞬間に相場が下げてきたのだ。またもや大きな損失だ。その日は１日中、理性を失ったまま早まった意思決定で通常のトレード量を大幅に超える枚数でトレードし続けた。気がつくと、その日のオーバートレードで２万ドルの口座資産のうち7000ドルを超える金が消えていた。パニックに陥り、オーバートレードし、損を取り戻すためにリベンジトレードする。その日はこの繰り返しだった。最初に損失を出した段階で、そんなこともあるさ、と２～３分間中断して冷静さを取り戻していれば、これほど壊滅的な日にはならなかっただろうし、もしかしたら幾ばくかの利益が出ていたかもしれない。この経済的かつ精神的痛手から立ち直るのには３カ月もかかった。こんなに派手にやられたのはこれが最後かというと、そうではない。こういったトレーディングがいかに甚大な被害を及ぼすかを悟るまでには数年とさらなる資金を費やした。負けているときはその負けポジションが自分の思考を左右することは今でははっきり分かる。そんなときは、すべての負けポジションを手仕舞い、数分間トレードを中断して、相場を最初から見直すのがベストな策であると今でははっきり言える。相場が反転することを期待して、負けポジションをそのまま保有し続けたり、負けポジションにさらに増やしたりすることは、運が良ければ奏功することもあるかもしれない。しかしトレーディングは運に任せるものではない。トレーディングでは常に正しいことを行うことが大切だ。正しいこととは、損を取って前に進むことである。けっしてオーバートレードしてはいけない。

スキャルピングで損失を取り戻す

損を取ったところまではよいのだが、そのあとまったく別のアプローチでオーバートレードするトレーダーもいる。通常のトレーディング戦略を捨てて、オーバートレーディングする代わりに、彼らは短時間で売買を繰り返して小幅の利益を稼ぐことでそれまでの損失を少しずつ取り戻そうとする。いわゆるスキャルピングである。二度と損を出したくないがために、利益が出たらすぐに売って小利を確保する。当然ながら、せっかく利が乗っていても利益を伸ばすことはできない。こうして、それまでの損を例えば10回のトレードで取り戻すのだ。1000ドル損をしても短時間で10回売買してそれぞれの売買で100ドルの利益が出れば、損は取り戻せるというのが彼らの考え方だ。しかし、小幅の利益を狙うのは、大きな損を取るのと同様に、あまり良いマネーマネジメントとは言えない。いつもスキャルピングをやっている人ならばいざ知らず、普段からそんなことをしてしない人が、PLで見てトレーディング方針を変えるようなことをすべきではない。10回のスキャルピングがたまたま成功すれば、それに味を占めて習慣化するおそれもある。

勝っているポジションを早く手仕舞いしすぎて得なことは何ひとつ

ない。忘れてはならないのは、長期的に見れば1回の負けトレードなどさほど深刻にとらえる必要はないということである。その損失を取り戻すために勝っているトレードを10回以上早々に手仕舞うことのほうが問題だ。勝ちトレードはたとえ儲かろうが儲かるまいが時期尚早に手仕舞うべきではない。どうしてもスキャルピングしたいのなら、そうしてもよい。ただし、この方法でいくと決めたのならいつもこの方法を使い、損失は少なくかつ手数料もあまりかからないようにしなければならない。成功しているスキャルパーは確かにいる。彼らが手にするのは小利だが、損失はそれよりもさらに少ない。なぜなら、スキャルパーにとって損は大敵であるため、損が出れば直ちに損切りするからだ。トレーディングスタイルを変えなければならなくなるほど損失を拡大させることは滅多にない。

エゴによるトレーディング

どのひとつのトレードでも損を取りたくないと思うのが普通だし、その日を負け越して終わりたいと思う人もいない。しかしなかには、損を取ることは単なるイヤという気持ちを超えて、自分のエゴが許さないという人もいる。トレードで負けているとき、損失を取り戻そうと悪あがきするのはよくない。負けを潔く認め、前進することが大切だ。トレーダーが市場と戦っているとき、それは自分のエゴと戦っているのと同じだ。エゴは極めて強い心理であり、人にやってはいけないことをやらせてしまう力がある。これはトレーディングでもトレーディング以外でも同じである。したがって、エゴをコントロールできないトレーダーはそれに振り回されてしまうことになる。そしてエゴが勝てば、理性を失い、感情による意思決定を下し、オーバートレードへとひた走る。トレーダーにとって重要なのは、悪いポジションは手仕舞い、前のことに引きずられないようにすることである。前のトレードで勝っても負けても、次のトレードは新たな気持ちで行うことが大切だ。それまで市場があなたにしてきたことを恨んでも仕方がない。きれいさっぱり忘れてしまおう。負けることもトレーディングの一部であり、トレーディングをしているかぎり避けては通れないことを忘れてはならない。負けることに慣れることも必要だ。とはいえ、損失はできるだけ少なく抑えるようにする。ひとつひとつのトレードに一喜一憂するのは良くない。損をするたびにムキになる人は、そもそもトレーディングには向いていない。損をしても机を叩いたり、何かを責めたりすべきではない。損はビジネスコストとして冷静に受け止めるべきであり、将来のトレードがそれに左右されるようなことがあってはならない。エゴをコントロールできないトレーダーが行く着く先はオーバートレードしかない。本章で前述したように、こういったトレーダーはリベンジトレーディングやPLで見た意思決定をする傾向が強いからだ。

エゴによるトレーディングやリベンジトレーディングは、特定の市場で損ばかりしているときにも発生しやすい。原油ではいつも儲かるが、ポークベリーではいつも損ばかりしているのであれば、ポークベリーの売買は断念して、原油売買だけに焦点を絞るべきだ。ところがここにエゴが顔を出すと厄介だ。ポークベリーでも儲けられることを証明したいがために、ポークベリーの売買を続行するのである。それまでに積もり積もった損失を取り戻すには儲けを増やさなければならないため、オーバートレードになるのは必然の結果と言える。しかも、オーバートレードするのは儲からない市場だけではない。儲からない市場の損失を埋める必要を感じれば、ほかの市場でもオーバートレードを始める。私が金と銀の売買が不得意だと分かったのはもう随分前のことだ。理由は分からないが、とにかく金と銀の取引では80%負けていた。結局これらの市場での売買は断念し、ここ数年来一度もトレードしていない。要するに、私のトレーディング戦略は貴金属市場では通用しなかったのである。だから私は自分の敗北を素直に認めた。今では貴金属相場を見ることはなく、考えることもない。金相場が大きな動きを見せたときにポジションを持っていなくても、焦ることはなくなった。金市場は私がトレードすべき市場ではないことが分かっているので、気にもとめない。最近では貴金属相場の売買をしたいとも思わなくなった。莫大な資金を節約できたうえ、得意な市場に集中できたのは、おそらくはこのお陰だ。

エゴも暴走する

連敗中にトレード量をあまり増やさないようにすることもトレーディングでは重要だ。トレーディングに最も大きな影響を及ぼす２つの感情は恐れと欲だ。恐れは負けているときに現れる感情であり、欲は連勝しているときに頭をもたげてくる感情だ。１日の最初の何回かのトレードがうまくいったり、２～３日良い日が続いて結構な儲けが出ると、エゴが強まりうぬぼれが顔を現す。市場を打ち負かした、自分のやることに間違いなどあるはずがない、という気持ちがトレーダーのなかに芽生えてくるのがこのときである。そして、自分は金儲けの天才なのだからもっとアグレッシブにやるべきだといった傲慢な気持ちになる。こういった気持ちになったら、既存ポジションはすべて手仕舞い、その日は終わりにするのがベストだ。しかし、悪いトレーダーのほとんどは良いことしか頭に浮かばず、ポジションサイズを増やし始める。あるいは、自分を無敵だと思う気持ちだけでいろいろな市場に手を出し、愚かなトレードを始める。下調べはやらなくなり、ただ思い付きだけでトレードし始める。このあと何回かは成功するかもしれないが、連勝のあとは最悪の負けトレードか、連敗期間に突入するというのが一般的だ。連勝の波に乗ってさらに儲けようとした欲深さからオーバートレーディングした結果がこれである。トレーディングは確率のゲームであり、長期的に見ればずっと連勝し続けることなどほぼ不可能に近いことをしっかり認識することが重要だ。オーバートレーディングをしないように気をつけなければ、連勝が終わった途端、それまでの利益など１回か２回の大きな損失で吹き飛んでしまう。

設定幅が狭すぎるストップ

感情にちなんだオーバートレーディングの原因としてもうひとつ挙げておかなければならないのが、ストップの設定幅を狭くしすぎることである。これは恐れの現れでもある。どのひとつのトレードでも大損はしたくないという気持ちが、ストップの設定幅を狭くさせてしまうのだ。第９章でも述べたように、ストップの設定幅が狭すぎるうえに、相場の通常のレンジ内にストップを設定すれば、ストップアウトする可能性が高まる。トレーダーはストップアウトの直後ではフラストレーションを感じることが多い。動きのほぼ底でストップアウトしたうえに、その直後に相場が自分の考えていた方向に反転する場合が多いからだ。ストップアウトした直後に自分の考えていた方向に相場が動くものだから、動きに乗り遅れまいとして再び市場に戻る。そしてまた設定幅の狭いストップを置く。１日中これの繰り返しである。ストップを置くときに注意しなければならないのは、相場に動く余地を与えるような設定幅にすることだ。ストップを適切な位置に置いたにもかかわらずストップアウトした場合には、市場に本当に戻ったほうがよいのか、疑ってみなければならない。また、頻繁にストップアウトするようであれば、もっとボラティリティの低い市場でのトレードを考えたほうがよいかもしれない。

市場環境が生み出すオーバートレーディング

オーバートレーディングの原因はトレーダーの個性や感情によるものばかりではない。市場環境に起因するものもあり、トレーダーはこうしたオーバートレーディングにもしっかり対処できなければならない。長期的に見ればオーバートレーディングを引き起こす原因は自己規制心の欠如にあるが、どういった状況のときにこうした間違った道に迷い込むのか、そしてオーバートレードの誘惑に負けてはならないのはどういったときなのかを理解しておくことは重要である。

横ばい相場や出来高が少ないときにトレーディングする

まずトレーダーはトレードすべき時としてはいけない時とをはっきり区別する必要がある。前にも述べたが、方向感のない相場でのトレーディングは難しい。方向感のない相場では価格がどちらかに大きく動くことはなく、出来高も少ないことが多いからだ。ランチタイムがその典型例だ。寄り付きや引け時に比べてランチタイムは取引量が減少し、流動性が大幅に低下する。したがって、この間の相場の動きはあっちに行ったりこっちに行ったりと方向が定まらない。フロアブローカーの多くは取引量が減少するこの時間帯に休憩を取ったり簡単なランチをすませたりする。そのため、ピットには人がまばらになり、フロアでの競争が減るため、残ったブローカーはスプレッドを拡大させることができる。株のマーケットメーカーやスペシャリストについても同じである。スプレッドが拡大すると、トレーダーは注文を執行してもらうのにより多くのお金を支払わなければならないため、小さな注文でも市場は動く。通常のスプレッドが３～５ポイントの市場は、この時間帯には５～８ポイントに拡大する。これ以上大きくなることはないかもしれないが、値動きの幅が小さければトレードにかかるコ

チャート17.1　原油の１分足――方向感のない相場でのトレーディング

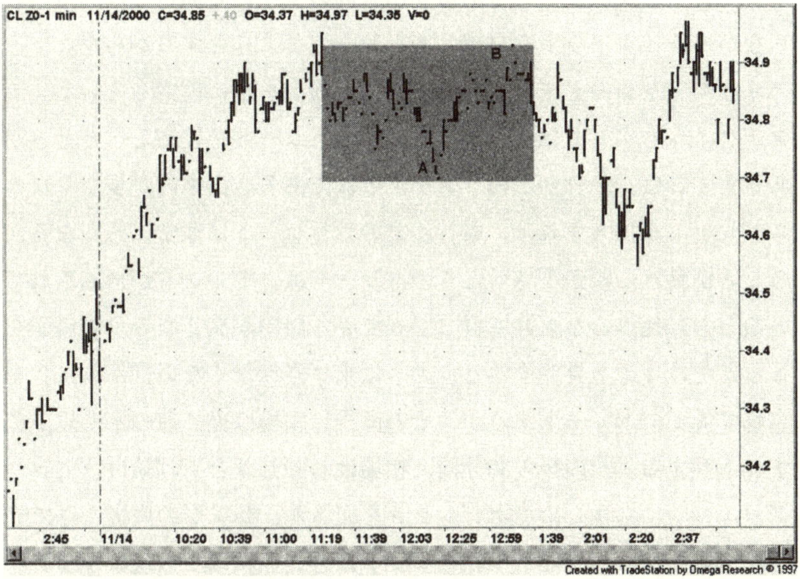

ストもそれだけ上がるため、儲けるのはさらに難しくなる。**チャート17.1**はランチタイムのトレーディングの難しさを示している。チャートを見ると分かるように、午前11時30分から午後１時30分（グレーで囲んだ部分）の取引はまばらで、トレンドもない。一般にこの時間帯のレンジはきわめて小さく、10～15ポイント程度しか動かない。そしてこういった動きは、わずか１～２の注文による場合もある。数分間取引がまったくないことも何回かある。ほかの時間帯では１分間におよそ１ティック動いている。グレーの部分とそのほかの部分を比べてみると、両者には取引量にもトレンドにも大きな違いがあることに気づくはずだ。ランチタイムの値動きは不規則なので、この時間帯にトレードすればちゃぶつくこともある。いつも何かしていないと落ち着かず堪え性のないトレーダーは、相場が売られ始めるかに見える34.70（A地点）で売り、これからブレイクするかに見える34.90（B

地点）で買うかもしれない。よほど注意しなければ、この時間帯では悪いトレードが続くこともある。出来高の少ない時間帯では通常起こらないブレイクアウトを見越してトレードしようとするからだ。

オーバートレーダーは新たなトレード機会を常に模索している。ランチタイムも例外ではない。もし彼らがトレードを控えるべきときがあるとすれば、それがこのランチタイムである。出来高が少なくなりスプレッドが拡大すれば、成行注文の執行レートは非常に悪くなるからだ。値動きの幅が小さいときのトレードは、トレンドが形成されているときに比べると天井で買って底で売る傾向が高くなる。相場がちょっとだけ「急上昇」すると、動きに乗り遅れたくないばかりに我を忘れて慌ててトレードするが、その直後に相場は上昇前の水準以下にまで下落する。その後の30分間、相場はじりじりと下げ続け、トレーダーはついにあきらめてポジションを売るか、レンジの底当たりで売る。当然ながら、またもや執行レートは悪い。私はこの現象がランチタイム周辺で起こるのを何度も目の当たりにしてきた。ランチタイムにこういった調子でトレードするトレーダーは損失を増大させるだけである。活気のないランチタイムの相場の動きは本物の動きではない。市場への参加者が少ないランチタイムは市場に勢いがないため、たとえ本物のように見える動きでも一時的なものにすぎない。また、ランチタイムの辺りでは相場の反転が見られることが多いが、これはこの時間帯が朝方のポジションが手仕舞われる時間帯でもあるため、相場が底や天井を付けやすいからだ。

方向感がなく出来高の少ない市場環境では新たなトレードを仕掛けるべきではない。動きに乗り損なっても、気にしないことだ。チャンスはいくらでもあるのだから。トレードチャンスを狙って１日中相場を追いかけ回す必要はない。相場のどんな動きもキャッチしようなどとは考えず、最良の機会が訪れるのを待ちその機会を大いに利用すればよいのである。しかし、良いトレードであればわざわざ手仕舞う必要はない。私が言いたいのは、この時間帯には不必要なトレードをやるな、ということである。ランチタイムでも絶好の機会が訪れることもまったくないわけではないが、一般にランチタイムのトレーディングは実を結ばないことのほうが多い。出来高が減少しピットの半数が空になったら、プロの動きを見てそこからヒントを得ることだ。彼らは何か知っているはずだから。トレードしたい気持ちを抑え、もっと良いトレーディング機会を待つという姿勢を持つことで、無駄な資金を使わずにすむ。

市場によっては何日間にもわたってほとんど動きがなく出来高も少ない場合があるが、こういった市場でトレードしても得るものはほとんどない。債券市場はＦＲＢの会議や失業者統計の発表を控えた数日間はこの傾向が見られることで有名だ。価格の動きがほとんどないか、小さなレンジで変動している場合は、方向性が見えてくるまでトレードは控えるのが賢明だ。まとめると、相場に方向感がないときやイベントがないときはトレードしても利益は得られないので、トレードは控えて資金の節約に努めるのがよい。

ランチタイムの過ごし方

私がフロアトレーダーだったころ、ランチタイムはコートをたたんでそれを枕に昼寝をしたり、チェスやライアーズポーカーをしたり、だれそれを口説き落としたという自慢話をしたり、悪ふざけ（だれかの尻に炎を当てるというみんながよくやる悪ふざけなど）をし合ったりして過ごしたものだ。面白かったのはブローカーのひとりが、１分以内にパンにありつける人はいないという賭けをしたときだ。私たちはランチタイムにアシスタントのひとりにパンを５塊買いに行かせた。彼なら買ってこられるとだれもが思った。しかし思うに、成功するのは50人のうち２人がせいぜいだろう。あなたも試してみるとよい。多分無理だから。

インターネットとオンライントレーディング

刺激を求めてオーバートレーディングする人にとって、オンライントレーディングはオーバートレードをより一層加速させるものだ。ボタンひとつで時間を問わず仕掛けることができるため、注意しなければ、次から次へとトレードしてしまう危険性がある。絶えず売買を繰り返すことで、おそらくはフロアトレーダーのように小さな利ザヤを狙うのが目的なのだろう。小利を狙うスキャルピングは損失も小さければ問題はないが、経験不足のトレーダーがこれをやろうとすると、10連勝で２～３ティックの小さな利益を得ても、負けトレードの損失が15ポイントになるまで持ち続けるような失敗をやらかすことが多い。これに手数料を加味すると、それがどんなに安かろうと利益などほとんど出ない。素早く損切りできたとしても、スキャルピングをやりすぎれば（オンライントレーディングではこの傾向が強い）コストがかさむ。悪いポジションを素早く手仕舞うことができるといっても、手っ取り早く利益を得るためにずさんなトレードをしてもよいというわけではない。オンライントレーディングが可能な環境にあるからといって、それはトレーディングをどんどんやりなさい、という意味ではない。オンライントレーディングといえどもトレードを選ばなければならないのは従来のトレードとまったく同じであり、また刺激を求めてトレードすべきでもない。

オンライントレーディングでオーバートレーディングが起こりやすい背景には、テレビCMの影響もある。その内容は一般トレーダーがプロと同じ土俵上にいるという誤解を与えかねないものだ。オンライン口座を開けば市場を打ち負かすためのあらゆるツール――素早い執行、気配値、ニュース、レポートなど――が入手できることを喧伝すると同時に、「素早い売り買い、素早い仕掛けと手仕舞い」を煽り立てるような内容が多い。こういった内容のCMが流される唯一の理由は、CMのスポンサーがブローカーだからである。ブローカーの収入源が手数料であることを考えれば分かるはずだ。トレーダーのトレード回数が増えるほど、ブローカーの稼ぎは増える。ブローカーはトレーダーたちに素早く売買を繰り返させるためなら何でもやる。顧客のことなどまるで頭にないのだ。

オンライントレードできる環境にあり、ブローカーと話をする必要のないトレーダーは、損をすればするほどオーバートレードしやすくなる。損をしているトレーダーはブローカーと話すのをイヤがるものだ。しかし他人に自分のやったことを説明する必要がなく１日中トレードできる環境にあったらどうだろう。ブローカーに説明を求められるときにはけっして実行しないようなトレードでもやってしまうはずだ。オンライントレーディングがオーバートレーディングにつながりやすいのはこのためだ。オンライントレーディングはリベンジトレーディングにも好都合だ。自尊心の傷ついたトレーダーとインターネットが出合ったとき、そこには監視の目がないため、莫大な損失を生む可能性がある。ブローカーといっても悪どい人たちばかりではない。良心的なブローカーならば、少なくとも良識だけは顧客に伝授しようとするはずだ。私がブローカーをやっていたころも、損失を拡大させてはオーバートレードすることで自ら墓穴を掘る習慣を持つ顧客が何人かいた。見るに見かねた私は彼らに電話して、少し落ち着いたほうがよい、ポジションを減らしたほうがよい、今日はもう終わりにしたほうがよい、といった助言を与えた。彼らは前の損失を取り戻すことに必死になり、深みにはまりかけていた。少し落ち着いて、前の損失のことは忘れ、明日新たな気持ちでスタートしたほうがよいと電話で助言すると、彼らはその場では納得するが、電話を切った２分後には再び市場に戻り、自らトラブルのなかに身を投じるのである。新しいトレードをする前に私に一言相談してくれさえすれば、少なくとも自分のやろうとしていることを見直す機会は得られたはずだ。偉そうなブローカーに「そら見たことか」と言われたり、バカにされるのが好きなトレーダーはいないはずだ。トレードの腕はやはりブローカーのほうが上だ。彼らにバカにされたくなければ、オーバートレードなどやらないことだ。

ブローカーからのプレッシャー

オンライントレーディングはブローカーを通さずにトレードできる気軽さがあるためにオーバートレーディングに直結しやすいことはこれまでにも述べてきたとおりだが、売買手数料で生計を立てようとするアグレッシブなブローカーもまたオーバートレーディングを引き起こす原因の一翼を担っていることは確かだ。ブローカーの最大の目的は手数料を稼ぐことにあること、そしてブローカーは自分の利益を最優先するという事実を忘れてはならない。とはいえ、顧客に儲けさせなければ自分たちも生き長らえることは不可能だ。だが、手数料を稼ぐためには頻繁に、しかも大きなトレードサイズでトレードしてもらわなければならない。要するに、生かさぬように殺さぬように、が彼らのモットーなのだ。すべてのブローカーがこうというわけではないが、あの手この手で顧客にオーバートレードさせようとするブローカーもいる。リスクヘッジのためにスプレッド取引やオプション取引を勧めてくるブローカーもいるだろうし、レバレッジの低い先物や値段の安い株を推奨しながらも何回もトレードすることを勧めてくるブローカーもいるだろう。また、大豆１枚を勧めるのではなくて、トウモロコシ３枚を勧めてくる場合もあるだろう。ブローカーの言いなりにならのはやめよう。マネーマネジメントプランがあるのであれば、それに従うことだ。なければ作成する。マネーマネジメントプランはトレーディングには不可欠なものである。

トレーディングはゼロサムゲームではない

先物取引は、だれかが得をすればだれかが損をするという意味で、よくゼロサムゲームと呼ばれる。しかしこれは作り話にすぎない。先物取引は手数料を含めて考えると結果はマイナスになるのが現実なのだ。例えば、原油が20ポイント動いたおかげでジョーは200ドル儲け、サムは反対サイドのポジションを取ったために200ドル損をしたとすると、その裏には彼らのトレードのおこぼれに預かってニンマリする２人のブローカーが必ず存在する。確かに、２人のトレード結果は合計するとゼロになるが、合計60ドルの手数料（１トレーダー当たり片道30ドルの手数料がかかったと仮定する）を加味すると合計はゼロにはならない。トレーダーのお金のおよそ30％がブローカーのポケットに入るからだ。これはカジノのポーカーゲームに似ている。ポーカーではプレーヤーはディーラー相手に戦うのではなく、プレーヤー同士で戦う。しかし、だれかがフルポットを勝ち取る前に、そこからシャバ代が差し引かれる。したがって、その日の終わりには全プレーヤーの持ち金の合計は、彼らが最初にテーブルに座ったときの合計よりも少なくなっている。ゲームを長く続ければ、お金のほとんどはカジノに渡るという仕組みだ。一晩中ゲームが続くのは、プレーヤーたちが次から次へとチップを買い続けるからだ。トレーディングでも同じである。あなたがトレードをすればするほど、ブローカーは儲かり、あなたは損をするのである。

優れたトレーダーになるためには

優れたトレーダーになるためには、トレーディングは甘くないということを忘れないことである。オーバートレーディングはトレーディングを困難にするばかりだ。コストも然ることながら、集中力がなくなり、そのため冷静さを失い感情に流された意思決定をする羽目になるからだ。本章で述べてきた問題のある行動のいずれかでもやっている自分に気づいたら、スローダウンする必要がある。そして問題を解決するためには、まずは自分の過ちを素直に認めること、そして自分はなぜオーバートレードするのか、自分をオーバートレードに導いた要因は何なのかを分析することが重要だ。そして、異なる状況を想定し、その分析結果が正しいかどうかを検証する。そしてここからが大変なのだが、原因が分かったら、オーバートレードしないように自らを律する。これまで何度も述べてきたように、規律がなければトレーダーとして成功するのは不可能だ。規律がなければ負けトレーダーになるのみである。

優れたトレーダーになるためのもうひとつの条件は、感情による意思決定をしないことである。そのためのベストな方法は、自分のトレーディングプランに従うこと、そして市場のいかなる動きにも対応できるように事前に対策を練っておくことである。事前準備があれば、何があっても驚くことはない。そして勝っていても負けていてもトレード方針を変えないことが重要だ。それまでにいくら勝ったか負けたかは相場とは無関係だ。だから、常に同じ方法でトレードすることが大切だ。調子良く行って、分不相応な勝ちを手にしたしたときには特に注意が必要だ。あなたはトレードを始める前に良いトレードプランを作成しているはずであり、それに従うことも規律に含まれる。だからどんなに勝っていてもトレードプランに従わなければならない。正しくバックテストしたプランとマネーマネジメントのガイドラインがなければ、トレードはすべきではない。さまざまなトレーディングアイデアを生む良いプランに従うことで、感情によるトレードや無計画なトレードはなくせるはずだ。トレーディングプランがなければ、市場が良い機会を提供してくれるのを待たずに追っかけをやってしまう。辛抱強く待つことができるようになれば、トレード回数は必然的に減る。しかしそのためには自己を厳しく律することができなければならない。これは落ち着きのないトレーダーにはかなり大変な作業だ。トレード回数を減らすことに加え、高確率でローリスクなトレードに集中することもきわめて重要だ。市場の出方を待って焦点を絞ることが重要なのは、デイトレーダーでもポジショントレーダーでも同じである。手を広げすぎてはいけない。すべての市場にポジションを持つよりも、２～３の市場に集中してこそパフォーマンスは上がる。それと同時に、長い時間枠を見ることも重要だ。１分足や５分足チャートからは良いアイデアは生まれない。30分足や60分足を見ることだ。また、その日のうちに手仕舞うばかりが能ではない。場合によっては２～３日保有して様子を見るのもよい。

　トレーディングは遊びの道具であってはならない。ビジネスとしてとらえるべきである。トレーディングをビジネスと考えれば、退屈だからとか、動きに乗り遅れたくないといった理由でトレードすることはなくなるはずだ。また、追っかけは絶対にやってはいけない。執行レートは悪くなり、スリッページが拡大するのがおちである。底を捕まえることなどほぼ不可能なのだから。追っかけをやらないことでトレードし損なうことは何回もあるだろうが、仕掛けたものは高確率トレードになる。刺激や楽しみのためにトレーディングすることのもうひとつの弊害は、ランチタイムといったトレーディングするのにふさわしくない市場環境でトレードをやらされてしまう羽目になることである。どんな動きも逃さずキャッチしようなどとは考えず、トレードをじっくりと選ぶことが大切だ。オンライントレーディングは便利ではあるが慎重さが必要だ。また、プレッシャーをかけてくるブローカーの言いなりにならないようにすることも重要だ。いずれにしても、良いトレードを選ぶこと。これに尽きる。

最後に、PLの損失欄で最も大きな部分を占めるのは手数料とスリッページであることを忘れてはならない。これらのコストは瞬く間に増大する。コストを削減する３つの方法を提示しておこう。①手数料の安いブローカーを探す、②追っかけをしない、③トレードは控えめに。この３つのルールをきちんと守れば、あなたの貴重な資産は守られるはずだ。コストの削減方法と成功するトレーダーになるための方法を身につけてこそ、トレーダーとして生き延びるチャンスが与えられるのである。

オーバートレーディングの原因

1．刺激を味わいたい
2．PLに基づいてトレードする
3．リベンジトレーディング
4．エゴをコントロールできない
5．動きに乗り遅れるのではないかという恐れ
6．ストップの設定が不適切
7．ブローカーからのプレッシャー
8．オンライントレーディング
9．方向感のない相場でのトレーディング
10．ランチタイムでのトレーディング

トレード回数を減らすための方法

1. 常にトレーディングコストを考えよ
2. スリッページを抑えよ
3. 一に規律、二に規律、三に規律
4. プランなくしてトレードはやるな
5. 市場の追っかけはやめよ。向こうから来るのを待て
6. 追求すべきは高確率トレードのみ。低確率トレードは切り捨てよ
7. 損失はビジネスコストの一部
8. リベンジトレーディングはするな
9. 負けているときにトレードサイズを増やすな
10. 負けているときは、休みを取って冷静さを取り戻せ
11. それぞれのトレードは独立したものとして考えよ
12. 図に乗るな。連勝はいずれ終わる
13. 長い時間枠を見よ
14. 少数の市場に集中せよ
15. トレード依存症になるな
16. 退屈しのぎにトレードするな
17. 方向感のない相場でトレードはするな。トレードはトレンドのある相場でのみ行え
18. ランチタイムと出来高の少ない期間でのトレードは控えよ
19. オンライントレードが有利だという触れ込みにだまされるな
20. しつこいブローカーはクビにせよ
21. ストップは適切な位置に置け

自問自答コーナー

●今日はオーバートレードしなかったか

●トレード依存症になってはいないか

●リスクパラメータには従っているか

●ポジションが多すぎやしないか

●手数料が高すぎやしないか

●手を広げすぎてはいないか

●損失があれほど大きくなかったとしたら、また同じ方法でトレードするつもりなのか

第18章

内面を鍛えよ——常に冷静であれ

The Inner Side of Trading : Keeping a Clear Mind

本章をどこから書き始めようかと思っていたときに心に浮かんだのが、ラドヤード・キップリングの『もしも』という詩である。この詩のなかにはトレーディングの心構えとして使えそうな部分があちこちに散りばめられている。読んだことのない人のために、以下に詩の全文を紹介する。トレーディングに関係のある部分はゴシック体で強調している。この詩を知っている人も、今一度読み返していただきたい。何度読んでも無駄にはならないはずだ。私はこの詩を事あるごとに読み返してきたが、読むたびに興味深いものを感じる。

「もしも」

もしも、だれかに**非難されたお前が、冷静さを失いそうなときにも、冷静でいられれば、**
もしも、すべての人間がお前を疑っているときにも、**自分自身を信じることが出来、**お前を疑った連中を許すことができるのなら、

もしも、お前が待つことに飽くことなく、待てるのなら、
あるいは嘘をつかれても、嘘とかかわらなければ、
あるいは、人に憎まれても、人を憎まなければ、

そして、あまり気取らず、知ったかぶりをしなければ、

もしも、お前が、夢を見ることができ、そして、その夢に支配されることがなければ、
もしも、お前が自分自身で考えることができ、そして、考えることが目的とならなければ、
もしも、お前が栄光と惨劇という名の虚像と遭遇でき、そのはかなき虚像を同じように扱えるのなら、

もしも、お前が話してきた真実を、悪者が、愚か者をわなにかけるために、ねじ曲げて語るのを聞くことに我慢できるのであれば、
あるいは、お前が自らの人生を賭けて作りあげてきたものが壊されるのを見たとき、身をかがめてそれらを使い古した道具で作り直すことができるのであれば、

もしも、お前が、膨大な勝利の積み重ねをたった一回のコイン・トスの結果と引き換えるというリスクを背負うことができるなら、
そして、それに負けて、その負けについて一言も不満を漏らさず、まったく最初からやり直すことができるのであれば、
もしも、お前が自分の気力を神経と体力がなくなってしまった後も、それらを振り絞ることができるのであれば、
そして、それらに『頑張れ！』と言っている意志以外何もないお前が、頑張ることができるのであれば、

もしも、お前が自分の美徳を保ちつつ、民衆と話をすることができるのであれば、
あるいは、庶民の感覚を失うことなく、王様とともに道を歩むことができるのであれば、

もしも、お前の敵と愛する友人のどちらもが、お前のことを傷つけることがないのであれば、
もしも、お前にとって、あらゆる男が価値があり、重要であり、しかし、重要すぎるということがなければ、

もしも、過ちの許されざる厳しい一分を、60秒間の全力疾走で長距離走の如く見事に完走できるのであれば、
地球はお前のものだ。そして、その中にあるすべてのものも
そして、お前は男になるのだ、私の息子よ！
（『モータウン、わが愛と夢』ベリー・ゴーディー著、吉岡正晴訳、TOKYO FM出版より）

常に冷静であれ

この詩の一節目は、パニックに陥ったときに冷静でいることの重要さを思い出させてくれるものだ。トレーディングでは常に冷静な気持ちを失わず、感情をコントロールすることがいかに重要であるかを、この一節は教えてくれる。ヨギ・ベラはかつてこんなことを言った。「野球は90％が精神力だ。身体能力は残りの10％あればいい」。トレーディングも野球と同じである。精神力がなければ成功することはできない。トレーディングはそれ自体が難しい。ましてや、個人的な問題やストレスを抱えていたり、状況に逆らったり、連敗を喫することで心を乱せば、ただでさえ難しいトレーディングはなおさら困難になる。トレーディングでは常に冷静さが必要だ。冷静さを失えば心に迷いが生じる。そして冷静さを失ったトレーダーはプロにはなれない。冷静さを保つことがいかに難しいかを私はよく知っている。頭の中がグチャグチャになったときには、落ち着いた気持ちを取り戻すことが何よりも重要だ。落ち着くまでトレーディングは一時中断する。疲れ

ているだけでも、実力を十二分に発揮することはできない。過去の過ちや損失は、１秒前に起こったことであろうと数日前に起こったことであろうと、忘れてしまうことだ。ミスをしたら、それにすぐに気づき頭を冷やす。そして過去のことは忘れて、次のことを考える。常に前進あるのみである。

トレーディングでは自分の実力を出し切ることが重要だ。トレーディングと私生活を分けるのは個人にとっては難しいことだが、トレーディングと私生活とははっきり区別すべきである。朝出掛けに女房と喧嘩すれば、渋滞に巻き込まれるとイライラするし、最近いくら損をしたかといったことをくよくよ考えれば、トレーディングに悪影響を及ぼす。気持ちが別のところに向けば、相場に集中できなくなる。トレーディングしているときに別の問題に心を奪われれば、怒りや不安、恐怖、無気力が心を支配する。こういった感情はトレーディングにはけっして良い影響は与えない。損失に無頓着になったり、相場に腹が立ったりしてくるだけである。トレーディングしているときにはすべての意識を相場に集中させなければならない。相場に集中できないのであれば、トレーディングはやらないことだ。個人的な問題が頭をもたげてきたら、少し休もう。

私生活でさまざまな問題を抱えていたり、生活のためにお金を稼がなければという焦りの気持ちでトレーディングした結果、多額の損失を出したという経験は過去に何度もある。昔、健康上の問題などいくつかの悩みを抱えていた時期があるが、こういった悩みは私のトレーディングを大きく狂わせた。今にして思えば、休息を取るべきであったにもかかわらず、そのままトレーディングを続けたために多くの資金を失い、それによってストレスはさらに増大した。個人的な問題が解決するまで、トレーディングが好転することはなかった。

心の葛藤

昔テニスを始めたとき、本を読んだり、レッスンを受けたりしながら１日に４時間も練習したが、このいずれも上達には役立たなかった。役に立ったのは『ジ・インナー・マインド・オブ・テニス（The Inner Mind of Tennis）』だ。これはプレーの方法について書かれたものではない。どこを読んでもバックハンドやサーブのやり方、ラケットの握り方などは書かれていない。この本に書かれているのは自分の最高の力を出し切るにはどうすればよいかである。同書によれば、ほとんどの人はテニスをするとき内面的な葛藤があるという。どんなスポーツでも同じだが、ひどいプレーをした自分に対して大声でどなりちらした経験はどなたにでもおありだろう。このとき、あなたは自分自身をののしっているだけである。そして、このののしるという行為は脳の２つの部分がののしるという行為を肯定するような会話をすることによって初めて発生する。ひとつは潜在意識で、これは何をすべきかを実際に知っている部分だ。そしてもうひとつは顕在意識であり、これは何かをなし得るのに重要な役割りを担っている。分かりやすい例を挙げれば、人が何かを食べたいと思う気持ちは潜在意識であり、「体重を減らさなければ」と思う気持ちが顕在意識である。心の中でこういった葛藤があれば、減量は成功しない。２つの意識が一致してこそ減量に成功する。意識下で体重を減らしたいと思って初めて、食べるのをやめることができるのである。それまでは心の中で葛藤が続く。

潜在意識をうまく働かせることが成功のカギを握ることを、私はテニスを通じて学んだ。私はうまくプレーしようと考えず、体が自動的に動くようになることを目指した。すでにプレーの方法は知っていたし、潜在意識にはそれまでに見てきた世界の最高レベルのプレーヤーたちのプレーが記憶されていたため、やるべきことは分かっていた。自分のプレーを批判している場合ではない。自己催眠に加え、私は当時好きだったプレーヤー、ジミー・コナーズの動きをまねすることにした。足のひきずり方から、立ち方、足の曲げ方、サーブを待つときの体の揺らし方まで、彼の動きのすべてをまねた。こうすることでプレーに集中できるようになり、自分を批判する暇などなくなった。このように顕在意識を取り払い潜在意識に直接語りかけることで、私のプレーは安定し、いつものレベル以上の力が出せるようになった。さらに、意識をボールに書かれた名前と番号を読むことに集中させ、自分はボールの上に乗っているのだと暗示をかけた。バカバカしいと思うかもしれないが、これが案外うまくいった。それからというもの、試合でも練習のときと同じ力を発揮できるようになり、肝心なときに落ち着きを失うこともなくなった。それまで試合でうまくプレーできなかったのは、実は私の心がそう仕向けていたからなのだ。これを克服することで、試合結果はうなぎ登りに向上していった。

なぜこんな話をするのかというと、これはトレーディングにも使える話だからだ。トレーディングに関する心理的な問題を克服できれば、パフォーマンスはグンと上がるだろう。自己催眠もひとつの方法だ。自分は市場の上に乗っている、だからすべての天井と底を感じるとることができるのだと自分に思い込ませるのである。間違いを犯しても机を叩いたり、怒ったり、自分自身や市場をののしるのはやめよう。こんなことをすれば、心の葛藤を生むだけであり、好ましい結果は生まれない。勝ち負けに左右されないまでに感情をコントロールできるようになればしめたものだ。感情をコントロールできれば、怒ることも得意げになることもなくなる。毎日一定のペースを保ち、次のトレードのことだけに意識を集中させることができる。自分はトップトレーダーなのだと思い、トップトレーダーであればこうするだろうと思うことをやるのだ。ベストトレーダーのようにトレーディングに集中すれば、パフォーマンスは飛躍的に伸びるだろう。幸いにも、私の周りには模範とすべき優れたトレーダーがいつもいた。こういった記憶が潜在意識にインプットされれば、良いトレーディングが自然にできるようになる。私は迷ったときには「ジョーだったらどうするだろう」と考える。ジョーはいつも儲けている。だから、彼になったつもりでトレードするのだ。常にプロのように考えること。そうすることで、自ずと正しい方向に自分を向かわせることができる。優れたトレーダーになるためには、自分の心を自分に逆らわせるのではなく従わせることが大事なのである。

「やつら」など存在しない

人は自分の過ちの原因をほかに見つけたがるものだ。しかし、トレーディングがうまくいかないのは、自分のせいであって、人のせいではない。マーケットメーカーにも気配値にも、ブローカーやローカルズにも、あるいはコンピューターにも何の罪もない。あなたを陥れようとする「やつら」など存在しないのだ。損をしても、執行レートが悪くても、人を責めてはならない。自分の過ちに対する責任は自分がとるべきである。たとえブローカーにだまされたとしても、彼の話を信じた自分が悪いのだ。1回目はともかくとして、2回目以降はすべて自分に非がある。トレーディングに失敗しても、ほかの人やものを恨んではいけない。そういったことをしているかぎり、トレーディングの腕が上達することはない。自分に欠点があると思わなければ、それを直そうとはしないからだ。成功したければ、失敗の原因は自分にあることを素直に認め、市場やブローカーや執行レートのせいにはしないことである。

休みをとる

１日７時間も端末の前に座っていると、必ずしもそうとは言えないまでも、かなり疲れることは確かだし、気が変になりそうになることだってある。１日トレーディングしたあとは、もうヘトヘトだ。感情の起伏を伴うトレーディングは激しい運動をするのと同様にエネルギーを消耗する作業だ。トレーディングにはエネルギーと集中力が欠かせない。トップトレーダーの多くが昼ごろ必ず休憩を取るのはこのためでもある。昼時になると出来高が少なくなるのは、トレーダーたちがトレーディングを一時中止するからだ。この間、彼らはランチを取っているわけではない。ただ休んでいるのだ。それだけデイトレーディングは肉体的にハードな仕事なのだ。私の知っているトレーダーの多くはランチタイムになるとリラックスするためだけに休憩を取る。彼らはその間に頭をすっきりさせ、目を休ませ、相場を見直す。知り合いのトレーダーのなかには、ランチタイムにはジムに行ってワークアウトをしたり泳いだりする人もいる。午後の戦いに備えてエネルギーを養うためだ。また、昼寝をする人もいれば、バックギャモンやビデオゲームでリフレッシュする人もいる。私はマイアミビーチからトレードしていたとき、ランチタイムになると毎日ビーチに出かけてはトップレスのドイツ人観光客を見て目の保養をした。相場を見ているよりもよっぽど楽しかった。何をするかは個人の趣味の問題だが、１日中一度も休まずにトレーディングを続けるのはかなりハードなので、適当なところで休憩を取り、頭をスッキリさせてから午後のトレーディングに備えたほうがよい。確かに、トウモロコシ市場などは１日に３時間45分しか開いていないので休憩などとっている暇はない。しかし、長く開いている市場相手のトレーディングでは休憩を取ったほうがはかどるはずだ。

幽体離脱体験

市場に対する見方は感情や保有しているポジションによって歪められることがある。例えば買っているときには、相場が上昇する理由をあれやこれやと考え出すものだ。一度心の中で思ったことは簡単には変えられないため、相場が実際どうなっているのかなどはもうどうでもよくなる。こういった心理状態になったら、すぐにトレーディングを中断し、市場をもう一度正確に見直すことが必要だ。無分別な意思決定はすぐにやめ、プランに戻ることが重要だ。悪いトレーダーに限って自らの過ちを認めようとせず、相場を正確に見直そうともしない。自分が正しいと思って疑わないため、結局ポジションを長く保有しすぎることになる。私の周りにはこういったトレーダーが必ずいる。ある者は買って、「相場は堅調だ。だからもう少し持っていよう」と言う。その一方では売る者もいて、「そうかもしれないけど、相場は買われ過ぎているからすぐにでも下落するはずだ」と言う。どちらかは間違っているはずだが、どちらも相場を自分が保有しているポジションを中心に考えている点は同じだ。

私がよく使う方法で、特に負けているときにお勧めしたいのは、自分のやっていることを肩越しにのぞき、まったく新しい目で相場を見つめ直すというものだ。つまり、自分の意識を肉体から遊離させ、偏りのない別の人間として自分のポジションと相場を見るのである。そして「もしこれらのポジションを持っていなかったとしたら、相場はどうなると思う？」と自問自答する。買ったけれど明らかに間違っている、でも心理的にどうしても手仕舞いできない、というようなことはよくあるはずだ。ポジションを持っていなければ新たに空売りしたいところなのだが、損を確定したくないために買いポジションをそのまま保有する。つまり自分のポジションを中心に物事を考えているわけである。しかし、これは良くない。こういったときは、今のポジションをいったん手仕舞って、新たな気持ちでスタートすることが大事だ。

悪い習性

負けるトレーダーは、チャートの読み方が分からないから負けるのではなく、怠け者だから負けるのでもない。彼らが負けるのは内面に問題があるからだ。成功を阻止するような心理が働いているからなのである。そして、そういった心理を作り上げるのが、悪い習性であり感情である。成功するためにはこれらを取り除く必要がある。ここでそのすべてを取り上げるのは不可能だが、本章の残りの部分を使ってトレーディングにおいて最も危険と思えるものについて議論していきたいと思う。悪い習性は考え方をゆがめ、冷静なトレーディングを邪魔する。悪い習性がひとつでもあれば、必ず克服していただきたい。

期待――トラブルの兆し

トレーダーが相場はどうなるかと聞かれ、「上がることを期待しているんだけどね」と答えるとき、大概彼は買っており、相場は下がっている。期待はトレーディングの評価とは違う。期待は自分のポジションが悪いことを認めないという意思表示であり、あるいは現実に反してトレンドがずっと続くと楽観的に考えていることの表れである。自分が期待ばかりに頼っていることに気づいたら、今のポジションを素早く見直すことだ。期待は何の当てにもならない。1975年のワールドシリーズでカールトン・フィスクが打ったホームランのように、高く打ち上げられたボールがスタンドに入りますようにとプレーヤーがどんなに願っても、ボールがいったんバットから離れると、もうプレーヤーの力は及ばない。世界中がホームランになることを願っても、打ったボールが横に逸れればファールになるだけだ。ポジションを建てたり相場の方向を定めたとき、自分の判断が正しいことを願うのはごく普通だ。しかしその判断が間違っていたとき、期待は足かせへと変わる。期待のために、自分の間違いを認めることができないのだ。結局、ポジションは手仕舞わず、ストップは無視し、負けポジションを買い増しする。

私はかつて友人と次のような会話を交わしたことがある。

ジョン　ホッグは今日はどうなるだろうね？
私　　　下がることを期待してるよ。
ジョン　ここ数日堅調だったしね。
私　　　そうなんだ。
ジョン　安くなったら買うのかい、それとも売るつもりかい？
私　　　もう売っているよ、１週間も前にね。だからここ数日は最悪さ。実は今日もまた売ったんだ。だから絶対に下げることを期待したいね。

ポジションを語るのに期待という言葉が飛び出したら、それはもうトラブルのなかにいる証拠だ。間違っていることを知りながら、手仕舞うことができずに負けポジションにしがみついている自分に気づくべきである。間違った側にいるために期待をし始めると、どんな小さな動きも彼にとっては順行に見えてしまうものだ。こうなるともうチャートなどどうでもよくなる。とても冷静には見られない。相場に何かを期待し始めると、相場観は失われる。こういったときこそ冷静になって手仕舞いを考え、相場を見直すときなのである。とはいえ、買っているときに、相場は下落し続けてはいるが底が見えていたり、インディケーターが売られ過ぎ圏にあるときには必ずしも手仕舞う必要はない。しかし、相場が自分の思惑とは逆方向に強いトレンドを示していて何をすべきかが分からないときには、損を確定して先に進まなければならない。インディケーターが自分の思った方向に反転しなければ、もう期待するのはやめたほうがよい。自分の間違いを素直に認め、手仕舞うのが一番だ。純粋なシステマティックトレーダーの良い点は、トレーディングに期待を持ち込まないことだ。すべての判断をシステムに委ねているので、自分は何も考える必要はない。あとはプランに従い、システムがうまく機能することを祈るだけだ。

永遠に続くことを期待する

負けているときに期待を抱くのは禁物であることは今述べてきたとおりだが、うまくいっているときにも利益に対して大きな期待を抱きすぎるのは禁物だ。勝っているトレードからは実際に得られる以上の利益を期待しがちだ。動きに陰りが見え始めているにもかかわらず、永遠に続くと思ってしまうからだ。トレードは常に市場に基づいて行うべきであり、自分の意見をさしはさんではいけない。例えば、相場にあることを期待して期待どおりにならない場合、利益を伸ばしたいという気持ちから相場はきっと自分の思ったとおりになると期待し始める。これはもはや市場に基づいたトレーディングとは言えず、自分の意見に支配されたトレーディングだ。いかなるときでも相場から目をそらすことなく現実的な目で見つめることができれば、手仕舞いの判断を冷静に下せるため、結果的には利益の増大につながる。

頑固さ

成功を阻むもうひとつの習性。それは頑固さだ。頑固さは期待に端を発する。頑固なトレーダーは自分の間違いを絶対に認めず、ひとつのポジションを長く保有しすぎる傾向がある。しかも、うまくいっていないポジションに限って長く保有する。自分は正しいのだと信じて疑わず、他人のアドバイスなど耳に入らない。しかし、トレーディングには柔軟性が必要だ。相場が変われば自分の意見を変える柔軟性がトレーダーには必要だ。自分のポジションにこだわりすぎる人は、自分で自分の首を締めるも同然だ。最後に傷つくのは自分なのである。うまくいかないトレードにはすぐに見切りをつける。うまくいっているトレードはうまくいかなくなったら手仕舞いする。ひとつの考えに凝り固まってはいけない。常に相場に従うことが大切だ。

頑固さはリベンジトレーディングにもつながる。これについては前章で述べたとおりである。結局、リベンジトレーディングの原因は自分の負けを認めることができない頑固さにある。重要なのはお金を儲けることではなく、正しいことをすることであることを忘れてはならない。この銘柄だけは、この日だけは、あるいはこの期間だけはどうしても儲けられないというものがあれば、そういったトレードはきっぱりあきらめて前に進むことが大切だ。前の週にIBMで5000ドル損をした？　それがどうだというのだ。そんなことは過去の話である。損した分は必ず取り戻してやると、しゃかりきになって同じ失敗を繰り返すのは愚行だ。自分の得意な銘柄で稼げばよいのである。

強欲

映画『ウォールストリート』の中で、マイケル・ダグラス扮するゴードン・ゲッコーが、「強欲は良いものだ」というシーンがある。これはこの映画のひとつのテーマになっている。しかし強欲は実際のトレーディングでは避けるべきものである。相場の格言に、「ブルはときどき儲ける。ベアもときどき儲ける。しかしブタはけっして儲けない」というものがあるが、まったくそのとおりである。勝ちトレードを保有することと、欲を持つこととはまったく別物だ。トレンドは未来永劫続くわけではなく、必ず手仕舞わなければならない時期が来る。欲はオーバートレーディングにつながり、規律を失わせ、マネーマネジメントを無視させる。欲を出せば、最後の１ペニーまで搾り取ろうと長居をしすぎるために、結局は儲かったお金のほとんどを失うことになる。欲を出してもっと稼ごうと思うことで、必要以上のリスクを取ることになる。２枚トレードすべきところを、欲を出してその２倍、３倍のポジションを取る。その結果、資産を一気に取り潰すのである。

トレーダーに欲が出るのはどんなときだろうか。例えば請求書の支払いが滞っていたり、ニューヨーク郊外のハンプトンズに買った夏の別荘の支払いに追われているときなどがそうだ。こんなとき、トレーダーの目はドル札になっている。彼にとって相場はもはやトレーディング機会を与えてくれる場所ではなく、キャッシュを生み出す場でしかない。相場が与えてくれる以上のものを搾り取ろうとして、期待どおりの額が儲かるまで手仕舞いしない。そのうちに相場が反転し、せっかく勝っていたトレードも負けに転じる。そこで手仕舞えばよいものを、そのまま保有し続けて損失をさらに拡大させる。これは、PLではなく相場に基づいてトレードしていれば勝てたはずのトレードだ。相場が与えてくれるものだけを謙虚に受け入れていればうまくいったはずのトレードをダメにしたのは彼の欲である。

できるだけ多くのお金をできるだけ短時間で得ようとすれば、そこには必ず欲が顔を出す。人間の欲は今に始まったわけではない。太古の昔から、無数の人々が損をさせられた事件の背景に欲が存在しなかったことはない。1600年代にオランダで発生したチューリップバブルから1990年代後半のITバブルまで、あらゆるバブルを支配してきたのが人間の強欲である。強欲は人間の正しい思考を停止させ、目の前の金儲けしか見えなくさせる魔物である。

1600年代のオランダ中を巻き込んだチューリップバブル

チャールズ・マッケイ著の『狂気とバブル――なぜ人は集団になると愚行に走るのか』（パンローリング）をご存知だろうか。読んだことがない人はぜひ一読をお勧めする。この本は、『欲望と幻想の市場――伝説の投機王リバモア』（エドウィン・ルフェーブル著、東洋経済新報社）と並ぶトレーダーの必読書である。『狂気とバブル』では、バカ者が欲のために大損をした歴史に残る大事件のいくつかが紹介されているが、そのなかでも特に有名なのが1600年代に起こったチューリップバブルである。チューリップの球根の価格が上昇を続けるなか、群衆は利益にありつこうとチューリップの株を買いまくった。相場は天井知らずで日に日に上昇を続けた。相場が上昇し続けるかぎりお金は儲かるので、人々はわれ先にと球根を買い続けた。それが正当な価格であるかどうかなど、彼らには関係なかった。やがて借金に手を染めてまで球根を買おうとする人々によって投機熱が燃え上がる。チューリップの価格はわずか３年で6000％も上昇した。そして、ボーン！という轟音とともに突然バブルが崩壊する。価格はわずか３カ月で90％暴落し、二度と再び元に戻ることはなかった。多額の借金を抱えた破産者が続出し、オランダの経済は混乱に陥った。2000年に多くのナスダックトレーダーたちを襲った恐慌はまさにこれに似ている。しかし、同じことは1630年代にすでにオランダのチューリップ市場で起こっていたのである。いつの時代にも群衆の心理は変わらない。金儲けのチャンスがあるところには必ず欲が存在するのである。

トレンドは必ず終わる

かなりの含み益が出ているにもかかわらずさらに儲けようとする人々の心はすでに強欲に支配されている。もっと儲けたいという強欲が、トレーダーをそのポジションに居座り続けさせるのである。トレーダーは引き時というものを知ることが必要だ。けっしてポジションと結婚してはならない。デートする感覚で行くのだ。良いデート相手（トレード）が見つかったらデートに誘い（仕掛け）、得られるものを得たら、後ろを振り返らずにさよなら（手仕舞い）する。明日また電話するからと言って別れても、さらに良い相手（トレード）が見つかれば、そちらとデート（仕掛け）すればよい。

どんなに強いトレンドでも必ず終わりは来る。世界中のみんなが買ったら、もう買う人はいなくなるからだ。時として、相場は一方向にしか動かないのではないかと思えるときがある。発表される材料は良いことづくめで、新しいトレーダーが参入するたびに相場は高値を更新しながら日々上昇を続ける。そして、買う人がいなくなり相場が天井を付けると情報筋が一斉に売り始める。相場が上昇する前に買い、相場上昇の火付け役になったのが彼らである。一般投資家が参加し始めたときが売り時であることを彼らは知っているのだ。トレードで成功するためには、強欲にかられた群衆に便乗しないことが大切だ。

1990年代の後半、ナスダック株を異常なまでの過大評価に導いたものこそが人間の強欲である。友人や隣人が大金を稼いでいるのを見て、そんなに簡単に稼げるのなら自分も稼ぎたいと多くの人が思った。いろんな分野のプロフェッショナルたちが本来の仕事をそっちのけにして、一夜にしてデイトレーダーに変身した。医者から弁護士、歯科医、ミュージシャン、ウエーター、配管工、主婦までもが、あなたも３時間でトレーダーになれます云々といった急ごしらえの講座を受けただけで、トレーダーとしての知識をすべて得たと勘違いした。そして額に汗して得た貴重なお金を持って、当時雨後の竹の子の勢いで増殖していたデイトレーディング会社へと走ったのだ。自宅に居ながらにしてオンライントレードする人もいた。彼らは適正価格の10倍もの株価で次から次へと株を買い続けた。彼らの夢は、ヤフーやクアルコムの株で200万ドル儲けて３年以内にリタイアすることだった。欲が欲を生み、株の長期保有に加え、給料が入るたびに買い増しを続けた。欲に取り憑かれた投資家たちの結末はご存知のとおりだ。少なくとも投資したお金のすべてを失った。私もそのひとりだった。狂乱した株の売買ゲームの渦に巻き込まれた私は、トレンドが終わったとき巨額の損失を被った。その原因は、欲に駆られてトレードサイズを増やしすぎたためだ。そして欲が出たのは、S&P先物やナスダック先物を買う前の数カ月間、まれにみる絶好調をきわめていたからだ。これはちょろいぞ、ぼろ儲けだ。乗らない手はない。そう思った私は、証拠金の限度まで買い続けたのだ。相場が最初に大暴落した日の１日だけで、前の数カ月間に稼いだお金のほとんどを失った。

こんな痛い経験をした私だからこそ言える言葉だ。ぜひ耳を傾けていただきたい――トレードは少なめに、そして市場の熱狂に巻き込まれてはならない。トレンドはいつかは必ず終わり、価格は正常に戻る。そして市場が荒れ狂うのはまさにこの時である。自分を守る唯一の方法は、冷静さを失いそうなときにも冷静でいること、である。保有するポジションは少なくし、予期せぬ出来事に備え、手仕舞う時期をあらかじめ決めておくことが重要だ。

岩から水を搾り取る

私が常に心がけていることのひとつは、最後の１ティックまで搾り取ろうと欲を出さないことである。もちろん、利益は多いに越したことはないが、この数字まで来たらとか、この水準まで来たらといった具合に、一定の数字や水準にこだわらないようにすることが重要だ。トレーダーがよくやることのひとつがこうだ。例えば、買っているときに相場が36.75まで上昇したあと少し押したとすると、ここで手仕舞ったほうがよいかもしれないという考えが一瞬頭をよぎる。しかし実際にはその押し目で手仕舞うことはない。もう一度上昇して高値を更新するかもしれない。だから36.74に指値を入れよう。こうすればほぼ天井で手仕舞うことができる、と考えるのだ。ところが相場はその後わずかに下落。36.74に指値を入れたので、彼は相場がそこまで上昇するのをただひたすら待つ。36.74という数字にこだわっている彼は、何もしようとしない。そのとき相場が一瞬高値を更新するが、彼の注文が執行される間もなく再び下落した。適当なところで利食えばよいものを、最後の数ティックまで搾り取ろうという欲に邪魔をされてそれができなかったのだ。その後、相場は見る見る下げ続ける。そこで手仕舞えばまだよかったが、30セントの潜在利益をあきらめきれずに手仕舞いできなかった。そして相場はさらに下がり続け、彼のトレードは遂に赤字に転落した。これはすべて、最後の１ペニーまでこだわり続けた彼の欲のなせる業である。手仕舞うべきだと思ったときは、希望の価格が得られなくても手仕舞え。最後の１ティックまで搾り取ろうと欲を出すな。相場が急に反転して、数ティックの損が出れば元も子もない。動きが止まったら、手仕舞いしようとするのはあなたひとりだけではない。だからできるだけ速やかに手仕舞わなければならない。最後の数ティックを搾り取ろうとしてもお金は稼げない。相場が動いている間の動きに乗ってこそお金は稼げる。そして、損切りを素早くすることも金を稼ぐための秘訣だ。

もうひとつ、似たような問題点がある。それは勝ちトレードで含み益が900ドル出ているときに、1000ドルまで稼ごうとして利食いを遅らせることだ。相場はもう少し上がるはずだ、だからそこまで行ったら手仕舞おうとあなたは考える。ところが相場が実際にその水準まで上昇すると、いやいやもう少しいけるかもしれない、と手仕舞いをぐずぐずと引き延ばすのだ。しかしそう考えた途端に相場は下落して、何も得られずに終わることが多い。最後の最後まで相場を追い続けるのはやめよう。上昇ペースが落ち、ある程度の利益が出ているのならそこで迷わず利食いすることだ。

相場の上昇ペースが落ち停滞ムードが漂ってきたら、私は指値を入れることにしている。相場が思惑どおりに動き、不運なトレーダーが成行注文で市場に遅くに参入してきてくれればもう少し利益は伸ばせるので、それを狙った戦略だ。しかし、相場を見誤り相場が反転し始めたら、すかさず売りの成行注文を入れる。これは一気にやる。例えば、10銘柄持っていたとすると、そのすべてを手仕舞う。大きなポジションを持っているときに相場が逆方向に動きだしたら、指をくわえて黙って見ているようなまねは私は絶対にしない。成行注文だから若干の損失は出るかもしれないが、完璧に打ち負かされるより、あるいはそれ以上最悪なことになるよりは全然マシだ。

強欲があなたをダメにする

私のこれまでのトレーダー人生は欲張り虫に支配されてきたと言ってもよい。私の頭の中にはできるだけ多くのお金を儲けようという気持ちしかなかった。1000ドル儲かれば、2000ドル欲しくなり、2000ドル儲ければ3000ドル欲しくなり……という具合だ。儲けを増やすために私はポジションを増やし、枚数を増やした。たまには素晴らしくうまくいくこともあった。だが、何事も多すぎれば、とかくうまくはいかないものだ。トレーディングを始めて12年たった今でも、うまくいっているときにはポジションを増やしたくなる。そんな誘惑と闘う毎日だ。勝ちポジションを持っていたとしたら、本当は一部を手仕舞うべきなのにアグレッシブに積み増すだろうな、といった局面に出くわすことがときどきある。「もっと買え、もっと増やせ。今日は大当たりだぜ」という内なる声がまだ完全に消えてはいない証拠だ。

１枚でトレードすべきところを、３枚、５枚、10枚と増やすのは、もっと儲けたいという欲が出てくるからだ。１日に数百ドルの儲けでは飽き足らず、何千ドルも儲けようと欲を出してオーバートレードしてしまう。そしてしまいには破産する。私も何度も破産の経験を持つが、原因はすべてオーバートレーディングだった。もちろん私の相場観が間違っていたのが最大の原因だが、もう少しトレードサイズを小さくしていれば、破産にまでは追い込まれずにすんだはずだ。大きなポジションを持ちすぎることがなぜいけないのかというと、いったん損を出せば巨大な損失になるからだ。大きな損を出して平気な人はいない。だから、損が出ると相場が順行することを期待してそのまま持ち続ける。そうしているうちに損失はどんどん拡大する。ポジションを増やせばリスクを分散できると考えている人がいるかもしれないが、すべてがダメな日もある。そうなれば、リスク分散どころか、全滅だ。ポジションを持ちすぎれば当然マネジメントは行き届かず、勝ちトレードをダメにしたり、負けトレードをそのまま野放しにして損を拡大させたりすることもある。しかし市場を１～２に絞れば、負けトレードは損が小さいうちに素早く損切りでき、被害の拡大を防ぐことができる。一般に、毎回大きな利益を狙おうとするトレーダーよりも、適度な利益をコンスタントに出そうとするトレーダーのほうがうまくいっているようだ。大相場など年に何回も取れるわけではない。大きなことを考えるのはやめて、小さく考えるように心がけたほうがよい。小さく考えることで素早い損切りも可能になる。

強欲と闘う

規律を持つのも難しいが、強欲と闘うのも同じくらいに難しい。しかし、両者とも成功には欠かせない重要な要素である。毎回ビッグトレードを狙うよりも、常に一貫したトレードを心がけることのほうがむしろ勝率は上がる。強欲と闘うためには、まず第一にマネーマネジメントプランを持ちそれに従うこと、第二に現実的な目標を持つこと、第三に利益目標を定めること、そして第四にストップを使うこと、である。利益目標があれば、利益を無限に伸ばしたいという誘惑からは逃れることができる。ただし、これには問題がひとつある。手仕舞いしたあと相場が上がり続けると、手仕舞ったことに対して自分を責めることである。利が乗っているときにはできるだけ利を伸ばすのが私の主義だが、もうこれ以上伸びないと見たらすぐに手仕舞うことも大切だ。相場が高値や安値を更新したとき、動きがいつ止まるのかを予測するのは難しい。相場はどこまでも上昇するし、どこまでも下落もする。だから、チャートの領域外に出たときには特に注意が必要だ。現実的な目標を設定するに当たっては、トゥルーレンジの平均（ATR）に注意したい。レンジが2.15ドルしかない銘柄で２ドル儲けようとはしないことだ。この場合は、１トレードから得られる利益はせいぜい75セントから1.50ドルだ。これ以上を目指しているとしたら、それは欲張りだ。相場が日々のレンジの平均だけ動いたら、利益がどれくらいあろうと手仕舞うべき時期であることを示している。繰り返しになるが、最後の数ティックまで追いかけてはいけない。トレードは相場が動いている間に行うのが鉄則だ。

自信過剰

トレーダーはトレードを始める前も、うまくいき始めてからも自信過剰に陥る。トレードを始める前はだれでも自分がうまくいくことを過信し、確率というものを現実的に考えようとしないものだ。これは準備不足となって表れる。自信過剰のさらなる問題点は、自分を過信するあまりに無敵と考えてしまうことだ。トレードを始めてからも、連勝の波に乗って幾ばくかの利益が出て自信がついてくると、うぬぼれ心が頭をもたげ、エゴが膨張を始める。オレは市場を征服した、オレのやることに間違いはない、という思い上がった気持ちが芽生え、自分には金儲けの才能があるのだから、もっとアグレッシブに行くべきだ、という考えに支配され始める。これが転落の始まりだ。自信が強まれば強まるほど、過ちは増え、正しいことは何ひとつやらなくなる。そして良いトレードを待つことなく、損益ギリギリのトレードばかりするようになる。下調べもやらなくなり、トレーディングプランも無視する。これはすべて、短期間に莫大な利益を上げようという強欲と自信過剰が原因だ。最大の敗北は大きな連勝のあとにやってくることが多い。なぜなら、連勝のあとは自信過剰になるため自己を律することができなくなるからだ。小さいトレード量でせっせと稼いだ小さな利益の積み重ねなど、大きなトレード量で１～２回も損を出せばすべて吹き飛んでしまうことを忘れてはならない。

　私が最大の敗北を喫したのも、勝ちがかなり続いたあとというのがほとんどだ。あれは為替取引をやっていた1992年の夏のことだ。為替相場は完璧なトレンド相場だった。私は儲けが増えるたびに増し玉し続けた。最初はドイツマルク１枚だったポジションも、気がつくとドイツマルク３枚、英ポンド３枚、スイスフラン５枚、日本円数枚にまで増えていた。これに伴って口座資産も数週間で8000ドルから２万ドルに増えた。ほとんどがオーバートレーディングによるものだった。絶好調だった私は、儲けた資金の使途を考え始めていた。まるで天下でも取った気になり、儲けが出るたびにポジションを増やしていった。ところが、ある日突然すべてが大暴落したのだ。口座資産は２日間で7000ドルにまで減少した。追証の請求に応じられずポジションのかなりの部分を手仕舞う羽目になったが、残りは自分を信じて持ち続けた。それから１週間後、口座資産は2000ドルに落ち込んだ。自信過剰に加え、口座サイズが２倍にしか増えていないのに、ポジションを10倍に増やしたことが大きな過りだった。こんなことは二度とやらないと心に誓ったにもかかわらず、事がうまくいき始めると欲と自信過剰のスイッチが入り、またマネーマネジメントパラメータを無視し始める。

こんなことを何度も繰り返した。何回か勝ちトレードが続くとエゴが膨張し始める傾向のある人は、自分を常にチェックするようにしよう。リスクパラメータを常に読み返し、それに従っているかどうかをチェックすることだ。控えめなトレードを心がけ、現実的な目標を設定することで、最悪の事態に追い込まれるリスクは減らせるはずだ。

恐れ

トレーディングに最も表れて欲しくないのに最もよく表れる感情が強欲と恐れだ。強欲と同様、恐れもまたトレーダーを崩壊へと導くのに大きな役割りを果たす。恐れは大きな損失を被るのを防ぎ、トレーダーに常に用心させる役割りを果たす一方で、ストップの間隔を狭くしすぎたり、早く利食いしすぎたり、損をするのが怖くてトレードできないといった諸々の問題を引き起こす要因にもなる。怖がってばかりでトリガー（引き金）を引けず、相場を眺めているだけでまったくトレードしないトレーダーもいるほどだ。そんなにトレードが怖ければ、トレードなど最初からやろうと思わないことだ。

怖くてトリガーが引けない

トレーダーのなかには、損をするのが怖くてなかなかトリガーを引けない人がいる。彼らは起こり得ないことを期待してトレードに失敗ばかりしてきた人たちだ。こういった人々はそもそもトレーディングには向いていないのかもしれない。また一方では、成功するのが怖くて、せっかくやって来た良いトレードをことごとく避けて通る人もいる。良いトレードが訪れるのを待つのと、怖くてトレードできないのとは別物だ。完璧な市場環境をじっと待ち、そのときが来たらトレードしようと思うのだが、いざとなるとできない人もいる。何かが違う、という思いがトレードすることを躊躇させるのだ。彼らの相場観は大概は正しいが、ただ怖くてアクションを起こすことができないでいる。私のトレーディングルームにもこういったトレーダーがいる。彼のトレーディングアイデアは素晴らしく、トレーディングルームのほとんどは彼のアイデアに従ってトレードする。それで彼にどんなトレーディングをしたのかと聞くと、トレードはしていないというのだ。ほかのトレーダーは彼のアイデアでみんな儲かっているというのに、である。彼が言うには、相場がもっと良くなってからアグレッシブにトレードしようと思っているらしいのだが、良いトレーディング機会がやってきてもどうしてもトリガーを引けないためにトレードし損なってしまうのだそうだ。数年前にひどくやられて以来、彼のなかには常に臆病風が吹いているのだ。こういったメンタリティーの持ち主にはトレーディングは向かないと私は思う。怖くてトレードできないのに、なぜトレードする必要があるのか。自分のリスクレベルに合った別の職、例えば会計職などに転職したほうがよいのではないだろうか。どんな人もトレーディングに向くとは限らない。トレーダーになるためには鋼鉄のような精神力が必要だ。それで食べていけるかどうかも分からないような仕事を、強い精神力のない人がどうして始められようか。安定した収入が期待できないような不確実さを好む人などほとんどいない。怖がりの人は最初からトレーディングなんかやらないほうがよい。

負けは負けとして受け止める

負けに対して正しい受け止め方ができない人がいる。彼らにとって負けることは屈辱に等しい。しかし本書を通じて何度も述べてきたように、良いトレーダーでもトレードの50％は負けトレードなのだ。損の仕方を知らない人、あるいは怖くて損を確定できないような人はトレーディングはすべきではない。ベストトレーダーとはベストな負け方を知っている人たちだ。まず第一に、小さな損を確定することを恐れてはいけない。小さな損を確定するのを怖がっていれば、それはやがては大きな損になる。うまくいかないトレードはきっぱりあきらめればよい。負けトレードを出せば、だれかにバカにされるといったことを気にする必要などまったくない。そのうち上昇するはずだから、上昇したら手仕舞って利益を得ようなどという考えは捨ててしまおう。大局的に見れば、小さな損や利益などあなたのP&Lには大した影響は及ぼさないのだ。

小さな損はともかくとして、大きな損となると確定するのを嫌がるトレーダーがいるのは当然だ。大きな損失を何回か出せばひとたまりもないからだ。しかし、大きな損失といっても、元々小さな損失だったものを放置しておいたがために拡大させてしまったものもある。ここまで来ると、想像していなかっただけにもう手仕舞いはできない。手仕舞えば自己資産のかなりの部分を失うことが分かっているポジションを手仕舞うのは、かなり勇気のいることだ。しかし、自分が間違っていることが分かったら、それを潔く認めて速やかに手仕舞うことが重要だ。損失をさらに拡大させて資産のすべてを食い潰す前に、食い止めることが重要なのである。手仕舞いするのを怖がってはいけない。間違っているときには、目の前の損失には目をつぶって思い切って手仕舞うことだ。これは早ければ早いほどよい。

設定幅の狭すぎるストップ

損をするのが怖くて手仕舞いできない人の対極にいるのが、どんな損もしたくないためにストップの設定幅を狭くしすぎる人々だ。彼らは「損切りは素早く」という格言を忠実に守りすぎているのだ。それぞれのトレードには機能するための時間を与えることが必要だ。１ペニーたりとも損をしたくないがためにストップの設定幅を狭くしすぎるような人は、おそらくは成功とは無縁だろう。ストップの設定幅が狭すぎれば、利が伸ばせるトレードさえストップアウトさせてしまうからだ。もちろん見込みのないトレードは素早く手仕舞わなければならない。しかし、機能するための時間を与えることも大事だ。

含み益を減らしたくない

含み益を減らしたくないために利益が出たらすぐに手仕舞う人がいるが、これはストップの設定幅を狭くしすぎるのと同じである。トレードには利を伸ばす機会を与えることも必要だ。良いトレードを早く手仕舞いしすぎて得なことは何もない。儲けるためには大きな動きを取ることが必要だ。したがって、利が乗ってきたらそのまま利を伸ばすことが重要だ。小さく利食うことがあなたのプランなら、もちろんそうしても構わない。しかし、大きな動きを取るつもりなら早く手仕舞いしすぎたのでは目的は達成できない。相場は波動だ。反対の波動が生じたときにその波に乗るべきか手仕舞うべきかは事前に決めておかなければならない。絶対にやってはいけないことは、勝ちトレードを負けトレードに転じさせることだ。小さな勝ちトレードが小さな負けトレードで終わっても大したことはないので気にする必要はない。問題なのは、１株当たり３ドルの利益が出ていたものをマイナスに転じさせてしまうことである。毎回こういったトレードを繰り返すようでは、トレーディングの基本ルールが身についていない証拠だ。

動きに乗り遅れたくない

トレーディングをやっていて、大きな波がやって来たときにそれに乗り遅れることほど恐ろしいことはないだろう。少なくとも私にとっては最大の恐怖だ。大きなものを逃したくない、という思いがいつも私のなかにあった。相場が動いたときにそれを取り逃がすなどもってのほか、というわけだ。大きな動きを逃さないためには常にポジションを持っていなければならないと信じて疑わなかった私は、次から次へと悪いトレードばかりを繰り返した。そしていったん仕掛けると、最後の最後まで動きを追いかけて手仕舞いを引き伸ばした。その結果、得るものよりも失うもののほうが多く、結局は高いものについた。

トレーダーのなかには、それが地球上で最高のトレーディング機会だと言わんばかりにどんなトレードにも飛びつく者がいる。不安にかられて市場を追っかけ、揚げ句の果てに最悪のタイミングで仕掛けるか、シグナルが出る前に早まったトレードをするのが彼らの特徴だ。こういったトレーディングは、トレードのタイミングを悪くするばかりか、オーバートレーディングの大きな要因にもなる。波に乗り損なったり乗り遅れることがあっても構わないのだ。ひとつのトレードをやり損ねても、チャンスはまたすぐにやってくる。波に乗り遅れた場合も同じだ。最初の押しや戻りを待って、そこで仕掛ければよい。波には最初から乗る必要はない。乗り遅れたら途中から乗ればよい。ブレイクアウトのあとで相場を追っかけるよりも、相場が大きく動いたあとで小動きになるのを待つほうがはるかに確率の高いトレードになる。すべての動きに乗る必要などないことが分かれば、パフォーマンスは上がるはずだ。あとで振り返ってみたら、あのときに仕掛けていれば、と後悔することもたまにはあるだろう。しかし、そのトレードはあなたのプランには含まれていたのだろうか。プランに含まれていないのであれば後悔する必要はまったくない。プランに含まれていないトレードは控え、次の機会を待つべきである。

怒り

怒りについてはすでに述べたので繰り返しになるが、ここでもう一度確認しておこう。良いトレーダーはけっして怒ってはならない。常に冷静さを保ち、損をしてもその責任をほかに転嫁してはならない。怒りはトレーディングには不必要なものであり、人によっては怒りによって最大の力を出し切ることができないこともある。怒りでストレスを発散することはたまには奏功することもあるが、マウスを叩きつけたり、自分の言い分を聞こうとさえしないスペシャリストに罵声を浴びせ続けるよりも、もっとよいストレス発散法はある。ジムに行って汗を流すのもよいだろう。怒りは何の解決にもならない。それはすんでしまったことにエネルギーを浪費するようなものだ。どんなに怒ってもすんでしまったことは変えようがない。そのエネルギーをもっと建設的なものに使えば、トレーディングだけでなく、生活のあらゆる面でも充実感が味わえるはずだ。

冷静さを取り戻す

最後に、マンネリ化を改善するための方法についての話をして本書を締めくくることにしたい。トレーディングをしていれば連敗を喫することも少なくない。どうすればいいのか皆目見当もつかないため、取り乱すトレーダーも多い。やることなすことすべて裏目に出て、どんなにあがいても連敗から抜け出せない。そんなときは、トレーディングを一時中断するのが一番だ。短期間の休暇を取ったり、数日間トレード以外のことをやるのだ。何日でもよいが、とにかくトレーディングのことが頭から抜けるまでゆっくり休むことだ。あなたにとって一番重要なのは、損をしたことを忘れることである。それには休息を取るのが一番だ。この数年間で私が自主的に休暇を取ったのは２～３回しかないが、休暇は冷静さを取り戻すのに非常に効果的だった。本書もそうして取った１カ月の休暇中に仕上げた。休暇を取る前は本書を執筆しながらのトレーディングだったため集中力を欠き、パフォーマンスが落ち始めていた。そこで思い切って長期休暇を取って本書を仕上げようと思ったわけである。今トレーディングを再開すれば、おそらくは100％の力を出せるだろう。

マンネリ化したときに私が採るもうひとつの方法は、基本に戻ることである。マンネリ化しているなと感じたら、トレード量を極力少なくし、無視することも多くなっていたトレーディングルールに沿ったトレーディングを心がけることにしている。マンネリ化を脱するまでこれを続ける。それと同時に、システムやリスクパラメータ、トレーディングプランも見直す。きちんと機能するかどうかをチェックするのはもちろんだが、それよりもさらに重要なのは自分がこれらに従ってきたかどうかをチェックすることだ。過去にうまくいったのであれば、若干の手直しはするかもしれないが、これらに従う。だが問題はトレーディングプランにあるのではなくて、私自身にあることのほうが多い。

優れたトレーダーになるためには

優れたトレーダーになるためには、感情や心の葛藤、悪い習性を取り除いて、冷静にトレードできるようにならなければならない。冷静さをもってトレーディングに臨むことは、トレーディングで最も重要なことのひとつだ。トレーディングは多大なエネルギーと集中力を要する作業だ。ほかのことに気を取られれば良い成果は得られない。気を散らすものが最近出した損失なのか、あるいは個人的な悩みなのかは分からないが、とにかくそういった雑念を吹っ切ることが重要だ。良いトレーダーは、トレーディング中はそういった雑念を一切寄せ付けない。もし雑念が入るようなときは、冷静さを取り戻すまでトレーディングを中断する。自分の内なる葛藤を克服することができなければ、成果はいつまでたっても上がらないからだ。エネルギーを否定的なものに浪費するのはやめ、全神経を集中させてトップトレーダーのように考えるのである。「こういった局面ではトップトレーダーはどうするだろう」と常に自分に問いかけるのだ。自分に正直になり、正しいことを始めよ。

きっとうまくいくと思ったり、自分のポジションでトレーディングを考え始めたら、それは自分の考えに執着し始めてきた証拠だ。頑固さが顔を出し始めたら、他人の目で自分を見つめ直す必要がある。つまり、まったく新しい視点で市場を見直し、公正な市場評価を下すのである。こうした再評価の結果、自分は今買っているが本当は売るべき局面だと思えば、そのポジションは手仕舞う。たとえ世界中が望んだとしても、相場を反転させることはできないのである。

トレーディングしているときに常に警戒が必要なのは、期待、強欲、恐れ、頑固さ、怠慢、怒りといった感情や悪習だ。これらの感情や悪習はあちこちにワナを張り巡らし、トレーダーから冷静さを奪い取る。人は損をすると、あいつが邪魔をしたからだと、責任を他人に転嫁したがる。しかし損をしたのはほかならぬ自分のせいであって、ほかの何物のせいでもない。甘えを捨て、自分で犯した過ちの責任は自分で取らなければならない。つまり、現状を打開すべき何らかのアクションを自分で起こさなければならないということだ。人を責めてばかりいては成長は望めない。

調子が悪いときには休みを取ってその理由を考えることだ。ゲームプランに沿ってトレーディングしていないからなのか、あるいはゲームプランそのものがダメなのか。いずれにしてもマンネリ化したら、その理由を考え、冷静さを取り戻すまではトレーディングを一時中断するか、極力ペースを落とすことである。

精神的な打撃の原因

1．内面の葛藤がある
2．冷静な気持ちでトレードしていない
3．「やつら」が自分の邪魔をすると思っている
4．相場が反転することを期待する

5．トレンドがそのままずっと続くことを期待する
6．意地を張る
7．自分の保有ポジションを中心にトレードを考える
8．怒りを抑えられない
9．リベンジトレーディングをする
10．欲を出す
11．大儲けを狙う
12．動きに乗り損ねたくないと思う
13．含み益を少しでも減らしたくないと思う
14．大きな損失を出したくないと思う
15．怖くて損切りできない
16．トリガーを引く勇気がない

冷静になるための方法

1．トレーディングを一時的に中断せよ
2．散歩せよ
3．新たな気持ちで相場を見よ
4．損切りして前進せよ
5．自分は相場の上に乗っているのだと思い込め
6．基本に戻れ
7．トレーディングプランを見直せ
8．必ずマネーマネジメントプランを持て
9．プランに従え
10．プロのように考えよ
11．甘い期待は捨て、現実を見据えよ
12．現実的な目標を持て
13．プロのアドバイスを求めよ

14. 暗示をかけよ
15. ヨガをやれ
16. ジムに行け

自問自答コーナー

- ●もしポジションを持っていなければどうするだろうか
- ●自分は怒りっぽくはないか
- ●感情に支配されてはいないか
- ●個人的な悩みや問題をトレーディングに持ち込んではいないか
- ●連敗に対してはどのように対処するつもりか

■著者紹介

マーセル・リンク（Marcel Link）

1991年よりプロのトレーダーとしての活動を開始。リンクフューチャーズ・ドットコムの創始者であり、TradeStationのコンサルタントとしても活躍。リンクフューチャーズ・ドットコムのウエブサイト（http://www.linkfutures.com/）では、トレーディングコミュニティーをはじめ、日々の市況解説、テクニカル分析のノウハウ、トレーディングシステムの開発、トレーニング、セミナー、マーケティングなど、トレーダーに不可欠な各種情報を幅広く提供している。著者へのご意見・ご感想は、marcel@linkfutures.comまで。

■監修者紹介

長尾慎太郎（ながお・しんたろう）

東京大学工学部原子力工学科卒。日米の銀行、投資顧問会社などを経て、現在はヘッジファンドマネジャー。訳書に『魔術師リンダ・ラリーの短期売買入門』『タートルズの秘密』『新マーケットの魔術師』『マーケットの魔術師【株式編】』『デマークのチャート分析テクニック』（いずれもパンローリング、共訳）、監修に『ワイルダーのテクニカル分析入門』『ゲイリー・スミスの短期売買入門』『ロスフックトレーディング』『間違いだらけの投資法選び』『私は株で200万ドル儲けた』『バーンスタインのデイトレード入門』『究極のトレーディングガイド』『投資苑２』『投資苑2 Q&A』『ワイルダーのアダムセオリー』『マーケットのテクニカル秘録』『マーケットのテクニカル百科　入門編・実践編』『市場間分析入門』『投資家のためのリスクマネジメント』『投資家のためのマネーマネジメント』『アペル流テクニカル売買のコツ』（いずれもパンローリング）など、多数。

■訳者紹介

山下恵美子（やました・えみこ）

電気通信大学・電子工学科卒。エレクトロニクス専門商社で社内翻訳スタッフとして勤務したあと、現在はフリーランスで特許翻訳、ノンフィクションを中心に翻訳活動を展開中。主な訳書に『EXCELとVBAで学ぶ先端ファイナンスの世界』『リスクバジェッティングのためのVaR』『ロケット工学投資法』『投資家のためのマネーマネジメント』（以上、パンローリング）、『FORBEGINNERSシリーズ90　数学』（現代書館）、『ゲーム開発のための数学・物理学入門』（ソフトバンク・パブリッシング）がある。

2006年 10月 3日 初版第 1 刷発行
2008年 5 月 1日　　第 2 刷発行
2008年 11月 1日　　第 3 刷発行
2009年 5 月 2日　　第 4 刷発行
2010年 4 月 1日　　第 5 刷発行
2010年 6 月 2日　　第 6 刷発行
2010年 9 月 3日　　第 7 刷発行
2011年 7 月 2日　　第 8 刷発行
2012年 8 月 2日　　第 9 刷発行

ウィザードブックシリーズ⑱

高勝率《こうしょうりつ》トレード学《がく》のススメ
――小さく張って着実に儲ける

著　者　　マーセル・リンク
監修者　　長尾慎太郎
訳　者　　山下恵美子
発行者　　後藤康徳
発行所　　パンローリング株式会社
〒 160-0023　東京都新宿区西新宿 7-9-18-6F
TEL 03-5386-7391　FAX 03-5386-7393
http://www.panrolling.com/
E-mail　info@panrolling.com
編　集　　エフ・ジー・アイ（Factory of Gnomic Three Monkey Investmant）合資会社
装　丁　　パンローリング装丁室
組　版　　大橋幸二
印刷･製本　株式会社シナノ

ISBN978-4-7759-7074-4

デーブ・ランドリー (Dave S. Landry)

TradingMaekets.comの共同設立者兼定期寄稿者。
ルイジアナ大学でコンピューターサイエンスの理学士、南ミシシッピ大学でMBA（経営学修士）を修得。コナーズに才能を見出され、独自に考案したトレーディング法で成功を収める。公認 CTA（商品投資顧問業者）のセンシティブ・トレーディングやヘッジファンドのハーベスト・キャピタル・マネジメントの代表で、2/20EMA ブレイクアウトシステムなど多くのトレーディングシステムを開発。
また、多くの雑誌に寄稿し、著作も『裁量トレーダーの心得 初心者編』（パンローリング）や『デーブ・ランドリーズ・10 ベスト・パターンズ・アンド・ストラテジーズ』などがある。

デーブ・ランドリー【著】 裁量トレーダーの心得

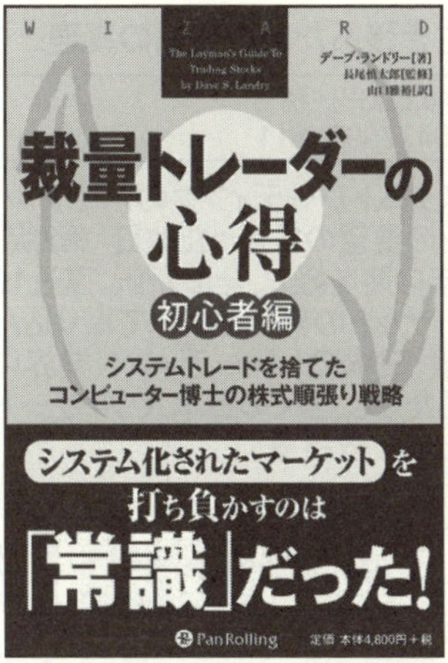

ウィザードブックシリーズ190
初心者編
システムトレードを捨てた
コンピューター博士の株式順張り戦略

定価 本体4,800円+税　ISBN:9784775971390

【PC全盛時代に勝つ方法！　PCの魔術師だからこそ分かった「裁量トレード時代の到来」！　】どうやれば個人トレーダーの成功を阻む障害を克服できるようになるのか。
短期でも長期でも利益を得られるトレーディング法とはどんなものなのか。相場が本当はどのように動いているのか、そして、思いもよらないほど冷酷なマーケットで成功するために何が必要かを、本書で学んでほしい。

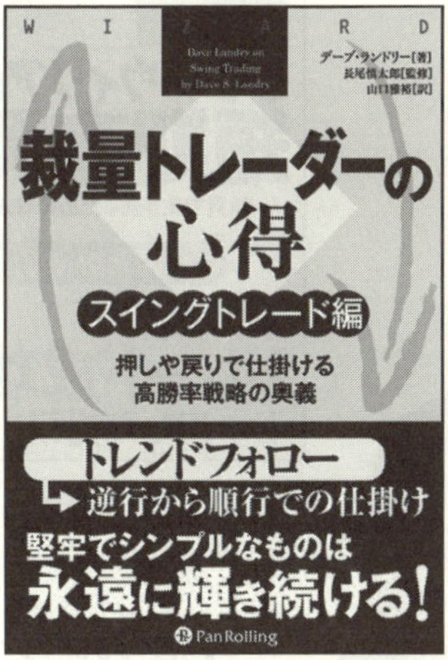

ウィザードブックシリーズ193
スイングトレード編
押しや戻りで仕掛ける高勝率戦略の奥義

定価 本体4,800円+税　ISBN:9784775971611

【高勝率パターン満載！　思いがけないことはトレンドの方向に起こる！】相場の世界では、デイトレード時代が終わりを静かに告げようとしている。では、バイ・アンド・ホールド時代の到来かと言えば、今の世の中は不透明感と雑音に満ちあふれている。そこで、ランドリーが提唱するのがポジションを２～７日間維持するスイングトレードだ。トレンドの確定方法を伝授し、正しい銘柄選択と資金管理を実行すれば、スイングトレードの神様が降臨してくれる!?

システムトレードの達人たちに学ぶ
ラリーの仲間たち

ラリー・R・ウィリアムズ (Larry R. Williams)

50年のトレード経験を持ち、世界で最も高い評価を受ける短期トレーダー。1987年のロビンスワールドカップでは資金を1年間で113.76倍にするという偉業を成し遂げた。
「ウィリアムズ%R」「VBS」「GSV」「ウルティメイトオシレーター」「TDW」「TDM」など、世界で多く使われている指標を開発してきた。テクニカル分析だけでなくファンダメンタルズ分析も併せた複合的なアプローチでトレード界のトップを走り続けている。

1000%の男

マネーマネジメント手法
オプティマルfを伝授

ウィザードブックシリーズ196

ラリー・ウィリアムズの短期売買法【第2版】

投資で生き残るための普遍の真理

定価 本体4,800円+税
ISBN:9784775971611

短期システムトレーディングのバイブル! 読者からの要望の多かった改訂「第2版」が10数年の時を経て、全面新訳。直近10年のマーケットの変化をすべて織り込んだ増補版。日本のトレーディング業界に革命をもたらし、多くの日本人ウィザードを生み出した 教科書!

ラルフ・ビンス (Ralph Vince)

オプティマルfの生みの親

トレーディング業界へは歩合制外務員として入り、のちには大口の先物トレーダーやファンドマネジャーのコンサルタント兼プログラマーを務める。
著書には本書のほかに、『投資家のためのマネーマネジメント』(パンローリング)、『The Mathematics of Money Management』『The New Money Management』などや DVD に『資産を最大限に増やすラルフ・ビンスのマネーマネジメントセミナー』『世界最高峰のマネーマネジメント』(いずれもパンローリング) などがある。
ケリーの公式を相場用に改良したオプティマルfによって黄金の扉が開かれた。
真剣に資産の増大を望むトレーダーには彼の著作は必読である。

ウィザードブックシリーズ151
ラルフ・ビンスの資金管理大全

定価 本体12,800円+税
ISBN:9784775971185

ジェイク・バーンスタイン
(Jake Bernstein)

成功を志す 個人投資家の見本

ラリー・ウィリアムズの古くからの友人で、国際的に有名なトレーダー、作家、研究家。MBH ウイークリー・コモディティ・レターの発行者で、トレードや先物取引に関する約30もの書籍や研究を発表している。
邦訳には『バーンスタインのデイトレード実践』『バーンスタインのトレーダー入門』（パンローリング）、『投資の行動心理学』（東洋経済新報社）がある。トレーディングセミナーを収録した DVD には『バーンスタインのパターントレード入門――相場の転換点を探せ』（パンローリング）がある。ウォールストリート・ウイーク、そして世界中の数々のラジオやテレビ番組に出演、セミナーでも講演している。トレードとタイミングに関するあくなき追及は、トレーダーに新たなツールを提供している。

ウィザードブックシリーズ51・52

バーンスタインのデイトレード入門・実践

定価 本体7,800円+税　ISBN:9784775970126
定価 本体7,800円+税　ISBN:9784775970133

あなたも「完全無欠のデイトレーダー」になれる！　デイトレーディングの奥義と優位性がここにある！トレーディングシステム、戦略、タイミング指標、そして分析手法を徹底解明。

トーマス・R・デマーク
(Thomas R. DeMark)

テクニカル サイエンティスト

ラリーと親交の深いトーマス・R・デマークはジャック・シュワッガーに魔術師の中の魔術師と賞された現代最高のテクニカル・サイエンティストであり業界の権威である。
デマークはマーケットの魔術師であるポール・チューダー・ジョーンズのために、基幹ファンドであるチューダー・インベストメント、チューダー・システムズの上級副社長を務めた。デマークが役員、顧問やパートナーを勤めた相手先としては、ジョージ・ソロス、マイケル・スタインハルト、スティーブ・コーエン、レオン・クーパーマン、バン・ホシングトン、チャーリー・ディフランセスカらが有名である。

ウィザードブックシリーズ41

デマークのチャート分析テクニック

定価 本体4,800円+税　ISBN:9784775970027

いつ仕掛け、いつ手仕舞うのか。トレンドの転換点が分かれば、勝機が見える!チャート分析における世界の第一人者として広く知られているトム・デマークは、世界中の最も成功した多くの取引に対して、テクニカルなシステムや指標を開発した。

システムトレードの達人たちに学ぶ

プログラミング編

ロバート・パルド
(Robert Pardo)

使える システムの判断法

トレーディング戦略の設計・検証のエキスパートして知られ、プロのマネーマネジャーとしても長い経歴を持つ。マネーマネジメント会社であるパルド・キャピタル・リミテッド（PCL）をはじめ、コンサルティング会社のパルド・グループ、独自の市場分析サービスを提供するパルド・アナリティックス・リミテッドの創始者兼社長でもある。ダン・キャピタルとの共同運用でも知られているパル殿提唱したウォークフォワードテスト（WFT）はシステムの検証に革命をもたらした。トレーディングの世界最大手であるゴールドマンサックス、トランスワールド・オイル、大和証券でコンサルタントを勤めた経験もある。

ウィザードブックシリーズ167
アルゴリズムトレーディング入門

定価 本体7,800円+税　ISBN:9784775971345

トレーディングアイデアを、検証、適正な資金配分を経て、利益の出る自動化トレーディング戦略に育て上げるまでの設計図。

アート・コリンズ(Art Collins)

シュワッガーに負けない インタビュアー

ロバート・パルドとも親しいアート・コリンズは、1986年から数多くのメカニカルトレーディングシステムの開発を手掛け、またプロトレーダーとしても大きな成功を収めている。
1975年にノースウエスタン大学を卒業し、1989年からシカゴ商品取引所（CBOT）の会員、また講演者・著述家でもある。著書には『マーケットの魔術師【大損失編】』などがある。

定価 本体5,800円+税
ISBN:9784775971048

ウィザードブックシリーズ137
株価指数先物必勝システム

定価 本体2,800円+税
ISBN:9784775970522

ウィザードブックシリーズ90
マーケットの魔術師 システムトレーダー編

ジョン・R・ヒル (John R. Hill)

トレーディングシステムのテストと評価を行う業界最有力ニュースレター『フューチャーズ・トゥルース（Futures Truth）』の発行会社の創業者社長。株式専門テレビ CNBC のゲストとしてたびたび出演するほか、さまざまな投資セミナーの人気講師でもある。
オハイオ州立大学で化学工学の修士号を修得。おもな著書・DVDに『勝利の売買システム』『DVD ジョン・ヒルのトレーディングシステム検証のススメ』がある。
息子のランディ・R・ヒルも売買システム開発者である。

ウィザードブックシリーズ54

究極のトレーディングガイド

定価 本体4,800円+税　ISBN:9784775970157

この『究極のトレーディングガイド』は多くのトレーダーが望むものの、なかなか実現できないもの、すなわち適切なロジックをベースとし、安定した利益の出るトレーディングシステムの正しい開発・活用法を教えてくれる。
現在最も注目されているアナリストとそのパートナーは本書のなかで、トレーダーにとって本当に役に立つコンピューター・トレーディングシステムの開発ノウハウをあますところなく公開している!
株式、先物、オプションなどすべてのマーケットでトレードしたいという個人トレーダーにとって、本書は本当に使えるトレーディングシステムを開発・活用するうえで、まさに「究極」という名に値する素晴らしい実践的な指導書である。

あなたのトレード成績を向上させる秘訣がこの本にある!

- ●トレーディングシステムベスト10から優秀なシステムを紹介
- ●トレンドやパターンについても解説本書であなたのシステムは進化する

本書P.363で紹介されているシステムポートフォリオの例

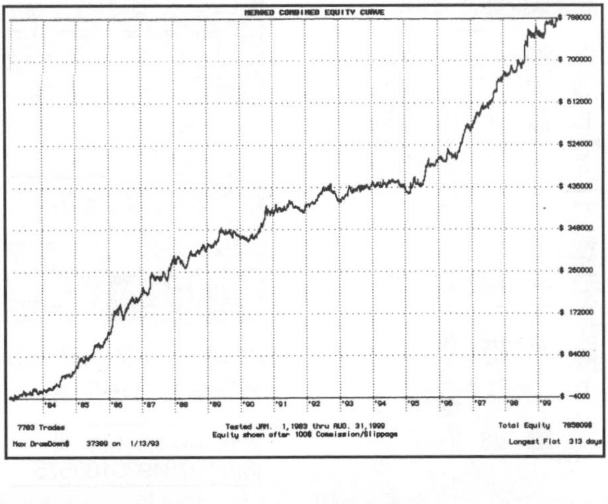

マーク・ダグラス　ブレット・スティーンバーガー　アリ・キエフ　ダグ・ハーシュホーン

トレード心理学の四大巨人による 不朽不滅の厳選ロングセラー５冊！

トレーダーや投資家たちが市場に飛び込んですぐに直面する問題とは、マーケットが下がったり横ばいしたりすることでも、聖杯が見つけられないことでも、理系的な知識の欠如によるシステム開発ができないことでもなく、自分との戦いに勝つことであり、どんなときにも揺るがない規律を持つことであり、何よりも本当の自分自身を知るということである。つまり、トレーディングや投資における最大の敵とは、トレーダー自身の精神的・心理的葛藤のなかで間違った方向に進むことである。これらの克服法が満載されたウィザードブック厳選５冊を読めば、次のステージに進む近道が必ず見つかるだろう!!

ブレット・N・スティーンバーガー博士 (Brett N. Steenbarger)

ニューヨーク州シラキュースにある SUNY アップステート医科大学で精神医学と行動科学を教える准教授。自身もトレーダーであり、ヘッジファンド、プロップファーム（トレーディング専門業者）、投資銀行のトレーダーたちの指導・教育をしたり、トレーダー訓練プログラムの作成などに当たっている。

なぜ儲からないのか。自分の潜在能力を開花させれば、トレード技術が大きく前進することをセルフコーチ術を通してその秘訣を伝授！

悩めるトレーダーのための メンタルコーチ術

定価 本体3,800円+税
ISBN:9784939103575

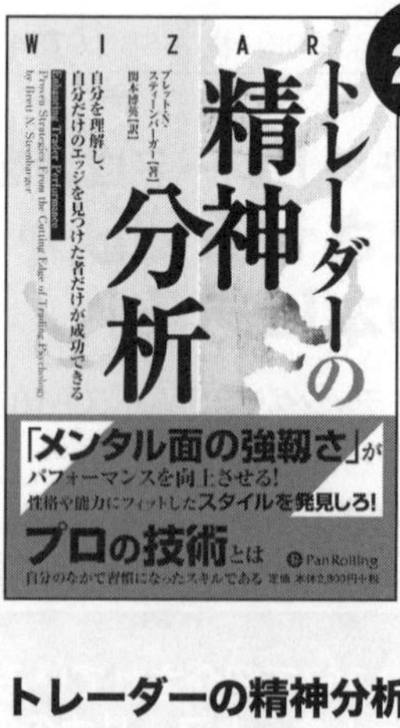

トレーダーの精神分析

定価 本体2,800円+税
ISBN:9784775970911

マーク・ダグラス (Mark Douglas)

トレーダー育成機関であるトレーディング・ビヘイビアー・ダイナミクス社社長。自らの苦いトレード体験と多くのトレーダーたちの経験を踏まえて、トレードで成功できない原因とその克服策を提示。最近は大手商品取引会社やブローカー向けに、心理的テーマや手法に関するセミナーを開催している。

ゾーン

オーディオブックあり

定価 本体2,800円+税
ISBN:9784939103575

規律とトレーダー

オーディオブックあり

定価 本体2,800円+税
ISBN:9784775970805

本国アメリカよりも熱烈に迎え入れられた『ゾーン』は刊行から10年たった今も日本の個人トレーダーたちの必読書であり続けている！

アリ・キエフ (Ari Kiev)

スポーツ選手やトレーダーの心理ケアが専門の精神科医。ソーシャル・サイキアトリー・リサーチ・インスティチュートの代表も務め、晩年はトレーダーたちにストレス管理、ゴール設定、パフォーマンス向上についての助言をし、世界最大規模のヘッジファンドにも永久雇用されていた。2009年、死去。

世界最高のトレーダーのひとりであるスティーブ・コーエンが心酔して自分のヘッジファンドであるSACキャピタルに無期限で雇った！

トレーダーの心理学

定価 本体2,800円+税
ISBN:9784775970737

アリ・キエフのインタビューを収録！

マーケットの魔術師
[株式編] 増補版

定価 本体2,800円+税
ISBN:9784775970232

相場の未来を予測するために

ウィザードブックシリーズ194

利食いと損切りのテクニック

著者：アレキサンダー・エルダー

定価 本体 3,800 円+税 ISBN:9784775971628

自分の「売り時」を知る、それが本当のプロだ！「売り」を熟知することがトレード上達の秘訣。売る技術の重要性とすばらしさを認識し、トレードの世界・出口戦術と空売りを極めよう！

ウィザードブックシリーズ29

ボリンジャーバンド入門

著者：ジョン・A・ボリンジャー

定価 本体 5,800 円+税 ISBN:9784939103537

【相対性原理が解き明かすマーケットの仕組み】投資家が陥りやすい数々の罠を避け、一連の理性的な投資の意思決定を導きだす。

ウィザードブックシリーズ119

フルタイムトレーダー完全マニュアル

著者：ジョン・F・カーター

定価 本体 5,800 円+税 ISBN:9784775970850

戦略・心理・マネーマネジメント──相場で生計を立てるための全基礎知識。フルタイムトレーダーとして生計を立てることを目指す人々への道しるべになる一冊。

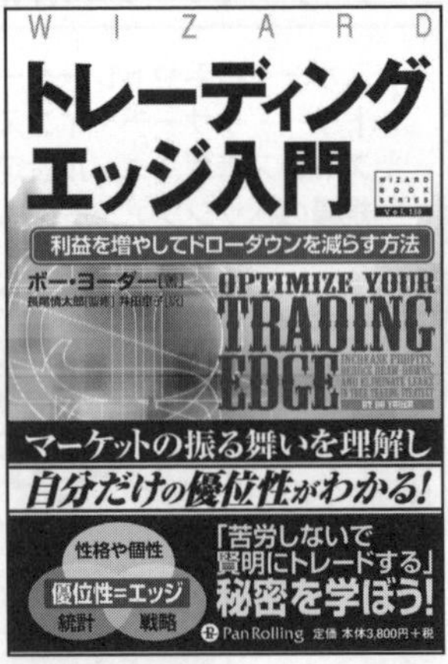

ウィザードブックシリーズ138

トレーディングエッジ入門

著者：ボー・ヨーダー

定価 本体 3,800 円+税 ISBN:9784775971055

【マーケットの振る舞いを理解し、自分だけの優位性（エッジ）がわかる】統計的、戦略的なエッジを味方につけて、「苦労しないで賢明にトレードする」秘密を学ぼう！